Zirk/Vordermaier

Kriminaltechnik und Spurenkunde

Zur FH-Schriftenreihe

Die Ausbildung zum gehobenen Dienst erfordert heute bei Bund und Ländern neben der berufs-praktischen Ausbildung ein Studium an einer berufsspezifischen Fachhochschule. Hier sollen dem Studierenden nicht nur die theoretischen Rechts- und Fachkenntnisse für seinen Beruf, sondern auch die Fähigkeiten zu analytischem Denken als die wesentlichen Voraussetzungen für rechtmäßiges und verantwortungsvolles Handeln als künftiger Beamter des gehobenen Dienstes vermittelt werden.

Die FH-Schriftenreihe will helfen, diese Zielvorstellungen zu verwirklichen. Erstklassige Fachleute behandeln darum ausschließlich Einzelthemen, die für das Studium an den Fachhochschulen von besonderer Bedeutung sind und einer ausführlicheren Darstellung bedürfen. Die Aufbereitung des behandelten Stoffes soll dem Studierenden nicht nur helfen, den Lernstoff leichter zu bewältigen und zu wiederholen, sondern auch sein Verständnis fördern durch Beispiele aus der Praxis, durch Rückverweisungen und durch Leitsätze zum bereits Behandelten. Verweisungen auf weiterführende Literatur bieten dem Interessierten die Möglichkeit, seine Kenntnisse zu vertiefen.

Kriminaltechnik und Spurenkunde
Lehrbuch für Ausbildung und Praxis

von
Wolfgang Zirk
Kriminalhauptkommissar
und
Dr. Gottfried Vordermaier
Ltd. wissenschaftlicher Direktor

FH-Schriftenreihe Polizei
herausgegeben von
Dr. Rainer Schulte
Präsident der Polizei-Führungsakademie
Münster Hiltrup
Gründungsrektor der Fachhochschule für Polizei
Villingen-Schwenningen

RICHARD BOORBERG VERLAG
STUTTGART · MÜNCHEN · HANNOVER
BERLIN · WEIMAR · DRESDEN

Die Deutsche Bibliothek – CIP-Einheitsaufnahme
Zirk, Wolfgang
Krimnaltechnik und Spurenkunde ; Lehrbuch für Ausbildung und Praxis /
von Wolfgang Zirk und Gottfried Vordermaier. - Stuttgart ; München ;
Hannover ; Berlin ; Weimar ; Dresden : Boorberg, 1998
  (FH-Schriftenreihe Polizei)
  ISBN 3-415-02442-3

Satz: LTB Bröckel, Neckartailfingen
Druck und Verarbeitung: Druckerei Mack, Schönaich
Richard Boorberg Verlag GmbH & Co, 1998

Vorwort

„Die Spurensuche am Tatort ist und bleibt das A und O eines Kriminalisten"[1] und die Grundvoraussetzung einer erfolgreichen Arbeit der Kriminalwissenschaftler und -techniker für Polizei und Justiz.

Eine Einführung in Kriminaltechnik und Spurenkunde als Lehrbuch zur Aus- und Fortbildung für Vollzugsbeamte muß fachlich und sprachlich die Brücke spannen zwischen polizeilicher Praxis und kriminaltechnischem Laboratorium.

Der Kriminalbeamte Wolfgang Zirk ist Angehöriger des Institutes Polizeitechnische Untersuchungen beim LKA Berlin und lehrt als Dozent für Kriminaltechnik an der Fachhochschule für Verwaltung und Rechtspflege in Berlin und an der Landespolizeischule Berlin.

Der Naturwissenschaftler Gottfried Vordermaier ist Leiter des Institutes für Polizeitechnische Untersuchungen beim Landeskriminalamt Berlin und bringt langjährige kriminaltechnische Erfahrungen aus dem BKA und LKA mit ein.

Für die Bereiche Spurenkunde und Kriminaltechnik ist – als Grundlage für dieses Lehrbuch – eine Vorlesungsreihe entstanden, die den künftigen Praktiker an das Thema heranführt und ihm ein umfangreiches Wissen für die tägliche Arbeit an die Hand gibt. Dabei war es wichtig, einerseits die bekannte Literatur mit den spezifischen Methoden und Arbeitsgebieten der Kriminaltechnischen Institute zu vergleichen und anzupassen, aber andererseits vor allem das vorhandene Schriftmaterial durch Ergänzungen zu aktualisieren, um ein angemessenes Lehrmaterial zu erhalten.

Bei der Zusammenführung und Bearbeitung der vorliegenden Texte haben die Angehörigen des Institutes Polizeitechnische Untersuchungen diverse bisher benutzte Merkblätter und Lernvorlagen zur Auswertung überlassen. Zum Teil wiesen die Merkblätter keine Verfasserangaben und Daten zur Entstehung auf, so daß sie nicht immer im Quellenverzeichnis genannt werden konnten.

Die Verfasser wenden sich mit Dank an alle, die diese Materialien überlassen haben, die für informative Gespräche zur Verfügung standen und die die schriftliche Ausführung schließlich durchgesehen und Verbesserungsvorschläge eingebracht haben.

Wolfgang Zirk

Dr. Gottfried Vordermaier

---

1 Vgl. Berliner Zeitung, 6.1.95.

INHALTSVERZEICHNIS

1.	**Allgemeine Fragen zur Kriminaltechnik (KT)**	11
1.1	Was ist Kriminaltechnik und in welchem Verhältnis steht sie zu den anderen Kriminalwissenschaften?	13
1.2	Wie hat sich die Kriminaltechnik entwickelt?	15
1.3	Nach welchen Rechtsgrundlagen wird Kriminaltechnik angewendet?	22
1.4	Qualitätsarbeit – Arbeitsqualität	24
2.	**Welche Arbeitsgebiete hat heute ein modernes kriminaltechnisches Institut?**	27
2.1	Vorbemerkung	27
2.2	Die Behördengutachter und Sachverständigen	28
2.3	Organisationsschema des Instituts für die Kriminaltechnik	29
2.4	Arbeitsfelder der Operativen Kriminaltechnik	34
2.4.1	Der Tatorttrupp	34
2.4.2	USBV-Entschärfer	35
2.4.3	Explosiv- und Kampfstoffangelegenheiten – eine Berliner Spezialität	37
2.4.4	Untersuchungen an Kampfstoffen und Explosivstoffen	38
2.4.5	Spezialtechnik: Täterfallen	38
2.4.6	Spezialtechnik: Umwelt-, Chemie- und Brandmeßtrupp	40
2.4.7	Dienstkundlicher Arbeitsbogen und Checkliste	41
3.	**Der Sachbeweis im Ermittlungsvorgang**	43
3.1	In welchen Phasen des Ermittlungsverfahrens fließt der Sachbeweis in den Vorgang ein?	43
3.2	Was sind Beweismittel?	46
3.3	Was ist am Tatort zu beachten?	48
3.4	Der Sicherungsangriff	49
3.5	Regeln für das Verhalten am Tatort beim Sicherungsangriff	50
3.6	Der Auswertungsangriff	52
3.7	Welche Fehler sind bei der Tatortarbeit häufig?	54
4.	**Systematik der Spuren**	57
4.1	Ziel und Umfang der Spurensuche und -sicherung	63
4.2	Wie werden Spuren gesichert?	65
4.3	Anmerkungen zur Fotografie der Spuren	67
4.4	Wie soll die Verpackung beschaffen sein?	68
4.5	Was soll der Untersuchungsantrag enthalten?	70
5.	**Die klassische Kriminaltechnik – Formspuren**	73
5.1	Was sind Werkzeugspuren?	73
5.2	Wie werden Werkzeugspuren gesichert?	76
5.3	Verpackung und Versand von Spurenträgern und Werkzeugen	77
5.4	Werkzeugspuren gleich Einbruchsspuren?	77
5.5	Welche Überwindungsmöglichkeiten bestehen bei den einzelnen Schloßarten?	78

5.6	Welche Spuren sind in Schlössern und Schließzylindern zu finden?	79
5.7	Grundsätze der Werkzeugspurensicherung	79
5.8	Wie erfolgt die Auswertung der Werkzeugspuren am Tatort?	80
5.9	Sicherung von Manipulationsspuren in Schließeinrichtungen	82
5.10	Identifizierung von Prägezeichen und Prägewerkzeugen	82
5.11	Welche Möglichkeiten der Verwertung bieten Schuh-, Fahrzeugspuren?	84
6.	**Untersuchungen an Waffen – weitere Formspuren**	**89**
6.1	Klassifizierung von Feuerwaffen	90
6.2	Spuren an einer Pistole nach einem Schuß aus kürzester Distanz	92
6.3	Melde- und Antragswesen	94
6.4	Arbeitsgebiet Waffenrechtliche Begutachtung	95
6.5	Unterscheidungen nach dem Waffengesetz (WaffG)	96
6.6	Waffenrechtliche Verbote	97
7.	**Wie kann die Täterschaft durch die Untersuchung von Urkunden und Schriften nachgewiesen werden?**	**101**
7.1	Wie werden Handschriften untersucht?	101
7.2	Beschaffung von Schriftproben für die Handschriftenvergleichung	103
7.2.1	Allgemeines	103
7.2.2	Unbefangenes Vergleichsmaterial	104
7.2.3	Abnahme von Schriftproben	105
7.2.4	Einzelheiten der Probenabnahme	106
7.2.5	Textschriften	107
7.2.6	Fundstellen für unbefangenes Vergleichsmaterial	109
7.3	Wie werden Urkunden untersucht?	111
7.4	Verfälschungs- und Fälschungsmerkmale an Urkunden	114
7.5	Maschinenschriften	115
7.6	Dienst- und Prüfsiegelplaketten	116
8.	**Brandursachenuntersuchung**	**117**
8.1	Ermittlungen und Untersuchungen am Brandort	119
8.2	Absperrung und Erhaltung der Brandstelle	120
8.3	Suche nach der Brandausbruchsstelle (BAS)	120
8.4	Spurensuche am Brandort	121
8.5	Suche und Sicherung von Brandlegungsmitteln	123
8.6	Suche und Sicherung von selbstentzündlichen Materialien	126
8.7	Suche und Sicherung von Spuren an elektrischen Anlagen	127
8.8	Suche und Sicherung von Explosionsspuren	129
8.9	Suche und Sicherung von Spuren an Feuerstätten, Feuergeräten und Schornsteinen	131
8.10	Suche und Sicherung von Blitzspuren	132
8.11	Hinweise auf die Brand-/ Explosionsursache und den Brand-/ Explosionsverlauf	133
8.12	Sonstige Brandursachen	135
8.13	Vergleichsmaterial	135
8.14	Hinweise zur Ermittlung und Überführung eines Tatverdächtigen	136

Inhaltsverzeichnis

9.	**Physik und Chemie in der Kriminaltechnik**	139
9.1	Das Rasterelektronenmikroskop - REM	139
9.2	Die Schußwaffenentfernungsbestimmung mit Hilfe der Röntgenfluoreszenzanalyse - RFA	141
9.3	Glasvergleichsuntersuchungen	142
9.4	Untersuchung von Unglücksfällen und Straftaten in Zusammenhang mit elektrischer Energie	142
9.5	Allgemeine chemische Untersuchungen	144
9.6	Die Lackfahndungshilfe sowie Lack-, Kunst- und Klebstoffuntersuchungen	145
9.7	Vergleichende Lackuntersuchung	146
9.8	Untersuchung an Kunst- und Klebstoffen	147
9.9	Untersuchung von Brandlegungsmitteln	147
9.10	Untersuchung von Schreib- und Malmitteln sowie Schrift- und Bildträgern	148
9.11	Umwelt und Explosivstoffe	149
10.	**Textiltechnische Untersuchungen, morphologische Haaruntersuchungen, botanische und zoologische Spuren**	151
10.1	Textiltechnische Spuren	151
10.1.1	Suche, Sicherung, Verpackung und Antragstellung	151
10.2	Haaruntersuchungen	153
10.3	Bodenkundliche Spuren	156
10.3.1	Methoden zur Probenentnahme	158
10.3.2	Protokollierung	158
10.4	Botanische Spuren	160
10.5	Zoologische Spuren	162
11.	**Serologische und toxikologische Untersuchungen von Spuren**	163
11.1	Serologische Untersuchungen	163
11.2	Serologische Untersuchungsziele	165
11.3	DNA-Analysen	165
11.4	Blutuntersuchungen	170
11.5	Blutentnahmen	171
11.6	Welche toxischen Stoffe werden bei Straftaten eingesetzt?	174
11.7	KO-Tropfen	174
11.8	Andere Vergiftungen	175
11.9	Betäubungsmittel	176
11.10	Opiate	176
11.11	Synthetische Drogen	177
11.12	Cannabisprodukte	177
11.13	Kokain und Crack	178
11.14	Hinweise auf Drogenkonsum	178
11.15	Urinproben	179
11.16	BtM-Nachweis in Haaren	180
11.17	Die Untersuchung von sichergestellten Betäubungsmitteln	181

12.	**Daktyloskopische Spuren**	183
12.1	Daktyloskopie Gegenstand und Bedeutung	183
12.2	Geschichtliche Entwicklung der Daktyloskopie	183
12.3	Erkenntnisse/Axiome	185
12.4	Entstehung daktyloskopischer Spuren	186
12.5	Einflußfaktoren und Spurensicherung	187
12.6	Mittel der Spurensicherung	191
12.7	Verpackungshinweise für Träger daktyloskopischer Spuren	193
12.8	Die erkennungsdienstliche Behandlung	194
12.9	Die Rechtsgrundlagen des Erkennungsdienstes	197
13.	**Kriminalfotografie**	201
13.1	Geschichtliche Entwicklung und Grundlagen	201
13.2	Studiofotografie und Fotografie mit besonderen Strahlen	204
13.3	Tatortfotografie	206
13.4	Spurenfotografie	208
14.	**Kriminaltechnik und Todesermittlungen**	213
14.1	Dienstkundliche Hinweise	213
14.2	Kriminaltechnik am Untersuchungsort	214
14.3	Geschlossene Tatorte	215
14.4	Offene Tatorte	217
14.5	Definitionen	220
14.6	Hinweise für die Leichenbesichtigung	220
14.7	Anmerkungen zu Verletzungen und Todesarten	228
14.8	Gesetzliche Grundlagen für die Todesermittlung	234
15.	**Einige Verständnisfragen zur Kriminaltechnik**	237
15.1	Literatur und Quellenangaben	245

1. Allgemeine Fragen zur Kriminaltechnik (KT)

Dieses Lehrbuch vermittelt die Grundkenntnisse der Kriminaltechnik, es entstand aus einer Vorlesungsreihe für den Ausbildungsgang an den Fachhochschulen und Landespolizeischulen. Der Schwerpunkt liegt bei der praktischen Anleitung für Ermittlungsbeamte. Bei dem Wissensumfang, den die Kriminaltechnik heute aufweist, kann im Studiengang nur ein begrenztes Wissen vermittelt werden. Der künftige Ermittler wird sich nicht mit dem im Studium erworbenen Wissen zufrieden geben können. Die Entwicklung der Kriminaltechnik ist rasant. So meinen verschiedene Autoren [1], daß jemand, der heute ein wissenschaftliches Werk über die gesamte Kriminaltechnik verfaßt, mit Sicherheit von der Entwicklung überholt ist, sobald er seine Arbeit abschließt. Damit ist das hohe Tempo des wissenschaftlichen und technischen Fortschritts charakterisiert.

Neben Grundkenntnissen und Entwicklung der Kriminaltechnik sind für den Praktiker auf der kriminalistischen Arbeitsebene stets die folgenden Fragen interessant:

- *Wie erkenne ich Spuren?*
- *Wie schütze ich Spuren am Tatort vor Zerstörung?*
- *Wie sichere und verpacke ich Spuren?*
- *Was ist in den Untersuchungsantrag zu schreiben?*
- *Mit welchem Ergebnis ist zu rechnen?*
- *Mit welchen Methoden werden die eingesandten Spuren untersucht?*

Bei diesen Fragestellungen ergeben sich einige Überschneidungen der Kriminaltechnik mit der Kriminaldienstkunde und der Kriminaltaktik (als Lehre vom zielgerichteten Vorgehen im Einzelfall).

Wer es als Sachbearbeiter versteht, die vorhandene Kriminaltechnik sinnvoll in seinen Ermittlungsvorgang einzubinden, wird sich deutlicher dem kriminalistischen Ziel „Aufklärung einer Straftat" nähern. Beweissichere Vorgänge zu schaffen, bedeutet nicht, den Personalbeweis zu ersetzen, sondern vor allem das Geständnis und die Zeugenaussage zu prüfen und unwiderruflich abzusichern. Kriminaltechnik kann Ermittlungsbeamte auch in die Lage versetzen, einen Sachverhalt ohne Geständnis und Zeugenaussagen zu rekonstruieren.

Der Gang der Begutachtung in den Kriminaltechnischen Instituten unterliegt – mit unterschiedlichen wissenschaftlichen Methoden – einer immer wiederkehrenden Arbeitsfolge:

- *Besichtigen,*
- *Analysieren,*
- *Vergleichen,*
- *Schlüsse ziehen – bewerten.*

---

[1] Vgl. Steinke in Kriminalistik, Band 1, 1992.

Beim Vergleich werden unterschiedliche Methoden und Geräte eingesetzt, stets muß jedoch etwas vergleichbares oder ein Parameter als Maßstab vorhanden sein, um es mit dem Untersuchungsgegenstand zu identifizieren.

Die Identifizierung des Untersuchungsgegenstandes kann auch mit einer bekannten Größe und einem bekannten Stoff erfolgen, beispielsweise mit chemischen Elementen. Dabei kann Identität ausgeschlossen, bestätigt oder – nur – eine Gruppenidentität festgestellt werden. Das Ziel ist der Sachbeweis, mindestens aber ein Ermittlungshinweis.

Die Schulweisheit für den Kriminalisten, ein Bericht wäre vollständig, wenn er „die 7 goldenen W" beantwortet, wird oft durch die Kriminaltechnik zur Realität:

- *Wer ist der Täter (Identifizierung von Personen)?*
- *Was ist geschehen (Klärung des Tatablaufes)?*
- *Wann hat jemand gehandelt (Altersbestimmung der Tat und Tatmittel)?*
- *Womit hat jemand gehandelt (Bestimmung der Tatmittel)?*
- *Wo hat jemand eine Tat verübt (Identifizierung des Tatortes)?*
- *Wie hat der Täter gehandelt (Rekonstruktion der Tat)?*
- *Warum hat jemand gehandelt (Klärung von Motiven und subjektiven Tatbestandsmerkmalen)?*

Die Beantwortung dieser Fragen reicht - wie hier zu erkennen ist - bis in die subjektiven Bereiche. Durch Untersuchen der Vorbereitungshandlungen kann oft die Absicht zur Tat, also der Vorsatz, nachgewiesen werden.

Die Ausführungen basieren auf Bedingungen der Kriminaltechnik in Berlin, sind jedoch in ihren Methoden auf jedes andere Bundesland übertragbar. Der Begriff Kriminaltechnik wird in Berlin überwiegend aus der Überlieferung her verwendet, denn im Grunde handelt es sich um eine Polizeitechnik, welche die Grenzen der klassischen Kriminaltechnik längst überschritten hat.

Nicht alle möglichen kriminaltechnischen Untersuchungen werden in jedem Bundesland durchgeführt, sondern in Einzelfällen auch die speziellen Ressourcen des BKA und der anderen Bundesländer genutzt. In den meisten Bundesländern hat sich, bedingt durch gewachsene Strukturen und vorhandene Rechtsgrundlagen – ein kriminaltechnisches „Dreibein" installiert:

- Die *Gerichtsmedizin* - zur Untersuchung von Einwirkungen auf den menschlichen Körper.
- Der *Erkennungsdienst* - zur Identifizierung von Personen.
- Die *Kriminaltechnischen Institute*, KTI, oder KTU (in Berlin PTU) genannt - zur kriminalwissenschaftlichen und -technischen Untersuchung materieller Spuren.

Der Umgang mit diesen materiellen Spuren soll nun näher dargestellt werden.

1.1 Was ist Kriminaltechnik und in welchem Verhältnis steht sie zu den anderen Kriminalwissenschaften?

Zu den *Kriminalwissenschaften* werden allgemein die Kriminalistik und die Kriminologie gerechnet. Beide Wissensgebiete setzen sich mit dem Verbrechen (crimen) auseinander. Als Verbrechen wird in diesem Sinne jedes gemeinschädliche Verhalten bezeichnet, das in einem Strafgesetz und auch im Ordnungswidrigkeitenrecht tatbestandsmäßig beschrieben ist.

Kriminologie ist die Lehre von den Ursachen und Erscheinungsformen des Verbrechens. Dabei ist die Kriminologie - wie ihre Schwester, die Kriminalistik - auf eine Reihe von anderen Disziplinen angewiesen: Strafrecht sowie Natur- und Geisteswissenschaften.

Kriminalistik ist die Lehre von den Mitteln und Methoden der vorbeugenden und strafverfolgenden Verbrechensbekämpfung, sie wird weiter unterteilt in

Kriminalstrategie: Planvolle Bekämpfung von Kriminalitätsphänomenen auch mit politischen Mitteln, Koordinierung und Anwendung faktischer und operativer Maßnahmen auf hoher kriminalistischer Ebene zur effektiven Bekämpfung und Verhütung von Verbrechen.

Kriminaltaktik ist zielgerichtetes und zweckmäßiges Vorgehen im aktuellen Einzelfall.

Kriminaldienstkunde ist die Kenntnis von den formellen Voraussetzungen bei der Anwendung von Dienstvorschriften bei der Verbrechensbekämpfung und -verhütung.

Kriminaltechnik ist die Wissenschaft von der Anwendung naturwissenschaftlich/technischer Erkenntnisse und Methoden bei der Aufklärung und Verhütung von Verbrechen. Voraussetzung für die Führung von Sachbeweisen ist die fachgerechte Suche, Sicherung und Auswertung von Spuren. Es geht primär um den Einsatz naturwissenschaftlicher Methoden und technischer Mittel, um ein begangenes Verbrechen anhand sichergestellter Spuren und durch sachliche Beweismittel aufzuklären und so den Täter zu überführen. Der naturwissenschaftliche oder technische Sachbeweis ist objektiv und kann den Tatverdächtigen gleichermaßen be- oder entlasten. Kriminaltechnik ist also – kurz gesagt – die Anwendung technisch-naturwissenschaftlicher Methoden bei der Verbrechensbekämpfung und -verhütung sowie bei der Verfolgung von Ordnungswidrigkeiten.

Polizeitechnik umfaßt die herkömmliche Kriminaltechnik und die Bewältigung von Ordnungsaufgaben, wie die Beseitigung von Kampfmitteln (Beispiel: Institut PTU beim LKA Berlin).

Die *Spurenkunde* bildet nach GROSS/GEERDS und HERREN den allgemeinen Teil der Kriminaltechnik. Sie ist beweistechnisch außerordentlich wichtig und als Kernstück der modernen naturwissenschaftlichen Kriminalistik anzusehen.

Sie umfaßt alle Erkenntnisse über Spuren im Sinne physischer, vor allem naturwissenschaftlich auswertbarer Beweise. Der Kriminalist befaßt sich mit der technisch-naturwissenschaftlich einwandfreien

- *Spurensuche,*
- *Spurensicherung und*
- *Spurenauswertung.*

Immer wieder erfolgen Versuche, diese Wissensgebiete hierarchisch zu gliedern, indem das eine oder andere Arbeitsgebiet als Appendix des anderen dargestellt wird. So unternimmt HERREN[2] einerseits den Versuch, die Kriminalistik der Kriminologie unterzuordnen, spricht aber auch von einer Symbiose der beiden Gebiete. Andere versuchen die Kriminologie als Hilfswissenschaft der Jurisprudenz einzugliedern. Dies soll hier nicht näher erörtert werden, die Verfasser gehen von einem gleichwertigen Ansatz der Disziplinen aus.

Wie die Kriminologie, lebt auch die Kriminalistik in Beziehungen zu anderen Wissenschaften: Gerichtsmedizin, Physik, Chemie, Biologie, Geologie, Meteorologie, Technik, Forensische Psychiatrie und Psychologie, um nur einige zu nennen.

Kriminalwissenschaften

Kriminologie	Lehre von den Ursachen und Erscheinungsformen
	– Ätiologie
	– Phänomenologie
Kriminalistik	Lehre von der Bekämpfung und Verhütung der Verbrechen
	– Kriminalstrategie
	– Kriminaltaktik
	– Kriminaldienstkunde
	– Kriminaltechnik

Kriminalistik ist die Wissenschaft von den im Strafverfahren rechtlich zulässigen psychologischen und technischen Methoden bei der Verbrechensbekämpfung und -verhütung.

Kriminaltechnik ist die Anwendung technisch-naturwissenschaftlicher Methoden bei der Verbrechensbekämpfung und -verhütung.

Voraussetzung für die Führung von Sachbeweisen ist die fachgerechte Suche, Sicherung und Auswertung von Spuren unter Einsatz naturwissenschaftlicher und technischer Mittel.

Spurenkunde bildet den allgemeinen Teil der Kriminaltechnik.

---

[2] Vgl. Steinke in Kriminalistik, Band 1, S. 24, 1992.

1.2 Wie hat sich die Kriminaltechnik entwickelt?

Die *Kriminalistik* und ihr (immer selbständiger werdendes) Teilgebiet, die *Kriminaltechnik*, ist als Wissenschaft relativ jungen Datums und wird daher erst in jüngster Zeit als selbständige Wissenschaft betrachtet. So erklärt GEERDS[3], daß bis in die Neuzeit hinein nicht einmal Strafrecht und Strafverfahrensrecht unterschieden wurde und verweist dabei auf die 1532 erlassene Constitutio Criminalis Carolina. Überdies befindet er, daß bisher die Abgrenzung zwischen Kriminalistik – damit auch der Kriminaltechnik – und der Kriminologie sehr umstritten war und somit erst sehr spät mit einer umfassenden Behandlung der Kriminalistik begonnen wurde.

Studien im Bereich der Historischen Kriminalistik sind auf solche Veröffentlichungen angewiesen, die als zeitgenössische Publikationen kriminalistischen Charakters zu werten sind. Neben Urkunden und ähnlichen Dokumenten gilt das für Fallsammlungen wie den Pitaval und Feuerbachs Merkwürdige Verbrechen in aktenmäßiger Darstellung, ferner für Publikationen des 19. Jahrhunderts, die als Vorläufer der modernen kriminalistischen Literatur zu werten sind. Bei der Historischen Kriminalistik geht es sowohl um die Erforschung der sich wandelnden Formen der Verbrechenstechnik sowie vor allem um die Formen und Grundsätze kriminalistischen Vorgehens.

Bei einem Rückblick in die Entwicklung wird deutlich, wie im historischen (gerichtlichen) Prozeß die für die Entscheidung wesentliche – üblicherweise in der Frühzeit der Gesellschaft jedoch formalisierte – Wahrheit auf magischen oder mythischen Wegen ergründet wurde. Dieses Prinzip der formellen Wahrheit hat sich naturbedingt auch auf die Verbrechensbekämpfung und damit auf die Vorläufer der heutigen Kriminalistik ausgewirkt. Es fehlte sowohl am Ziel der Ermittlung des wahren Sachverhaltes als auch an wissenschaftlicher Arbeitsweise. In Mitteleuropa ging man im 15. und 16. Jahrhundert dazu über, den einem Strafverfahren wirklich zugrundeliegenden Sachverhalt zu ermitteln. Dieses Prinzip der materiellen Wahrheit führte zur Verwendung verfeinerter sowie auch teilweise wissenschaftlicher Methoden. Diese Entwicklung zur wissenschaftlichen Kriminalistik erstreckte sich in Mitteleuropa und anderen Ländern über mehrere Jahrhunderte. In Entwicklungsländern ist diese Epoche noch nicht abgeschlossen. Ende des 18. und Anfang des 19. Jahrhunderts kam es in europäischen Ländern zu einer rationalen Wahrheitsforschung, die man trotz einiger Bedenken und Vorbehalte bereits zur Phase der wissenschaftlichen Kriminalistik rechnen kann.

In dieser vorwissenschaftlichen Epoche, die teilweise bis in die Neuzeit hineinreicht, fehlt noch eine wissenschaftlich fundierte Gesamtkonzeption der Kriminalitätsbekämpfung. In dieser archaischen Phase finden wir heute zu verurteilende Formen und Mittel der Wahrheitsforschung wie das Gottesurteil, Orakel, Zweikampf und Eideshelfer. Noch im deutschen Mittelalter fehlte es an

---
3 Vgl. Groß/Geerds Bd. 1, 1978.

besonderen Organen der Strafverfolgung. Strafrechtlich zu bewertende Verhaltensweisen und Konflikte wurden durch Fehde und Buße reglementiert. GEERDS[4] spricht hier von Instrumenten der hausväterlichen Gewalt.

Ziel der neuen Formen des Strafprozesses war die Wahrheitsfindung, um im Sinne der richtigen Rekonstruktion des Sachverhaltes zu einem Urteil zu kommen. Bei der Beweisführung wurde nahezu ausschließlich auf das Geständnis des Rechtsbrechers gesetzt. Der Angeklagte wurde zum überragenden Beweismittel (confessio regina probationum).

Wurde das Geständnis nicht freiwillig abgelegt – was angesichts der für das gemeine Recht charakteristischen Leibes- und Lebensstrafen keineswegs ungewöhnlich war – so geriet man in eine Zwickmühle. Dieser versuchte man durch die Anwendung der Peinlichen Befragung – den vielfältigen Methoden der Folter – zu entgehen. Obwohl die Anwendung der Folter reglementiert war, kam es häufig zu Mißbräuchen. Dies änderte sich erst im Zuge der Landfriedensgesetzgebung.

Trotz dieser Umstände versuchten die historischen Ermittler auch mit angenäherten wissenschaftlichen Methoden beispielsweise Fälschungen zu entlarven, wie den Freiheitsbrief für Lübeck aus dem 12. und 13. Jahrhundert. Es gab auch Untersuchungen zu Siegelfälschungen und zweifelhaften Privaturkunden. Fälscher beschäftigten sich unter anderem auch mit dem Nachmachen und Verringern von Münzen.

Bei der Ermittlungsarbeit wurde in diesem Zeitabschnitt weiter auf einen zweifelhaften Personalbeweis gesetzt: Belohnung von Denunzianten. Auf dieses System setzte auch der Begründer der französischen Kriminalpolizei (Sûreté) VIDOCQ. Er richtete ein Spitzelsystem ein und gewann seine Helfer überwiegend unter ehemaligen Mithäftlingen. Die Tips aus dem Milieu dienten naturgemäß auch dazu, unliebsame Konkurrenten auszuschalten und waren stark von den Interessen des jeweiligen Tipgebers gefärbt. Hier wird wieder der Konflikt Personalbeweis/Sachbeweis deutlich. Nach Erkennen dieser Probleme wurde ein Nachfolger benannt und das System reformiert. Der Einsatz von verdeckten Ermittlern ist jedoch bis heute in vielen Staaten üblich.

Die Entwicklung der Kriminalistik und Kriminaltechnik war immer auch stark von der politischen und gesellschaftlichen Entwicklung abhängig. Dies brachte, infolge des 30jährigen Krieges – als marodierende Banden ehemaliger Söldner durch das Land zogen –, die Entwicklung zum Berufsrichtertum, aber vor allem auch den Aufbau einer Polizei, der wesentliche Aufgaben der Strafverfolgung zufielen. Die mit dem Kampf gegen die Folter wachsenden Zweifel am Wert des Geständnisses führten zu intensiveren Bemühungen um sachliche Beweismittel. In diesem Zeitraum ist die Einführung des Augenscheinobjektes deutlich in den Prozessen wahrzunehmen.

Neben Tatortskizzen finden sich im 18. Jahrhundert schon Formen des Spurenvergleiches. Aus diesem Jahrhundert sind auch Strafsachen bekannt, in denen nicht nur der Gerichtsmediziner gefragt ist, sondern auch Handwerker wie Münzmeister und Schlosser: die Entwicklung zum Sachverständigenbeweis beginnt.

---

4 Vgl. Groß/Geerds Bd. 1, 1978.

Im 13. Jahrhundert wurden die ersten Obduktionen zur Verbrechensaufklärung bekannt, die Hinzuziehung von Ärzten in Strafsachen wird in Deutschland im 14. und 15. Jahrhundert üblich. Bei der Leichenschau bemüht man sich, eine etwaige Vergiftung zu erkennen. Im 16. Jahrhundert gewinnen die Obduktionen Einfluß auf die Lehre von den tödlichen Verletzungen. Außer um Tötung und Kindestötung ging es bei diesen Ermittlungen vor allem um Abtreibung. Die erste gerichtsmedizinische Vorlesung soll 1736 in Göttingen stattgefunden haben.

Im 17. Jahrhundert, nach Erfindung des Mikroskops, kam es zur Entwicklung der mikroskopischen Histologie. Von den anderen Naturwissenschaften machte die Toxikologie in spektakulären Giftfällen von sich reden. Im 18. Jahrhundert erfolgte die entscheidende Wende zur wissenschaftlichen Toxikologie.

Die moderne Kriminalistik, insbesondere die Kriminaltechnik, haben ihre geistesgeschichtlichen und wissenschaftstheoretischen Wurzeln im ausgehenden 19. Jahrhundert. Die stürmische Entwicklung auf dem Gebiet der Technik des Nachrichtenwesens und vor allem der Naturwissenschaften haben zu diesem Zeitpunkt die Kriminaltechnik entscheidend geprägt und ihr das moderne wissenschaftliche Rüstzeug gegeben.

Das 19. Jahrhundert zeigt auch den Einfluß der politischen Entwicklung innerhalb der Verbrechensbekämpfung. Diese staatlichen und politischen Veränderungen waren bedeutsame Voraussetzungen für den Aufbau der Kriminalpolizei. Der Zeitabschnitt zum Ende des 19. Jahrhunderts wird in der Literatur als der Beginn der Epoche der wissenschaftlichen Kriminalistik bezeichnet. Allgemein wird hier LUDWIG HUGO FRANZ VON JAGEMANN mit seinem 1838 erschienenen Werk Handbuch der gerichtlichen Untersuchungskunde als Begründer genannt. Für andere Betrachter der Situation gilt HANS GROß mit seinem Handbuch für Untersuchungsrichter (1893) als Begründer.

Aus der militärischen Dechiffrierkunde entstand die Untersuchung von Handschriften und Urkunden sowie die Lehre von den sichtbaren und unsichtbaren Geheimschriften. Bei der Entzifferung bediente man sich zunehmend physikalischer und chemischer Methoden.

Das 19. Jahrhundert brachte eine tiefgreifende Reform des Inquisitionsprozesses. Mehr als die Veränderung der Gerichtsbarkeit mit einem unabhängigen Richtertum, die Einführung der Staatsanwaltschaft, und die Umgestaltung der Verfahrensgrundsätze verändert sich nun das Beweisrecht, das zunehmend wissenschaftliche Komponenten aufzeigte. Durch die Abschaffung der Folter gewann bei den persönlichen Beweismitteln der Zeuge an Bedeutung. Der Trend zum Sachbeweis verstärkte sich, damit auch die Bedeutung des Sachverständigenbeweises. Dazu merkt wieder Geerds an:

„Die mitunter zu beobachtende und kritische Hochschätzung des Sachverständigenbeweises stellt allein auf den zugrunde liegenden objektivierbaren Sachbeweis ab, mißachtet jedoch, daß dieser durch das Medium eines Menschen forensisch genutzt werden muß; dies ist genau der Punkt, auf den umgekehrt Kritiker des Sachverständigenbeweises entscheidendes Gewicht legen. Sicherlich hat auch dieses Beweismittel seine ihm eigenen Fehlerquellen, die aber doch weithin anders als beim Beschuldigten oder Zeugen liegen. Klar aber sollte doch sein, daß diese Entwicklung des Strafverfahrens der Kriminalistik gewaltige Impulse gab."

1. Allgemeine Fragen zur Kriminaltechnik (KT)

Ein weiterer – für die wissenschaftliche Kriminalistik wesentlicher – Impuls ging von den Fortschritten der Naturwissenschaften aus. Dieser – sich ständig vergrößernde Erkenntnisstand – mußte zwangsläufig in Verbindung mit verfeinerten Untersuchungsmethoden die Verwissenschaftlichung der Kriminalistik vorantreiben.

Die Entwicklung der Kriminaltechnik verlief in dieser Epoche eindrucksvoll und vielgestaltig. Die größten Fortschritte zeigten sich im Bereich der gerichtlichen Medizin. Zu verfeinerten Methoden der Thanatologie (Lehre vom Tod) kamen ebenfalls gegen Ende des 19. Jahrhunderts die für die moderne Kriminaltechnik wesentlichen Blut- und serologischen Untersuchungen hinzu. Ermittler konnten immer häufiger auf chemisch/ toxikologische sowie auf physikalische Methoden zurückgreifen.

Waren die ersten Schußwaffensachverständigen mit Handwerkern aus dem Büchsenmacherbereich zu vergleichen, so entwickelte sich die Ballistik zu einem der wichtigsten Spezialgebiete. LACASSAGNE entdeckte 1899 in Lyon, daß bei Schußwaffen mit gezogenen Läufen hervorragende Möglichkeiten zur Identifizierung bestanden.

Die Physik und Chemie begannen für die Zwecke der Kriminaltechnik die Spektrographie zu nutzen.

Die seit Jahrhunderten in Asien bekannten Phänomene der Daktyloskopie wurden von den Engländern HERSCHEL, FAULDS, GALTON und HENRY systematisiert. Hier wurde eines der wichtigsten Instrumente zur Personenidentifizierung geschaffen, das beim Erkennungsdienst (ED) der Kriminalpolizei zu Hause ist, im Unterschied zu den anderen Formen der Kriminaltechnik. Der Franzose ALPHONSE BERTILLON führte die Fotografie und sein Personenmeßverfahren (Anthropometrie) in die kriminalistische Nutzung ein. Auch für die Nutzung dieses Instrumentes ist der ED zuständig.

Nunmehr konnten biologische Methoden bei Haaranalysen, bei Erd- und Staubspuren eingesetzt werden, hier setzte die Mikrobiologie neue Maßstäbe.

Der Handschriftenvergleich gewann neue Bedeutung, obwohl er in der bekannten Affäre Dreyfus zu einem Fehlurteil führte. Der Handschriftenvergleich hat sich dennoch zu einem Instrumentarium entwickelt, um schreibende Rechtsbrecher zu identifizieren.

Typisch für die Denkweise des ausgehenden 19. Jahrhunderts ist die Romanfigur von Conan Doyle, der berühmte Sherlock Holmes. Er klärt seine Fälle primär durch die Kunst der logischen Schlußfolgerung (method of deduction) und verwendet naturwissenschaftliche Methoden bei der Spurensuche. Heute sind diese Methoden längst überholt, aber diese Figur hat auch Eingang in die wissenschaftliche Literatur genommen und besitzt noch heute eine Vorbildfunktion.[5]

Zum heutigen Stand der Kriminaltechnik äußert sich WOLFGANG STEINKE[6] und hebt hervor, daß mit immer kleineren Probenmengen immer genauere Ergebnisse erzielt werden können.

---

[5] Vgl. Herren 1982.
[6] in Kriminalistik, Handbuch für Praxis und Wissenschaft, Bd. 1, 1992.

Mit dem Auge nicht mehr sichtbare Teilchen ermöglichen eine exakte qualitative Rauschmittelanalytik, winzigste Schmauchpartikelchen reichen zur Bestimmung der verwendeten Munition, kleinste Ablagerungen ergeben Aufschluß über die Sprengstoffzusammensetzung, und winzigste Lacksplitter ermöglichen die Bestimmung der Marke, des Baujahres und der Farbe eines Fluchtfahrzeuges. Der kleinste Glassplitter ermöglicht die Zuordnung zu Autoglas, Fensterglas oder Behälterglas, die Entfernungsbestimmung eines Schusses ist schon fast Routine. Die Zuordnung von Sperma, Speichel, Blut, Haaren, ja Fingernägeln zu einem Individuum ist Wirklichkeit. Alles am Menschen ist individuell, so wie sein Fingerabdruck, die Stimme, die Iris, der Gang, das Blut, der Zahninhalt, die Handschrift, alles ermöglicht Zuordnungen, wie sie vor Jahrzehnten noch nicht denkbar waren. Das perfekte Verbrechen rückt in immer größere Ferne.

Arbeits- und Aufgabenbereiche in der heutigen Kriminaltechnik[7]

Arbeitsbereich: *Allgemeine Biologie*
 Aufgabe: Allgemeine und spezielle Mikroskopie, Morphologie, histologische und cytologische Untersuchungen von biologischem Material.

Arbeitsbereich: *Allgemeine Materialuntersuchungen Chemie*
 Aufgabe: Nachweis, Identifizierung, Quantifizierung und Vergleich chemischer Elemente, Stoffe und Zubereitungen sowie chemisch-technischer Produkte und chemischer Fangstoffe.

Arbeitsbereich: *Allgemeine Materialuntersuchungen Physik*
 Aufgabe: Nachweis, Identifizierung, Quantifizierung und Vergleich überwiegend anorganischer Materialien und Spuren wie Glas, Metall, Baustoffe, sowie von Lacken und Farben; Untersuchung von Glühlampen und technische Begutachtungen.

Arbeitsbereich: *Ausweise*
 Aufgabe: Kriminaltechnische Untersuchung, Echtheitsprüfung in- und ausländischer Personaldokumente.

Arbeitsbereich: *Blutalkoholbestimmungen*
 Aufgabe: Quantitative Bestimmung des Blutalkoholgehaltes.

Arbeitsbereich: *Ballistik/Waffentechnik*
 Aufgabe: Versuche mit Schußwaffen; ballistische Untersuchungen; technische und waffenrechtliche Beurteilung von Waffen, Munition und Geräten im Sinne des WaffG, Rekonstruktion von Schußereignissen.

---
7 Quelle: AG Kripo: Grundsätze der Qualitätssicherung in der Kriminaltechnik/Anlage 1, 1996.

1. Allgemeine Fragen zur Kriminaltechnik (KT)

Arbeitsbereich: *Brände, Raumexplosionen*
 Aufgabe: Feststellung von Brand- und Explosionsursachen, Technische Untersuchung und Rekonstruktion von Brand- und Explosionsereignissen, Nachweis von Brandlegungsmitteln, Untersuchung von Brandvorrichtungen, Beurteilung des Zünd- und Abbrandverhaltens von Brennstoffen und bei technisch bedingten Unglücksfällen, elektrische Brandursachen, Stromunfälle.

Arbeitsbereich: *Daktyloskopie/Erkennungsdienst*
 Aufgabe: Spurenauswertung zum Zwecke der Identifizierung von Spurenverursachern, ed-Behandlungen, Leichendaktyloskopie in Problemfällen, Führung der erkennungsdienstlichen Sammlungen.

Arbeitsbereich: *Delaborierung unkonventioneller Spreng- und Brandvorrichtungen (USBV)*
 Aufgabe: Delaborierung von USBV, Untersuchung von Spreng- und Zündvorrichtungen auf Funktionsfähigkeit und Wirkung.

Arbeitsbereich: *Druck- und Stempelschriften*
 Aufgabe: Untersuchung von Druckerzeugnissen sowie Kopier- und Vervielfältigungsprodukten, Echtheitsprüfung, Druckschriften-Vergleichssammlung.

Arbeitsbereich: *Explosivstoffe/Sprengvorrichtungen/Munition*
 Aufgabe: Chemische und physikalische Untersuchungen von Sprengstoffen und Zündmitteln; Untersuchung von Spreng- und Zündvorrichtungen auf Funktionsfähigkeit und Wirkung.

Arbeitsbereich: *EDV-Beweismittel*
 Aufgabe: Untersuchung von Datenträgern, Wiederherstellung gelöschter Daten.

Arbeitsbereich: *Elektronik*
 Aufgabe: Untersuchung elektronischer Bauteile und Schaltungen.

Arbeitsbereich: *Handschriften*
 Aufgabe: Handschriftenvergleich.

Arbeitsbereich: *Linguistik*
 Aufgabe: Textanalyse und textvergleichende Untersuchungen.

Arbeitsbereich: *Maschinenschriften*
 Aufgabe: Maschinenschriftexpertisen, Schreibmaschinen-Vergleichssammlung, Druckerbestimmung und -vergleich.

Arbeitsbereich: *Mikrobiologie, Bodenkunde*
 Aufgabe: Allgemeine und spezielle Mikrobiologie, Bodenmorphologie, Bodenanalysen.

Arbeitsbereich: *Physikalisch/Chemische Urkundenprüfung*
Aufgabe: Nachweis von Fälschungsmerkmalen, Prüfung von Papieren, Klebstoffen, Schreibmitteln und anderen urkundenrelevanten Materialien, Sichtbarmachung latenter oder überdeckter Eintragungen, Schreibmittelvergleich, Altersbestimmung, Bestimmung der Schriftentstehungsfolge, Trennspurenauswertung, Untersuchung von Briefen auf Zwischenöffnung.

Arbeitsbereich: *Schußspuren*
Aufgabe: Untersuchung von Schmauch- und sonstigen Schußspuren mit dem Ziel der Rekonstruktion von Schußereignissen, insbesondere der Bestimmung von Schußrichtung und -entfernung sowie des Schußhandnachweises.

Arbeitsbereich: *Schußwaffenspuren*
Aufgabe: Untersuchung und Identifizierung von Schußwaffen und Munitionsteilen.

Arbeitsbereich: *Serologie*
Aufgabe: Untersuchungen an Blut-, Sekret- und anderen Spuren menschlicher Herkunft, Identifizierung der Spurenarten und Individualisierung durch vergleichende Analysen genetisch determinierter Merkmalssysteme.

Arbeitsbereich: *Sprechererkennung*
Aufgabe: Erstellen von Stimmenanalysen und -vergleichen, Untersuchung von Geräuschen und fernmeldetechnischen Charakteristika, Verbesserung von Tonaufzeichnungen mit schlechter Textverständlichkeit.

Arbeitsbereich: *Technische Formspuren*
Aufgabe: Bewertung von Spuren und Zuordnung der Verursacher (Werkzeuge und sonstiger Gegenstände) in den Bereichen:
– allgemeine Werkzeugspuren
– Schloß und Schlüssel
– Reifen- und Schuhspuren
– Handschuhspuren
sowie Paßstückuntersuchungen, Glasbruchuntersuchungen, Untersuchungen von Sicherungseinrichtungen an Kraftfahrzeugen, Wiedersichtbarmachung entfernter Kennzeichnungen, Abformtechnik und Oberflächenabtastverfahren.

Arbeitsbereich: *Textile Spuren*
Aufgabe: Untersuchungen und Vergleich von textilen Mikrospuren, Begutachtung von Beschädigungen an Kleidungsstücken und von textilen Geweberückständen, Rekonstruktion der Insassensitzposition nach Verkehrsunfällen.

Arbeitsbereich: *Toxikologie*
Aufgabe: Untersuchung von Leichenteilen, Organen, Körperflüssigkeiten, Erbrochenem, Lebens- und Arzneimitteln, Behältnissen und sonstigen Beweismitteln auf Giftstoffe und Betäubungsmittel.

Arbeitsbereich: *Umwelt*
 Aufgabe: Untersuchung von Boden-, Gewässer- und Luftproben sowie von sonstigen Beweismitteln hinsichtlich umweltrelevanter Schadstoffe, Untersuchungen auf umweltgefährdende Stoffe bzw. Umweltgifte.

1.3 Nach welchen Rechtsgrundlagen wird Kriminaltechnik angewendet?

Grundlage für den Einsatz der KT ist der *Generalauftrag der StPO § 163* für die Polizei, der nicht nur den Auftrag zur Verfolgung des Tatverdächtigen erteilt, sondern auch eine eindeutige Weisung zur Beweissicherung enthält: „Die Behörden und Beamten des Polizeidienstes haben (...) alle keinen Aufschub gestattenden Anordnungen zu treffen, um die Verdunklung der Sache zu verhüten."

In der Praxis bedeutet dieser gesetzliche Auftrag, daß Polizeibeamte nach Beweismitteln zu suchen haben, diese sichern und auswerten müssen, um die Tat bei der Gerichtsverhandlung zweifelsfrei rekonstruieren zu können.[8]

Das *Ordnungswidrigkeitenrecht* enthält in den §§ 46 und 53 einen identisch formulierten Auftrag.

Die *PDV 100* formuliert als bundesweit geltende Dienstvorschrift für die Polizei weitere Einzelheiten, unter Ziff. 2.3 sind allgemeine Maßnahmen zur Verbrechensbekämpfung erläutert. Zur Beweissicherung sind insbesondere die Ziff. 2.3.2.2 bis 2.3.2.4 als Auftrag zu verstehen (Sicherungsangriff, Auswertungsangriff und Tatortbefundbericht).

Ausführliche Einzelheiten der Spurensuche regelt der Leitfaden (LF 385) über Tatortarbeit (VS-NfD).

Die mit dem 22.3.97 in Kraft getretene Regelung (Strafrechtsverfahrensänderungsgesetz „DNA-Analyse" vom 17.3.1997, StVÄG) läßt eine technisch/wissenschaftliche Ausnutzung der DNA-Analytik nicht zu, sondern wirkt einschränkend. Schon jetzt kann mit großer Sicherheit gesagt werden, es kann bei der aktuellen Gesetzeslage keine rechtlichen Möglichkeiten wie in der Daktyloskopie geben, die (wie etwa die 2. Alternative des § 81 b StPO) zur Erstellung von Datenbanken und Sammlungen führt.

Die §§ 81a, d, e, und f StPO gestatten die *körperliche Untersuchung bei Beschuldigten* und § 81c von *Zeugen*, die von der *körperlichen Durchsuchungen* gem. §§ 102 und 103 StPO zu unterscheiden sind. Bei den Eingriffen nach § 81 a und 81c StPO ist die Untersuchungshandlung durch einen Arzt zwingend vorgeschrieben, dies gilt besonders, wenn die Voraussetzungen des § 81d vorliegen: körperliche Untersuchungen bei Frauen. Der Grundsatz der Verhältnismäßigkeit ist in diesem Gesetzesbereich[9] ausdrücklich betont. Untersuchungen für die Zwecke der Kriminaltechnik in diesem Sinne sind beispielsweise alle Blutent-

---

8 Landesrecht: Alle Bundesländer verfügen über ein adäquate Gesetzeslage im jeweiligen Landesrecht. In Berlin wirkt beispielsweise als Landesrecht das ASOG (Allgemeines Sicherheits- und Ordnungsgesetz Berlin). § 1 enthält beispielsweise den Auftrag zur Gefahrenabwehr und zur Strafverfolgung. Eine gezielte kriminaltechnische Maßnahme, nämlich die erkennungsdienstliche Behandlung, wird konkret im § 23 ASOG beschrieben.
9 Bitte selbst in den Gesetzestext einlesen.

nahmen.[10] Die Erweiterung des § 81a in Hinsicht auf die DNA-Analytik durch den Absatz 3 und die §§ 81e und 81f StPO (Anordnung nur durch den Richter) zeigt den äußerst sensiblen Umgang des Gesetzgebers mit dieser Untersuchungsmethode. Hier sind besonders die Aufbewahrungsfristen (§ 81a Abs. 3 StPO) und die Anonymisierung des Spurenmaterials (§ 81f Abs. 2 StPO) zu beachten. Die Anonymisierung hat durch den Sachbearbeiter der Ermittlungsakte zu erfolgen, sie kann nach aktueller Gesetzeslage nicht durch die Kriminaltechnischen Institute oder durch die Gerichtsmedizin durchgeführt werden. In der Ermittlungsakte ist eindeutig die Spurenherkunft mit Personaldaten zu dokumentieren, Verwechslungen müssen mit absoluter Sicherheit ausgeschlossen werden.

Die körperlichen und räumlichen Durchsuchungen (nach §§ 102 bei Verdächtigen und 103 StPO bei anderen Personen) betreffen die im Mittelpunkt der Kriminaltechnik stehende Spurensuche und -sicherung an der Körperoberfläche und an und in der Kleidung, wie sie Gegenstand dieser Schrift sind.

Bei *Verstorbenen* sind Blutentnahmen nach § 94 StPO zulässig.

Obwohl die Maßnahmen des *Erkennungsdienstes* nicht Schwerpunkt dieser Ausführungen sind, sondern in Abschnitt 12 separat behandelt werden, soll die Rechtsvorschrift des § 81b StPO als kriminaltechnische Grundlage hier erwähnt werden. Die hier möglichen erkennungsdienstlichen Maßnahmen beinhalten – neben der Gerichtsmedizin und den Untersuchungsgegenständen der Kriminaltechnischen Institute – einen Teil dieser Kriminaltechnik (Personenidentifizierung durch Daktyloskopie, Personenfotografie, Personenmeßverfahren, Feststellung äußerer körperlicher Merkmale etc.).

Die Polizei hat im Ermittlungsverfahren nicht nur Beweismittel zu suchen, die den Täter belasten, sondern auch selbstverständlich solche Beweismittel zu suchen und zu sichern, die für die Unschuld eines Menschen sprechen. Durch polizeiliche Beweissicherung sollen Tatsachen und Geschehensabläufe vollständig – objektiv nachprüfbar – und rekonstruierbar dokumentiert werden. Sie sind insbesondere im Strafverfahren Grundlage der Rechtsfindung (PDV 100, Ziff. 2.1.3.1).

Art und Umfang der Beweissicherung werden vom Einzelfall bestimmt, dazu gehören

Spurensuche, Spurensicherung, Spurenauswertung (*Sachbeweis*),
sachgerechtes Aufnehmen und Festhalten von Aussagen (*Personalbeweis*).

Die *Grenzen der Beweissicherung* bestehen bei den

– wissenschaftlich/technischen Möglichkeiten,
– ethisch/rechtlichen Bedingungen,
– prozeßökonomischen Bedingungen,
– qualitativen und quantitativen personellen Bedingungen.

---

10 Serologische Untersuchungen von Spuren.

1. Allgemeine Fragen zur Kriminaltechnik (KT)

Dem auf der Auswertung von Spuren beruhenden Sachbeweis kommt seit Jahren eine ständig wachsende Bedeutung zu. Sie beruht auf der Erkenntnis, daß menschliche Aussagen über den Ablauf eines Geschehnisses oft sehr unzulänglich sind, und

- der Notwendigkeit, die kriminalpolizeilichen Arbeitsmethoden den sich wandelnden gesellschaftlichen[11], strafverfahrensrechtlichen Gegebenheiten und kriminellen Erscheinungsformen anzupassen, sowie
- der Tatsache, daß durch die Kriminaltechnik immer wieder leistungsfähigere Untersuchungsmöglichkeiten erschlossen werden.

Große Herausforderungen brachten auch die veränderten Defensivstrategien von Beschuldigten und Angeklagten innerhalb der Terrorismusprozesse der 70er und 80er Jahre.

Die Kriminalpolizei hat sich frühzeitig den Herausforderungen gestellt und die kriminaltechnischen Untersuchungsstellen beim Bundeskriminalamt sowie in den einzelnen Bundesländern an die neue Herausforderung angepaßt.

Eine wesentliche Voraussetzung für eine erfolgversprechende Untersuchung bleibt nach wie vor eine gründliche Spurensuche und eine sachgemäße Sicherung dieser Spuren. Die Erfahrung zeigt, wie die kriminaltechnischen Sachverständigen bei der Bewertung der Untersuchungsergebnisse die sehr weitgehenden Möglichkeiten moderner Untersuchungsverfahren ausschöpfen können, wenn auch die Spurensicherungsmethoden diesem Leistungsstand der Untersuchungstechnik entsprechen. Daher sind bei besonderen Anlässen, wie Kapitalverbrechen oder schwierige Spurenlagen immer die speziell ausgebildeten Beweissicherungskräfte der Kriminaltechnik - in Berlin Institut PTU beim Landeskriminalamt - einzusetzen.

1.4 Qualitätsarbeit – Arbeitsqualität

In Industrie und Wirtschaft sind Unternehmungen ständig bemüht, Produkte und Dienstleistungen von hoher Qualität anzubieten und diesen Standard zu halten. Konsumenten haben ein Qualitätsbewußtsein entwickelt und wählen danach Hersteller und Dienstleister aus. Schulungen des Personals in Hinsicht auf qualitative Maßstäbe – die oft auch einhergehen mit einem sensibilisierten Sicherheitsbewußtsein – sind selbstverständlich geworden.

Wie wird dort Qualität gemessen? Die Wirtschaft mißt diesen Faktor in Geld! Wieviel kostet es, ein Produkt nachzubessern, wie viele Arbeitsstunden, wie viel Material? Wieviel preiswerter kann ein Produkt oder eine Dienstleistung sein, wenn die Nachbesserungen entfallen können? Wie zufrieden ist der Konsument des Angebots? Diese Fragen bilden die Parameter in der Wirtschaft.

Die Kriminaltechnischen Institute als Dienstleistungsbetriebe innerhalb des großen *Dienstleistungsbetriebes Polizei* mit der Aufgabe Verhütung und Verfolgung von Verbrechen sowie Ordnungswidrigkeiten, hat an sich selbst große An-

---

11 Zu denken ist hier an mafiose Strukturen, OK-Kriminalität Jugendgewalt und Korruption.

sprüche gestellt: Weiterentwicklung und Verfeinerung der Kriminaltechnik und größte Genauigkeit in den wissenschaftlichen Meßmethoden sowie ständige Überwachung und Kalibrierung der eigenen Untersuchungsgeräte.

Gleichzeitig achten Mitarbeiter auf die Einhaltung weltweit anerkannter Qualitätsstandards in den Untersuchungsmethoden und in der Erstellung von Gutachten. Die Mitarbeiter können jedoch nicht ungenügend gesichertes oder infolge mangelhafter Verpackung beschädigtes Spurenmaterial durch irgendwelche Maßnahmen wieder in einen besseren Zustand versetzen. Daher wünschen sie sich auch ein *Qualitätsbewußtsein beim Ersten Angriff*, bei der *Suche und Sicherung des Untersuchungsmaterials*, denn leichtfertig beschädigtes Spurenmaterial ist unwiederbringlich verloren. Das kostet nicht nur Geld – es geht vor allem um die Rechtssicherheit.

2. Welche Arbeitsgebiete hat heute ein modernes kriminaltechnisches Institut?

Die kriminaltechnischen Einrichtungen bei den Landeskriminalämtern und beim Bundeskriminalamt haben die Aufgabe, im jeweiligen Zuständigkeitsbereich im Rahmen der Aufklärung von Straftaten mit naturwissenschaftlichen Methoden unter Ausnutzung moderner technischer Hilfsmittel sachliche Beweise und Spuren zu untersuchen und auszuwerten und damit zur Feststellung des objektiven Sachverhalts beizutragen

2.1 Vorbemerkung

Umfangreiche Beschreibungen sind bei der Frage zu den Sachgebieten der Kriminaltechnischen Institute vorhanden. Auf eine allgemeine – gewissermaßen widersprüchliche – Einteilung sei hier hingewiesen: Die klassische Kriminaltechnik und die naturwissenschaftliche Kriminaltechnik. Die nach der Wortbedeutung naheliegende Vermutung, die klassische Kriminaltechnik würde sich nicht der naturwissenschaftlichen Methoden bedienen, täuscht. Es handelt sich eher um empirisch gewachsene Untersuchungsmethoden auf naturwissenschaftlicher Grundlage, die überwiegend von besonders ausgebildeten Kriminalbeamten angewendet werden. In der wissenschaftlichen Kriminaltechnik arbeiten mehrheitlich an Hochschulen ausgebildete Wissenschaftler ohne eine Ausbildung im polizeilichen Vollzugsdienst. Der scheinbare Widerspruch in der Benennung fällt beispielsweise bei der Zuordnung des Fachbereichs Physik zur klassischen Kriminaltechnik in Berlin auf, klärt sich jedoch, wenn die häufigen Begutachtungen zur Schmauchuntersuchung und Schußentfernungsbestimmungen in Betracht gezogen werden, also die Nähe zur Ballistik deutlich wird. Es handelt sich also häufig um arbeitsökonomische Gesichtspunkte oder um gewachsene Strukturen, nicht unbedingt um reine naturwissenschaftliche Begrenzungen der Fachbereiche.

Ganz allgemein kann davon ausgegangen werden, jedes kriminaltechnische Institut benötigt neben seinen Sachverständigen und Gutachtern sowie deren Hilfskräfte eine logistische Ebene und eine Koordinations- und Führungsgruppe. Auf der Untersuchungsebene ist eine Gliederung in verschiedene Untersuchungs- und Fachbereiche vorhanden, weitere Unterteilungen sind in den meisten Kriminaltechnischen Instituten bei den Bereichen operative Spurensicherung und labororientierte Spurenauswertung zu erkennen.

2.2 Die Behördengutachter und Sachverständigen[1]

Die Arbeit der Gutachter und Sachverständigen ist der Wahrheitsfindung verpflichtet. Die Erfüllung dieser Aufgabe wird hinsichtlich ihrer Ergebnisse nicht immer akzeptiert. Der Beschuldigte oder Angeklagte ist betroffen, wenn ihm die Täterschaft beispielsweise mit textilen Spuren im Mikrobereich nachgewiesen wird. Aber gelegentlich ist auch der Ermittlungsbeamte unzufrieden, weil das Untersuchungsergebnis nicht mit seinem Ermittlungsresultat in Einklang zu bringen ist. Das kann unterschiedlichste Ursachen haben, sowohl eine mangelnde Qualität oder Quantität des eingesandten Untersuchungsmaterials, was zu dem Ergebnis führt, daß die Spur nicht auswertbar ist, als auch schlicht Entlastung des Verdächtigen, weil andere Tatsachen durch die kriminaltechnische Untersuchung bekannt werden.

Zu *Behördengutachtern und Sachverständigen* meint STEINKE: „Die Gutachter von den Landeskriminalämtern und dem Bundeskriminalamt erstatten ihre Gutachten als Behördengutachten im Sinne von § 256 StPO. Damit sind die Behördengutachter den Sachverständigen im Sinne der §§ 72 ff. StPO nicht gleichgestellt. Sie können nicht vereidigt werden, keine Aufträge vom Gericht erhalten und unterliegen in Bezug auf Ablehnung nicht den §§ 72 ff. StPO, und die Gutachten können verlesen werden. So werden nur rund 10% aller Gutachten noch mündlich vertreten, ein erheblicher, praktischer Gesichtspunkt. Allerdings fühlen sich die Behördengutachter, obwohl ein ganzes Institut hinter ihnen steht, qualitativ den privaten Sachverständigen unterlegen. Deshalb wird ihnen generell gestattet, den Sachverständigenstatus über § 75 Abs. 2 StPO zu erhalten, indem sich die Behördengutachter dem Gericht gegenüber zur Gutachtenerstattung bereit erklären. Dies kann schon durch konkludente Handlungen bei der Ladung ‘als Sachverständiger’ erfolgen, spätestens aber im Gerichtssaal in der Hauptverhandlung."

Weiterhin wird in der Literatur ausgeführt, daß die immer verfeinerten Methoden der Kriminaltechnik heute die Verteidiger überfordern, da sie keine fachgerechte Kompetenz den Untersuchungsergebnissen gegenüberstellen können. Daher steht die Meinung im Raum, die Auswertung der Spuren bedürfe der Zustimmung des Spurenlegers, offensichtlich ist hier an eine Art von „spurenkundlichem Datenschutz" gedacht worden. Den mit großem kriminaltechnischem Aufwand arbeitenden Instituten wird vorgeworfen, daß sie „konkurrenzlos" arbeiten würden, weil viele Untersuchungen nur in behördeneigenen Instituten durchgeführt werden können und als weiterer Einwand wird den Gutachtern Befangenheit bis „Jagdinstinkt" unterstellt, besonders, wenn es sich um Vollzugsbeamte handelt, die gleichzeitig gutachterliche Arbeit versehen. Dazu merkt STEINKE noch-mals an, daß die Sachverständigen der Landeskriminalämter die Gutachten im Gegensatz zu den privaten Sachverständigen oder den gerichtsmedizinischen Instituten nicht zum Gelderwerb anfertigen und so die Gefahr von Gefälligkeitsgutachten aus seiner Sicht nicht besteht.

---

[1] Vgl. Steinke und Kriminalistik, Band 1, 1992

2.3 Organisationsschema für die Kriminaltechnik:

Polizeitechnische Untersuchungen – PTU – Landeskriminalamt Berlin [2]

Zuständigkeiten und Aufgaben der Referate

▷ Die Operative PTU
  Spurensicherungstrupp
  Entschärfer für USBV
  Explosiv- und Kampfstoffangelegenheiten
  Spezialtechnik/Täterfallen

▷ Klassische Kriminaltechnik und Physik
  Waffen- und Munitionstechnik
  Physik und Elektrotechnik
  Werkstofftechnik
  Schriften und Urkunden

▷ Chemie und Umwelt
  Allgemeine Chemie
  Umwelt und Explosivstoffe
  Fasern, Haare, Boden

▷ Forensische Toxikologie und Molekularbiologie
  Betäubungsmittel, Toxikologie
  DNA Analytik

▷ Service Einheit
  Personal
  Logistik
  Haushalt
  Aus- u. Fortbildung

▷ Koordination und Assistenz (Führungsgruppe)

---

[2] Beachten Sie bitte die Checkliste am Ende des zweiten Abschnitt als Hilfsmittel für Ihren Arbeitsbereich.

2. Welche Arbeitsgebiete hat heute ein modernes kriminaltechnisches Institut?

Beschreibung der kriminaltechnischen Arbeitsfelder

Referat 1   Zentrale kriminaltechnische Tatortuntersuchung

Gruppe 11   Spurensicherungstrupp
Suche und Sicherung von Textilfaserspuren, Spuren serologischer Körperflüssigkeiten (Blut, Speichel, Sperma usw.), Schmauchspuren nach Schußwaffengebrauch, Schuh- und Reifenspuren, Werkzeugspuren. Fahrzeugöffnungen und Fahrzeugidentifizierungen, Videodokumentation bei schweren und bedeutsamen Straftaten und bei komplizierten Spurenlagen.

Gruppe 12   Entschärfer für unkonventionelle Spreng- und Brandvorrichtungen
Entschärfen, Delaborieren, Untersuchen der Funktionsfähigkeit und Wirkung sowie Vernichten von unkonventionellen Spreng- und Brandvorrichtungen (USBV), besondere kriminaltechnische Untersuchungen nach Sprengstoffanschlägen, physikalische Sprengstoff- und Treibmitteluntersuchungen, Versuchssprengungen, Durchführung von Beschulungssprengungen.

Gruppe 13   Explosiv- und Kampfstoffangelegenheiten [3]
Beseitigung von nichtchemischen Kampfmitteln (Fundmunition) und gewerblichen Explosivstoffen, kriminaltechnische Untersuchung von Munition, nichtchemischen Kampfmitteln, Pyrotechnik und Explosivstoffen im Rahmen von Strafverfahren. Kriminaltechnische Untersuchungen an Schadensorten nach gewerblichen Explosivstoff-Unfällen und Ereignissen, die nicht im Zusammenhang mit USBV-Verursachungen stehen, Unterweisungen mittels der Munitionsstudiensammlung, Ermittlung, Bergung, Beseitigung abgelagerter chemischer Kampfmittel.

Gruppe 14   Spezialtechnik
Täterfallen: Installation und Wartung von Einbruch- und Ereignismeldeanlagen, Video-Langzeit-Überwachungsanlagen. Erstellen von chemischen Täterfallen, Begutachtung kommerzieller Alarmanlagen bei Manipulations- oder Fingierungsverdacht.

Kriminaltechnische Fotografie: Wissenschaftliche und kriminaltechnische Fotografie im Studio, an Tatorten und in den Dienststellen zur Sicherung und zum Vergleich von Spuren unter Einsatz spezifischer Techniken (Makro-, Mikro-, und Lupenbereich, Schwarz/Weiß und Color, Ultraviolett- und Infrarotfotografie). Entwicklung und Einsatz von fotografischen Spezialverfahren im Bereich der kriminaltechnischen Fotografie und Spurendokumentation.

Umwelt-, Chemie- und Brandmeßtrupp: Kriminaltechnische Tatortunterstützung der Polizei und der Feuerwehr mit dem Mobilen Massenspektrometer (MM1) und mit Hilfe anderer moderner „Vor-Ort"-Analysetechnik. Gefahreneinschätzungen, z.B. wenn mit dem Freiwerden von gefährlichen Substanzen zu rechnen ist.

---

[3] siehe auch 2.4.3: Explosiv und Kampfstoffangelegenheiten - eine Berliner Spezialität.

Referat 2   Klassische Kriminaltechnik und Physik

Gruppe 21   Waffen- und Munitionstechnik

Waffenrechtliche Klassifizierung von Hand- und Faustfeuerwaffen (einschließlich automatischer Systeme aller Art), Leistungs- und Wirkungsermittlung von Schußwaffen zur Feststellung der Treffpunktlagen und Bestimmung kinetischer Geschoßenergien, munitionstechnische Untersuchungen zur Bestimmung konstruktiver Geschoß- und Hülsenparameter. Waffenrechtsgutachten nach dem Kriegswaffenkontrollgesetz.

Einleitung und Durchführung von Untersuchungen durch den Schußwaffenerkennungsdienst, Waffenvergleichsbeschuß aller durch behördliche Maßnahmen sichergestellten Schußwaffen, lichtmikroskopische Vergleichsuntersuchungen von Tatmunitionsteilen, Identifizierung, Unterscheidung oder Ausschluß von Tatwaffen und Tatmunitionsteilen.

Auswertung ballistischer Spuren am Tatort, Bestimmung der Schußrichtung sowie Standortbestimmung des Schützen, experimentelle Ballistik im Labor oder in Feldversuchen zur Tatrekonstruktion und Reproduktion von Spurenbildern.

Konstruktionsmäßige Überprüfung von Schreckschuß- und Umbauwaffen, Identifizierung von Umbauwaffen anhand individueller Fertigungsmerkmale, Feststellungen zu Serienstraftaten, Untersuchungen in Hinblick auf Schußwirkungen und -leistungen von Schreckschußwaffen.

Gruppe 22   Physik, Elektrotechnik

Rasterelektronenmikroskopische Untersuchung von Oberflächenspuren (Metall-, Kunststoff- und Glasbrüche), Glühlampen (Brüche), Textilfasern, Schußhanduntersuchungen, Schmauchanalytik, qualitative und quantitative Analyse von Mikrospuren (Anhaftungen aller Art) und von allgemeinen Materialien, Schußwaffenentfernungsbestimmungen, Schmauchnachweis und Schmauchuntersuchungen, Röntgenfluoreszenzanalyse und Röntgenfeinstrukturanalyse, Glasvergleichsuntersuchungen (Brechungsindex), Materialuntersuchungen und Bestimmungen.

Begutachtung zu Ursachen von Bränden und Havarien mit Schwerpunkt elektrotechnischer Untersuchungen, Untersuchungen zu Brandausbruchstellen und zu Brandverläufen, Untersuchungen zu Suiziden, Unfällen mit Gefährdungen im Zusammenhang mit elektrotechnischen Installationen oder Geräten, Versuche und Laboruntersuchungen zu Brandentstehungsursachen.

Gruppe 23   Werkstofftechnik

Untersuchung und Auswertung von Spurenträgern, Untersuchung sichergestellter Werkzeuge mit dem Ziel ihrer Identifizierung im Einzel- und Sammlungsvergleich, Durchführung von Tatspurenvergleichen zur Feststellung von Tatwerkzeugzusammenhängen (Serienstraftaten), Untersuchung von Schlössern und Sicherungseinrichtungen, Paßfähigkeitsuntersuchungen, Material- und Sonderuntersuchungen, z.B. Automatenüberwindung, Ronden, Einsatz von Schweißgeräten etc.

Untersuchungen zur Feststellung von Manipulationen/Verfälschungen von Kfz-Sicherungseinrichtungen mit dem Ziel der Identifizierung von Fahrzeugen und der Feststellung von Verfälschungstechniken, Untersuchungen zu Art und Überwindung/Manipulation von Kfz-Sicherungseinrichtungen und zur Rekonstruktion des Tatablaufs, Wiedersichtbarmachung von Prägezeichen, Sicherung verfälschter Prägezeichen, Schloß- und Schlüsseluntersuchungen im Kraftfahrzeugbereich.

Untersuchung von Schuh-, Handschuh-, Fahrzeug-, Reifenspuren (u.a. Abdruckspuren der menschlichen Haut, in denen keine Papillarleisten enthalten sind, wie Ohren, Stirn, Nase, Kinn, Knie), Durchführungen von Tatspurenvergleichen zur Feststellung von Tatzusammenhängen (Serienstraftaten).

Gruppe 24 Schriften und Urkunden

Fälschungsnachweis, Verstellungsnachweis, Schrifturheberidentifizierung, Handschriftenvergleichung (Textschriften und Unterschriften), Beschaffen von Vergleichsmaterial mit unbefangenen Schreibleistungen und Schriftprobenabnahmen.

Untersuchungen auf dem Gebiet der Ausweis- und Sicherungstechnik (inländische und ausländische Führerscheine, Pässe, Personenstandsurkunden, Kfz-Dokumente). Untersuchung von Druckerzeugnissen, Erkennungsdienst für Druckerzeugnisse, Maschinenschrift-Expertisen, Schreibmaschinenerkennungsdienst, Sichtbarmachen latenter Schreibspuren mittels ESDA (elektrostatisches Oberflächenprüfgerät), Verstärkung ausgebleichter Schriftzeichen mittels chemischer Reaktionen, Untersuchung chemischer Rasuren in Dokumenten (Entzifferungen), Untersuchung von Kopier- und Vervielfältigungsprodukten.

Referat 3 Chemie und Umwelt

Gruppe 31 Allgemeine Chemie

Identifizierung und Vergleichsuntersuchung von Vergaserkraftstoffen und Lösemitteln und sonstiger brennbarer Substanzen (Ausnahme: Chemische Kampfstoffe), Anreicherung und Analyse von Probenmaterial aus Brandschutt, Untersuchung von Lungengewebsproben auf flüssige Brandlegungsmittel.

Vergleichsuntersuchungen und Identifizierung von Fahrzeuglacken zum Zwecke der Lackfahndungshilfe und sonstigen Anstrichstoffen, Kleb- und Kunststoffen, Untersuchung von Dienst- und Prüfsiegelplaketten von Kfz-Kennzeichen und anderen Gegenständen (z.B. Feuerlöschern) auf Fälschungs- und Übertragungsmerkmale anhand der Materialeigenschaften (Folie, Farbe, Klebstoffe) mit chemischen und optischen Mitteln, Analytik und Vergleich von anorganischen Stoffen, chemisch-physikalische Untersuchung von Tinten, Kugelschreiberpasten, Papier etc, Durchführung von Toneranalysen.

Gruppe 32 Umwelt und Explosivstoffe

Sicherheitslabor, chemische Kampfstoffe und Gefahrstoffe, Untersuchungen im Rahmen der Umweltkriminalitätsbekämpfung, Explosiv- und Sprengstoffe, Forschungs- und Entwicklungsprojekte.

Gruppe 33 Fasern, Haare, Boden

Bestimmende und vergleichende textiltechnische Untersuchungen an Fasern, Fäden und Flächengebilden (Gewebe, Gewirken, Gestrick), Untersuchungen von Textilbeschädigungen sowie Paßstücken, bestimmende und vergleichende Untersuchungen von Menschen- und Tierhaaren, bodenkundliche bestimmende und vergleichende Untersuchungen, allgemeine biologische Untersuchungen (Botanik, Zoologie).

Referat 4   Forensische Toxikologie und Molekularbiologie

Gruppe 41   Betäubungsmittel, Toxikologie
Qualitative und quantitative Untersuchung von Substanzgemischen auf Stoffe, die dem Betäubungsmittelgesetz (BtMG) unterliegen, sowie Begleit- und Verschnittstoffe, vergleichende Untersuchung der nachgewiesenen Bestandteile in Substanzgemischen, Untersuchung von Spurenträgern und biologischen Proben auf Stoffe, die dem BtMG unterliegen, Arzneimittel, Gifte und den entsprechenden Abbauprodukten, Bestimmung der Blutalkoholkonzentration in Blutproben (BAK).

Gruppe 42   DNA-Analytik
Bestimmung und vergleichende Untersuchung von Körperflüssigkeiten (Blut, Sperma, Speichel, Vaginalsekret) und entsprechendem Spurenmaterial sowie von Gewebe und Haarwurzeln.

Vergleichende molekularbiologische Untersuchung von Körperflüssigkeiten und Spuren (beispielsweise „Genetischer Fingerabdruck"), Abstammungsuntersuchungen (Zuordnung von Leichenteilen).

Service-Einheit PTU

Personalorganisation
Personalentwicklung, gezielte Einsatzplanung und -steuerung, Personalbetreuung, Stellen- und Arbeitsplatzbeschreibungen.

KT-Lehrer für Aus- und Fortbildung in der Polizei und an der Fachhochschule für Verwaltung und Rechtspflege, Verbindungsaufnahme und Kontaktpflege zu anderen Gliederungseinheiten der Polizei, Erarbeiten von Besuchs-, Informations- und Einweisungsprogrammen für den Bereich des Instituts.

Haushalt
Logistik für das Institut (einschließlich Marktbeobachtung für Kriminal- und Informationstechnik), Bestandserfassung und Nachweisführung, insbesondere unter dem Aspekt der Qualitätssicherung.

Untersuchungsmaterial und Berichtswesen
Qualitätssicherung, Ein- und Ausgang von Proben und Asservaten (Kontrolle, Erfassung und Weitergabe, Versand), Dokumentation und Führen des Elektronischen Tagebuches (ETB), Schreibdienst: Untersuchungsberichte und Gutachten, allgemeiner Schriftverkehr.

Koordination und Assistenz

Schwerpunktumfassende polizeifachliche Beratung und konzeptionelle Unterstützung für die Institutsleitung, Bearbeitung von Grundsatzangelegenheiten und Koordination von referatsübergreifenden Angelegenheiten.

An dieser Stelle – am Ende der umfangreichen Aufzählung von Sachgebieten – wird deutlich, warum diese Einrichtung nicht mehr „nur" Kriminaltechnik heißt, sondern daraus der Begriff Polizeitechnik geworden ist. Die Aufgaben dieses Berliner Institutes der Polizei beschränken sich – durch die Zuweisung von Ordnungsaufgaben, wie Kampfmittelbeseitigung – längst nicht mehr auf die „herkömmliche Kriminaltechnik".

2.4 Arbeitsfelder der Operativen Kriminaltechnik

Bei besonders schweren Delikten oder bei schwierigen Spurenlagen, bei der Anwendung von Observationstechnik und bei der Identifizierung von Gefahrstoffen sowie bei der Beseitigung von Kampfmitteln oder unkonventionellen Spreng- und Brandvorrichtungen vollbringt die Operative Kriminaltechnik im täglichen Dienst erhebliche Leistungen in der Verfolgung und Verhütung von Verbrechen sowie bei der Gefahrenabwehr. Eine rechtzeitige Anforderung und effiziente Zusammenarbeit mit den Kräften am Ereignisort – der Schutz- und Kriminalpolizei – bildet die Grundlage für diese Form der Kriminal- und Polizeitechnik. Mit dem Tatortreferat ist eine klare und eindeutige Entscheidungs- und Verantwortungsstruktur durch Zusammenfassung sämtlicher originärer kriminaltechnischer Tatortaktivitäten und übertragener Ordnungsaufgaben in einer einzigen Organisationseinheit beim LKA Berlin entstanden. Das Ziel ist eine schnelle, effektive und effiziente wissenschaftlich-technische Dienstleistung für die polizeiliche Ermittlungsarbeit und die Führung des Sachbeweises vor Gericht durch Einsatz von Personal und Sachmitteln, Spezialtechnik und Rufbereitschaft.

2.4.1 Der Tatorttrupp

Der Tatort ist die wichtigste Quelle zur Suche und Sicherung von Spuren und Beweismitteln und daher entscheidend für den Erfolg der kriminalistischen und kriminaltechnischen Untersuchung – der Aufklärung der Straftat. Bei der Aufklärung von Kapitalverbrechen und der Bekämpfung der organisierten Kriminalität – hier schweigen die Zeugen – gewinnt der Sachbeweis immer mehr an Bedeutung, dementsprechend steigt die Anzahl der Einsätze, vor allem die qualitativen Anforderungen an diese spezielle Form der Kriminaltechnik.

Der Einsatz des Tatorttrupps konzentriert sich auf bedeutsame Fälle und schwere Straftaten, die

- ein umfassendes Fachwissen und Erfahrungsspektrum im gesamten Bereich von Spurensuche und Sicherungstechnik erfordern, über das nur die Fachkräfte des Tatorttrupps des Instituts PTU verfügen und/oder
- Spezialtechnik und -kenntnisse voraussetzen, die allein und zentral bei den Kriminaltechnischen Instituten vorhanden sind und für eine leistungsfähige Tatortarbeit sowie sichere Bewertung der Situation Voraussetzung sind (Beispiele: Entschärfer für unkonventionelle Brand- und Sprengsätze, Feuerwerker, Spezialisten für Brand- und Umweltanalytik, für Fangstoffe und Täterfallen). Für weniger schwerwiegende Fälle und unproblematische Spurenlagen üben jedoch weiter die Spurensicherungsbeamten der örtlichen Dienststellen die Tatortarbeit aus;
- den Einsatz von Spezialtechnik bei der Fotografie von gesicherten Spuren und Spurenträgern unter Studioverhältnissen erfordern (siehe auch Anmerkungen zur allgemeinen und Tatortfotografie).

Die Sicherung kriminaltechnischer Spuren am Tatort durch die Fachkräfte des Tatortreferates erfolgt gezielt bei:

- schweren, bedeutsamen Straftaten,
- komplizierten Spurenlagen,
- serologischen Spuren,
- Faserspuren,
- Schmauchspuren,
- Schuh- und Reifenspuren,
- Fahrzeuglackproben,
- Tatortkomplexen, die sich nur mit zentral vorgehaltenen Spezialgeräten und speziellem Fachwissen – wie oben angeführt – kompetent bearbeiten lassen.

Weiterhin liegt hier eine Spezialisierung für die Öffnung von Fahrzeugen vor und es sind die technischen Möglichkeiten vorhanden, vom Tatort und der Spurensituation eine Videodokumentation zu erstellen.

2.4.2 USBV-Entschärfer

Unkonventionelle Spreng- und Brandvorrichtungen (USBV) sind selbsthergestellte, veränderte oder mißbräuchlich benutzte gewerbliche oder militärische Vorrichtungen, die eine Explosion oder einen Brand herbeiführen können und dadurch Leib oder Leben von Menschen und/oder Sachen gefährden [4].

Besondere Vorsichtsmaßnahmen müssen bei der Sicherstellung sprengstoffverdächtiger Gegenstände beachtet werden. Als verdächtig sind alle Sendungen oder Fundstücke anzusehen, wenn bestimmte Umstände und Merkmale mit einer gewissen Wahrscheinlichkeit annehmen lassen, daß die Sendung oder das Fundstück Sprengstoff enthält und dadurch eine Gefährdung oder Beunruhigung von Personen oder eine Sabotage- oder Attentatshandlung herbeigeführt werden kann.

Hinweise, die auf eine unkonventionelle Spreng- oder Brandvorrichtung schließen lassen, ergeben sich aus

- der Art, der Beschaffenheit oder Herkunft, beispielsweise erkennbar angebrachte zusätzliche Teile, wie Uhren, Batterien, Steckverbindungen, Drähte, Klebebänder zu beliebigen technischen Geräten, wie Feuerlöschern, Gasflaschen, Stahl- oder Blechbehältnissen,
- der Unterbringung der beispielhaft aufgeführten Behältnisse in Tragevorrichtungen, Taschen, Plastiktragetüten o.ä.,
- dem Fehlen jeglicher Herkunftsbezeichnung,
- dem optisch nicht überprüfbaren Zustand,
- Geräuschen im Inneren des Gegenstandes (Ticken, Zischen),

---

[4] Vgl. für Berlin GA LPolDir Nr. 6/1992 über Maßnahmen bei Ankündigung oder Verdacht von Sprengstoffverbrechen und Verseuchungen.

2. Welche Arbeitsgebiete hat heute ein modernes kriminaltechnisches Institut?

- der Lage und Besonderheit des Fundortes,
- der Persönlichkeit des Empfängers,
- Drohungen, die gegen den Empfänger oder den Personenkreis, dem er angehört, geäußert wurden,
- der Vermutung politischer Hintergründe,
- der Besonderheit der Anschrift („nur persönlich öffnen"),
- dem Vorliegen einer Warnmeldung.

Ferner ergeben sich Hinweise aus der Art der Zustellung oder Hinterlegung. Denkbar sind Zustellungen durch die Post, durch Boten, Lieferanten oder andere Personen, durch offene oder versteckte Hinterlegung. Bei Feststellung derartiger Behältnisse mit Hinweisen auf USBV ist sofort der Lagedienst zu benachrichtigen. Entsprechend ist der Fundort mehr oder weniger weiträumig abzusperren und die Ernsthaftigkeit einer Sprengstoffdrohung zu beurteilen. Dabei darf die Spreng- oder Brandlegeeinrichtung nicht berührt werden. Die Meldung an den Lagedienst soll mindestens folgende Fakten enthalten:

- Zeit und Ort,
- kurze Sachverhaltsschilderung,
- Beschreibung des Gegenstandes,
- ggf. Angaben über Absender und Empfänger,
- ggf. Personalien und Anschrift des Finders,
- bisher getroffene Maßnahmen,
- meldende Dienststelle.

Am Einsatzort ist der Entschärfer für alle in Verbindung mit der Gefahrenbeseitigung zu treffenden Maßnahmen uneingeschränkt *weisungsbefugt*. Er überprüft die bisher getroffenen Sicherungsmaßnahmen und gibt erforderlichenfalls weitere Anweisungen. Für die Entschärfung von unkonventionellen Spreng- und Brandvorrichtungen sind die speziell ausgebildeten Entschärfer des Instituts PTU zuständig. Je nach Sachlage ziehen diese die Feuerwerker oder die Chemie-Feuerwerker des Instituts hinzu, die weitere notwendige Maßnahmen treffen.

Die *Spurensicherung* am sprengstoffverdächtigen Gegenstand oder in gefährlicher Nähe ist erst nach Entschärfung durchzuführen.

Es sind sofort *Ermittlungen* nach Absender und Empfänger der verdächtigen Sendung, dem Überbringer des verdächtigen Gegenstandes oder der Person, die den sprengstoffverdächtigen Gegenstand abgelegt hat, aufzunehmen.

Die Behandlung von USBV ist die Aufgabe des Entschärfers. Sie umfaßt

- das Prüfen (zum Beispiel optisch, akustisch, elektronisch, röntgenologisch und mechanisch auf Spreng-, Zünd- und Brandvorrichtungen),
- das Entschärfen (beispielsweise Überwinden von Sprengfallen, Öffnen von USBV, Trennen der Zündkette, Unterbrechen der Zündauslösevorrichtung, Neutralisieren, Phlegmatisieren),
- das Beseitigen (Vernichten, Transportvorbehandlung, Verladen, Transportieren der USBV oder ihrer Teile).

Die Kräfte der Schutzpolizei übernehmen die Sicherung des Transportes und die Abschirmung gegenüber anderen Verkehrsteilnehmern nach Rücksprache mit dem verantwortlichen Entschärfer. Das kriminaltechnische Institut führt die erforderlichen Untersuchungen über den Aufbau der USBV und die verwendeten Tatmittel durch. Weisen die in den Sprengladungen enthaltenen Gegenstände Tat- oder Täterzusammenhänge auf, die eine ländergrenzenüberschreitende Bedeutung haben, wirkt das BKA bei der Auswertung an USBV mit.

In der Ausbildung und zur Eigensicherung führen die Fachkräfte Schulungen und sogenannte Lehrsprengungen durch, die oft erst mit ihren Erscheinungen ein einprägsames Bild der Gefahren bei den Auszubildenden hinterlassen.

2.4.3 Explosiv- und Kampfstoffangelegenheiten – eine Berliner Spezialität[5]

Beseitigung von Kampfmitteln und Explosivstoffen: Auch 50 Jahre nach Beendigung des zweiten Weltkrieges befassen sich Polizeibeamte des Landeskriminalamtes Berlin, Institut Polizeitechnische Untersuchungen, mit der Beseitigung von Kampfmitteln. In Berlin ist dieser Bereich der Gefahrenabwehr dem Polizeipräsidenten als Ordnungsaufgabe zugewiesen, während sich die Zuständigkeit der Senatsverwaltung für Bauen, Wohnen und Verkehr auf die Teilbereiche „Ermittlung und Bergung nichttechnischer Kampfmittel" erstreckt. Kampfmittel sind deshalb gefährlich, weil die in ihnen enthaltenen Explosivstoffe grundsätzlich gegenüber Stoß, Reibung, Funken und elektrischer Energie empfindlich sind. Eingebaute Sicherungssysteme sind bei Blindgängern außer Kraft. Geringe Stöße, aber auch Lage- und Temperaturveränderungen können das Kampfmittel vorzeitig detonieren lassen. Bei Brandmunition reicht abfallender Sand aus, um zum Beispiel eine Phosphorbombe durch Luftzutritt abbrennen zu lassen. Zusätzlich nimmt die Gefährlichkeit im Laufe der Jahre durch chemische Veränderungen der Ladungsstoffe, zunehmende Durchrostung von Sicherungssystemen und Schutzhüllen weiterhin zu. Schädigende Umwelteinflüsse durch toxische Ladungsstoffe müssen unterstellt werden.

Eine besondere Gefahr für den *Polizeifeuerwerker* besteht bei der Behandlung von Kampfmitteln mit vorgespannten oder chemischen Zündsystemen, wie sie zum Beispiel bei der deutschen Panzergranate Kal. 8,8 cm oder bei Bomben mit Langzeitzündern anzutreffen sind. Diese Kampfmittel sind zunächst transportunsicher, so daß der Polizeifeuerwerker am Fundort den Gegenstand sprengen oder die Zündkette durch geeignete Maßnahmen unterbrechen (entschärfen) muß.[6]

Sobald der Polizeifeuerwerker die Transportsicherheit hergestellt hat, wird das Kampfmittel aus dem Stadtgebiet heraus zum Sprengplatz Grunewald transportiert, dort weiterbearbeitet und im Rahmen von Großsprengungen vernichtet.

---

[5] Landesrecht: Eine Berliner Spezialität ist für die Kriminaltechnik die Kampfmittelbeseitigung. Hierunter ist das Entschärfen und Beseitigen von Kriegsmunition - die in Berlin als Reste des 2. Weltkrieges reichlich vorhanden sind - zu verstehen. Diese Aufgabe ist der Polizei als Ordnungsaufgabe gemäß § 23 Nr. 6 OrdZG übertragen worden.
[6] So wurden beispielsweise 1.847 t Munition in den Jahren 1975 bis 1995 geborgen, 1.332 Spreng- und Brandbomben entschärft und vernichtet.

2.4.4 Untersuchung an Kampfmitteln und Explosivstoffen

Ein weiteres Aufgabengebiet der Polizeifeuerwerker des Institutes PTU besteht in der Untersuchung von Kampfmitteln und Explosivstoffen im Rahmen von Strafverfahren bzw. der Beteiligung bei Explosionsunglücken in Verbindung mit Explosivstoffen. Die Bandbreite der Kampfmittel umfaßt solche aus den Weltkriegen, aber auch die der Nato und des ehemaligen Warschauer Paktes.

Nach der Wiedervereinigung hat gerade dieses Arbeitsfeld eine intensivere Ausgestaltung erfahren. Nach Fortfall alliierter Anordnungen, zum Beispiel Kontrollratsgesetz Nr. 43 vom 20.12.1946, muß nun bei jedem Untersuchungsgegenstand im Einzelfall ein Verstoß gegen das Sprengstoffgesetz (SprengG), Kriegswaffenkontrollgesetz (KWKG) bzw. Waffengesetz (WaffG) nachgewiesen werden. Das erfordert spezielle Öffnungstechniken und Nachweisverfahren für das Vorhandensein von Explosivstoffen sowie der Funktionstüchtigkeit von Kampfmitteln. Fachwissen und Gerätetechnik (Analysen- und Röntgentechnik) benachbarter Sachgebiete des Institutes werden erforderlichenfalls ergänzend eingesetzt.

Diesem vermehrten Untersuchungsaufwand, dem notwendigen Sicherheitsstandard für das Untersuchungspersonal, verbunden mit der steigenden Zahl der Untersuchungen wird durch ein Untersuchungslabor für Kampfmittel und Explosivstoffe Rechnung getragen.

Lagerung und Entschärfung von Kampfmitteln erfolgen auf einem Sprengplatz Grunewald, der eine zentrale und verkehrsgünstige Lage aufweisen sollte, verbunden mit der notwendigen Infrastruktur für Explosivstoffbearbeitungen (Munitionsbearbeitungshaus, Labor, Sprengfeld, Sprengbunker, Splittergarten, Asservatenlager, Sprengstofflager). Die Sprengplätze stellen eine unverzichtbare Einrichtung für die betroffenen Sachgebiete dar und dienen damit polizeilicher Aufgabenbewältigung.

2.4.5 Spezialtechnik: Täterfallen

Was sind Täterfallen? Bei immer wiederkehrenden Straftaten, besonders bei Eigentumsdelikten, die durch einen begrenzten Personenkreis immer wieder an einer bestimmten Örtlichkeit erfolgen, bietet die Kriminaltechnik eine unterstützende Technik an, um aus diesem Personenkreis den Täter zu überführen. Beinahe klassisch zu nennen ist der Einsatz von sogenannten *Fangstoffen*. Diese Stoffe werden auf die durch den Diebstahl angestrebten Objekte unauffällig aufgebracht und übertragen sich auf die Personen, die diese Gegenstände berühren. Je nach Art des Fangstoffes kann es in Verbindung mit Luftfeuchtigkeit und Schweiß zu einer sichtbaren Verfärbung der Hautoberfläche kommen, es können aber auch Stoffe eingesetzt werden, die erst im ultravioletten Licht sichtbar werden. Daher müssen in diesem Fall die Verdächtigen nach Tatausführung erst mit ultraviolettem Licht in Kontakt kommen, damit diese Übertragungsmerkmale sichtbar werden. Die sachgemäße Verwendung dieser Fangstoffe obliegt einzig und allein den Fachkräften des Kriminaltechnischen Institutes.

Neben diesen Fangstoffen haben sich in der Vergangenheit auch *elektronische Täterfallen* bewährt, bei denen durch Berührung eines Gegenstandes Signale ausgelöst werden, die über Funk übertragen werden. Hier können Bewegungsmelder in Verbindung mit Funkgeräten kombiniert als stiller Alarm zum Einsatz kommen.

Ein weiteres bewährtes Einsatzmittel ist die *Videolangzeitüberwachung* mit sehr kleinen Kameras, wie sie auch im Einzelhandel verwendet werden. Der besondere Vorteil liegt hier in der Aufzeichnung des gesamten Tatablaufs.

Die Literatur weist daraufhin, daß Täterfallen und Fangstoffe vor allem dann mit Erfolg angewandt werden können, wenn fortgesetzt Diebstähle an bekannten Orten begangen werden, zu denen nur ein abgrenzbarer Personenkreis Zutritt hat. Die Anwendbarkeit im Rahmen der Diebstahlsbekämpfung beruht auf dem Umstand, daß sich während der Tatbegehung Teile des zur Präparierung des Diebstahlobjektes benutzten Fangmittels auf den Täter oder auf ihm gehörende Gegenstände übertragen, so daß die übertragenen Fangmittelsubstanzen zu einem späteren Zeitpunkt nachweisbar sind. Als Diebstahlsobjekte kommen sowohl kompakte Gegenstände (Geldbörsen, Brieftaschen, Medikamentenverpackungen) als auch Materialien aus größeren Beständen (beispielsweise Treibstoffe) in Betracht. Die Anwendung dieser Technik kann auch in anderen kriminalistischen Lagen, wie dem Nachweis des unbefugten Betretens von Räumen oder dem Nachweis des unbefugten Öffnens von Briefen oder Behältnissen von Bedeutung sein.

Aufgaben der Arbeitsgruppe Täterfallen:

- Installation und Wartung von Ereignis- und Einbruchmeldeanlagen, Videolangzeitüberwachungsanlagen.
- Unterstützung von Maßnahmen aller Art mit Videotechnik und Kleinsendern.
- Erstellung von chemischen Täterfallen, z.B. in Diebstahls- und Erpressungsfällen.
- Begutachtung kommerzieller Alarmanlagen bei Manipulations- oder Fingierungsverdacht.
- Einsatz von polizeieigenen Meldeanlagen in einbruch- oder überfallgefährdeten Objekten aller Art.

Anregung: Für die tägliche Praxis wird angeregt, das Gespräch mit den Mitarbeitern der entsprechenden Organisationseinheiten zu suchen und sich darüber beraten zu lassen, ob für den jeweiligen Fall der Einsatz von technischen Hilfsmitteln zur Täterüberführung sinnvoll und zweckmäßig ist.

2.4.6 Spezialtechnik: Umwelt-, Chemie- und Brandmeßtrupp

Dem Kriminaltechnischen Institut LKA Berlin ist – wie vorstehend beschrieben – die Ordnungsaufgabe *Ermittlung, Bergung und Beseitigung abgelagerter chemischer Kampfmittel* zugewiesen. Es verfügt daher über eine moderne Analytik für toxische Stoffe, die auch für übrige Bereiche der Kriminaltechnik genutzt werden kann. Gegenwärtig wird hierfür das mobile Massenspektrometer *MM1* eingesetzt; weitere vorhandene mobile Untersuchungsgeräte und -methoden stehen zur Verfügung. Alle notwendigen Geräte sind in einem geländegängigen Fahrzeug installiert. Die *mobile Analytik* dient zur Erfassung von chemischen Schadstoffen in der Atmosphäre, im Boden und im Wasser, von Sprengstoffen, chemischen Kampfstoffen, Betäubungsmitteln und radioaktiven Stoffen.

In diesem Bereich – *Branduntersuchungen* – besteht eine Zusammenarbeit mit der Berliner Feuerwehr bezüglich der Gefährdungsabschätzung. Das Ziel der Kooperation Feuerwehr/Polizeitechnik ist die Übertragung von analytischen Werten in Gefahrenbereichen zum Schutz der Bevölkerung und der eingesetzten Kräfte.

Aus den vorgenannten Aufgaben ergibt sich eine enge Zusammenarbeit mit anderen Gliederungseinheiten des Landeskriminalamtes, besonders im Bereich der Sprengstoffe und der Betäubungsmittel. Die mobile Analytik sichert außerdem aussagekräftige Proben für die Laboruntersuchungen.

Anwendung Im Schadensfall erhält die Einsatzleitung über die Stoffdaten Entscheidungshilfen für die Auswahl gefahrenbegrenzender Maßnahmen sowie für deren Erfolgskontrolle. Zur Festlegung von Gefahrenbereichen müssen die Schadstoffe, deren Konzentrationen und ihre Quellstärke bekannt sein. Da nicht überall unter Zeitdruck eine komplette chemische Untersuchung durchgeführt werden kann, sind Leitparameter zur Erfassung der Gefahrstoffe zu bestimmen. Dadurch ist es möglich, eine Ausbreitung mit Hilfe weiterer einfacher Detektionsmittel an vielen Meßpunkten simultan zu bestimmen. Die Mitarbeiter der Spezialtechnik „Mobile Analytik" werden durch die Ingenieure des Sicherheitslabors des Instituts in der *Rufbereitschaft* unterstützt und können über den *Lagedienst* der Polizei angefordert werden.

2.4.7 Dienstkundlicher Arbeitsbogen und Checkliste

Dieser Arbeitsbogen soll die landestypischen Unterschiede in der Anwendung und den Strukturen der Kriminaltechnik verdeutlichen.

Rechtsgrundlagen und Vorschriften

▷ Welche Gesetze, Geschäftsanweisungen und Vorschriften regeln in meinem Arbeitsgebiet (Bundesland) die Kriminaltechnik?

Zuständigkeiten und Strukturen

▷ Welche Zuständigkeiten und Gliederungen hat mein Kriminaltechnisches Institut?
▷ Welche Anschrift und Telefon - (Fax) - Nummer hat mein KT-Institut?
▷ Hat mein KT-Institut einen Dauerdienst oder Rufbereitschaft?
▷ Hat mein KT-Institut die Möglichkeiten, mich in der Sachbearbeitung zu beraten? Wen kann ich anrufen?
▷ Wer macht in meinem Dienstbereich die kriminaltechnische Tatortarbeit
  - bei der Alltagskriminalität?
  - bei Kapitalverbrechen?

Dienstkunde/Logistik

▷ Welche Untersuchungsanträge sind für die Kriminaltechnik erforderlich und welche Ausfüllhinweise müssen beachtet werden?
▷ Welches Material ist zur Verpackung von Spuren erforderlich und wo ist es zu erhalten?
▷ Welche Wege gehen die Untersuchungsanträge und sichergestellten Proben? Muß zum Beispiel zum Erhalt der Probe Kühlung eingesetzt werden?
▷ Wie muß bei der Sicherstellung und Untersuchung von Waffen verfahren werden? Wie wird der bundeseinheitliche Vordruck KP 27 eingesetzt?

3. Der Sachbeweis im Ermittlungsvorgang

3.1 In welchen Phasen des Ermittlungsverfahrens fließt der Sachbeweis in den Vorgang ein?

Im strafrechtlichen Sinne zu erforschende Sachverhalte werden der Polizei entweder durch eigene Wahrnehmung oder durch die Wahrnehmung von Bürgern bekannt, eine *Anzeige* entsteht.

Dieses Bekanntmachen durch Dritte erfolgt auf die verschiedenste Weise: Mündlich, fernmündlich, schriftlich oder durch Zeichen jedweder Art. Dabei sind auch *moderne Kommunikationsmittel*, wie beispielsweise das Faxgerät oder das Funktelefon von Bedeutung. Zeitpunkt und Art des Eingangs der Information bestimmen möglicherweise die Auswertung und damit den Gang des Verfahrens. Zu diesem Zeitpunkt erfährt die Polizei, ob es sich um eine Straftat mit einem auswertbaren *Tatort* oder um eine relativ spurenlose Tat – wie beim einfachen Diebstahl eines Fahrrades – handelt.

Tatort[1] ist jeder Ort, an dem der Täter gehandelt hat oder im Falle des Unterlassens hätte handeln müssen. Die Tatortarbeit dient der Gewinnung, Festlegung und Verwertung von Anhaltspunkten über Zeit, Ort, Vorbereitung, Hergang, Motiv und Auswirkung einer strafbaren Handlung, um den Täter zu ermitteln und seine Überführung zu ermöglichen.

CLAGES[2] verwendet die Bezeichnung *Tatort in funktionalen Sinne*:
Unter Berücksichtigung dieser Erkenntnis kann sich die Tatortarbeit der Polizei nicht nur auf den eigentlichen engeren Ort der Tat (Tatort im engeren Sinne) beschränken. Vielmehr hat sich die Tatortarbeit auf all jene Örtlichkeiten zu erstrecken, die – je nach Art und Begehungsweise des Deliktes (Verbrechenstechnik) – Spuren (i.w.S.) von Tathandlungen erwarten lassen.

In dieser Phase des Verfahrens, die entweder *Ermittlungsverfahren* oder aus juristischer Sicht *Vorverfahren* genannt wird, sind die ersten Spuren und Sachbeweise festzustellen, die für die spätere gerichtliche Untersuchung von Bedeutung sind. Es gilt zunächst unmittelbar beim Bekanntwerden der Tat und des Tatortes die Spuren durch einen *Sicherungsangriff* zu erhalten und bei der Gefahr einer Veränderung der Spuren, beispielsweise durch Witterung oder Neugierige, diese Spuren zu schützen.

Der folgende *Auswertungsangriff* am Tatort sichert diese Spuren und Sachbeweise durch Inverwahrungnahme, nachdem ihre Lage im Tatraum oder -gebiet durch Skizzen, Fotos sowie (Tatort-)Berichte fixiert wurde.

---

1 Unter dem Begriff Tatort werden im Sinne der Zuständigkeit alle Ereignisorte, wie Brand-, Unfall- und Explosionsorte subsumiert.
2 Clages, Kriminalistik 1997.

3. Der Sachbeweis im Ermittlungsvorgang

Diese Arbeit wird in Berlin in der Regel durch die *kriminalpolizeiliche Sofortbearbeitung* ausgeführt.

Nach Anzeigenaufnahme (in der Regel durch Schutzpolizeibeamte) und Tatortarbeit (durch Kriminalpolizeibeamte) erreicht der Vorgang die Sachbearbeitung einer örtlichen Polizeidienststelle oder einer fachlich spezialisierten Dienststelle des Landeskriminalamtes (LKA). Der zuständige Sachbearbeiter hat die Spuren und Beweisgegenstände zu asservieren und die Untersuchung der Spurenträger beim Kriminaltechnischen Institut oder bei Fingerabdrücken beim Erkennungsdienst zu beantragen.

Spuren, die sich möglicherweise verändern können, wie organisches Material, sind durch Kühlung zu schützen und auf dem schnellsten Wege dem Institut mit dem Untersuchungsantrag zu überbringen. Im Zweifelsfalle kann beim Kriminaltechnischen Institut Rat eingeholt werden. Bei bestimmten Delikten und schwer zu sichernden Spuren entsenden die kriminaltechnischen Institute einiger Bundesländer eigene Kräfte zur Spurensicherung.

Im Zuge der Sachbearbeitung werden im Prinzip drei Schritte vorgenommen, die jeder für sich jeweils sehr umfangreich sein können:

– Würdigung aller Sachbeweise,
– Würdigung aller Personalbeweise (Zeugen und Sachverständige) und
– Anhörung der Beschuldigten (wenn bekannt).

Läßt sich aus diesen Schritten der Sachverhalt rekonstruieren, wird die Ermittlungsakte mit dem kriminaltechnischen Untersuchungsbericht an die Staatsanwaltschaft (StA) gesandt. Es beginnt das *Zwischenverfahren.*

Die Staatsanwaltschaft versteht sich nicht nur als Herrin des Verfahrens, sondern auch als die objektive Prüfungsbehörde. Im Zwischenverfahren ist die Frage zu beantworten, ob Anklage erhoben werden soll oder das Verfahren eingestellt werden muß. Möglicherweise kommt die Staatsanwaltschaft bei ihrer Prüfung aber auch zu dem Ergebnis, es müssen noch weitere Ermittlungen oder kriminaltechnische Untersuchungen durchgeführt werden. Dann wird die Akte (als sogenannte Rotakte wegen ihres Einbandes so genannt) noch einmal an die Polizei gesandt. Dieses Mal mit schriftlichen Weisungen, welche Ermittlungen noch erforderlich sind und durchgeführt werden sollen (und meistens auch als Terminsache ausgewiesen und daher mit einer Frist versehen).

Ein weiterer Weg zu diesem Zwischenverfahren ist möglich. Entdeckt der Sachbearbeiter während seiner Ermittlungen das Vorhandensein weiterer Beweismittel, so kann ein richterlicher Durchsuchungsbeschluß angeregt werden, um diese Beweismittel zu Untersuchungszwecken in Verwahrung zu nehmen. Schließen sich Staatsanwaltschaft und Gericht der Anregung der Polizei an, wird die Akte mit dem Beschluß wieder zur Polizei kommen, damit diese Beschlüsse ausgeführt werden können. Die hierbei gesicherten Beweismittel können nun auch – wenn sie dazu geeignet sind – an das Kriminaltechnische Institut zur Untersuchung gesandt werden.

Entscheidet sich die Staatsanwaltschaft das Verfahren einzustellen, endet das gesamte Verfahren schon im Zwischenverfahren, erfolgt jedoch bei der Prüfung die Entscheidung zur Anklageerhebung, wird die StA bei dem zuständigen Gericht eine Anklageschrift einreichen. Je deutlicher die Beweislage ist, desto eher wird die polizeiliche Ermittlungsarbeit gegen einen bestimmten Beschuldigten durch eine Anklageerhebung bestätigt oder endet mit einer Einstellung des Verfahrens wegen fehlenden Tatverdachtes. Ziel der Ermittlungen ist, die Wahrheit zu erforschen – egal welche. Eine Entlastung eines Beschuldigten ist ebenso ein Erfolg wie der Nachweis der Täterschaft.

Nimmt das Gericht die Anklageschrift an, kommt es zum *Hauptverfahren*. Ähnlich wie im Vorverfahren werden nun die drei Schritte, nämlich Würdigung von Sach- und Personalbeweisen und Anhörung des Beschuldigten, der jetzt Angeklagter genannt wird, als *Beweisaufnahme* durchgeführt. Hier fließen die Untersuchungsergebnisse der Kriminaltechnik durch die Anhörung der *Sachverständigen* ein.

Das ganze Verfahren wird bis zum Urteil von zwei kriminalistischen Denkweisen[3] geformt, nämlich der *Heuristik* und der *Syllogistik*.

Die *heuristische Phase* ist die des Suchens und Findens von Rekonstruktionsmerkmalen zur Tat vor allem auch durch das Mittel der Hypothesenbildung. Der Begriff heuristisch wird dem Griechen Archimedes zugeschrieben (abgeleitet von heureka = ich habe es, als er das nach ihm benannte Prinzip der Wasserförderung entdeckte).

Die *syllogistische Phase* ist die des Anordnens der Beweismittel zu einer logischen Kette von Schlußfolgerungen und Beweismitteln, die von anderen nachvollziehbar ist. Diese Kette wird im Zwischen-, Vorführungs- oder Schlußbericht deutlich dargestellt. Nachvollziehbar bedeutet in diesem Sinne, die Schußfolgerungen müssen auf experimentellen und statistischen Wahrheiten und auf den Sätzen der Logik und Mathematik beruhen.

---

[3] Vgl. auch Walder, Kriminalistisches Denken, 4. Auflage.

3.2 Was sind Beweismittel?

Personalbeweis versus Sachbeweis

Beweismittel

Persönliche Beweismittel: immaterielle Spuren
- ▷ Zeugen
- ▷ Sachverständige
- ▷ Beschuldigte

Zeuge ist, wer Tatsachen wahrgenommen hat, die für das Verfahren, das sich nicht gegen ihn selbst richtet, von Bedeutung sein können.

Sachverständiger ist, wer durch besondere Sachkunde zur Beurteilung schwieriger Beweisfragen beitragen kann.

Beschuldigter ist jemand, wenn ein Ermittlungsverfahren gegen ihn betrieben wird. Im Ordnungswidrigkeitenrecht heißt die Bezeichnung **Betroffener**.

Geständnisse von Beschuldigten und Betroffenen sind durch Sachbeweise glaubhaft zu machen oder zu widerlegen.

Sachliche Beweismittel: materielle Spuren
- ▷ Spuren (allgemein)
- ▷ Tatspuren
- ▷ Trugspuren
- ▷ fingierte Spuren

Nach § 94 Absatz 1 StPO sind diese Spuren alle Gegenstände, die als Beweismittel für die Untersuchung von Bedeutung sein können.

- ▷ „Gegenstände" sind nur körperliche Gegenstände,
- ▷ bewegliche und unbewegliche Sachen,
- ▷ ohne Rücksicht auf den Aggregatzustand.

Leichen, Leichenteile, Grundstücke, Gebäude, Räume, technische Einrichtungen bis hin zu Mikrofasern sind ebenso wie auch digitale Ton- und Bildaufzeichnungen, Computeranalysen sowie Methoden zur Sprechererkennung materielle Spuren.

Der Kriminalist unterscheidet im Ermittlungs- und Strafverfahren zwischen persönlichen und sachlichen Beweismitteln.

Persönliche Beweismittel (zusammenfassend oft als Personalbeweis bezeichnet) sind

- Zeugen,
- Sachverständige und
- Beschuldigte.

Diese Beweispersonen treten zunächst einmal durch ihre Aussagen in Funktion. Darüber hinaus kommen Zeugen und Beschuldigte auch als Augenscheinobjekte, beispielsweise bei einer körperlichen Untersuchung, in Betracht. Hier überlappen sich die Begriffe Personal- und Sachbeweis. Ausschließlich die Strafverfolgungsbehörde, die den jeweiligen Fall bearbeitet, bestimmt die Richtung des Verfahrens und entscheidet somit, ob jemand als Zeuge oder Beschuldigter zu bewerten ist.

Zeuge ist, wer Tatsachen wahrgenommen hat, die für das Verfahren, das sich nicht gegen ihn selbst richtet, von Bedeutung sein können.

Sachverständiger ist, wer durch besondere Sachkunde zur Beurteilung schwieriger Beweisfragen beitragen kann.[4]

Beschuldigter ist jemand nur dann, wenn das Straf- und Ermittlungsverfahren gegen ihn betrieben wird. Das Geständnis eines Beschuldigten ist durch Sachbeweise widerrufungssicher zu machen. Im Ordnungswidrigkeitenrecht heißt der Beschuldigte *Betroffener*.

Sachliche Beweismittel (oder einfach nur Sachbeweise) sind nach § 94 Abs. 1 StPO Gegenstände, die als Beweismittel für die Untersuchung von Bedeutung sein können. Gegenstände sind nur körperliche Gegenstände, also bewegliche und unbewegliche Sachen ohne Rücksicht auf den Aggregatzustand. Dazu gehören unter anderem Leichen, Leichenteile, Grundstücke, Gebäude, Räume, technische Einrichtungen, wie Schlösser, Munition, Brandvorrichtungen, Urkunden, Schreibmittel bis hin zu Mikrofasern. In der sich weiter entwickelnden Kriminaltechnik müssen heute zu den materiellen Spuren auch digitale Ton- und Bildaufzeichnungsgeräte sowie Methoden zur Sprechererkennung und Computeranalyse gerechnet werden.

So wie sich die Verbrechenstechnik weiter entwickelt, muß die Kriminaltechnik folgen.

Spuren im kriminaltechnischen Sinne – häufig auch als materielle Spuren bezeichnet – können Beweisgegenstände sein, auf deren Größe und Gewicht es nicht ankommt, beispielsweise Finger-, Werkzeug-, Schuh-, Blut-, Sperma-, oder Lackspuren.

---

[4] Wieczorek, Kriminalistik – Kurzlehrbuch der Verbrechensbekämpfung, 1980.

3. Der Sachbeweis im Ermittlungsvorgang

Tatspuren sind gegenständliche Veränderungen, die mit der Tat zusammenhängen (z.B. Eindrücke, Abdrücke, Materialspuren, Situationsspuren).

Trugspuren sind gegenständliche Veränderungen, die nur dem Anschein nach mit der Tat zusammenhängen.

Fingierte Spuren sind zur Täuschung der Ermittlungsorgane verursachte Veränderungen.

3.3 Was ist am Tatort zu beachten?[5]

Die kriminalpolizeiliche Arbeit am Tatort wird – wie schon angedeutet – als *Sicherungsangriff* und als *Auswertungsangriff* in der Literatur unterteilt. Beide Maßnahmen zusammen werden *der Erste Angriff* genannt.

> *Definition*: Der Erste Angriff umfaßt alle nach Bekanntwerden eines kriminalpolizeilichen bedeutsamen Sachverhaltes unverzüglich aufzunehmende Maßnahmen. Er erfolgt unmittelbar nach Bekanntwerden einer Straftat, deren Bearbeitung unverzüglich aufgenommen werden muß. Die Eilbedürftigkeit ergibt sich aus der Notwendigkeit der sofortigen Ermittlungsaufnahme auf der einen Seite und der raschen Veränderbarkeit des objektiven (Spuren, Beweismittel) und des subjektiven Tatbefundes (Zeugen, Hinweise) auf der anderen Seite.

Die *Tatortarbeit* dient der Gewinnung, Festlegung und Verwertung von Anhaltspunkten über Zeit, Ort, Vorbereitung, Hergang, Motiv und Auswirkung einer strafbaren Handlung, um den Täter zu ermitteln und seine Überführung zu ermöglichen.

Für einen Ersten Angriff eignen sich nur kriminalistisch bedeutsame Ereignisorte. Die Bedeutung ergibt sich aus den vorliegenden Informationen:

- Der Verdacht einer verfolgbaren Straftat muß bestehen und
- diese Straftat hat Spuren hinterlassen, die ohne Verzug gesucht, gesichert und ausgewertet werden müssen.

Über *Art und Umfang der Maßnahmen* entscheidet der sachbearbeitende Kriminalbeamte im Rahmen der geltenden Gesetze und nach pflichtmäßigem Ermessen sowie nach kriminaltaktischen Erwägungen. In der Regel wird diese Entscheidung durch die Leitung der kriminalpolizeilichen Sofortbearbeitung getroffen. Entscheidungsträger können jedoch auch unmittelbar die Beamten der Sofortbearbeitung am Tatort sein oder die Angehörigen von Dienststellen mit einer fachspezifischen Zuständigkeit (beispielsweise bei Kapitalverbrechen). Daher ist die Zuständigkeit von Fachdienststellen und die Benachrichtigungspflicht zu beachten.

---

[5] Die daktyloskopische Spur wird im Abschnitt 14 behandelt.

Grundsatz: Art und Umfang der Maßnahmen hängen vom Delikt und den Einzelumständen ab, desgleichen die Reihenfolge. Bei bedeutsamen Kapitalverbrechen wirkt die Staatsanwaltschaft beim Ersten Angriff mit.

Beginn: Die Maßnahmen beginnen an dem Punkt, an dem die Polizei Kenntnis von einer Straftat erhält.

Ende: Der Erste Angriff endet mit Freigabe und Verlassen des Tatortes.

3.4 Der Sicherungsangriff

Der Sicherungsangriff erfolgt in den meisten Bundesländern fast ausschließlich durch die Angehörigen der Schutzpolizei, er dient vor allem der Spurensuche und dem Spurenschutz. Schon bei der Fahrt zum Ereignisort haben sie auf tatrelevante Vorgänge zu achten. Die Eintreffzeit ist exakt zu notieren. Erst dann erfolgt eine Kontaktaufnahme zu Zeugen, Opfern und Geschädigten. In aller gebotener Eile ist ein Gesamtüberblick herzustellen, so daß bei weiteren Meldungen und Anforderungen die Frage „Was hat sich ereignet?" eindeutig beantwortet werden kann. Sobald zu erkennen ist, daß es sich um einen Tatort handelt – also um den Ort, wo der Täter gehandelt hat oder hätte handeln müssen – ist dieser Tatort abzusperren. Je weiträumiger diese Absperrung zu realisieren ist, desto besser. Ziel dieser Absperrung ist es, die Ursprünglichkeit des Tatortes zu erhalten.

Sind *Rettungsmaßnahmen* erforderlich, sind diese nach Möglichkeit so zu gestalten, daß Spuren und andere Beweismittel nicht verändert werden. Sind jedoch Veränderungen zur Rettung von Menschenleben dringend erforderlich, sind diese Änderungen schriftlich oder fotografisch zu fixieren. Witterung, Zeit und Umstände einschließlich aller Veränderungen sind laufend zu protokollieren. In diese Aufzeichnung gehören auch die Namen aller Beamten, die am Tatort anwesend waren. Veränderungen am Tatort sind nur zulässig bei Erster Hilfe, Gefahrenabwehr, Spurenschutz und Nacheile zur Festnahme.

Wesentliche Erkenntnisse, die am Tatort bekannt werden, sind sofort über Funk weiterzumelden. Eine Fahndung ist ggf. einzuleiten und laufend zu ergänzen.

Bei der Feststellung und Befragung der ersten *Zeugen* ist darauf zu achten, daß diese Zeugen sich nicht gegenseitig beeinflussen. Auf eine deutliche *Trennung* ist hinzuwirken. Wichtig ist jedoch, die Erreichbarkeit von Zeugen sicherzustellen. Je nach Delikt muß eine Absuche der Umgebung eingeleitet werden. Damit der Tatort trotz aller notwendigen Rettungs- und Ermittlungsmaßnahmen nicht in seiner Ursprünglichkeit zerstört wird, ist ein sog. „*Trampelpfad*" anzulegen und zu kennzeichnen. Personen, die sich unbedingt zum Tat- oder Ereignisort begeben müssen, dürfen nur den so gekennzeichneten Weg begehen. Dieser Trampelpfad gilt auch für andere Behörden und Organisationen, wie Versorgungsunternehmen für Gas, Elektrizität und Wasser einschließlich der Entsorgungsunternehmen.

3. Der Sachbeweis im Ermittlungsvorgang

In den *Merkheften,* die in einigen Bundesländern für die Polizei als Arbeitsmittel ausgegeben werden, sind alle Regeln über das Verhalten beim Sicherungsangriff am Tatort abgedruckt. *Sie gelten aber nicht nur für Kapitalverbrechen.*

3.5 Regeln für das Verhalten am Tatort beim Sicherungsangriff

Entsprechend dem kriminalistischen Grundsatz „Die Tat ist das Spiegelbild des Täters" ist in vielen Fällen der Tatort Ausgangs- und Endpunkt aller kriminalpolizeilichen Ermittlungen. Ganz besondere Bedeutung gewinnt er bei der Bearbeitung von Kapitalverbrechen. Diesem Umstand sollte jeder Polizist durch besonders umsichtiges und sachgemäßes Verhalten am Tatort Rechnung tragen. Jede Unterlassung bereitet den Bearbeitern des Falles unnötige Mehrarbeit, jedes falsche Verhalten kann der Anfang einer erfolglos verlaufenden Ermittlung sein. Die Mitverantwortung für eine ergebnislose Untersuchung, aber auch die Teilhabe an der erfolgreichen Aufklärung beginnt bei dem Beamten, der als erster am Tatort erscheint. Die erste Sorge des Polizisten wird immer dem Opfer gelten. Ist Hilfe hier nicht mehr möglich, so richtet sich das Augenmerk auf die Sicherung des Tatortes und der Beweismittel. Die folgenden Hinweise für ein richtiges Verhalten am Tat- bzw. Fundort eines Kapitalverbrechens sind nur als eine allgemeine Gedächtnisstütze anzusehen. Die im Einzelfall erforderlichen Maßnahmen und ihre Reihenfolge ergeben sich aus der jeweiligen Sachlage.

- Sofort und auf dem schnellsten Wege die *Benachrichtigung* der sachlich zuständigen Dienststelle veranlassen: Kriminalpolizeilicher Dauerdienst, Kriminaltechnik, Erkennungsdienst, nach Lage weitere Dienste der Polizei und Versorgungsunternehmen.
- *Nichts verändern.* Unvermeidliche *Veränderungen auf ein Mindestmaß beschränken* und sofort der sachbearbeitenden Dienststelle mitteilen. Nicht unnötig etwas selbst klären wollen und dabei Versuche anstellen.
- *Nichts unnötig anfassen,* auch nicht anscheinend nebensächliche Dinge; denn niemand kann sogleich ihre mögliche Bedeutung absehen. Keine Klinken oder Fensterriegel anfassen, sich nirgendwo auflehnen, am besten Handschuhe tragen. Keine Kleidung ablegen.
- *Nicht rauchen – nichts fortwerfen.* Keine Abfälle, Speisereste, Asche oder den Inhalt von Nachtgeschirren usw. beseitigen.
- *Nicht die Spülung der Toilette* in Tätigkeit setzen, keine Wasserhähne aufdrehen.
- *Einem Toten kann nicht geholfen werden.* Er ist unverändert zu belassen, wo und wie er gefunden wurde (mögliche Ausnahmen: Öffentliche Straßen, Plätze, Verkehrsmittel usw.).
- Tat- bzw. Fundort *in der größtmöglichen Ausdehnung* sichern, d.h. sperren. Eine *Tatortwohnung* wird bis zum Treppenflur gesichert; denn niemand weiß, in welchen Zimmern der Täter Spuren hinterlassen hat. Auch Angehörige aus den Räumen entfernen. Beim Tatort im Freien möglichst großen Absperring ziehen. Ein Mehr ist besser als ein Weniger.

- *Personalien von Zeugen, Hinweisgebern* und solchen Personen feststellen, die am Tatort angetroffen werden, vorher dort waren oder später dorthin kommen. Diese Personen müssen zur Erlangung erster Auskünfte und zur Identifizierung etwaiger Tatortspuren (z.B. Fingerabdrücke) schnell und sicher *erreichbar* sein.
- Am Tatort hat bis zum Eintreffen der sachbearbeitenden Beamten niemand etwas zu suchen. *Angehörige, Neugierige, aber auch Zeugen und Hinweisgeber fernhalten.* Schwierig erscheint oft der angemessene Umgang mit den *Medienvertretern;* auch sie haben am Tatort nichts zu suchen, solange er nicht ausdrücklich freigegeben ist.
- *Vorgesetzte müssen nicht den Tatort betreten.* Wenn sie sich nur informieren wollen, kann dies auch außerhalb des unmittelbaren Tatortes geschehen.
- Wer den eigentlichen Tatort aufsuchen muß – nicht möchte –, benutzt den dafür festgelegten „*Trampelpfad*". Bei einem ungeregelten Zugang zum Tatort werden leicht unwiederbringliche Spuren vernichtet.
- *Finger weg von Tatwerkzeugen!* Oftmals ist es nur Neugierde, die zur Spurenvernichtung führt.
- Auch *Fahrzeuge* sind aus dem *Absperrgebiet* herauszuhalten. Funkwagen und sonstige Fahrzeuge sollen außerhalb der Sicherungsgrenze abgestellt werden. Auch als „Lichtquelle" dürfen sie nicht in das Absperrgebiet gebracht werden.
- *Den Tatortbereich nicht vorzeitig verlassen.* Der als erster am Tatort eingetroffene Beamte wird dort von den Sachbearbeitern als *Auskunftsperson* benötigt und hat sich beim Tatort zur Verfügung zu halten. Ablösungen haben möglichst zu unterbleiben.
- *Lage und Zustand des Opfers* besonders merken und notieren, wenn Veränderungen unvermeidlich sind.
- *Wesentliche Einzelheiten notieren.* Wer hat alarmiert, Uhrzeit der Benachrichtigung und des Eintreffens am Tatort, wer und was wurde dort festgestellt, welche Maßnahmen wurden getroffen.
- *Beschaffenheit der Türen* und der daran befindlichen Schließvorrichtungen beachten und notieren. Muß eine Tür aufgeschlossen werden, beachten und notieren, wie sie verschlossen war (Schloß eingeschnappt, ein- oder mehrmals umgeschlossen, Schlüssel im Schloß), Zustand sonstiger Sicherungen an der Tür (vorgeschobener Riegel, vorgelegte Kette usw.) festhalten.
- *Zustand der Fenster festhalten*: geöffnet, halb geöffnet, angelehnt, Oberlicht offen, Jalousien heruntergelassen, Beleuchtung eingeschaltet usw.
- Bei Gasvergiftung *Stellung der Gashähne* festhalten. Den Zustand der Hähne beim Eintreffen beachten und notieren. Sofort feststellen, ob andere Personen bereits die Stellung der Hähne verändert haben. Auf Wrasenklappen und Zustand der Türen im Inneren einer Wohnung achten (ganz geöffnet, halb geöffnet oder geschlossen).
- *Zählerstand der Gas- und Stromleitung beachten und notieren.*
- *Keine Auffassungen, Vermutungen oder Kombinationen äußern.* Die privat verlautbarte Ansicht des Beamten geht – oft dazu in entstellter oder verstümmelter Form – von Mund zu Mund und beeinflußt Zeugen und Hinweisgeber in ihren Aussagen.

3.6 Der Auswertungsangriff

Der Auswertungsangriff dient der Aufnahme des Tatbefundes und Sicherung aller Spuren, Beweismittel und Indizien am Tatort und Umgebung.

Darüber hinaus beinhaltet er die beginnende Auswertung (beispielsweise der Situationsspuren). Er beginnt mit dem Eintreffen der zuständigen Beamten der Schutz- oder Kriminalpolizei. Auch hier sind wieder Uhrzeit, Witterung und die Anwesenden zu notieren. Die Ermittlungsbeamten haben sich von den eingesetzten Kräften der Schutzpolizei oder anderen Beamten, die den Sicherungsangriff durchgeführt haben, einweisen zu lassen.

In schwierigen Situationen und Kapitalverbrechen sind spezielle Fachkräfte bei der Spurensicherung hinzuzuziehen, dies können

- Angehörige der Kriminaltechnischen Institute,
- Gerichtsmediziner und
- Daktyloskopen sowie
- Fotografen mit spezieller Aufnahmetechnik sein.

Ist am Tatort bereits die Tätigkeit von *Sachverständigen* eines Kriminaltechnischen Institutes oder des Erkennungsdienstes erforderlich (Ausnahmefall), weil die besonders geschulten Spurensicherer an ihre Grenzen stoßen, werden auch in diesem frühen Stadium diese entsprechenden Kräfte tätig. Hier ist besonders an Brände, Explosionen, Umweltdelikte oder große Unglücksfälle wie Flugzeugabstürze zu denken.

Es erfolgen erste informatorische Befragungen bei den Anrufern, Opfern, Geschädigten oder Zeugen. Die Angaben sind zu einem Gesamtüberblick zusammenzufassen, so daß hier auch wieder die Frage „Was hat sich ereignet?" weitgehendst beantwortet werden kann. Danach ist darüber zu befinden, ob die Absperrung des Tatortes evtl. erweitert oder reduziert werden kann. Als Tatorte müssen auch Orte gerechnet werden, die der Täter unmittelbar vor oder nach der Tat aufsuchte und die Spuren seiner Person oder seines Opfers aufweisen. So müssen beispielsweise Leichenfundorte nicht Tatorte sein. In kriminalistischer Hinsicht werden sie jedoch wie Tatorte spurenkundlich behandelt. In der Praxis ist der Tatort zu unterscheiden in: Gedeckter Tatort (Räume), engerer Tatort (Zentrum einer Tat), offener Tatort (außerhalb von Räumen) und weiterer Tatort (Tatortumgebung).

Spur im Sinne der Tatortarbeit ist jede sinnlich wahrnehmbare Veränderung am Tatort, Opfer oder Täter, soweit sie durch die Tatbegehung verursacht wurde. Sie ist heute oft nur mit besonderen Geräten sichtbar zu machen. Die Kriminaltechnik hat hier neue Wahrnehmungsmöglichkeiten geschaffen.

Beweismittel ist alles, was eine Person direkt zu be- oder entlasten vermag. *Indizien* sind nicht unmittelbar beweisende Tatsachen, sie lassen jedoch eine Beweisführung durch Schlußfolgerung zu - sie weisen darauf hin, daß eine bestimmte Person für die Begehung einer Straftat in Betracht kommt.

Der Auswertungsangriff

**Die Arbeit am Tatort erfolgt nach dem Grundsatz:
Augen – Fixieren – Hand**

Augen bedeutet, sich einen Überblick im einzelnen zu verschaffen. Wege von und zum Tatort zu betrachten, Handlungen am Tatort wahrzunehmen, mögliche Fluchtwege zu suchen und zu finden, was als Spur und Beweismittel in Frage kommt.

Fixieren erfolgt durch Notizen, Skizzen, Fotos, Tonbandprotokolle und Videoaufzeichnungen. Das Fixieren erfolgt in der Reihenfolge: Erst die Spuren sichern, dann die Gegenstandsbeweise in Verwahrung nehmen. Die spurenerhaltenden Methoden sind zuerst anzuwenden. Die Lage von Opfern ist auf der Unterlage zu markieren, besonders dann, wenn sie vom Tatort weggebracht werden. Werden Opfer nach Gewalttaten und Sexualdelikten in ein Krankenhaus gebracht, besteht dort im kriminalistischen Sinne die Gefahr der Spurenvernichtung. Ist es ohne Gefährdung des Opfers möglich, diese am Körper befindlichen Spuren zu sichern, sollte dies rechtzeitig vor einer Behandlung erfolgen.

Hand bedeutet Absuche des Tatortes und Umgebung nach Spuren und Beweismitteln und deren Sicherung - soweit als möglich - durch Inverwahrungnahme. Die sachgemäße Sicherung von Beweismitteln und Spuren erfordert vor allem eine eindeutige *Kennzeichnung* zur Herkunft und eine *sachgerechte Verpackung*, welche die Spur vor einer Veränderung schützt.

Es schließen sich Ermittlungen nach weiteren Zeugen und Auskunftspersonen an, beispielsweise durch Hausermittlungen oder Verteilen von Handzetteln mit Aufforderungen zur Mitarbeit.

Liegen genügend Erkenntnisse durch den Ersten Angriff vor, kann eine *Rekonstruktion* (gedanklich) oder eine *Kontrolldemonstration* (tatsächlich) durchgeführt werden, wie beispielsweise das Nachschließen einer Tür zur Kontrolle der Angabe von Geschädigten. Dabei ist zu bedenken, daß eine zu frühe Kontrolldemonstration Spuren beschädigen oder beseitigen kann.

Auf *Trugspuren* ist besonders zu achten. Dies sind unbewußt gelegte falsche Spuren. *Fingierte Spuren* deuten auf die Vortäuschung einer Straftat. Beide Spurengruppen sind wie andere Spuren und Beweismittel zu kennzeichnen, zu fixieren und zu sichern.

Nach *Freigabe des Tatortes* durch die zuständige Dienststelle schließen sich unter Umständen noch *Folgemaßnahmen* an wie Fahndung, Festnahme, Durchsuchung, Untersuchung, Benachrichtigung von anderen Dienststellen oder in bestimmten Situationen wie Todesfällen auch die Benachrichtigung von Angehörigen.

Bei der gesamten Arbeit am Tatort und in der Tatortumgebung ist auf *Eigensicherung* zu achten. Es kann nicht ausgeschlossen werden, daß Täter sich noch in der Umgebung des Tatortes verborgen halten. Ebenso können beispielsweise gefährliche Mittel (Chemikalien, Explosivstoffe) oder risikoreiche Situationen (offene elektrische Leitungen nach Unfällen, Bränden und Explosionen) am Ereignisort zurückbleiben und ein *Gefahrenpotential* bilden.

3.7 Welche Fehler sind bei der Tatortarbeit häufig?

In diversen Fortbildungsschriften und Seminaren werden immer wieder gleichartige Fehler bei der Tatortarbeit beklagt, mögliche Fehler sind hier zitiert:

- Absperrung am Tatort unzureichend,
- nicht alle Personen, die den Tatort betreten haben, werden namentlich registriert,
- Zeugen werden entlassen, ohne daß ihre Erreichbarkeit gewährleistet ist,
- Zeugen werden nicht getrennt,
- Zeugen werden gemeinschaftlich vernommen,
- es wird nicht festgehalten, welche Auskunft von wem erlangt wurde,
- Zustand von Fenstern, Türen, Vorhängen usw. ist im Erstbericht nicht vermerkt,
- auch in Fällen, in denen ein Kapitaldelikt offensichtlich ist, wird ein Arzt gerufen,
- oft wird nach dem Personalausweis des Opfers gesucht (Erzeugung von Trugspuren),
- Tatwerkzeuge oder mit der Tat im Zusammenhang stehende Gegenstände (z.B. Geschoßhülsen, Projektile usw.) werden eingesammelt, ohne daß die Fundsituation festgehalten wird,
- Schußwaffen werden, auch wenn es der Einzelfall nicht erfordert, aufgenommen und entladen. Ladezustand der Waffe wird nicht beschrieben,
- Kleidung durch Schüsse verletzter oder getöteter Personen wird zusammengeknüllt in eine Tüte gestopft,
- der spezielle Tatorttrupp des Kriminaltechnischen Institutes wird bei Kapitaldelikten oder schwierigen Spurenlagen nicht angefordert,
- Asservate werden zum Vorgang genommen, ohne daß im Bericht festgehalten wird, wer welchen Gegenstand wo gefunden hat,
- etwaige notwendig gewordene Veränderungen am Tatort werden nicht im Bericht festgehalten,
- im Zuge des Ersten Angriffes gefertigte Fotos der Sofortbearbeitung sind oft unzureichend,
- Bestatter werden zu früh zum Ort bestellt, bevor die Leiche besichtigt wurde,
- Bestatter werden zur Leichenbesichtigung hinzugezogen und ziehen auf Ersuchen der Beamten die Leiche vorher aus, dabei wird die Bekleidung nicht weiter beachtet,
- Verletzungen werden nicht erkannt,
- Fäulnisflüssigkeit wird als Blut angesehen und schafft somit falsche Voraussetzungen für weitere Ermittlungen. In Berichten sollte es besser heißen „dunkle Flüssigkeit" oder „blutsuspekte Anhaftung",
- an Tatorten wird geraucht (Trugspuren),
- Außenstehende werden ersucht, Fotos vom Tatort mit der Leiche zu fertigen,

- bei Gegenüberstellungen werden Verdächtige den Zeugen einzeln gegenübergestellt und Lichtbilder wurden einzeln vorgelegt,
- Blutentnahmen und Urinproben bei Tatverdächtigen werden unterlassen,
- Schriftvergleichsmaterial wurde unsachgemäß verpackt, gelocht und dem Vorgang beigeheftet,
- der Brandort wird nicht als Beweismittel beschlagnahmt,
- bei der Spurensicherung am Täter werden Blut-, Sperma-, Speichel- und Vaginalsekretspuren nicht gesichert,
- Drogenportionen werden nicht transportsicher gemacht, die Substanzverluste beeinträchtigten die Beweisfähigkeit.

Anmerkung:
Die Liste wurde verschiedenen Lernhilfen von Fachdienststellen entnommen und enthält die bei der Tatortarbeit am häufigsten vorkommenden Fehler.

Hinweis:
Führen die Hinweise oder Untersuchungsergebnisse der Mitarbeiter der Kriminaltechnischen Institute zu einem Erfolg oder zu einem anderen Ergebnis, so ist es für die Zwecke einer *Effizienzkontrolle* wichtig, dem Mitarbeiter der Kriminaltechnik dies mitzuteilen. Durchschriften von Schluß- oder Vorführungsberichten oder separate Mitteilungen sorgen hier für einen wichtigen *Informationsfluß*.

4. Systematik der Spuren

Spurenarten: Systematische Ordnung

A. Personalbeweis: Immaterielle Spuren
- keine Kriminaltechnik -

B. Sachbeweis: Materielle Spuren
Spuren im kriminaltechnischen Sinne sind relativ beständige materielle Widerspiegelungen, die in einer Relation zu einem kriminalistisch interessierenden Ereignis stehen.

Spurenarten
– Tatspuren	Geben Auskunft über Tat und Täter
– Trugspuren	Täuschen über Tat und Täter
– Fingierte Spuren	Sollen über Tat und Täter täuschen

Spurengruppen
- Formspuren
- Materialspuren
- Gegenstandsspuren
- Situationsspuren

Bezeichnungen überlappen oft, Beispiel Blutspur

Spurengruppen: Formspuren (Beispiele)

- Abdruckspur
- Eindruckspur
- Gleitspur
- Schnittspur
- Bruch- und Rißspur
- Paßstücke
- Schriften
- Formspuren besonderer Art (Beispiel: Entfernte Kennzeichen)

4. Systematik der Spuren

Spurengruppe Materialspuren (Beispiele)

fest, flüssig, gasförmig
- Industrieprodukte
- Brand- und Explosionsspuren
- Blutspuren
- Körperausscheidungen: Sekrete und Exkrete
- Knochen
- Textilfasern
- Boden-, Schmutz- und Staubspuren
- Fangstoffe von Täterfallen
- toxikologische Spuren
- Haare
- Bißspuren und Zähne
- pflanzliche Spuren
- Mikroorganismen

Spurengruppe Gegenstandsspuren

Gegenstandsspuren sind beweiserhebliche Gegenstände, die nicht weiter einer Untersuchung bedürfen.

Gegenstandsspuren haben oft einen Bezug zu Material- und Situationsspuren, sie können Träger weiterer Spuren sein.

Beispiele: Waffen, Reifen und Schuhe mit Anhaftungen

Spurengruppe Situationsspuren

Situationsspuren beschreiben die Lage von Dingen und Personen zueinander oder zu deren Umgebung zur Tatzeit und lassen Schlüsse auf den Tatablauf und die Täterschaft zu.

Beispiel für Überlappung der Spurenbezeichnungen: Blutspur - sie führt von einer Wohnung zu einer anderen (Situationsspur) und besteht aus Formspuren, die Schlüsse auf die Fallhöhe (Tropfenform), auf Bewegungsabläufe (Wischspuren), die Dynamik (Schleuderspuren) zulassen. Blut ist gleichzeitig Spurenträger, siehe DNA-Analyse, und wird vom Opfer auf die Tatmittel, den Tatort und den Täter übertragen. Die Übertragung auf den Täter weist wieder viele kriminaltechnische Spurenbezeichnungen auf und dokumentiert wieder eine schlüssige Situation.

Weitere typische Situationsspuren:

- Schuhabdruck auf dem Fensterbrett
- die Schließstellung eines Schlosses
- die einzige Patrone in der Trommel des Revolvers befindet sich in der schußbereiten Position
- eine Leiche liegt im abgeschlossenen Kofferraum
- im Brandschutt befinden sich nicht berußte Scherben eines Fensters
- die Hebelspuren an einer Tür befinden sich auf der falschen Seite

– die Stellung eines Schalters
– die Aufstiegs- und Absprungmöglichkeit bei einem Erhängten.

Wer eine Straftat ausführt, verursacht in aller Regel auch Spuren. Als Spuren sind in diesem Sinne nur solche materieller Art zu verstehen. Spur kann alles sein, winzig klein oder groß, lebend oder tot. Wenige Spuren führen direkt zum Täter, aber viele Spuren weisen die Richtung zum Täter oder zu von ihm benutzten Gegenständen.

Bei der Bezeichnung der einzelnen Spuren sollte ein bundesweiter Standard eingehalten werden. Die Verfasser greifen bei der Beantwortung dieser Frage daher weitgehend auf das Standardwerk von WIGGER [1] zurück.

Materielle Spuren   Hier kritisieren WIGGER und andere, daß über den Inhalt des Begriffes Spur in der kriminalistischen Literatur keine einheitliche Meinung besteht. WIGGER folgert, daß man den Bedürfnissen der Praxis am ehesten dadurch gerecht wird, daß man den Begriff Spur nicht zu eng faßt. Daher bezeichnet er im Rahmen seines Leitfadens als Spuren alle materiellen Veränderungen, die einen Zusammenhang mit einem kriminalistisch relevanten Ereignis aufweisen und zur Aufklärung beitragen können.

Eine zutreffende Definition entstammt dem Buch „Die Spur" (Kripo Zürich): „Unter Spuren verstehen wir materielle Objekte und Erscheinungen des Makro- und Mikrobereiches, die durch den Tathergang entstehen, Rückschlüsse auf den Tatablauf oder die Tatumstände zulassen und/oder Hinweise auf den Täter ermöglichen."

Nicht erfaßt und beschrieben wird in den überlieferten Lehrbüchern die elektronische Spur. Sie umfaßt elektronische Information auf Bändern, Disketten und Compact Discs und Chips von magnetischen, akustischen oder optischen Signalen in Form von Zeichen, Schriften, Tönen oder Bildern. Der Umgang mit dieser Form von Spuren erfordert besondere Kenntnisse und Fähigkeiten.

Als *immaterielle Spuren* bezeichnet WIGGER beispielhaft die Verhaltenssymptome eines Tatverdächtigen und schließt sie als Gegenstand der Kriminaltechnik aus.

Bei der Einteilung der Spuren nach WIGGER - so stellt er selbst fest - kommt es häufig zu begrifflichen Überschneidungen. Unter diesem Vorbehalt teilt er die Spuren ein:

Materialspuren   werden nach ihrer stofflichen Eigenschaft beurteilt. Beispiel: Chemisch-physikalische Eigenschaften eines Lacksplitters oder serologische Eigenschaften eines Spermafleckes. Die Erscheinungsformen der Materialspuren sind äußerst vielfältig, wie in den Naturwissenschaften kann zwischen *festen, flüssigen und gasförmigen Substanzen* unterschieden werden. Sie können vom Täter, vom Opfer und von Tatwerkzeugen auf den Tatort, auf andere Tatwerkzeuge und Gegenstände, den Täter oder das Opfer übertragen werden. Aus den Übertragungsmöglichkeiten oder dem Ausschluß von Übertragungsmöglichkeiten lassen sich bedeutsame kriminalistische Schlüsse ziehen. Bei der Spurensicherung kann beispielsweise nach folgender Aufgliederung unterschieden werden:

---

[1] in Kriminaltechnischer Leitfaden 1980.

4. Systematik der Spuren

- Industrieprodukte,
- Fangstoffe von Täterfallen,
- Brand- und Explosionsspuren,
- Giftspuren,
- Blutspuren,
- Körperausscheidungen,
- Haare,
- Knochen,
- Zähne,
- pflanzliche Spuren,
- Textilfasern,
- Mikroorganismen,
- Boden-, Schmutz- und Staubspuren.

Latente Materialspuren können entstehen, wenn

- die Spuren von gleicher oder sehr ähnlicher Beschaffenheit wie der Spurenträger sind,
- es sich um farblose Flüssigkeiten handelt, die in einen sehr saugfähigen Spurenträger eingedrungen sind ohne eine erkennbare Veränderung des Spurenträgers zu verursachen,
- die Spuren nachträglich durch andere Substanzen überdeckt werden,
- es sich um Mikrospuren handelt, die infolge geringer Ausdehnung mit dem bloßen Auge nicht wahrnehmbar sind,
- nachträglich Säuberungsversuche unternommen wurden oder es sich um gasförmige Stoffe handelt, die im Normalfall unsichtbar und nur durch den Geruchssinn oder mit Unterstützung besonderer Geräte wahrnehmbar sind.

Situationsspuren: Hierunter ist die besondere Lage von Spuren oder Gegenständen zueinander oder zu deren Umgebung zu verstehen. Schlüsse auf die Art der Spurenentstehung oder auf den Geschehensablauf sind möglich und dienen hervorragend der Rekonstruktion. Beispielsweise führt in einem Haus eine Blutspur von der Wohnung im ersten Stockwerk zu der Wohnung im dritten Stockwerk. Hier – bei Blut – ist ein großer Überlappungsbereich der Spurenbezeichnung vorhanden: Die Blutspur zeigt durch ihre Form die Bewegungsrichtung an. Ihr Material weist serologische Eigenschaften auf. Die Situation gibt ein Teilbild der Handlung wider und sie ist Gegenstandsspur. Ihr gegenständliches Vorhandensein läßt einen Teil der Tatrekonstruktion zu.

Gegenstandsspuren: So werden beweiserhebliche Gegenstände bezeichnet, die als solche oft nicht der kriminaltechnischen Untersuchung bedürfen. Allein ihr Vorhandensein bei einem Tatverdächtigen oder in einem bestimmten Raum führen zur Tatrekonstruktion. Beispiele: Personalausweis des Täters am Tatort, Tatwaffe im Besitz des Täters. Zugleich kann die Gegenstandsspur – also der beweiserhebliche Gegenstand – auch Träger von anderen Spuren sein, Beispiele:

Fälschungsmerkmale am Ausweis, Form-, Material- oder Fingerspuren auf der Tatwaffe oder dem Tatwerkzeug. Eine bestimmte materielle Spur muß oft gleichzeitig als Formspur, Materialspur und Situationsspur behandelt werden.

Für das kriminalistische Denken und die Rekonstruktion der Tat sind die Übertragungsmerkmale von Bedeutung. Durch die Tathandlung werden sie übertragen:

- Vom Täter auf das Opfer, das Tatmittel und den Tatort,
- vom Opfer auf den Täter, das Tatmittel und den Tatort,
- vom Tatmittel auf den Täter, das Opfer und den Tatort,
- vom Tatort auf den Täter, das Opfer und das Tatmittel.

Formspuren: Aus der äußeren formenmäßigen Beschaffenheit der Spur können kriminalistisch bedeutsame Schlüsse gezogen werden. Beispiele: Form eines Werkzeugeindrucks, einer Reifenspur, eines Schuhs, eines Geschosses oder auch die Form eines Blutspritzers etc.

Formspuren können wie folgt unterteilt werden:

- Daktyloskopische Spuren
- Abdruckspuren
- Materialübertragungen
- Eindruckspuren
- Prägezeichen als Sonderform der Eindruckspur
- Scharten- und Gleitspuren, Schürfspuren
- Schnittspuren
- Bruch- und Rißspuren
- Paßstücke,
- Schriften,
- Formspuren besonderer Art.

Formspuren entstehen vor allem durch die mechanische Einwirkung eines Spurenverursachers auf einen Spurenträger. Es entsteht eine Formveränderung infolge Materialverdrängung oder Materialverlust oder eine Substanzübertragung. Formspuren ermöglichen Schlüsse auf die Art und Weise der Spurenentstehung, auf die Art des Spurenverursachers oder auf die ursprüngliche Zusammengehörigkeit von Objekten.

Formspuren besonderer Art sind Umrißspuren von pulverförmigen oder flüssigen Substanzen (Staubkantenspur - von Gegenständen, die längere Zeit an einem bestimmten Ort standen oder lagen), Spuren, die durch Hitzeeinwirkung entstanden sind und Spuren, deren Erscheinungsform nicht unmittelbar vom Spurenverursacher abhängt. Beispiel: Tropf- und Wischspuren. Diese Formspuren dienen besonders der Tatrekonstruktion.

Latente Formspuren können entstehen, wenn sich die Farbe der übertragenen Substanzen von der Eigenfarbe des Spurenträgers nicht oder nur unwesentlich unterscheidet, farblose Substanzen – wie Fingerschweiß oder Aminosäuren –

4. Systematik der Spuren

übertragen werden, sich nur der Oberflächenglanz des Spurenträgers durch Berührung mit einem Spurenverursacher verändert oder Oberflächenbeschaffenheit und Saugfähigkeit des Spurenträgers die Entstehung latenter Spuren begünstigen, wie Blutstropfen auf feuchtem Erdboden.

Abdruckspuren entstehen durch die Übertragung von Substanzen von der Oberfläche des Spurenverursachers oder in selteneren Fällen von der Oberfläche eines Spurenträgers auf den einwirkenden Gegenstand. Auf manchen Spurenträgern – wie gebohnerten Fußböden – entstehen latente Abdruckspuren, die mit einer hinreichend starken Lichtquelle bestenfalls mit streifendem Licht sichtbar gemacht werden können. Diese Spuren geben meist feinste Details des Spurenverursachers wieder.

Eindruckspuren entstehen durch das Einwirken eines Spurenverursachers auf einen verformbaren Spurenträger, so daß sich die Form des Spurenverursachers sowie seine Oberfläche mit ihren Merkmalen auf den Spurenträger eindrücken. Die Qualität dieses Eindruckes hängt von der stofflichen Beschaffenheit von Verursacher und Träger ab, den individuellen Merkmalen des Spurenverursachers, der Stärke und Dauer des Druckes sowie von der Art und Weise, in welcher der Spurenverursacher auf den Spurenträger einwirkt.

Scharten-/Gleitspuren entstehen dadurch, daß ein relativ harter Spurenverursacher unter Druck über einen weniger harten Spurenträger hinweggleitet. Die Kante eines Werkzeuges hinterläßt mit ihren produktionsbedingten oder durch Abnutzung entstandenen Scharten auf der Oberfläche eines Spurenträgers mikroskopisch feine, meist parallel verlaufende Rillen oder Scharten (Schartenspuren).

Schnittspuren entstehen bei der Einwirkung von Schnittwerkzeugen wie Messer, Beile, Stecheisen, Hobel, Bohrer, Zangen. Die an der Schneidkante des Werkzeuges befindlichen individuellen Besonderheiten (Produktionsspuren oder durch Gebrauch entstandene Spuren) übertragen auf den bearbeiteten Gegenstand bei jedem Schnitt zwei Spurenbilder. Im Fall einer Spanbildung befindet sich auf dem Span jeweils eines der beiden Spurenbilder. Zangen hinterlassen auf einem durchgetrennten Gegenstand insgesamt vier Schnittflächen, von denen sich je zwei auf den durch die Abtrennung entstandenen Stücken befinden. Scheren rufen bedingt durch ihre Konstruktion bei jedem Schnitt zwei Schnittflächen hervor.

Bruch- und Rißspuren entstehen bei besonders spröden Materialien, die bei leichter Einwirkung schon zerbrechen wie beispielsweise Glas. Ursachen für Brüche und Risse sind mechanische Gewalteinwirkungen, Explosionen und andere Erschütterungen sowie Wärme- oder Kälteeinwirkung. Der Verlauf und die Form der Bruch- und Rißkanten sowie deren Oberflächenbeschaffenheit lassen Schlüsse auf die Entstehungsbedingungen, wie Ursache und Richtung der einwirkenden Kraft, und auf die ursprüngliche Zusammengehörigkeit (Paßstücke) zu.

Paßstücke entstehen durch das Auseinanderbrechen oder -reißen eines Gegenstandes, das Zerschneiden von Materialien oder das Durchtrennen von Gegenständen, die eine individuelle Struktur aufweisen. Die ursprüngliche Zusammengehörigkeit läßt sich anhand der zueinander „passenden" Stücke feststellen, so daß Paßstücke von hoher Beweiskraft sein können.

Handschriften haben einen hohen Grad von individuellen Merkmalen. So ist die Feststellung möglich, ob bestimmte handschriftliche Erzeugnisse von einem bestimmten Menschen herrühren (Maschinen- und Druckschriften werden in erster Linie als Formspuren gesehen).

Fälschungen Die Zahl der möglichen Fälschungen – um kriminalistisch bedeutsame Sachverhalte zu Täuschungszwecken im Verfahren zu fälschen – ist so umfangreich, daß eine annähernd erschöpfende Aufzählung nicht möglich erscheint. Grundsätzlich kann man jedoch die Fälschung von Objekten (z.B. Urkunden) und Fälschungen zum Zwecke der Täuschung von Geschehensabläufen unterscheiden.

Bezeichnung der Seitenrichtigkeit von Formspuren Eine Formspur wird seitenrichtig beschrieben, wenn sie aus derselben Richtung betrachtet wird, aus welcher der Spurenverursacher auf den Spurenträger eingewirkt hat.

Die **Veränderung der Erscheinungsform** von Spuren ergibt sich häufig durch diverse Einflüsse, wie Feuchtigkeit, Hitze, Sonnenbestrahlung, Mikroorganismen, nachträgliche Säuberungsversuche und Überdeckung. Durch diese Ursachen können möglicherweise Spuren nicht gefunden oder erkannt werden.

4.1 Ziel und Umfang der Spurensuche und -sicherung

Die Spurensuche ist ein elementarer Teil der Tatbestandsaufnahme. Ziel der Spurensuche ist das Auffinden von Spuren zum Zweck der Rekonstruktion des Tatgeschehens, der Erlangung von Hinweisen zur Ermittlung unbekannter Täter und der Überführung oder Entlastung von Tatverdächtigen. Als spurentragende Bereiche haben besonders der Tat- oder der Ereignisort[2] Bedeutung (Fundorte, Unfallorte, Brand- und Explosionsorte). Materielle Spuren sind am Opfer und dessen Umkreis, am Tatverdächtigen und dessen Umkreis, am Weg vom und zum Tatort, an Tatwerkzeugen und Tatmitteln zu erwarten und zu sichern.

Eine **systematische Spurensuche** ist bei schwierigen und umfangreichen Sachverhalten in Betracht zu ziehen. In der Literatur werden für die Spurensuche im Freien ein spiralförmiges Umkreisen eines bestimmten Punktes oder bei geeigneten Situationen eine schleifen- oder streifenförmige Absuche des engeren und weiteren Tatortes empfohlen. Die Spurensuche in Räumen läßt sich schwieriger schematisieren, hier ist von Fall zu Fall zu entscheiden, in welcher Reihen- und Rangfolge Spuren gesucht, fixiert und sichergestellt werden. In speziellen Fällen ist der Einsatz von Geräten, wie Metallsuchgeräten, oder beispielsweise auch von Tauchern notwendig.

Die **Kennzeichnung erkannter Spuren** hat nach Möglichkeit sofort zu erfolgen, damit Verwechslungen und Veränderungen vermieden werden. Hierzu eignen sich Nummerntafeln und Haftetiketten. Voraussetzung ist, daß sich die

---
2 Im weiteren Zuge der Darlegung wird nur der Begriff Tatort als Synonym verwendet.

4. Systematik der Spuren

Kennzeichnung auch auf Tatortfotos nachvollziehen läßt. Kleinere Gegenstände, z.B. Glassplitter, sollten nicht mit Kreide eingekreist werden, sondern mit Fotoringen (Fotoausrüstung).

Eine **Spurenvernichtung** ist zu verhindern, dazu sollten Spurenträger möglichst nicht angefaßt werden, auch nicht mit Handschuhen. Ist ein Berühren unvermeidbar, dürfen Spurenträger vorsichtig nur an den Stellen angefaßt werden, an denen keine auswertbaren Spuren zu erwarten sind. **Die Spurensicherung hat grundsätzlich alle Spuren zu erfassen**, soweit sie nicht von vornherein als tatfremd ausgeschieden werden können. Das Ausscheiden der Trugspuren oder das Erkennen von fingierten Spuren ist Aufgabe der Spurenauswertung.

Fehlende Spuren deuten darauf hin, daß der rekonstruierte Tatablauf möglicherweise nicht mit dem tatsächlichen Tatablauf übereinstimmt. Ferner ist zu prüfen, ob Spuren durch Witterungseinflüsse oder absichtlich beseitigt wurden, ob die Tat möglicherweise vorgetäuscht wurde, ob alle Möglichkeiten der Spurensuche ausgeschöpft wurden oder die gedankliche Rekonstruktion auf fehlerhaften oder unvollständigen Überlegungen beruht.

Die **Hinzuziehung von Sachverständigen** ist notwendig, wenn das Auffinden von Spuren besondere Kenntnisse oder Hilfsmittel erfordert, die bei den Kräften am Tatort nicht vorhanden sind oder in Fällen von besonderer Bedeutung (Kapitalverbrechen) die Möglichkeiten der Spurensuche optimal ausgeschöpft werden sollen.

Am **menschlichen Körper** können selbst dann noch Spuren vorhanden sein, wenn zwischenzeitliche eine Säuberung durchgeführt wurde. Spuren sind unter Fingernägeln, im Nagelbett, an den Haaren, an den Körperöffnungen oder in den Hautfalten zu erwarten, auch wenn sie mit bloßem Auge nicht sichtbar sind. Bei der Spurensicherung am menschlichen Körper ist stets vorher zu prüfen, ob diese Arbeit nur durch einen Arzt durchgeführt werden darf. Die Richtlinien der Strafprozeßordnung sind zu beachten (§§ 81a, 81c, 81d, 81e, 81f). Oft befinden sich auch Spuren auf den Gegenständen, die der Täter zur Reinigung benutzt hat (Handtücher, Taschentücher, Bürsten, Waschlappen). Im Waschwasser können sich ebenfalls Spuren befinden.

Spuren an Leichen[3] sind bis zum Eintreffen der Gerichtsmediziner oder bis zum Abtransport vor Veränderung zu schützen. Bei Tötungsdelikten ist eine umfangreiche Spurensicherung am menschlichen Körper erforderlich – besonders, wenn ein Sexualdelikt nicht auszuschließen ist. Neben der gesamten Kleidung (mit Mikrospuren, wie Schmauch aus Schußwaffen oder übertragenen Haaren und Fasern) kommen als Spurenträger – auch von Mikrospuren – in Betracht: Fingernagelränder, Kopf- und Schamhaarproben, Frischblut- und Speichelproben. Daktyloskopisch müssen Vergleichsfinger- und Handflächenabdrücke gesichert werden. Hierbei ist darauf zu achten, daß nicht die Mikrospuren zerstört oder weiterübertragen werden. Pulverschmauch überträgt sich von unverpackter Kleidung auf Autositze und von dort aus weiter auf Zeugen oder Verdächtige. Aus den Tatumständen kann sich die Notwendigkeit zur Untersuchung des

---

[3] Siehe Abschnitt über Todesermittlung und Kriminaltechnik.

Mageninhaltes, der Leber und Nieren (bei Vergiftungsverdacht) sowie der Untersuchung von Gewebeproben ergeben. Diese Proben werden im Rahmen der Obduktion durch Rechtsmediziner gesichert.

Spuren an transportablen Gegenständen – besonders an Kleidungsstücken – sollen nur dann beim Ersten Angriff gesucht werden, wenn das Vorhandensein von Spuren für eine strafprozessuale Entscheidung von Bedeutung ist oder die Gefahr des Verlustes oder der Veränderung dieser Spuren beim Transport besteht. Die Untersuchung dieser Gegenstände nach Spuren sollte stets den Angehörigen des Kriminaltechnischen Institutes überlassen bleiben.

Latente Abdruckspuren – am häufigsten bei daktyloskopischen Spuren – können oft mit bestimmten Mitteln und Methoden sichtbar gemacht werden. Dazu kommen insbesondere optische Mittel, pulverförmige Substanzen, gasförmige Substanzen oder flüssige Reagenzien in Betracht. Befinden sich auf einem Spurenträger mehrere Spurenarten, ist zu entscheiden, welche Spur zuerst sichtbar gemacht wird, weil hierdurch sehr wahrscheinlich die andere Spurenart beeinträchtigt wird. Beispiel: Verfälschte Schecks, hier ist zu entscheiden, ob die Suche nach Fingerspuren oder nach Schriftmerkmalen vorrangig ist, weil die Suche nach Fingerspuren die Qualität der Schriftmerkmale beeinträchtigt (Tauchverfahren). Bei der Untersuchung von Schriftmerkmalen können auf einem Schriftstück auch daktyloskopische Spuren verloren gehen, wenn nicht auf die noch ausstehenden daktyloskopischen Maßnahmen hingewiesen wird, so daß entsprechende Sicherungsmaßnahmen bei der Schriftuntersuchung die Fingerspuren erhalten.

Latente Material- und Mikrospuren können sowohl mit speziellen Klebefolien als auch mit Hilfe eines speziellen Staubsaugers gesichert werden. Bei der Suche nach diesen Spuren hilft oft der Einsatz einer UV-Lampe. Im ultravioletten Licht neigen viele Substanzen zum Fluoreszieren und lassen sich dadurch leichter finden und betrachten. Zur Sicherung von Schmauchspuren im Mengenbereich von Nanogramm (Milliardstel Gramm) ist der Spezialist des Kriminaltechnischen Institutes gefragt, der hier spezielle Methoden und Mittel einsetzt, um aus diesen geringen Mengen noch eine Aussage über die Herkunft der Munition zu treffen. Dabei ist das Rasterelektronenmikroskop ein wertvolles Hilfsmittel.

4.2 Wie werden Spuren gesichert?

Zur Auswertung der materiellen Spuren kommt es vor allem darauf an, den gesamten Tatort unverändert zu erhalten, die Lage der einzelnen Spuren und Spurenträger zueinander und zur Umgebung zu fixieren und die Spuren zum Zweck der Untersuchung zu sichern. Oft garantiert nur eine rigorose Absperrung die Ursprünglichkeit des Tatortes. Bei der Sicherung sollen die in der Spur vorhandenen Merkmale und Eigenschaften so erhalten bleiben, daß möglichst wenig Informationsverluste entstehen. Daher sind Spuren möglichst im Originalzustand der Untersuchung zuzuführen. Die Anwendung spezieller Sicherungsmethoden

4. Systematik der Spuren

führt in vielen Fällen zu Informationsverlusten. Daher ist immer die Methode anzuwenden, welche die Qualität des Spurenmaterials nicht oder nur gering beeinträchtigt. Nach Herstellung von fotografischen Übersichtsaufnahmen können Spuren im Detail auch durch fotografische Nahaufnahmen fixiert und gesichert werden. Durch Beschriftung, Aufstellen von Nummerntafeln etc. sind die Aufnahmen vor Verwechslung zu schützen. Bei großflächigen Tatorten ist eine fotografische Übersichtsaufnahme aus der Luft in Erwägung zu ziehen. In der Literatur wird jedoch darauf hingewiesen, daß Hubschrauber in niedriger Höhe durch Luftwirbel die Spuren und die Situation erheblich verändern können.

Bei der verwechslungssicheren Kennzeichnung von Spuren sind entweder die Sicherstellungsvordrucke zu verwenden (als Aufkleber oder Anhänger) oder/und die verpackte Spur mit folgenden Angaben zu beschriften:

- Vorgangsnummer,
- Spurennummer in Übereinstimmung mit Protokollen und Berichten,
- Tatort oder Fundort,
- Datum und Uhrzeit der Spurensicherung,
- Name von Geschädigten oder Beschuldigten,
- sachbearbeitende Dienststelle,
- Name des Spurensicherers,
- in bestimmten Fällen Übergabeliste mit den Namen aller Personen, die das Asservat übernommen, ausgewertet oder weitergegeben haben,
- Vermerk über alle absichtlichen oder versehentlichen Manipulationen am Asservat.

Eigene Versuche, Gegenstandsspuren zu identifizieren, haben zu unterbleiben. Durch Einpaßversuche in Formspuren werden diese häufig zerstört oder es entstehen zusätzliche Übertragungsmerkmale und somit Trugspuren.

Bei transportablen Spurenträgern sind diese Spurenträger grundsätzlich mit der Spur zusammen zu sichern. Anhaftende Materialspuren sind durch eine Schutzhülle zu schützen, um Übertragung und Verluste von Spurenmaterial zu vermeiden. Im besonders auf Druck und Erschütterung reagierenden Spurenbereich ist dafür Sorge zu tragen, daß das Verpackungsmaterial diese Bereiche des Spurenträgers nicht berührt.

Materialspuren, die während des Transportes abfallen, verändert oder zerstört werden können, sollten vorsichtig vom Träger abgehoben und getrennt verpackt werden. Zuvor ist ihre Lage auf dem Spurenträger fotografisch zu sichern.

Formspuren, die sich auf dem Spurenträger befinden und sich möglicherweise beim Transport verändern, sind wie Spuren an nicht-transportablen Spurenträgern zu sichern.

Bei nicht-transportablen Spurenträgern ist unter Berücksichtigung der Verhältnismäßigkeit zu prüfen, ob der spurentragende Bereich abzutrennen oder abzumontieren ist, ohne daß die Spuren unnötig beeinträchtigt werden. Entstehen dabei Trugspuren, sind diese eindeutig zu kennzeichnen. Bei der Abtrennung oder Demontage des spurentragenden Teils darf naturgemäß nicht das vermeintliche Tatwerkzeug verwendet werden.

4.3 Anmerkungen zur Fotografie der Spuren[4]

Nach welchen Richtlinien erfolgt die Tatortfotografie?[5]

Zur Sicherung der Spuren an nicht-transportablen Spurenträgern gehört eine *sachgemäße fotografische Sicherung*. Die Sicherung bezieht sich nicht nur auf den Gegenstand selbst, sondern auch auf die Situation, in der er sich beim Auffinden am Ereignisort befand. Ein Teil dieser Fotografie wird im alltäglichen Dienst durch die kriminalpolizeiliche Sofortbearbeitung ausgeführt. Bei umfangreichen und speziellen Aufnahmen stehen bei den kriminaltechnischen Instituten *Spurensicherungstrupps* und die *Fotografen des Erkennungsdienstes* zur Verfügung. Bei der Darstellung einzelner Objekte, besonders bei Objekten von geringer Ausdehnung, ist stets ein *Maßstab* mit abzubilden. Der Maßstab erleichtert die spätere Entzerrung und Vergrößerung des Bildes auf die natürliche Größe des Objektes und dient bei Farbaufnahmen auch zum Vergleich von Farbverfälschungen (empfehlenswert ist auch das Mitfotografien einer bedruckten Filmverpackung). Sofern das Objekt und seine Lage es zulassen, sollte stets die *Filmebene der Kamera parallel zur abzubildenden Objektfläche* positioniert werden. Bei der Beleuchtungssituation ist zu beachten, daß nicht nur die direkte Anstrahlung oft den Gegenstand deutlich werden läßt, sondern daß hier häufig seitliches Licht den *Kontrast* zum Spurenträger oder innerhalb der Spur erheblich steigert. Wie schon allgemein bei der Spurensuche erwähnt, sollte die *Spurenkennzeichnung* durch Etiketten oder Tafeln mit fotografiert werden. Bei Praktikern hat es sich durchgesetzt, am Beginn des Filmstreifens ein Blatt mit der Vorgangsnummer und den Namen von Beschuldigten, Opfern oder Verstorbenen zu beschriften und zu fotografieren, so daß der Filmstreifen unverwechselbar bleibt.

Für die *Fotografie* von Spurenträgern und Spuren *unter Studiobedingungen* hat die Kriminaltechnik spezielle Voraussetzungen geschaffen. Die kriminaltechnische und wissenschaftliche Fotografie ermöglicht unter dem Einsatz spezifischer Techniken den Vergleich von Spuren (Makro-, Mikro- und Lupenbereich, s/w und Color, Ultraviolett- und Infrarotfotografie).

Aufgabe der *Tatortfotografie* ist es, den Zustand und die Verhältnisse um und am Ort eines kriminalistisch relevanten Ereignisses fotografisch zu sichern. In Abhängigkeit von den Anforderungen an die Beweisführung ist

– die Situation am Tatort mittels Orientierungs-, Übersichts-, Teilübersichts- und Detailaufnahmen zu fotografieren
– die Spur fotografisch zu sichern
– die Lage von gesicherten Spuren und anderen Sachbeweisen zu dokumentieren
– mit Hilfe der Tatortfotografie in der Einheit mit Skizzen und dem Tatortuntersuchungsprotokoll eine möglicherweise notwendige Rekonstruktion vorzunehmen und das kriminalistische Experiment (Kontrolldemonstration) vorzubereiten
– die Spur gleichmäßig auszuleuchten, starke Schlagschatten, die eventuell Details verdecken, sind zu vermeiden

---

4 Siehe auch Beitrag zur Kriminalfotografie
5 Vgl. Handbuch für Kriminalisten, Autorenkollektiv 1982 Berlin

4. Systematik der Spuren

- das Schräglicht anzuwenden
- ein Maßstab mit gut erkennbarer Maßeinteilung in Höhe der Spurenebene anzulegen
- stets formatfüllend zu fotografieren
- bei Papillarleistenspuren zu protokollieren, ob die Spur in der Aufnahme hell oder dunkel erscheint (seiten- oder farbverkehrte Bilder)

> Merke: Es sind immer zwei Aufnahmen zu fertigen
> 1. Lage der Spur auf dem Spurenträger,
> 2. die Spur selbst.

Die Dokumentation des Tatortes erfolgt in einer Bildmappe. Diese Hinweise gelten auch für andere Probleme der Spurenfotografie (zum Beispiel Abdruckspuren).

Orientierungsaufnahmen geben einen Überblick über die Lage des Tatortes zu seiner Umgebung (zum Beispiel benachbarte Gebäude, Straßen, Betriebe u.a.).

Übersichtsaufnahmen erfassen den Ereignisort in seinem gesamten Umfang mit den wichtigsten vom Täter verursachten Veränderungen.

Teilübersichtsaufnahmen werden angefertigt, um einen präziseren Überblick über Teilbereiche des Ereignisortes zu erhalten.

> Beachte: Die Lage von Spuren und Gegenständen ist durch Nummerntafeln zu markieren, so daß sie anhand der Übersichtsaufnahme später genau zu rekonstruieren ist. Fotomontagen sind unzulässig. Es ist stets die verwendete Brennweite anzugeben.

Detailaufnahmen sind Aufnahmen einzelner relevanter Spuren und Gegenstände, die im Zusammenhang mit dem Ereignis stehen (zum Beispiel vom Täter liegengelassenes Werkzeug, aufgebrochene Kassette, umgeworfene Gegenstände). Da beweiserhebliche Umstände oftmals erst im Verlauf der Tatortuntersuchung erkannt werden, ist die Fertigung von Detailaufnahmen während des gesamten Prozesses der Spurensuche und -sicherung zu beachten. Spuren, die am Tatort als Eindruckspuren in Staub, Fett, im Boden oder in einem anderen Spurenträger hinterlassen werden, sind vor ihrer Sicherung mit Abformmaterialien in jedem Fall zu fotografieren.

4.4 Wie soll die Verpackung beschaffen sein?

Die sachgerechte Verpackung ist Teil der Spurensicherung. Der Spurensicherungsbeamte trägt die Verantwortung für das zu übersendende Spuren- und Vergleichsmaterial. Es ist so zu verpacken, daß Veränderungen aller Art ausgeschlossen sind.

Alle Materialien sind eindeutig zu *kennzeichnen*. Besteht die Möglichkeit, daß von dem verpackten Material eine Gefahr ausgeht (beispielsweise toxische Stoffe, für Waffen und deren Entladung siehe Kapitel über Waffenuntersuchungen) ist dies auf der Verpackung zu vermerken. Bei Unsicherheiten sind die Spezialisten der Kriminaltechnik zu fragen.

Hohe Risiken bestehen beim Umgang mit Sprengstoffen, vor allem bei Selbstlaboraten! Diese dürfen nur am Ort – bis zur Abholung durch die Entschärfer der Kriminaltechnik – sichergestellt, aber nicht berührt werden.

Das Verpackungsmaterial muß so beschaffen sein, daß *mechanische oder chemische Veränderungen* des Untersuchungsmaterials ausgeschlossen sind und es muß vollkommen sauber sein, wenn Materialspuren oder -proben zu verpacken sind.

In vielen Fällen eignen sich *Kunststoffolien,* bewährt haben sich Kunststoffschlauchfolien. Die Enden dieser Folien lassen sich gut verschweißen. Die Folien dürfen nicht verwendet werden bei der Sicherung von Werkzeugspuren, die mit Mikrosil abgeformt wurden. Dabei tritt leicht eine Verbindung zwischen dem Mikrosil und der Folie ein, wodurch die Spur beschädigt oder zerstört wird. Hier ist Papier das geeignete Verpackungsmaterial. Gewarnt wird auch wegen der möglichen *elektrostatischen Auflading der Folien*. Die dabei entstehende Anziehungskraft führt dazu, daß kleine Partikel an den Folien haften bleiben. In solchen Fällen sind nach Möglichkeiten Zwischenlagen aus Papier zu verwenden. Gleichartige Probleme ergeben sich bei der *Verpackung von Papieren mit Schreibdruckrillen,* die mit dem ESDA-Gerät[6] sichtbar gemacht werden sollen. Auch hier würde eine statische Auflading in Plastikfolien den Erfolg vereiteln.

Das *Einschweißen von organischen Stoffen* und Körpersekreten führt durch den Luftabschluß oft zur Schimmelpilzbildung. Es hat sich bewährt, keine luftdichte Verpackung zu verwenden und eine Antrocknung oder Austrocknung in Kauf zu nehmen.

Sind *lösemittelhaltige Stoffe* zu sichern, dürfen sie ebenfalls nicht in Folien verpackt werden, weil diese Stoffe durch Kunststoffe hindurchdiffundieren (beispielsweise benzingetränkte Stoffe als Brandlegungsmittel). Die Sicherung erfolgt in Glasflaschen mit dichtem Verschluß. Außerdem können spezielle Tüten aus lösemittelbeständigem Mehrschichtmaterial über die Kriminaltechnik beschafft werden.

Übersendung   Sämtliche Spuren und Vergleichsmaterial, die einer kriminaltechnischen Untersuchung bedürfen, sind unverzüglich der zuständigen Untersuchungsstelle zu übersenden. Die Einhaltung dienstkundlicher Vorschriften ist besonders wichtig in allen Fällen, in denen Spuren und Vergleichsmaterial einem Sammlungsvergleich unterzogen werden sollen. In Fällen besonderer Bedeutung und bei leichter Veränderlichkeit des Untersuchungsmaterials ist es zweckmäßig, nach Absprache die gesicherten Gegenstände direkt vom Tatort zum Kriminaltechnischen Institut zu bringen.

Vor der *Übersendung oder Überbringung von sprengstoffverdächtigen Gegenständen,* insbesondere bei unberechenbaren Selbstlaboraten, ist der Sprengstoffbereitschaftsdienst der Polizei sofort zu informieren und zur Beratung heranzuziehen. Derartige Stoffe werden nicht in Dienstgebäuden verwahrt.

---

[6] Beschreibung der Funktion des ESDA-Gerätes im Fachbeitrag über Schriften und Urkunden.

4.5 Was soll der Untersuchungsantrag enthalten?

Besondere Bedeutung kommt dem *Untersuchungsantrag* zu, der zusammen mit dem spurentragenden Objekt oder der Spur übersandt wird. Eine Durchschrift des Untersuchungsantrages bleibt in der Ermittlungsakte zur Dokumentation des Untersuchungsganges. In der Literatur wird übereinstimmend die Aufnahme der nachstehenden Merkmale im Untersuchungsantrag gefordert:

- Bezeichnung des Ereignisortes,
- Tatzeit und Zeitpunkt der Sicherstellung der Untersuchungsobjekte,
- eindeutige Benennung des Untersuchungszieles unter Berücksichtigung der Beweislage (besonders dann, wenn Untersuchungsmaterial nur in beschränktem Umfang zur Verfügung steht),
- Mitteilung über besondere Beschaffenheit des Spurenträgers (z.B. morastiger Erdboden, stark gekrümmter Spurenträger), falls Formspuren durch Abformverfahren, Klebefolie oder fotografisch gesichert wurden,
- Umstände, die möglicherweise eine Veränderung der Spuren seit dem Zeitpunkt der Spurenentstehung verursacht haben,
- Angaben von Tatverdächtigen oder Zeugen über die angebliche Entstehungsursache oder
- Herkunft von Spuren an Untersuchungsobjekten,
- Angaben über frühere Veränderungen eines Spurenverursachers (z.B. Ausbesserung und Neuspritzung der Lackschicht eines Kraftfahrzeuges nach einem Unfall),
- Mitteilung, ob Untersuchungsobjekte beschädigt oder teilweise zerstört werden dürfen, falls dies zum Zwecke der Untersuchung erforderlich sein sollte,
- Mitteilung darüber, ob Gegenstände von unbedeutendem Wert (z.B. erheblich zerstörte Geldkassette) nach Abschluß der Untersuchung vernichtet werden können, soweit sie als Beweismittel nicht mehr von Bedeutung sind,
- Hinweis auf besondere Dringlichkeit (z.B. drohende Verjährung oder Haftprüfungstermin),
- Abweichungen von den Richtlinien und Hinweisen, die eine sachgemäße Behandlung des Spuren- und Vergleichsmaterial betreffen,
- Name und Dienststelle des die Spuren sichernden Beamten.

Bei der vergleichenden Untersuchung von Fahrzeuglacken sind folgende, zusätzliche Angaben im Untersuchungsantrag erforderlich:

- Fahrzeughersteller,
- Fahrzeugtyp,
- Baujahr/Erstzulassung,
- Originalfarbe,
- Amtliches Kennzeichen,
- präzise Angabe der Entnahmestellen,
- Unfallschilderung.

Für kriminaltechnische Untersuchungen stehen üblicherweise spezielle Vordrucke – je nach Bundesland – für Untersuchungsanträge zur Verfügung, die auch genutzt werden sollten[7].

---

[7] Landesrecht – Hinweis für Berlin: Für alle Untersuchungen ist grundsätzlich der Vordr. 1187 als Antrag zu verwenden. Eine Ausnahme bildet der Antrag für Untersuchungen von Werkzeugspuren, Vordr. 1187 a. Weitere Ausnahme ist der bundeseinheitliche Antrag für die Untersuchung von Waffen, KP 27. Die Untersuchungsanträge für Blut und Urin dokumentieren zugleich die strafprozessuale Anordnung dieser Maßnahmen und protokollieren deren Durchführung. In diesem Bereich sind Ergänzungsanträge und Hinweise zur Bearbeitung als hauseigene Formulare des Instituts im Gebrauch.

5. Die Klassische Kriminaltechnik – Formspuren

Umfangreiche Beschreibungen sind bei der Frage zu den Sachgebieten der Kriminaltechnischen Institute vorhanden. Auf eine allgemeine, gewissermaßen widersprüchliche Einteilung sei hier nochmals hingewiesen: Die klassische Kriminaltechnik und die naturwissenschaftliche Kriminaltechnik.

Die Verfasser beginnen mit der Beschreibung der Werkzeugspuren, weil hier viele grundsätzliche Aussagen getroffen werden, die auch für Waffen- und Schrift- und Urkundenuntersuchungen sowie für Reifen- und Schuhspuren gelten. Bei diesen letztgenannten Untersuchungsgebieten handelt es sich im weitesten Sinne um Spuren von Werkzeugen, die zur großen Gruppe der Formspuren gehören.

5.1 Was sind Werkzeugspuren?

Unter Werkzeugspuren im engeren Sinne sind die durch äußere Einwirkungen eines Werkzeuges als Spurenverursacher auf einen festen Körper entstandenen Spuren zu verstehen.

> **Definition:** Werkzeugspuren sind Deformationen an Materialoberflächen, hervorgerufen durch einen Gegenstand aus härterem Material.

Auch Werkzeuge im weiteren Sinne – das sind fast alle festen Körper – kommen als Spurenverursacher in Betracht, sofern sie eine äußerliche Formveränderung auf einem geeigneten Spurenträger hervorrufen können (Teile von Kraftfahrzeugen, Steine, Bekleidungsstücke). Schuh- und Reifenspuren, Schußwaffenspuren und Spuren von schreibenden Tätern stellen zwar ebenfalls Formspuren/Werkzeugspuren dar, werden jedoch aus praktischen Erwägungen in spezialisierten Sachgebieten der Kriminaltechnischen Institute untersucht.

Werkzeugspuren stellen bei den Einbruchsdelikten in der Praxis die am häufigsten in Erscheinung tretende Spurenart dar. Bei Werkzeugen und deren Spuren im engeren Sinne wird zu Untersuchungszwecken die folgende Unterscheidung getroffen:

Hebelwerkzeuge Schraubendreher, Kuhfuß, Montiereisen, Stechbeitel, Messer u.a.

Trennende Werkzeuge Bolzenabschneider (mit allen Unterarten), Seitenschneider, Kombizangen, Hebelvornschneider, Beißzangen, Blechscheren, Sägen (schwer individuell zu identifizieren), Trennscheibe (nicht zu identifizieren), Schneidbrenner (nicht zu identifizieren).

Greifende Werkzeuge Rollgabelschlüssel, Gripzange, Rohrzange, Wasserpumpenzange, zu unterscheiden sind gezahnte und nicht gezahnte Zangen.

Der sogenannte *Randschluß* einer Werkzeugspur erhöht ihre Qualität erheblich. Der Begriff beinhaltet den Abdruck der äußeren Begrenzungskante der Einwirkungsfläche oder -kante.

Bohrwerkzeuge Spuren von Bohrern sind nur auswertbar, wenn der Bohrgrund vorhanden ist (auch als sogenannte Sackbohrung bezeichnet). Die Spuren am zylindrischen Teil der Bohrung sind nicht verwertbar. Eine auswertbare Bohrung darf also das Werkstück – hier den Spurenträger – nicht vollständig durchdringen, der Bohrgrund muß erhalten bleiben. Bei bestimmten Bohrwerkzeugen aus der Holzbearbeitung (sog. Schlangenbohrer) fällt der Bohrgrund des bearbeiteten Werkstückes (Holz oder Kunststoff) als runde Scheibe vom Spurenträger ab. Diese Scheibe eignet sich hervorragend zu Untersuchungszwecken, als bedeutsamer Spurenträger kann sie zur Identifizierung des Bohrers führen.

Bohrungen   sind zu finden an: Stahlschränken, Fenstern, Balkon- und Terrassentüren und an Schließzylindern und Einsteckschlössern.

Abgebrochene Bohrer   sind an die *Bruchstücksammlung* des Kriminaltechnischen Institutes zu senden. Findet man das Gegenstück zum Bruchstück, wird das gesicherte Bruchstück zum beweiskräftigen Paßstück.

Jeder **Bruch** erzeugt einmalige Bruchkanten und -flächen. Beide Bruchstücke zusammen besitzen einen besonders hohen Beweiswert.

Nimmt ein Täter beim *Abdrehen oder Abbrechen eines Profildoppelzylinders* das spurentragende Teil an sich, so muß das innere Teil des Zylinders in die Bruchstücksammlung des Kriminaltechnischen Institutes eingebracht werden. Dieser Spurenträger wird in der speziellen *Zylinderinnenteilsammlung* aufbewahrt und kann im Bedarfsfall mit eingehenden anderen Bruchstücken verglichen werden. So kann auch dieses Teil zum Paßstück und damit zum hervorragenden Beweismittel werden.

Seltener ist die Überwindung des Schließzylinders durch sogenannte *Kernzieher* anzutreffen. Die Begehung erfolgt hier durch das Herausreißen des äußeren Zylinders. Es kommen dabei gewerblich gefertigte Werkzeuge (Typbezeichnung „Ziehfix") und andere handwerklich gefertigte zum Einsatz. Eine spezielle Schraube wird in den Schlüsselkanal eingedreht und mit Hilfe von Gewindeübersetzung ein Zug auf die Längsachse der Schraube ausgeübt, bis unter der Kraft des Zuges das Außenteil aus dem Schloßgehäuse herausreißt. Nun muß noch der Riegel betätigt werden, bevor die Tür zu öffnen ist. Dabei entstehen zusätzliche verwertbare Werkzeugspuren.

Oft bleibt der herausgezogene Zylinderteil auf der „Zugschraube" des Werkzeuges und wird erst später – mit Hilfe eines anderen Werkzeuges (Zange?) – entfernt. Durch Sicherstellung des Teils im Umfeld des Täters und der beschädigten Schließzylinder am Tatort lassen sich Zusammenhänge klären (Paßstücke).

Waren weitere, nicht identifizierbare Werkzeuge bei der zu untersuchenden Tathandlung eingesetzt – also nicht nur das unmittelbar spurenverursachende Werkzeug – muß dies auf dem Untersuchungsantrag vermerkt werden. Dieser Hinweis ergänzt die Suche nach *Tatzusammenhängen*. Beispiel: Nach Überwindung des Profilzylinders mittels einer Zange setzt der Täter im nunmehr geöffneten Raum eine Trennscheibe ein, um ein Behältnis zu öffnen. Der Hinweis auf dieses zweite Werkzeug wird ausgewertet.

Auch ohne einen speziellen Auftrag aus der Sachbearbeitung wird ein Tatspurenvergleich durchgeführt, um mögliche *Tatwerkzeugzusammenhänge* zu erkennen. Diese Hinweise fließen an die sachbearbeitenden Dienststellen und dienen dort der *Zusammenführung von Straftaten.* Den kriminalistischen Schluß aus der Sicherstellung des Tatwerkzeuges bei einem oder mehreren Tatverdächtigen und aus den Tatwerkzeugzusammenhängen muß jedoch der Mitarbeiter der Dienststelle treffen, der diese Hinweise erhält.

Werkzeugspuren sind besonders gut geeignet, nicht nur kriminaltechnisch untersucht, sondern auch kriminalistisch beschrieben zu werden. So kann das Werkzeug eindeutig und damit unverwechselbar eingeordnet werden. Bei einer Zange könnte es beispielsweise heißen: Es handelt sich um eine Zange mit 12 mm Maulbreite und einem Zahnabstand von 1,5 mm, der Eindruck enthält rote Farbanhaftungen.

Schema der Werkzeugspurenuntersuchung

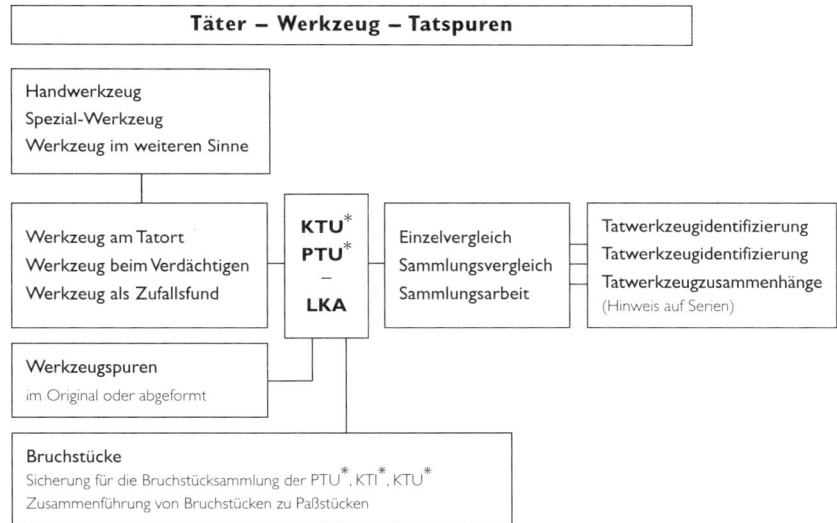

(*) Alternativbezeichnungen je nach Bundesland.

5.2 Wie werden Werkzeugspuren gesichert?

Sicherung im Original

Grundsatz: Die Sicherung einer Werkzeugspur sollte stets im Original erfolgen! Mögliche Tatwerkzeuge dürfen nicht zur Sicherung verwendet werden!

Ist eine Sicherung des gesamten Spurenträgers nicht möglich, so sollte der spurentragende Teil herausgetrennt oder die Spur mit Mikrosil abgeformt werden.

Bei der Sicherung entstandene Spuren sind dauerhaft zu kennzeichnen (z.b. Überkleben, farbige Markierung etc.).

Bei gesicherten Schließzylindern und Einsteckschlössern sind die Außen- und Innenseiten dauerhaft zu kennzeichnen (z.B. farbige Markierung).

Sicherung durch Abformen

Grundsatz: Werkzeugspuren sind nur dann durch Abformung zu sichern, wenn eine Sicherung im Original nicht möglich ist oder nicht verhältnismäßig erscheint!

Nach der früheren mechanischen Abformmethode mittels Bleiplättchen und Hammer hat sich die Abformmethode mittels dauerelastischer Silikonmasse durchgesetzt, beispielsweise die Abformmasse Mikrosil.

Folgende Hinweise sind bei der Abformung mit Mikrosil zu beachten:

Vor dem Auftrag der Abformmasse auf den Spurenträger muß die aus zwei Komponenten bestehende Paste vermischt werden. Für eine erfolgreiche Abformung ist die richtige Mischung von Abform- und Härterpaste wichtig (angegebenes Mischungsverhältnis auf dem Beipackzettel beachten). In der Regel sollten im Verhältnis zwei gleich lange „Würste" miteinander vermischt werden. Die Pasten sollten mindestens 30 Sekunden und vollständig verrührt werden.
Merke: Je kälter der Spurenträger ist, desto mehr Härter muß zugeführt werden (Basistemperatur 20°C).
 Beim Auftragen der Masse auf die Spur ist zu beachten, daß ein Bestreichen der Masse mittels Spachtel gleichmäßig vom Spurenrand her erfolgt, damit keine Luftblasen zwischen Masse und Spur eingeschlossen werden.
 Anschließend sollte die noch nicht ausgehärtete Masse mit Papier bedeckt werden. Eine verwechselungsfreie Zuordnung der dann zu beschriftenden Spur (z.B. mit einer Zahl) zum Originalspurenträger ist so garantiert.
 Die abgeformten Spuren müssen eine ausreichende Qualität besitzen. Deshalb muß die Abformung überprüft werden (abgebunden?, Luftblase?). Notfalls muß die Originalspur nach Reinigen erneut abgeformt werden.
 Die Auswertbarkeit der abgeformten Werkzeugspur (aber auch der Originalspur) wird nur bei den Kriminaltechnischen Einrichtungen (Benennung nach Bundesland) geprüft!
 Abformungen auch augenscheinlich überlagerter Spuren sind für Vergleichs- und Identifizierungszwecke geeignet. Das gleiche gilt für Originalspuren.

Sicherung von Bruchstücken zu Paßfähigkeitsuntersuchungen

Bruchstücke – im Sinne der kriminaltechnischen Untersuchung – sind Teile aller Art, die ursprünglich zusammengehörten, insbesondere Werkzeuge und Profil-Doppelzylinder, aber auch Schlüssel. *Bruchstücke sind im Original zu sichern.*

5.3 Verpackung und Versand von Spurenträgern und Werkzeugen

Werkzeuge und Spuren (auch untereinander) sind getrennt zu halten und schützend zu verpacken (Verhinderung des nachträglichen Materialübertrages, der Beschädigung). Mit Mikrosil abgeformte Spuren sind ausschließlich in Papiertüten (z.B. Briefumschlägen) zu verpacken. Auf keinen Fall dürfen Folien als Verpackungsmaterial benutzt werden. Diese verkleben sich mit Mikrosil durch den in der Folie enthaltenen Weichmacher und zerstören so die gesicherte Spur.

Durch die sachbearbeitenden Dienststellen wird in der Regel der *Antrag auf kriminaltechnische Werkzeugspurenuntersuchung* mit der Werkzeugspur übersandt. Sämtliche Vordrucke sind komplett auszufüllen, um spätere Rückfragen zu vermeiden.

5.4 Werkzeugspuren gleich Einbruchspuren?

Geschichte von Schloß und Sicherheitseinrichtung

Seit Jahrtausenden versucht der Mensch die von ihm geschaffenen Räume auch vor dem Zugriff anderer zu schützen, mit Türen und Schlössern zu versehen. Eine gleich lange Zeit wurde auch immer wieder versucht, mit Gewalt oder mit Werkzeugen diese Sicherungen zu überwinden.

Das Fallriegelschloß als Vorläufer des Zylinderschlosses war bereits im 3. Jahrtausend v. Chr. in Kleinasien, Assyrien, Babylon und Ägypten im Gebrauch. Vorhängeschlösser und Bronzeschlösser im Buntbartsystem waren schon vor Christi Geburt bekannt.

Im Mittelalter erreichte das überaus kunstvoll gefertigte Buntbartschloß mit Besatz und Eingerichte bereits einen beachtlichen Sicherheitswert. 1778 wurde durch den Engländer Barron und 1818 von seinem Landsmann Jeremiah Chubb das Zuhaltungs- oder Chubbschloß entwickelt.

1847 zeigte Linus Yale den ersten Rundzylinder in der Öffentlichkeit. 1920 erfolgte durch die Fa. Hahn die Formgebung zum Profilzylinder (auch Hahnprofil genannt), dessen genormtes Profil heute weltweit bekannt ist.

Die Schloßarten werden sowohl nach der Art ihres Einbaus als nach der Art ihrer Ausführung unterschieden.

Schloßsysteme:	An- und Einbauarten:
– Buntbartschlösser	– Einsteckschloß
– Zuhaltungsschlösser	– Einlaßschloß
– Zylinderschlösser.	– aufgesetztes oder Kastenschloß
	– Hangschloß.

Ausführungen:
- Fallenschloß
- Riegelschloß
- Fallenriegelschloß (mit oder ohne Wechsel)
- Schloß mit Zusatz-, Mehrfach- oder Mehrpunktverriegelung

Bei der Betrachtung von Einbruchsmöglichkeiten ist auch das Öffnen von Türen unter Umgehung der Schlösser wahrzunehmen:

- Betätigen der Schrägfläche der Falle mit Haken oder Plastikstreifen (Fallendrücken),
- Außer-Eingriff-Bringen von Falle und/oder Riegel durch Ansetzen eines Hebels zwischen Tür und Zarge,
- Betätigung des Drückervierkantes nach Entfernen des Langschildes bei nicht ausgeschlossenem Riegel,
- Riegeldrücken (gewaltsamer Transport des Riegels) durch Hebeln,
- Seitenverkehrtes Öffnen der Tür nach Ziehen der Scharnierbolzen,
- Kantenriegelziehen bei Doppelflügeltüren,
- Herausschneiden des ganzen Schlosses,
- Betätigung des Knaufzylinders durch den Briefschlitz mittels Schlinge o.ä.,
- Innensteckenden Schlüssel drehen oder durchstoßen und angeln.

5.5 Welche Überwindungsmöglichkeiten bestehen bei den einzelnen Schloßarten?

Beim *Buntbartschloß* verhindert eine einfache Riegelsperre, die durch Schlüsseldrehung angehoben wird, den Transport des Riegels und bewirkt so die Tourenhaltigkeit, daher ist der Sicherheitswert gering. Er wird nur durch die Form der Schlüssellöcher bewirkt. Überwindungsmöglichkeiten bieten alle ins Schlüsselloch passenden Schlüssel sowie Dietriche und Sperrhaken. Die Möglichkeit, daß das Schlüsselloch erweitert wurde, ist in Betracht zu ziehen.

Beim *Zuhaltungsschloß*, auch Chubbschloß genannt, wird die Riegelsperre des Buntbartschlosses durch die Zuhaltungen ersetzt. Der Sicherheitswert ist daher wesentlich höher als beim Buntbartschloß und ist nach Anzahl der Zuhaltungen und ihrer Toleranzen zu steigern, bis ein Öffnen mit Aufsperrwerkzeugen nahezu unmöglich wird. Die Fertigung von Nachschlüsseln (und diesen ähnlichen Werkzeugen) ist zu beachten.

Überwindungsmöglichkeiten bestehen bei diesem Schloß durch Stufenbartdietriche, Hobbschen Öffnungshebel und selbst gefertigte Nachschlüssel.

Der Schließzylinder ist eine spezielle Sicherungseinrichtung in einem „Buntbartschloß". Über den drehbaren Kern wird ein Schließbart bewegt, der die Funktion eines Buntbartes übernimmt. Die Stiftpaare zwischen Kern und Gehäuse übernehmen beim Schließzylinder die Funktion der Zuhaltungen.

Bei den Überwindungsmöglichkeiten wird naturgemäß – wie bei den anderen Schloßarten – zwischen gewaltsamer und fachgerechter Überwindung unterschieden.

Gewaltsame Angriffe sind direkt auf das Schloß gerichtet (Überbohren nach Entfernen des Langschildes) oder direkt auf den Zylinder (Abdrehen, Abbrechen, Aufbohren oder Herausziehen des Zylinderkernes).

Fachgerecht kann ein Profilzylinder durch spezielle Aufsperrwerkzeuge (Picking-Set, Lockaid-Pistole oder Elektro-Pick) oder durch spezielle Nachschlüssel überwunden werden.

Schließzylinder werden als Profil-, Rund-, Oval-, Außenzylinder usw. hergestellt. Eine weitere Form der Schließzylinder ist die *Kreuzbarteinbausicherung*. Sie hat einen gleichartigen Aufbau wie der Profilzylinder, jedoch horizontale und vertikale Stiftpaare. Bei falschem Einbau kann diese Sicherung leicht überwunden werden (Abschrauben) oder durch Einsatz eines sogenannten „Schneebesens".

5.6 Welche Spuren sind in Schlössern und Schließzylindern zu finden?

Methoden der Schloßöffnung
Die Schloßöffnung kann durch *Nachschließen* oder auch („kunstgerecht") durch *Aufsperren* erfolgen.

Nachschließen (nicht zu verwechseln mit dem juristischen Nachschlüsseldiebstahl, gemeint ist hier ein technisches Nachschließen)
Ein passender Schlüssel, auch eine Schlüsselkopie oder ein schlüsselartiges Werkzeug, wird zum Beispiel aus Blechstreifen gefertigt.

Aufsperren Anstelle des Schlüssels tritt ein spezielles Werkzeug, das die Funktion des Schlüssels übernimmt.

Spuren bei kunstgerechter Öffnung Dietriche, Hobbsche Haken und unter Umständen auch Kopien verursachen Spuren in der Schlüsselkreiskurve oder an der Riegelsperre, an den Zuhaltungen oder am Riegelhals. Eine Identifizierung des Spurenverursachers ist möglich.

Picking-Werkzeuge verursachen Spuren im Schlüsselkanal und auf den Stiften. Eine Identifizierung ist selten möglich, aber eindeutige Spuren der Begehungsweise sind festzustellen, daher ist ein Ausschluß des Vortäuschungsverdachtes möglich.

Der Kopie- oder Nachschlüsselgebrauch bleibt in der Regel ohne Spuren (Ausnahmen möglich).

5.7 Grundsätze der Werkzeugspurensicherung

Zum Ausschluß von Trugspuren dürfen keine unnötigen Schließversuche durchgeführt werden. Es besteht die Gefahr, daß Trugspuren gesetzt und Tatspuren vernichtet werden. Die Benutzer und Verfügungsberechtigten von Schließwerkzeugen sind zu befragen, ob nur reguläre Schlüssel oder auch fremde Schließwerkzeuge benutzt wurden. Dabei ist auch zu fragen, ob möglicherweise bereits Spuren durch eine frühere Straftat gesetzt wurden. Die Tourenhaltigkeit des Riegels ist zu prüfen und die Schließstellung vor und nach der Tat zu erfragen.

Die Sicherung dieser Spuren ist nur im Original möglich, also durch Ab- oder Ausbau des Schlosses oder Schließzylinders. Vor dem Ab- oder Ausbau ist, insbesondere bei Profildoppelzylindern, eine Kennzeichnung der (dem Täter zugewandten) Außenseite oder der Innenseite erforderlich.

Für die Untersuchungen wird mindestens ein passender Schlüssel (Funktionsprüfung, Zerlegen des Zylinders) benötigt. Besser ist es jedoch, alle vorhandenen Schlüssel einzusenden, da diese – besonders beim Verdacht des (kriminaltechnischen) Nachschlüsseldiebstahls – auf Kopierspuren untersucht werden müssen. Schlüssel sind so zu kennzeichnen, daß sie auch noch später den individuellen Benutzern zugeordnet werden können. Schlösser werden bei der Untersuchung auf Nachschließspuren zerlegt, was bei Schließzylindern mit deren Zerstörung gleichzusetzen ist. Eine Altersbestimmung von Spuren ist im Bereich der Werkzeugspuren nicht möglich.

5.8 Wie erfolgt die Auswertung der Werkzeugspuren am Tatort?

Die *Angaben von Geschädigten* oder Verantwortlichen – zur *Vortatsituation*, zum Ein- und Ausstieg des Täters, zu den Täteraktivitäten am Tatort, zu alten Beschädigungen und Spuren sowie den Verschlußzuständen und zu bereits erfolgten Veränderungen – sind der Ausgangspunkt für die Werkzeugspurensuche.

Irrtümer des Geschädigten, bewußte Falschdarstellung zum Verschluß von Türen, Behältnissen und nicht zuletzt *Täuschung* durch den Geschädigten hinsichtlich des Einbruchumfanges oder sogar *Vortäuschung* des gesamten Einbruchs müssen in Betracht gezogen werden. Die Auswertung von Werkzeug- und Einbruchspuren am Tatort, die zu beweiserheblichen Schlußfolgerungen führen sollen, sind zunächst von diversen Unsicherheiten begleitet, die nicht immer vollständig ausgeräumt werden können.

Die Suche nach Werkzeug- und Einbruchspuren geht deshalb mit der gedanklichen Rekonstruktion des Tatablaufes einher. Die Frage, ob die Tathandlung in der Darstellung durch Geschädigte und andere Personen schlüssig ist, begleitet den Kriminalisten während der gesamten Besichtigungszeit des Tatortes.

Beispiel: Stellt sich die Überwindung einer Wohnungseingangstür augenscheinlich als Folge von Hebegewalt dar, sind diverse Kriterien zu beachten.

Die **Sperrwirkung** eines oder mehrerer Riegel, die angeblich ausgeschlossen waren, muß überwunden worden sein. Entweder hat ein Riegel seine Sperrfunktion verloren (Riegelkopf abgebrochen, verbogen, in das Schloßgehäuse gedrückt) oder die Riegelaufnahme (Stahlzarge, Schließblech, Schließkloben) ist abgerissen, aufgerissen, verbogen oder der Riegeleingriff ist geringer gewesen, als die Fugenbreite und Nachgiebigkeit von Tür und Zarge.

Der *Ansatz eines Hebelwerkzeuges* (Schraubendreher, Kuhfuß, Montierhebel, Flachmeißel etc.) muß erkennbar sein und zwar um so deutlicher, je schmaler das benutzte Werkzeug war. Ein großer Kraftaufwand formt ebenfalls die Spur vom Ansatz des Hebelwerkzeuges deutlicher.

Weitere Spuren können den Verlauf der Tat und die Vortatsituation zeigen. Die *Kante des Schloßstulps* drückt bei entsprechender Hebelgewalt gegen den Riegelkopf und die Kante des Schließbleches auf der Gegenseite. Wegen der Kräfte des Bewegungsablaufes gehen die *Eindruckspuren* in mehr oder weniger deutliche *Schartenspuren* über. Im kriminaltechnisch günstigen Fall verursacht die Stirnkante des Riegelkopfes eine Gleitspur am Schließblechsteg und dokumentiert das Herausgleiten des Riegelkopfes aus dem Schließblech. Auf der geraden Rückseite der Falle ist ebenfalls die Eindruckspur des Schließbleches zu erwarten. Die Benutzung eines geraden oder eines gekröpften Hebels bedingt unterschiedliche Erscheinungsformen der *Hebelspuren*. Die Möglichkeit der Verwendung mehrerer Hebel muß bei der Rekonstruktion in Betracht gezogen werden.

Die Eindruck- und Hebelspuren am Riegelkopf im Zusammenhang mit entsprechenden *Gegenspuren* in gleicher Höhe an Tür und Zarge zeigen die Verschlußstellung zum Zeitpunkt des Hebelns – also die sogenannte Vortatsituation. *Fehlende Spuren* am Riegelkopf bedeuten – je nach Material und Fugenbreite zwischen Tür und Zarge sowie unter Berücksichtigung der Nachgiebigkeit von Tür und Zarge –, daß der Riegel nicht oder nur eintourig ausgeschlossen war.

Wurde der Riegel in das Schloßgehäuse hineingehebelt, müssen zwangsläufig Hebelspuren am Riegelkopf und Gegenspuren höhengleich an Tür und Zarge entstanden sein. Bei genauer Betrachtung werden Manipulationen sichtbar, so beispielsweise wenn der Riegelkopf mit einem Schlag auf die Stirnseite in das Schloßgehäuse gedrückt wurde oder der Riegelkopf mit einer Zange verbogen wurde. Deutlich sichtbar ist auch das Aufreißen der Riegelaufnahme in einer Stahlzarge.

Identifizierung wird die sichere Zuordnung einer Spur zu einem bestimmten Werkzeug oder die Zuordnung eines Werkzeuges zu einer bestimmten Spur genannt. Voraussetzung dazu ist die Individualität der *Funktionsfläche* oder *Funktionskante* des Werkzeuges, das die Spur verursacht hat. Diese Individualität kann durch den Fertigungsprozeß oder durch Abnutzung gegeben sein. Individuelle Flächen oder Kanten sind bei entsprechender Vergrößerung an ihrem unregelmäßigen Formenreichtum zu erkennen. Diese Merkmale überträgt das Werkzeug formgebend in die Spur. Die Qualität der Spur hängt vom Material, von der Größe der Spur und der Oberflächenbeschaffenheit des spurenaufnehmenden Stoffes ab.

Liegen identifizierungsgeeignete Spuren und Werkzeuge vor, die als Spurenverursacher oder Spurenträger sichergestellt wurden, so kann durch den *Sammlungsvergleich* die Spur oder das Tatwerkzeug gefunden werden, das mit an Sicherheit grenzender Wahrscheinlichkeit als Verursacher oder Träger der Spur in Betracht kommt. Auch mit dem *Ausschluß eines Tatwerkzeuges* kann ein kriminalistisches Ziel erreicht werden. Wird das Tatwerkzeug vor der Vergleichsuntersuchung weiterbenutzt, können zusätzliche Gebrauchsspuren auftreten, die das Werkzeug so verändern, daß eine Identifizierung nicht mehr möglich ist.

5.9 Sicherung von Manipulationsspuren in Schließeinrichtungen

Liegen Hinweise vor, daß in einem Schließzylinder oder Schloß mit nicht zum Schließen bestimmten „Werkzeugen" (z.B. Sperrhaken, Stufenbartdietrich, Nachschlüssel etc.) manipuliert wurde, so ist die Schließeinrichtung zu sichern.

Neben der Schließvorrichtung sind alle zum Schließen bestimmten Schlüssel sicherzustellen und so zu kennzeichnen, daß sie dem jeweiligen Benutzer zugeordnet werden können. Schließversuche sind zu unterlassen.

Bei Verdacht auf *Vortäuschung* gilt dasselbe. Darüber hinaus ist zu prüfen, ob das Kriminaltechnische Institut zur Begutachtung der Gesamtsituation der sicherheitstechnischen Einrichtungen direkt zum Tatort angefordert werden sollte.

Anmerkung zur Art der Öffnung von Kfz

Das Öffnen von Kfz kann mit geeigneten Hilfsmitteln sogar spurenfrei erfolgen. Als für ein Kraftfahrzeug passende Schlüssel sind nicht nur die Originalschlüssel anzusehen sondern auch andere Schlüssel, welche die gleiche Schließung aufweisen oder auch nach dem Original gefertigte Schlüssel (= Kopien).

Die beim gewaltsamen Öffnen eines Kfz möglicherweise entstandenen Spuren können, abhängig von ihrer Qualität, zur Identifizierung geeignet sein.

Beim Öffnen von Kfz mit Hilfe von Werkzeugen (Werkzeuge im weitesten Sinne) entstehen in Abhängigkeit von Kfz und Werkzeug unter Umständen keine erkennbaren Spuren.

Inbetriebnahme Um ein Kfz (Pkw) in Betrieb nehmen zu können, muß in der Regel ein Schloß überwunden werden, über welches die Zündung ein-/ausgeschaltet, die Lenkung ent- oder verriegelt und der Anlasser betätigt wird. Dieses wird deshalb auch als Zünd-Lenk-Anlaßschloß (ZLA) bezeichnet. Ein solches ZLA zu überwinden ist üblicherweise mit deutlich erkennbaren Spuren verbunden. Die Lenksperre eines ZLA kann „spurenfrei" nur mit einem passenden Schlüssel betätigt werden. Nach Entfernen des Schließzylinders eines *ZLA* kann die Lenksperre mit einem geeigneten Werkzeug oder durch Einsetzen eines anderen, präparierten Zylinders entriegelt werden.

5.10 Identifizierung von Prägezeichen und Prägewerkzeugen

Prägezeichen bilden eine Sonderform der Werkzeugspuren. Ihre Untersuchung zielt darauf ab, ehemals vorhandene und durch Materialabtrag entfernte *Individualnummern* wieder sichtbar zu machen oder Prägewerkzeuge zu identifizieren. Bei Prägen und Einschlagen von Zeichen und Zahlen kommt es beim Metall zu Materialverdichtungen im Gefüge. Auch wenn die Oberfläche abgetragen wird, bleiben die Veränderungen in der Struktur des Metalls bis zu einer gewissen Tiefe erhalten. Sie lassen sich durch chemische, thermische oder magnetische

Verfahren sichtbar machen. Schwerpunkt der Untersuchungen bildet der Kraftfahrzeugbereich mit seinen Individualnummern auf Fahrgestellen, Rahmen und Motoren sowie auf Zubehör.

Die *Fahrzeugidentifizierungsnummer* wird verkürzt auch als *FIN* bezeichnet. Sie ist auf einem tragenden Teil des Fahrzeuges zu finden, z.B. Spritzwand oder Bodenblech). Aus der Überlieferung heraus wird sie auch noch als Rahmennummer bezeichnet, obwohl die meisten Fahrzeuge heute keinen eigentlichen Rahmen mehr haben (selbsttragende Karrosserien), die Benennung der FIN als Rahmennummer ist also nicht richtig. Seit 1980 wird die FIN weltweit 17-stellig geschrieben und muß einmal auf einem tragenden Teil eingebracht werden. In der Regel wird die FIN mechanisch eingeprägt und sieht daher sehr gleichmäßig aus. Eine durchkreuzte FIN, die jedoch noch lesbar ist, ist die Folge einer Korrektur durch den Hersteller nach einer Fehlprägung oder einer Korrektur durch den TÜV.

Keinesfalls darf sie nur auf zusätzlichen oder nachträglich eingenieteten Schildern oder Teilen angebracht werden! Das *Typenschild* hingegen ist meistens nur aufgenietet, enthält aber auch die FIN. Es wird daher auch beim Diebstahl entfernt oder ausgetauscht, dabei entstehen ebenfalls Formspuren durch Entfernen der Nieten.

Die Schreibweise der FIN erfolgt nach einem festgelegten Schlüssel:

- Die ersten drei Ziffern geben Auskunft über den Hersteller.
- An der 10. Stelle kann der Hersteller das Baujahr einbringen.
- Die letzten sechs Ziffern enthalten die Zählnummer des Fahrzeugtyps
- Durch ihren Schlüssel kann die FIN Auskunft geben über den Hersteller, das Baujahr, den Bau- und Montageort und über die Modellreihe.

Die FIN wird eingebracht:

- Mit Hilfe von einzelnen Prägestempeln.
- Mit Hilfe (computergesteuerter) Prägemaschinen.
- Mit einem Laserstrahl.
- Durch punktförmige Einschläge.

Prägezeichen sind in ein Material eingedrückte Zeichen. Sie können wieder sichtbar gemacht werden, wenn die Zeichen nicht vollständig abgetragen wurden oder wenn das unter den Zeichen liegende, ebenfalls noch verformte Material nicht abgetragen wurde. Zur Verschleierung eines Diebstahls wird die FIN häufig entfernt und eine veränderte oder fremde FIN in das Fahrzeugteil eingebracht. Dazu wird die eingeschlagene FIN ganz oder teilweise abgetragen, zugespachtelt oder zugelötet und neue Buchstaben und Ziffern werden eingeschlagen. Einige Täter tauschen auch Fahrzeugteile mit FIN komplett aus, indem sie von Unfall- oder Schrottfahrzeugen Teile großflächig herausschneiden und diese in das entwendete Fahrzeug einsetzen.

Der Untersuchungsbeamte hat also am Fahrzeug auf Unregelmäßigkeiten in der Oberfläche der FIN und deren Umgebung zu achten sowie auf unterschiedliche Formen und Größe der Ziffern und Buchstaben, Vollständigkeit der Anzahl der Zeichen, fehlende Begrenzungszeichen, regelmäßige Abstände und Ausrichtung der Zeichen. Bei der Inaugenscheinnahme der FIN ist nach Möglichkeit auch die Rückseite des Bleches zu betrachten, weil die Originalnummer sich dort vielleicht schwach abzeichnet oder Veränderungen sowie Manipulationen sichtbar werden. Zur Unterstützung der Untersuchung dürfen nur einfache chemische Lösungsmittel eingesetzt werden. Vor weiteren Eingriffen sind die Mitarbeiter der Kriminaltechnik zu konsultieren, damit keine Spuren vernichtet werden.

Zur Wiedersichtbarmachung muß der zu untersuchende Bereich in der Regel von Anstrichen/Aufträgen befreit, poliert und geätzt werden. Bei den üblichen Verfahren können Prägezeichen möglicherweise nur vorübergehend wieder sichtbar oder nur teilweise wieder sichtbar gemacht werden. Die Chancen, Prägezeichen wieder sichtbar machen zu können, hängen von der Tiefe des Zeicheneintrages und der Tiefe des abgetragenen Materials ab.

Prägezeichen sind nicht nur im Kfz-Bereich zu finden und werden dort unter Umständen verändert oder vernichtet. Sie befinden sich auch an Fahrrädern, Mopeds/Motorrädern, Kraftfahrzeugmotoren (PKW, LKW) und -getrieben, Waffen, Autoradios, Schreibmaschinen und anderen Geräten aller möglichen Branchen.

5.11 Welche Möglichkeiten der Verwertung bieten Schuh-, Fahrzeugspuren?

Zu den *Werkzeugspuren im weiteren Sinne* gehören die Spuren, die mit Schuhen und Reifen verursacht werden und sich als Abdruck- oder Eindruckspuren klassifizieren lassen. Sie gehören damit zu der großen Gruppe der *Formspuren*. Ziel aller kriminaltechnischen und kriminalistischen Untersuchungen ist die Identifizierung eines bestimmten Reifens oder Schuhs durch Vergleich mit einer am Tatort gesicherten Ab- oder Eindruckspur. Daher müssen weiterführende Ermittlungen und strafprozessuale Maßnahmen immer zur Sicherstellung des Werkzeuges – also Schuh oder Reifen – zu Vergleichszwecken führen.

Allen Sicherungsmaßnahmen am Tatort hat eine *fotografische Sicherung* der Spur vorauszugehen. Besteht keine Sicherheit, ob die Abbildung genügend Kontraste aufweisen wird, so sind die fotografischen Arbeiten unter verschiedenen Beleuchtungssituationen (Frontallicht, Seitenlicht, Schräglicht) zu wiederholen. Wie bei anderen fotografischen Sicherungen empfiehlt es sich auch hier, vor Beginn der Fotoserie ein Blatt mit Vorgangsnummer, Spurennummer, Namen von Opfern oder Beschuldigten zu beschriften und ebenfalls zu fotografieren. Notwendig ist, daß die Fotografie planparallel erfolgt und ein Maßstab mit abgebildet wird.

Unter *Eindruckspuren* sind hier überwiegend Spuren in weichem, lockerem Boden zu verstehen; unter dem Druck des Körpergewichtes auf den bekleideten Fuß oder dem Druck des Fahrzeuges beim Abrollen des Rades wird der weiche Untergrund geformt. Dieser Untergrund kann beispielsweise aus feuchtem Zement, losem Sand, Schnee oder Waldboden bestehen.

Die Festigkeit des Untergrundes bestimmt die erforderlichen *Maßnahmen zur Sicherung* dieser Formspur. Nach Möglichkeit und Tatort ist die Sicherung einer Abdruckspur im Original mit Spurenträger anzustreben. Die Sicherung von Eindruckspuren im Original ist die Ausnahme (beispielsweise Eindruckspur in Styropor, seltener in Lehm).

Sicherung der Schuh- und Reifenspuren Bei losen Untergründen hat sich die Sicherung derartiger Spuren mit einem dünnflüssigen Gipsbrei als häufigste Maßnahme durchgesetzt und bringt bei der Auswertung die günstigsten Ergebnisse. Zur Festigung von losen Untergründen haben sich verschiedene Mittel bewährt, Wigger weist auf eine Schellack-Lösung hin, hält aber auch eine Festigung mit Haarspray oder Autowachsspray für möglich. Zur Vorbereitung des Gipsabdruckes wird die lose Spur mit der Schellack-Lösung oder den anderen Mitteln besprüht, wobei darauf geachtet werden soll, daß mit dem Sprühstrahl die Spur nicht beschädigt wird. Nach mehrfacher Wiederholung kann dann dünnflüssiger Gipsbrei in die Spur eingegossen werden.

Bei *Spuren im Schnee* hat sich bewährt, für den Gipsbrei Schneewasser nahe der Gefriergrenze zu verwenden und die erste Lage Gips nur als Pulver einzustreuen. Beim Aufbau der Gipsschichten sollten nach Möglichkeit Verstärkungen eingelegt werden. Hier hat sich Draht als hilfreich erwiesen. Zur Begrenzung des Abgusses werden einfache Rahmen aus Kunststoff oder Blechstreifen verwendet. Der fertige Abguß ist eindeutig zu kennzeichnen mit der Spuren- und Vorgangsnummer. Im Untersuchungsantrag muß der genaue Ort der Sicherung und der Spurensicherungsbeamte genannt werden.

Hinweis: Mit größerem technischen Aufwand lassen sich auch Eindruckspuren im Schnee mit Hilfe von Schwefel, der zuvor auf 95° C erhitzt und verflüssigt wurde, abformen. Bei der Berührung mit Schnee kristallisiert die Schwefelmasse schlagartig und gibt die Abdruckspur sehr detailreich wieder.

Entsteht nur ein *Abdruck* durch den Spurenverursacher durch Übertragung von Substanzen wie Fett, Blut oder Schmutz, muß dieser auf andere Weise gesichert werden. Auch hier steht zunächst die fotografische Sicherung - wie oben beschrieben – im Vordergrund.

Zur Sicherung derartiger Abdruckspuren auf glatten Untergründen kommt die sogenannte *Schwarzfolie* in Betracht. Es handelt sich hier um eine folienartige Gelatinemasse, die in der Lage ist, bei Anpressung auch feinste Spurenmerkmale aufzunehmen. Bei der Spurenbezeichnung darf die Rückseite nicht im spurentragenden Bereich beschriftet werden, weil bei der Auswertung im Schräglicht dann die Schrift und andere Beschädigungen sichtbar werden und die Auswertung der Spur verhindern oder erschweren. Ebenfalls ist ein Bekleben mit Sicherstellungsetiketten im spurentragenden Bereich zu vermeiden. Weitere Gefahren bestehen bei zu großer Überwärmung (Lagerung in der Hutablage eines Pkw bei Sonneneinstrahlung) und bei feuchter Lagerung. Beide Einflüsse können zur Auflösung der Gelatine führen. Die Verpackung der Folie erfolgt am besten in dem mitgelieferten Wachspapier, ein zusätzlicher Schutz durch eine Schlauchfolie ist optimal.

5. Die Klassische Kriminaltechnik – Formspuren

Tips für den Folienabzug

- Eventuell vorhandene Staubschicht um die Spur herum wegwischen, damit die Folie auf dem Untergrund besser haftet.
- Zur Spurensicherung die Deckfolie langsam abziehen und umgekehrt ablegen.
- Schwarzfolie blasenfrei auf die Spur aufbringen und mit dem Handballen leicht „anreiben". Nicht zu stark drücken – Verquetschungsgefahr!
- Folie ca. eine Minute auf die Spur einwirken lassen.
- Folie langsam von der Spur abziehen und mit der Rückseite auf eine glatte Fläche legen.
- Die Deckfolie mit der ursprünglichen Seite möglichst blasenfrei auf die Schwarzfolie aufbringen. Vorsichtiges Anreiben schadet nicht.

Unverwechselbare Kennzeichnung: Die Spurensicherungsfolie darf auf der Rückseite möglichst außerhalb des spurentragenden Bereiches beschriftet werden. Nicht stark aufdrücken, weil es die Spur beeinträchtigen könnte.

Alternative: Anhänger für Asservate ausfüllen, dann erst auf die Rückseite der Folie kleben, bei mehreren Spuren diese numerieren.

Schuhe und Reifen haben bei Weiterbenutzung die Eigenschaft, sich durch den Gebrauch fortlaufend zu verändern. Wenn es die Sachlage ermöglicht, müssen sie so schnell wie möglich sichergestellt werden. Die Ab- oder Eindruckfläche ist so zu schützen, daß sie nicht beschädigt werden kann. Befinden sich an Schuhen stärkere Schmutzanhaftungen, sind diese am Spurenträger zu belassen, weil sich diese Schmutzanhaftungen in ihrer Form und Lage möglicherweise auch auf der gesicherten Spur abgebildet haben.

Ohne Zweifel lohnt sich auch die *Sicherung von Fragmenten*. Für die Identifizierung eines Spurenverursachers reichen wenige Quadratzentimeter einer Spur, wenn in diesem Teil des Verursachers wenigstens zwei individuelle Merkmale (zum Beispiel Beschädigungen) vorhanden und diese in der Spur zur Abbildung gekommen sind.

In oder mit Blut gesetzte Formspuren aller Art sind nach Möglichkeit zusammen mit dem Spurenträger zu sichern, weil fast alle anderen Sicherungsmethoden die Spuren in unerwünschter Weise beeinträchtigen können und die labormäßige Bearbeitung der Spuren erfahrungsgemäß bessere Ergebnisse bringt. In Zweifelsfällen ist mit den Fachkräften der Kriminaltechnik Rücksprache zu nehmen, zwischenzeitlich sind die Spuren entsprechend zu schützen. Dies trifft gleichermaßen auch für diese Spurenart auf Textilien zu. Kommen Kraftfahrzeuge als Spurenträger in Betracht, sind sie in die zuständige Sicherstellungshalle zu bringen.

Im Aufgabenbereich dieser Formspurenauswertung werden in der Kriminaltechnik auch andere Arten von *Formspuren* untersucht. So können zum Beispiel *Abdrücke von Handschuhen*, von *Ohren* und von Körperteilen ohne daktyloskopisch verwertbare Papillarleisten hier vergleichend untersucht werden. In diesem Bereich hat sich die Schwarzfolie ebenfalls als Mittel zur Spurensicherung bewährt.

Verpackung der Spuren und des Vergleichsmaterials
Bei der *Verpackung von Schuhen und Handschuhen* als Vergleichsmaterialien darf das Verpackungsmaterial diese Vergleichsmaterialien nicht luftdicht umschließen. Durch *Feuchtigkeit* wird hier leicht *Fäulnis* hervorgerufen, die das Material unbrauchbar macht. Daher sind offene Kartons oder Plastiktüten mit entsprechenden Öffnungen zu bevorzugen.
Keinesfalls darf die Gelatinefolie in die gleiche Packung wie der Spurenträger eingebracht werden, weil die Feuchtigkeit des Spurenträgers die Gelatine auflösen kann.

Bei der so gesicherten Spur wird zu Untersuchungszwecken eine *Spezialkamera* eingesetzt, die Gelatinefolie wird mit streifendem Licht beleuchtet, wobei feinste Unterschiede in der Spur durch unterschiedlichen Oberflächenglanz sichtbar werden. Die Folie dient im streifenden Seitenlicht als Negativ, in der Kamera befindet sich Fotopapier, auf dem die Spur farben- und seitenrichtig im Verhältnis zur Vergleichsvorlage abgebildet wird. Diese Abbildung gibt allerfeinste Details wieder.

6. Untersuchungen an Waffen – weitere Formspuren

Waffen lassen sich nach den verschiedensten Grundsätzen klassifizieren. Hier soll vor allem von Schußwaffen die Rede sein, die wir sowohl nach ihrer zeitlichen Entwicklung, nach ihrer baulichen Größe, ihrem Kaliber, nach ihren Eigenschaften als auch nach ihren Ladesystemen einteilen können.

Von der geschichtlichen Entwicklung her sehen wir am Anfang Schußwaffen mit *Luntenschloßzündung*. Eine brennende Lunte wurde mit einem beweglichen Hebel oder von Hand an eine Bohrung geführt, so daß die Flamme der Lunte die in einem Lauf befindliche Pulvermasse zünden und das Geschoß durch die offene Seite des Rohres zum Ziel hin treiben konnte. Die ersten Geschosse waren zufällig passende oder behauene Steine.

Die nächste Generation wurde durch sogenannte *Steinschloßwaffen* gebildet. In einem Schlaghahn war in einer schraubstockähnlichen Vorrichtung ein Feuerstein eingespannt, der beim Abschlagen auf eine geriffelte und gehärtete Fläche traf und dabei einen Funkenflug erzeugte, der in der Lage war, die Pulverladung zu zünden.

Eine sehr aufwendige Konstruktion waren in dieser Epoche die sogenannten Radschloßpistolen. Mit einem Federwerk wurden geriffelte Räder in Bewegung gesetzt, die durch die Anpressung von Feuersteinen den erwähnten Funkenflug erzeugten.

Eine weitere Generation bildeten die sogenannten *Perkussionswaffen*. Auf ein feines Röhrchen (Piston) wurde ein Zündhütchen (Knallquecksilber) aufgesetzt und durch einen Schlaghahn zur Verbrennung gebracht. Bis etwa zur Mitte des 19. Jahrhunderts wurden alle Waffen von vorn geladen, daher wird von *Vorderladern* gesprochen. In dieser Entwicklungsphase tauchten auch die ersten Waffen mit Zügen auf, das waren eingeschnittene, um die Längsachse gewundene Rillen, die dem Geschoß beim Verlassen des Laufes einen Drall gaben, um die Flugbahn des Geschosses zu stabilisieren.

Die nächste Entwicklungsstufe wurde durch das *Zündnadelgewehr* von Dreyse geschaffen. Die Ladung der Waffe erfolgte ab 1836 von hinten. Hierbei entstand für den Ladevorgang ein Vorläufer der heutigen Patrone. Erstmals wurde die Treibladung, die Zündquelle und das Geschoß als zusammenhängender Gegenstand in die Waffe gebracht. Wegen der erhöhten Feuerkraft wurde diese neue Waffe 1841 in die preußische Armee eingeführt. Zwangsläufig führte die Entwicklung zur industriell gefertigten *Patrone mit Metallgehäuse*, die jedoch immer noch die Elemente *Hülse, Zündmittel, Treibladung und Geschoß* enthält. Durch die Einführung der Metallpatrone konnten immer besser funktionierende *Mehrlader* entwickelt werden.

Die letzte Entwicklungsstufe bei den Feuerwaffen bildet in diesem Sinne die sogenannte „Automatische Waffe", die aus einem Magazin oder Gurt die Patrone selbständig durch Rückstoß oder Gasdruck dem Lauf zuführt, die Patrone zündet, die leere Hülse auswirft und wieder die nächste Patrone zuführt, so lange der Schütze den Abzug betätigt. Dabei werden enorm schnelle Schußfolgen von etwa 500 Schuß pro Minute erreicht.

6.1 Klassifizierung von Feuerwaffen

Bei den kriminaltechnischen Sachverständigen aus dem Bereich Ballistik wird folgende, rechtlich/technische Klassifizierung der Waffen getroffen.

Handwaffen

Nach der Größe werden die gebräuchlichen Waffen von anderen zunächst als **Handwaffen** unterschieden, damit sind alle Waffen gemeint, die ein Schütze zum Gebrauch in die Hände nimmt. Diese **Handwaffen** sind weiter zu unterteilen in:

Langwaffen	**Kurzwaffen**
(Schulterwaffen)	(Faustwaffen)
Einzelladelangwaffen	**Pistolen oder Revolver**
Mehrladelangwaffen	**Einzelladepistolen**
Repitierlangwaffen	**Bündelpistolen**
Selbstladelangwaffen	
Automatische Langwaffen	**Mehrladepistolen**
	Repitierpistolen
	Selbstladepistolen
	Automatische Pistolen

Umgangssprachlich wird auch nach dem Verwendungszweck unterschieden, so zum Beispiel nach **Militärwaffen, Jagdwaffen** und **Sportwaffen**.

Einer der wichtigsten Unterschiede bei den Faustwaffen ist bei der Pistole und dem Revolver zu finden. Während bei der Pistole Patronenlager und Lauf eine Einheit bilden, sind Patronenlager (Trommel) und Lauf beim Revolver getrennt.

Kriminaltechnisch und spurenkundlich interessant ist die Tatsache, daß die Selbstladepistole beim Gebrauch – bis auf wenige Ausnahmen – die leeren Hülsen auswirft, der Revolver sie jedoch in der Trommel behält.

Weitere *Klassifizierungen* sind nach der *verwendeten Munition* möglich. Hierbei ist wie folgt zu unterscheiden:

- Patronenmunition,
- Kartuschenmunition und
- Pyrotechnische Munition.

Patronen bestehen aus der Hülse, dem Zündelement, dem Treibmittel und dem Geschoß. Sie werden nach dem Durchmesser – Kaliber – des Geschosses bezeichnet: Beispielsweise als metrische Einheit mit 7,65 mm oder nach Zoll wie .22. Die Schreibweise hat als Besonderheit einen Punkt vor der Ziffergruppe stehen. In diesem Fall bedeutet die Bezeichnung, das Geschoß hat einen Durchmesser von 0,22 Zoll, was 5,6 mm entspricht.

Als weitere Größenbezeichnung des Kalibers kommt ein englisches Maß bei Flinten in Betracht. Gebräuchlich sind die Bezeichnungen Kal. 12 oder Kal. 16. In beiden Fällen wurden Kugeln mit identischen Maßen aus je einem englischen Pfund Blei gegossen. Wenn nur 12 Kugeln entstanden, waren diese größer, als wenn 16 Kugeln aus der gleichen Menge geformt wurden.Das Geschoß wird weiter nach dem Aufbau differenziert. Hier sind einzelne Geschosse, aber auch Schrote zu sehen. Für die kriminaltechnische Untersuchung ist das Einzelgeschoß von Bedeutung. Sachverständige unterscheiden nach folgenden Hauptgruppen:

- **Weichbleigeschosse** (bestehen nur aus Blei),
- **Vollmantelgeschosse** (haben eine Hülle oder Mantel aus Kupfer oder Stahl)
- **Teilmantelgeschosse** (sind teilweise ummantelt).

Ferner bestehen unterschiedliche *Geschoßformen* für Militär-, Jagd- und Sportzwecke.

Patronen können weiterhin nach ihrer *Zündungsart* unterschieden werden:

- **Zentralfeuerpatronen** (das Zündelement befindet sich zentral im Patronenboden),
- **Randfeuerpatronen** (das Zündelement ist im Hülsenrand des Bodens untergebracht),
- **Stiftfeuerzündung** (System Lefaucheux – aus der Patrone ragt seitlich ein Stift, das Zündelement wird durch einen Schlag auf diesen Stift ausgelöst).

Kartuschen sind im Aufbau ähnlich wie die Patronen, sie haben jedoch kein Geschoß. Sie können sowohl im Baubereich oder bei der Schlachtung in Bolzenschußgeräten als auch in Signal- und Schreckschußwaffen Verwendung finden.

Pyrotechnische Munition wird als Leucht- und Signalmittel eingesetzt.

Welche Spuren werden von einer Selbstladewaffe an der Hülse gesetzt?

- Spuren durch die Auszieher-Kralle,
- Schürfspuren am Auswurffenster,
- Eindruckspur des Schlagbolzens,
- Spuren der Magazinlippen,
- Spuren durch den Auswerfer/Ausstoßer,
- Eindruckspur des Stoßbodens,
- Spur des Signalstiftes,
- Spur des Patronenlagers (Randeindruckspur),
- Spur des Stoßbodens.

An diesem Einblick wird deutlich, daß die Feuerwaffe sowohl *Spurenverursacher als auch Spurenträger* ist.

6.2 Spuren an einer Pistole nach einem Schuß aus kürzester Distanz

Zunächst begründet der Gewahrsam der Waffe bei einer bestimmten Person den Verdacht, daß diese Person Täter sein könnte (Gegenstandsbeweis). An der Waffe dürften sich Spuren vom Täter (Fingerspuren) und von möglichen Bearbeitungen befinden. Bei einem Nahschuß ist damit zu rechnen, daß die Waffe auch Spuren vom Opfer aufweist. Insbesondere bei Kontaktschüssen sind an der Schießhand des Schützen, an der Kleidung des Täters und an der Waffe oft vom Opfer herrührende Blutspritzer, Hirnmasse und Gewebeteile feststellbar. Die vom Opfer stammenden Anhaftungen an der Waffe können sich auch auf die Kleidung des Täters übertragen.

Beim Schützen können Verletzungen an der Schußhand entstehen. Besonderen Beweiswert haben aber *Schmauchanhaftungen* an der Hand und Kleidung des Schützen. An der Bekleidung oder Hautoberfläche des Opfers lassen sich Schußentfernungsbestimmungen durchführen. Bei der Spurensuche in diesen Bereichen ist der sachverständige Kriminaltechniker erforderlich.

Die Waffe selbst ist nicht nur Spurenträger, sondern auch Spurenverursacher. Die Spuren, die durch die Mechanik bei der Schußabgabe entstehen, sind – wie vorstehend beschrieben – mit den Werkzeugspuren vergleichbar.

Diese Spuren und Merkmale verwendet der Schußwaffenerkennungsdienst, um die Waffe nach Typ und Fabrikat zu bestimmen.

Das durch den Lauf einer Schußwaffe getriebene Geschoß weist an seiner Oberfläche Spuren auf, die auf mechanische Weise durch die Innenfläche der Laufstruktur erzeugt werden. Hierdurch wird es möglich, dieses Geschoß als aus einer bestimmten Waffe stammend zu identifizieren.

Bei Waffenuntersuchungen werden zu *Vergleichszwecken* Waffen beschossen: Die Projektile werden hierbei in Baumwolle oder Wasser aufgefangen, um unbeschädigte Vergleichsstücke zu erhalten[1]. Die auf diesen Geschossen vorhandenen Spuren des Laufes können mit sichergestellten Geschossen aus anderen Straftaten verglichen und identifiziert werden.

Zunächst wird anhand der Systemmerkmale die *Systembestimmung* (Gruppenidentifizierung einer Schußwaffe) durchgeführt. Danach erfolgt beim Vorliegen individualcharakterischer Merkmale die Identifizierung einer bestimmten Waffe (individuelle Bestimmung einer Schußwaffe).

Die Schußwaffenidentifizierung anhand gezündeter Patronenhülsen beruht darauf, daß sich bei der Schußabgabe an der Patronenhülse aufgrund des Waffenmechanismus und des hohen Gasdruckes bei der Pulververbrennung Eigenschaften der Waffenteile, mit denen die Patronenhülse in Berührung kommt, abbilden. Die *Hülse* der Waffe kann Spuren vom Patronenlager, vom Stoßboden, vom Schlagbolzen, Signalstift, Auswerfer, Auszieher und den Magazinlippen sowie dem Auswerferfenster aufweisen.

Im Innenraum der Hülse befinden sich Verbrennungsrückstände (Schmauch). Die bei der Verbrennung des Treibmittels entstehenden *Schmauchspuren* lagern sich auf der Waffe, der Schußhand und der Kleidung des Schützen ab. Winzig-

---

[1] Beim Institut PTU in Berlin wird das Auffangen im Wasser praktiziert, weil dies die beste Oberfläche der Geschosse zur Untersuchung gewährleistet.

ste Mengen dieses Schmauches reichen aus, um ihn im *Rasterelektronenmikroskop* nach seiner spezifischen Zusammensetzung zu identifizieren und mit dem Schmauch aus der Hülse zu vergleichen. Pistole und Revolver hinterlassen an unterschiedlichen Stellen auf der Schußhand Schmauchspuren (Hülsenauswurffenster oder Trommelspalt).

Auf der beschossenen Oberfläche lagern sich ebenfalls Spuren ab. Der auf dieser Geschoßoberfläche aufgedampfte Pulverschmauch sowie Geschoßanhaftungen in Form von Ölrückständen, Rost oder Staubpartikeln werden beim Durchdringen der Kleidung oder der unbekleideten Haut abgestreift und hinterlassen um die Einschußöffnung einen etwa ein bis drei Millimeter breiten Abstreifring. In diesem sind oft metallische Bestandteile des Geschosses vorhanden. Um diesen Ring herum bildet sich aus Schmauch und anderen Rückständen ein sogenannter *Niederschlagshof*, dieser kann in der *Röntgenfluoreszenzanalyse* sichtbar gemacht werden und dient zur Bestimmung der Schußentfernung. Der Schmauch auf der beschossenen Oberfläche (Körper, Kleidung oder auf anderen Sachen) kann mit Hilfe des *Rasterelektronenmikroskopes* mit dem Schmauch auf der Schußhand des Schützen und den Rückständen in der Hülse verglichen und identifiziert werden.

Die Waffe kann als Spurenträger auch *weitere Materialspuren* aufweisen; in Bekleidungstaschen übertragen sich Fasern, Stäube und andere Stoffe. Durch besondere Aufbewahrungs- und Lagerungsbedingungen kann sie Rostspuren oder korrosionshemmende Mittel aufweisen.

Mit Unterstützung eines Lasergerätes lassen sich auch *Schußrichtungsbestimmungen* zur Ermittlung des Standortes von Schützen durchführen. Dies ist natürlich nur möglich, wenn unbewegliche Gegenstände durch Schüsse getroffen wurden und ein Schußkanal vorhanden ist, von dem die Rekonstruktion abgeleitet werden kann. Voraussetzung hierfür ist jedoch, daß die Geschosse während der Flugphase nicht abgelenkt werden.

Bei der *Sicherstellung einer Schußwaffe* ist diese im Bericht zu beschreiben. Einige Anhaltspunkte bietet die vorstehende Einführung, weitere Beschreibungsmerkmale liefern die durch den Hersteller eingeprägten Zeichen (zum Beispiel Kaliber, Modell, Hersteller, Beschußzeichen und Individualnummer). Zu beschreiben ist ferner die äußere Beschaffenheit – einschließlich Beschädigungen – der Waffe, wobei besonders auf erkennbare Spuren, Veränderungen baulicher Art, Stellung der Sicherung der Waffe, Position der Trommel (welche Kammer befand sich an der Lauföffnung), erkennbare Funktionsstörungen wie eingeklemmte Hülsen einzugehen ist.

Wie bei allen Spuren ist auch hier die Situation der Auffindung eindeutig im Bericht niederzulegen, wenn möglich fotografisch oder durch Skizzen zu fixieren.

Nach den beschreibenden und fixierenden Maßnahmen ist die Waffe zu *entladen*. Bei der Asservierung ist sie ausdrücklich als „entladen" zu kennzeichnen. Für bestimmte Untersuchungsfragen (beispielsweise versagende Patronen) ist die Reihenfolge der Patronen und Hülsen im Magazin, im Patronenlager und in der Trommel eindeutig zu kennzeichnen und zu beschreiben. Als Markierungspunkt auf der Trommel dienen vorhandene Prägezeichen des Herstellers, die darauf folgende Kammer kann als Nummer 1 bezeichnet werden. Die Bezeichnung soll sich im Uhrzeigersinn fortsetzen. Die einzeln entladenen Patronen sind auch einzeln zu verpacken, wobei die Nummern mit der Reihenfolge der Trommel oder des

Magazins gekennzeichnet werden sollten. Versagerpatronen sind zusätzlich zu kennzeichnen. Bei Pistolen ist besonders vorsichtig der Verschluß zu öffnen, um festzustellen, ob sich eine Patrone im Lauf befindet.

Sichtbare lose Anhaftungen, die während des Transportes abfallen können, müssen ebenfalls vorher in sauberen, beschrifteten Hüllen getrennt gesichert werden. Die Sicherung sonstiger Spuren muß der zuständigen Untersuchungsstelle überlassen bleiben. Die Waffe selbst sollte in eine saubere Kunststoffhülle eingeschweißt werden.

Die Untersuchung der Schußwaffe durch die Waffenuntersuchungsstelle des Kriminaltechnischen Institutes kann auf verschiedene Weise erfolgen. In Eilfällen, z.B. bei Kapitalverbrechen (Waffe kommt als Spurenträger für andere Spuren in Betracht, z.B. Fingerspuren, Schmauch, Blut, Fasern etc.) kann die Waffe nach der Sicherstellung sofort durch Boten überbracht werden. In weniger eiligen Angelegenheiten muß die Waffe (entladen!), die Munition und eventuell sichergestellte Geschoßteile asserviert werden.

Merke: Hinsichtlich der Sicherstellung von Waffen an Tat- oder Fundorten gelten die selben Voraussetzungen wie für andere Spuren und Spurenträger.

6.3 Melde- und Antragswesen

In die Bearbeitung von Waffendelikten fließt ein umfangreiches Melde- und Antragswesen ein. Die dienstkundlichen Maßnahmen und Zuständigkeiten werden durch die Geschäftsanweisungen[2] über die Bearbeitung von Schußwaffendelikten und den kriminalpolizeilichen Meldedienst bei Waffen und Sprengstoffen näher geregelt. In kriminaltechnischer Hinsicht erfolgt die Bearbeitung des Melde- und Antragswesens durch den *bundeseinheitlichen Vordruck KP 27.*

Die sachbearbeitenden Dienststellen haben – unabhängig von der jeweils abgesetzten Sofortmeldung – alle meldepflichtigen Vorgänge im Zusammenhang mit Schußwaffen umgehend unter Verwendung des Vordruckes KP 27 zu melden. Der zweiseitige Vordruck KP 27 ist als Sechsfach-Durchschreibesatz hergestellt und in fünf Abschnitte unterteilt.

Für jeden bekannten Täter und für jede Waffe ist eine gesonderte Meldung zu erstellen. Die Personalien von Mittätern sind unter Nr. 2 „Tatbeteiligte" einzutragen.

Der *Verteiler* für die einzelnen Ausfertigungen des Vordrucksatzes KP 27 ist wie folgt festgelegt:

- Blatt 1 - LKA
- Blatt 2 - LKA-Kriminaltechnik
- Blatt 3 - BKA-Kriminaltechnik
- Blatt 4 - BKA-Meldedienst
- Blatt 5 - sachbearbeitende Dienststelle (zum Ermittlungsvorgang)
- Blatt 6 - LKA

---

2 In Berlin: LKA Nr. 10/1995.

Bei Vorgängen, in denen Schußwaffen, Munition, Hülsen, Geschosse und andere kriminaltechnisch zu begutachtende Gegenstände sichergestellt wurden, ist der gesamte Vordrucksatz innerhalb einer Woche nach Vorgangsübernahme an die Kriminaltechnik zu übersenden, weil die erkennungsdienstliche Behandlung von Schußwaffen (Vergleichsbeschuß beim BKA) vom Vorliegen des Vordruckes KP 27 abhängt. Werden nur Hülsen und/oder Geschosse sichergestellt, so sind diese nicht zu asservieren, sondern der Meldung beizufügen.

> Hinweis: Vor Durchführung einer waffentechnischen Untersuchung müssen alle anderen in Frage kommenden Spurensicherungsmaßnahmen durch die entsprechenden Fachdienststellen (Erkennungsdienst, Biologie etc.) abgeschlossen sein.

Über Form, Kaliber und Größe, Formen der Einprägung von Zügen und Feldern (z.B. Anzahl der Züge und Felder, deren Tiefe und Breite, Bestimmung von Rechtsdrall oder Linksdrall) erfolgt die Identifizierung der Waffe, aus der das Geschoß abgefeuert wurde. Das ist die Arbeit des *Schußwaffenerkennungsdienstes* beim BKA. Die Identifizierung kann zur Gruppenbestimmung (nur Typ und Marke) oder zur Individualbestimmung einer einzelnen Waffe führen.

Die Arbeit der Waffenuntersuchungsstellen bei den Kriminaltechnischen Instituten dient nicht nur der Schußwaffenidentifizierung, die Sachverständigen können auch zum Beispiel zu der Frage Stellung nehmen, ob eine Schußwaffe sich selbst durch eine fehlerhafte Mechanik auslösen kann (Unfalluntersuchung).

6.4 Arbeitsgebiet Waffenrechtliche Begutachtung

Das Untersuchungsgebiet erstreckt sich nicht nur auf die Schußwaffen, sondern auch auf alle Hieb- und Stichwaffen sowie auf die sogenannten „verbotenen Gegenstände" (zum Beispiel Totschläger) nach dem Waffengesetz. Bei diesen Untersuchungen steht die Frage nach *der waffenrechtlichen Einordnung* im Vordergrund.

Unter dem Begriff der *tragbaren Geräte* werden die Schreckschuß-, Reizstoff- und Signalwaffen subsumiert. Hierzu ist anzumerken, daß die Gefährlichkeit und die Wirkung dieser Waffen oft unterschätzt wird oder nicht bekannt ist. So kann zum Beispiel der aufgesetzte Schuß (Kontaktschuß) zu tödlichen Verletzungen führen. Bei einem vorhandenen Einschuß, fehlendem Projektil ohne Ausschuß ist von dem Gebrauch einer Schreckschußwaffe auszugehen.[3]

---

3 Horn und Horn, 1993.

6.5 Unterscheidungen nach dem Waffengesetz (WaffG)

Allgemeine Vorschriften

§ 1 Waffenbegriffe

(1) Schußwaffen im Sinne dieses Gesetzes sind Geräte, die zum Angriff, zur Verteidigung, zum Sport, Spiel oder zur Jagd bestimmt sind und bei denen Geschosse durch einen Lauf getrieben werden.

(2) Tragbare Geräte, die zum Abschießen von Munition bestimmt sind, stehen den Schußwaffen gleich.

(3) Die Schußwaffeneigenschaft geht erst verloren, wenn alle wesentlichen Teile so verändert sind, daß sie mit allgemein gebräuchlichen Werkzeugen nicht wieder gebrauchsfähig gemacht werden können.

(4) Handfeuerwaffen im Sinne dieses Gesetzes sind
1. Schußwaffen, bei denen zum Antrieb der Geschosse heiße Gase verwendet werden,
2. Geräte nach Abs. 2.

(5) Selbstladewaffen im Sinne dieses Gesetzes sind Schußwaffen, bei denen nach dem ersten Schuß lediglich durch Betätigen des Abzuges weitere Schüsse aus demselben Lauf abgegeben werden können.

(6) Schußapparate im Sinne dieses Gesetzes sind tragbare Geräte, die für gewerbliche oder technische Zwecke bestimmt sind und bei denen zum Antrieb Munition verwendet wird.

(7) Hieb- und Stoßwaffen im Sinne dieses Gesetzes sind Waffen, die ihrer Natur nach dazu bestimmt sind, unter unmittelbarer Ausnutzung der Muskelkraft durch Hieb, Stoß oder Stich Verletzungen beizubringen. Den Hieb- und Stoßwaffen stehen Geräte gleich, die ihrer Natur nach dazu bestimmt sind, unter Ausnutzung einer anderen als mechanischen Energie durch körperliche Berührung Verletzungen beizubringen.

§ 2 Munition und Geschosse

(1) Munition im Sinne dieses Gesetzes ist
  1. Patronenmunition (Hülsen mit Ladungen, die das Geschoß enthalten),
  2. Kartuschenmunition (Hülsen mit Ladungen, die ein Geschoß nicht enthalten),
  3. pyrotechnische Munition (Patronenmunition, bei der das Geschoß einen pyrotechnischen Satz enthält),

die zum Verschießen aus Schußwaffen bestimmt ist. Der pyrotechnischen Munition nach Satz 1 Nummer 3 stehen gleich Raketen, die nach dem Abschuß durch die von ihnen mitgeführte Ladung angetrieben werden und Geschosse, die einen pyrotechnischen Satz enthalten.

(2) Der Munition stehen nicht in Hülsen untergebrachte Treibladungen gleich, wenn die Treibladungen eine den Innenabmessungen einer Schußwaffe angepaßte Form haben und zum Antrieb von Geschossen bestimmt sind.

(3) Geschosse im Sinne dieses Gesetzes sind
  1. feste Körper oder
  2. gasförmige, flüssige oder feste Stoffe in Umhüllungen.

§ 3 Wesentliche Teile von Schußwaffen, Schalldämpfer

(1) Wesentliche Teile von Schußwaffen und Schalldämpfern stehen den Schußwaffen gleich. Dies gilt auch dann, wenn sie mit anderen Gegenständen verbunden sind und die Gebrauchsfähigkeit als Waffenteil nicht beeinträchtigt ist oder mit allgemein gebräuchlichen Werkzeugen wiederhergestellt werden kann.

(2) Wesentliche Teile sind
1. der Lauf, der Verschluß sowie das Patronen- oder Kartuschenlager, wenn diese nicht bereits Bestandteil des Laufes sind,
2. bei Schußwaffen, bei denen zum Antrieb ein entzündbares flüssiges oder gasförmiges Gemisch verwendet wird, auch die Verbrennungskammer und die Einrichtung zur Erzeugung des Gemisches,
3. bei Schußwaffen mit anderem Antrieb auch die Antriebsvorrichtung, sofern sie fest mit der Schußwaffe verbunden ist,
4. bei Handfeuerwaffen mit einer Länge von nicht mehr als 60 cm auch das Griffstück oder sonstige Waffenteile, soweit sie für die Aufnahme des Auslösemechanismus bestimmt sind.

(3) Als wesentliche Teile gelten auch vorgearbeitete wesentliche Teile von Schußwaffen, wenn sie mit allgemein gebräuchlichen Werkzeugen fertiggestellt werden können.

(4) Schalldämpfer sind Vorrichtungen, die der Dämpfung des Mündungsknalls dienen und für Schußwaffen bestimmt sind.

6.6' Waffenrechtliche Verbote

§ 37 Verbotene Gegenstände

(1) Es ist verboten, folgende Gegenstände herzustellen, zu bearbeiten, instandzusetzen, zu erwerben, zu vertreiben, anderen zu überlassen, einzuführen, sonst in den Geltungsbereich dieses Gesetzes zu verbringen oder sonst die tatsächliche Gewalt über sie auszuüben:
1. Schußwaffen, die
   a) über den für Jagd- und Sportzwecke allgemein üblichen Umfang hinaus zusammengeklappt, zusammengeschoben, verkürzt oder schnell zerlegt werden können,
   b) eine Länge von mehr als 60 cm haben und zerlegbar sind, deren längster Waffenteil kürzer als 60 cm ist und die zum Verschießen von Randfeuerpatronen bestimmt sind,
   c) ihrer Form nach geeignet sind, einen anderen Gegenstand vorzutäuschen oder die mit Gegenständen des täglichen Gebrauchs verkleidet sind,
   d) vollautomatische Selbstladewaffen sind,
   e) ihrer äußeren Form nach den Anschein einer vollautomatischen Selbstladewaffe hervorrufen, die Kriegswaffe im Sinne des Gesetzes über die Kontrolle von Kriegswaffen ist.
2. Vorrichtungen, die zum Anleuchten oder Anstrahlen des Zieles oder der Beleuchtung der Zieleinrichtung dienen und für Schußwaffen bestimmt sind,
3. Nachtzielgeräte, die einen Bildwandler oder eine elektronische Verstärkung besitzen und für Schußwaffen bestimmt sind,
4. Hieb- oder Stoßwaffen, die ihrer Form nach geeignet sind, einen anderen Gegenstand vorzutäuschen oder die mit Gegenständen des täglichen Gebrauchs verkleidet sind,
5. Messer, deren Klingen auf Knopf- oder Hebeldruck hervorschnellen und hierdurch festgestellt werden können (Springmesser), ferner Messer, deren Klingen beim Lösen einer Sperrvorrichtung durch ihrer Schwerkraft oder durch eine Schleuderbewegung aus dem Griff hervorschnellen und selbsttätig festgestellt werden (Fallmesser),
6. Stahlruten, Totschläger oder Schlagringe,

7. Geschosse, Wurfkörper oder sonstige Gegenstände, die Angriffs- oder Verteidigungszwecken dienen und dazu bestimmt sind, leicht entflammbare Stoffe so zu verteilen und zu entzünden, daß schlagartig ein Brand entstehen kann,
8. Geschosse mit Betäubungsstoffen, die zu Angriffs- oder Verteidigungszwecken bestimmt sind,
9. Geschosse und sonstige Gegenstände mit Reizstoffen, die zu Angriffs- oder Verteidigungszwecken oder zur Jagd bestimmt sind, wenn sie bei bestimmungsgemäßer Verwendung den Anforderungen einer Rechtsverordnung nach § 6 Abs. 4 Nr. 4 nicht entsprechen.
10. Nachbildungen von Schußwaffen im Sinne der Nummer 1 Buchstabe e,
11. unbrauchbar gemachte vollautomatische Selbstladewaffen, die Kriegswaffen waren und unbrauchbar gemachte Schußwaffen, die den Anschein vollautomatischer Kriegswaffen hervorrufen.

Satz 1 Nummer 1 Buchstabe b gilt nicht für Einstreckläufe und Austauschläufe; Satz 1 Nummer 5 gilt nicht für Springmesser und Fallmesser, die nach Größe sowie Länge und Schärfe der Spitze als Taschenmesser anzusehen sind. Es ist ferner verboten, zur Herstellung von Gegenständen der in Satz 1 Nr. 7 bezeichneten Art anzuleiten oder Bestandteile zu vertreiben, die zur Herstellung dieser Gegenstände bestimmt sind.

(2) Absatz 1 ist nicht anzuwenden, soweit

1. die dort bezeichneten Gegenstände für die Bundeswehr, den Bundesgrenzschutz, die Bundeszollverwaltung oder die Polizeien der Länder bestimmt sind und ihnen überlassen werden,
2. jemand aufgrund eines gerichtlichen oder behördlichen Auftrages tätig wird oder
3. jemand für Schußwaffen, die zugleich Kriegswaffen sind, eine Genehmigung nach dem Gesetz über die Kontrolle von Kriegswaffen besitzt oder einer solchen Genehmigung nicht bedarf.

(3) Das Bundeskriminalamt kann von den Verboten des Absatzes 1 allgemein oder für den Einzelfall Ausnahmen zulassen, wenn öffentliche Interessen nicht entgegenstehen, insbesondere wenn die im Absatz 1 bezeichneten Gegenstände zur Ausfuhr oder zum sonstigen Verbringen aus dem Geltungsbereich dieses Gesetzes bestimmt sind.

Die Ausnahmen können mit Auflagen verbunden werden, wenn dies zur Abwehr von Gefahren für Leben oder Gesundheit von Menschen oder zur Verhütung von sonstigen erheblichen Gefahren für die öffentliche Sicherheit erforderlich ist. Nachträgliche Auflagen sind zulässig.

(4) Das Verbot nach Absatz 1 wird nicht wirksam, wenn

1. der Erbe den durch Erbfolge erworbenen Gegenstand unverzüglich unbrauchbar macht, einem Berechtigten überläßt oder einen Antrag nach Absatz 3 stellt,
2. der Finder den gefundenen Gegenstand unverzüglich einem Berechtigten überläßt.

(5) Solange keine Ausnahme nach Absatz 3 zugelassen ist, kann die zuständige Behörde den Gegenstand sicherstellen. Wird eine Ausnahme nach Absatz 3 nicht unverzüglich beantragt oder wird sie unanfechtbar versagt, so kann die zuständige Behörde den Gegenstand einziehen. Ein Erlös aus der Verwertung des Gegenstandes steht dem bisher Berechtigten zu.

Im folgenden werden drei Gruppen von Gegenständen nach dem Waffenrecht aufgezählt, auf die sich häufig Anfragen beziehen:

Erlaubnisfrei über 18 Jahre (Beispiele)

- Gas- und Schreckschußwaffen mit PTB-Zeichen und zugehöriger Munition,
- Luftdruck-, Federdruck-, CO_2-Waffen mit einem „F" im Fünfeck oder vor dem 1.1.1970 erworben oder auf dem Territorium der DDR hergestellt sowie zugehörige Munition,
- Vorderladerwaffen mit Lunten- oder Funkenzündung (auch unter 18 Jahre),
- Bajonette.

Erlaubnispflichtige scharfe Munition, scharfe Schußwaffen (Beispiele)

- Pistolen, Revolver,
- Jagdwaffen, Schrotflinten,
- Kleinkaliberwaffen,
- Signalwaffen,
- Gas-/Schreckschußwaffen ohne PTB-Zeichen,
- Luftdruck-, Federdruck-, CO2-Waffen ohne „F" im Fünfeck,
- mehrschüssige Percussionswaffen,
- wesentliche Waffenteile,
- Schalldämpfer.

Verbotene Gegenstände (Beispiele)

- Zusammenklappbare, verkürzte oder zerlegbare Schußwaffen,
- vollautomatische Selbstladewaffen, die nicht dem KWKG[4] unterliegen,
- Taschenlampenpistolen,
- Molotow-Cocktails,
- Gewehrscheinwerfer, Nachtzielgeräte,
- Spring-/Fallmesser (bedingt)
- Messer als Gürtelschnalle,
- Nunchakus,
- unbrauchbar gemachte Kriegs- und Anscheinswaffen,
- Stockgewehre,
- Koppelschloßpistolen,
- Stahlruten, Totschläger,
- Schlagringe,
- Stockdegen,
- Schießkugelschreiber,
- Präzisionsschleudern.

---

4 Kriegswaffenkontrollgesetz, Verstöße sind Verbrechenstatbestände.

7. Wie kann die Täterschaft durch die Untersuchung von Urkunden und Schriften nachgewiesen werden?

Weitere Formspuren

Die eigentliche Beurteilung der Spuren, der Schrift- oder Fälschungsmerkmale, muß durch *Sachverständige kriminaltechnischer Institute* erfolgen. Der Praktiker hat daher innerhalb seines Ermittlungsvorganges für die Spurensuche und -sicherung zu sorgen, er muß umfangreiches Schrift- und Vergleichsmaterial als Spurenträger sicherstellen und die Auswertung mit genauer Fragestellung beantragen.

Als *Schrift- oder Spurenträger* wird überwiegend *Papier* in Betracht zu ziehen sein. Dieses Papier kann neben den Schreib- oder Druckspuren weiterhin daktyloskopische Spuren, latente Durchdruckspuren, Klebstoffe, serologisches Material, Faserspuren, Schnitt- und Rißspuren, Paßstücke und Schrifteinfärbemittel enthalten. Wird Papier verwendet, das zuvor durch Fotokopier- oder Druckapparate gelaufen ist, können darauf Walzen- oder andere Transportspuren vorhanden sein. Diese kaum wahrnehmbaren Spuren müssen bei der Sicherung und Verpackung von Schrift- und Urkundenmaterial berücksichtigt werden.

7.1 Wie werden Handschriften untersucht?

Der Schriftsachverständige untersucht die Echtheit oder Unechtheit handschriftlicher Erzeugnisse aller Art mit dem Ziel, einen Schrifturheber zu identifizieren oder auszuschließen.

Für die Zwecke des Ermittlungsverfahrens ist die *Schriftuntersuchung* eindeutig von der *Graphologie* zu unterscheiden. Im Gegensatz zur Graphologie erfolgt keine persönlichkeitsdiagnostische Interpretation der Schriftmerkmale, sondern eine Aussage zur Urheberschaftsfrage aufgrund übereinstimmender und/oder abweichender Merkmale und Merkmalskonfigurationen. Die graphologische Differentialdiagnose ist methodisch umstritten.

In der *Handschrift* hinterläßt eine Person eine *Bewegungsspur*, die in ihrer Eigentümlichkeit unter normalen Bedingungen zwischen den Individuen mehr oder minder unverwechselbar und bei einer Person relativ konstant ist: Die Handschrift eines Menschen ist also deutlich von der Handschrift eines anderen Menschen zu unterscheiden und die Handschrift eines Menschen ändert – entwickelt sich mehrmals im Laufe seines Lebens (z.B. Kinderschrift in Anlehnung an die Lernvorlage, ausgereifte Schrift eines Erwachsenen und durch motorische Störungen im Alter deformierte Schrift).

7. Untersuchung von Urkunden und Schriften

Das Schreiben wird anhand von *Schulvorlagen* erlernt, die nationale Eigenheiten aufweisen und im Laufe der Zeit Entwicklungen unterliegen. Die Individualisierung der in der Regel in der Schule gelernten Schulvorlage ist durch Anlage- und Umweltfaktoren bedingt.

Wesentliche Grundlage der schriftvergleichenden Untersuchungen ist Erhebung der grafischen Merkmale sowohl anhand des *fraglichen Schriftmaterials* als auch anhand der *Vergleichsschriftproben*. Diese Erhebung wird auf verschiedenen Merkmalsebenen vollzogen, die in der Literatur zwar unterschiedlich umschrieben sind, die sich jedoch im wesentlichen unter zwei Hauptkategorien subsumieren lassen:

Allgemeine Schriftmerkmale: Es handelt sich um Schriftmerkmale die in jeder Schrift vorkommen (z. B. Bindungsform, Schriftgröße, -weite, Verbundenheitsgrad usw.), sich jedoch in ihren Ausprägungen unterscheiden.

Besondere Schriftmerkmale: Hier handelt es sich um Besonderheiten der Bewegung der Form und des Raumes, die nicht zwangsläufig in allen Schriften vorkommen müssen (z. B. Buchstabenzerbrechungen, -verschmelzungen, Bewegungsvor- und -rückschläge etc.). Diesen Merkmalen kommt nach übereinstimmender Auffassung der Fachliteratur der eigentliche Identifizierungswert zu.

Einen besonderen Stellenwert bei der Untersuchung von Handschriften nimmt die *labortechnische Untersuchung* ein. Mit Hilfe optischer und anderer physikalisch-technischer Untersuchungsverfahren werden die fraglichen Schriftzüge auf besondere Herstellungstechniken und/oder sekundäre Manipulationen untersucht. In der Regel werden die Schreibprodukte mit Hilfe des Stereomikroskopes unter Verwendung unterschiedlicher Abbildungsmaßstäbe, Beleuchtungsarten, -intensitäten und -richtungen auf sogenannte objektive *Fälschungsmerkmale* (z. B. Vorzeichnungsspuren aller Art, Ablagerungen von Pauspapier, mechanische oder chemische Tilgungen usw.) und auf Besonderheiten in der mikromotorischen Feinstruktur des Strichbildes (z. B. Strichspannung, -sicherheit, -richtung, Druckgebung) überprüft. Durch die Untersuchung im Infrarot- und Ultraviolett-Lichtbereich können Vorzeichnungsspuren sichtbar gemacht und Schreibmittel differenziert werden. Untersuchungen im Gegenlicht werden zur Überprüfung von Deckungsgleichheit und im Durchlicht zur Prüfung z. B. von Strichkreuzungen und Bewegungsrichtungen durchgeführt. Mit Hilfe des Elektrostatischen Druckspurenabbildungsgeräts (ESDA) können Durchdruckspuren bzw. Schreibdruckrillen ohne Schreibmittelauflagerungen sichtbar gemacht werden.

Die *Urheberschaftsfrage* wird aufgrund übereinstimmender und/oder abweichender Merkmale und Merkmalskonfigurationen zwischen den fraglichen Schriftzügen und dem Vergleichsschriftmaterial beantwortet. Zu berücksichtigen sind dabei auch Fälschungsmerkmale, die z. B. durch direkte oder indirekte Pausfälschungen, langsam zeichnerisch gefertigte oder nach einem Übungsprozeß zügig gefertigte Nachahmungen auftreten können. Schließlich kann eine Handschrift auch willkürlich in der Absicht verändert (verstellt) werden, um die Urheberschaft nicht erkennbar werden zu lassen.

Einschränkungen des Sicherheitsgrades der Aussagen zur Schrifturheberschaft ergeben sich durch eine knappe Materialmenge, durch die Verwendung grafisch gering ergiebiger Druck- oder Block- bzw. schulförmiger Kurrentschriften, durch bewußte Schriftver- oder unbewußte Schriftentstellung, durch besondere Schreibrahmenbedingungen, durch Nachahmungen usw.

Aus den vorstehenden Ausführungen wird deutlich, welche hohen Anforderungen bei der Untersuchung fraglicher Schreibprodukte an die Beschaffenheit des Vergleichsschriftmaterials zu stellen sind.

Die Richtlinien zur Beschaffung von Schriftproben für die Handschriftenvergleichung geben Anhaltspunkte zur Behandlung des fraglichen Schriftmaterials, zu den Anforderungen bei der Beschaffung von unbefangen, also ohne Bezug zum Sachverhalt entstandener Schriftproben, zur Abnahme ad hoc schriftlich hergestellter Schriftproben und zum Protokoll über die Schriftprobenabnahme.

7.2 Beschaffung von Schriftproben für die Handschriftenvergleichung[1]

Die nachfolgenden Richtlinien sollen dem meist nicht sachkundigen Ermittlungsbeamten sachdienliche Hinweise zur Beschaffung von geeignetem Material für schriftvergleichende Untersuchungen vermitteln.

In der Praxis werden sich weiterhin Zweifelsfälle ergeben. Dann muß sich der Ermittlungsbeamte mit einem für seinen Bereich zuständigen Sachverständigen in Verbindung setzen.

Die Einhaltung dieser Richtlinien im Rahmen der Möglichkeiten ist erforderlich, um nicht wiedergutzumachende Versäumnisse zu vermeiden.

7.2.1 Allgemeines

Benötigtes Schriftmaterial: Für eine fundierte Handschriftenvergleichung müssen – von Ausnahmefällen abgesehen – zur Vergleichung mit dem fraglichen Material vorliegen:

- Unbefangene Vergleichsschriften
- Diktatschriftproben
- der Bericht.

Behandlung der Schriftstücke: Alles einer Vergleichung zu unterziehende Schriftmaterial darf nicht in die Akten ein- oder untereinander zusammengeheftet werden, sondern ist lose in besonderen Umschlägen zu den Akten zu nehmen. Es darf nicht verändert (z.B. beschnitten, gelocht, chemisch behandelt oder aufgeklebt) werden. Faltungen sollen Schriftzüge nicht kreuzen.

---

[1] Quelle Bundeskriminalamt.

Kennzeichnung: Die Schriftstücke dürfen nur mit Bleistift an nicht störender Stelle durch eine Zahl oder einen Buchstaben gekennzeichnet werden. Sonstige Beschriftungen (Unterstreichungen, Einkreisungen, Pfeile usw.) sind unzulässig. Im Auftrag muß deutlich zum Ausdruck gebracht werden, welche Schriftzüge zu untersuchen sind. Weist ein Schriftstück verschiedene Handschriften auf, so muß ferner angegeben werden, welche die zu untersuchende Schrift ist.

Ungewöhnliche Fälle: In allen ungewöhnlich erscheinenden Fällen ist möglichst frühzeitig der Sachverständige zu Rate zu ziehen, damit er entscheiden kann, ob und inwieweit bei der Beschaffung des Materials durch Anwendung besonderer Verfahren von den folgenden Richtlinien abgewichen werden soll. Das gilt auch für nicht transportable Schriftträger (z.b. bei Aufschriften an Türen, Hauswänden usw.).

Fragliches Material: Fragliche Schriftstücke (Tatschriften) müssen grundsätzlich im Original beschafft werden. Durchschriften und Reproduktionen jeder Art bilden keine geeigneten Grundlagen für eindeutige Untersuchungsergebnisse.

7.2.2 Unbefangenes Vergleichsmaterial

Anzahl, Umfang, Art, Entstehungszeit Vor einer Schriftprobenabnahme ist möglichst zahlreiches und umfangreiches unbefangenes Schriftmaterial der tatverdächtigen Personen zu beschaffen, und zwar aus der Zeit kurz vor und kurz nach Entstehung der fraglichen Schrift. Dabei sind von besonderem Wert Schriftproben in derselben Schriftart (z.B. deutsch, lateinisch; Druckbuchstaben, Ziffern) wie bei der fraglichen Schrift. Falls zum fraglichen Material Briefumschläge (Postkarten, Formularausfüllungen) gehören, soll auch entsprechendes unbefangenes Vergleichsmaterial beschafft werden (siehe Anlage IV).

„Kurz vor und kurz nach" Entstehung der fraglichen Schrift ist je nach Alter der tatverdächtigen Person verschieden auszulegen. Je jünger oder älter die tatverdächtige Person ist, desto mehr ist mit einer Schriftänderung zu rechnen, so daß manchmal schon Monate, bei fraglichen Testamenten oft Wochen oder gar Tage von großer Bedeutung sein können. Außer Briefen usw. sind sowohl Konzeptschriften und flüchtige Notizen als auch „Schönschriften" (z.B. Bewerbungen, Lebensläufe) erwünscht.

Anerkennung des unbefangenen Materials Es muß darauf geachtet werden, daß die beschafften Proben auch wirklich von der tatverdächtigen Person stammen. Stellt sie diese selbst zur Verfügung, soll ihre Echtheit von anderen Personen anerkannt werden; werden sie von anderer Seite eingereicht, soll sich die tatverdächtige Person selbst zur Frage ihrer Echtheit äußern. Im übrigen darf auch zweifelhaftes Material mit eingereicht werden, doch muß es deutlich als solches bezeichnet sein, und es muß mitgeteilt werden, warum seine Herkunft nicht aufgeklärt werden konnte. In allen Zweifelsfällen sind amtliche Urkunden (z. B. Anträge auf Ausstellung eines Bundespersonalausweises, Reisepasses, Führerscheines, Zulassung eines Kfz und Meldebescheinigungen) mit heranzuziehen. *Die Verantwortung für die Echtheit des Vergleichsmaterials trägt der Auftraggeber.*

Unbefangenes Vergleichsmaterial bei Unterschriften: Handelt es sich beim fraglichen Material um Unterschriften, so müssen vom Namensträger möglichst viele (etwa 20) unbefangene Vergleichsunterschriften aus annähernd der fraglichen Zeit beschafft werden. Je verschiedenartiger die einzelnen Vergleichsunterschriften aussehen, desto größer ist die benötigte Anzahl. Darüber hinaus sind auch Textschriftproben vom Namenseigner und von den tatverdächtigen Personen beizubringen.

Durchsicht des Schreibmaterials In Sonderfällen kann auch die Durchsicht des Schreibmaterials einer tatverdächtigen Person wichtiges Beweismaterial zu Tage fördern (z.B. Druckrinnen im Papier eines Schreibblocks, Löschblattspuren, Vorübungen für die Nachahmung einer Unterschrift, eine echte Unterschrift, die zur Herstellung einer „mechanischen" Fälschung benutzt worden sein kann, besondere Arten von Schreibwerkzeugen).

7.2.3 Abnahme von Schriftproben

Allgemeines Bei den Diktatschriftproben kommt es darauf an, ein Vergleichsmaterial zu erhalten, das in der allgemeinen Schreibweise und in den äußeren Verhältnissen der fraglichen Schrift möglichst weitgehend entspricht (Tatschrifttreue).

Dem Schreiber darf zu diesem Zweck keinesfalls die fragliche Schrift gezeigt werden. Sollte er, aus welchen Gründen auch immer, das strittige Schriftstück gesehen haben, so darf die Abnahme der Schriftproben nicht unmittelbar nach dieser Einsichtnahme erfolgen.

Schreibgerechte Atmosphäre Für die Abnahme von Schriftproben ist eine möglichst ruhige, vertrauensvolle und schreibgerechte Atmosphäre anzustreben. Die tatverdächtige Person muß bequem sitzen, gute Lichtverhältnisse und alle Hilfsmittel (z.B. Brille, Schreibunterlage) haben, die sie benötigt.

Werden aufgrund des Sachverhalts besondere äußere Schreibumstände (z.B. Schreiben im Stehen, an der Wand, auf besonders weicher Unterlage, mit oder ohne Brille usw.) vermutet, so sind diese auch bei der Schriftprobenabnahme zu berücksichtigen.

Weitere Ausnahmen sollten nur nach vorheriger Rücksprache mit dem Schriftsachverständigen gemacht werden.

Vorbereitendes Schreiben: Vor Abnahme gezielter Schriftproben empfiehlt es sich, zum „Einschreiben" von der tatverdächtigen Person einige Zeilen eines beliebigen Textes (z.B. Lebenslauf) in ihrer gewohnten Schreibweise fertigen zu lassen.

7.2.4 Einzelheiten der Probenabnahme

Schreibpapier und Schreibgerät: Das Schreibmaterial muß dem bei der fraglichen Schrift benutzten entsprechen. Es kommt nicht nur darauf an, daß das Papier etwa dieselbe Art (glatt, rauh usw.) und dasselbe Format hat, unliniert, liniert oder kariert ist, sondern es ist auch die Größe der Karos und der Abstand der Linien wichtig.

Beim Schreibgerät sind nicht nur Feder, Stift, Faser- und Kugelschreiber zu unterscheiden, sondern auch deren verschiedene Sorten und Strichbreiten.

Befindet sich die fragliche Schrift auf einem Formular (Vordruck), dann müssen gleichartige Formulare (Vordrucke) beschafft oder behelfsmäßig hergestellt werden. Es kommt nämlich darauf an, daß der Probengeber an den entscheidenden Stellen genau dieselben räumlichen Verhältnisse für seine Schriftprobe vorfindet, wie bei der fraglichen Schrift.

Schriftart: Es muß in der gleichen Schriftart geschrieben werden wie bei der fraglichen Schrift. Gemeint sind lateinische Schrift, deutsche Schrift, Druckbuchstabenschrift mit ihren verschiedenen Stilarten.

Sehr häufig behaupten die Schreiber, die von ihnen geforderte Schriftart nicht zu beherrschen. Dazu muß man wissen, daß bis 1941 an den deutschen Schulen sowohl die deutsche als auch die lateinische Schrift gelehrt wurde. Ab 1942 wurde an allen deutschen Schulen nur noch die lateinische Schrift gelehrt und gebraucht. Vereinzelt wird seit 1953 in der Bundesrepublik vom vierten Schuljahr ab auch die deutsche Schrift wieder gelehrt. Man kann davon ausgehen, daß alle Deutschen die lateinische Schrift kennen und alle vor 1936 geborenen Deutschen außerdem die deutsche Schrift. Ebenso muß man annehmen, daß alle Deutschen, die Gedrucktes zu lesen vermögen, eine Druckbuchstabenschrift schreiben können.

Es ist möglich, daß jemandem eine bestimmte Schriftart nicht mehr geläufig ist oder die betreffende Person behauptet, sie nicht zu kennen. Ihr ist vorzuhalten, daß sie diese Schriftart zumindest während der Schulzeit erlernt haben müsse.

Sind alle Bemühungen, die schreibende Person zur Hergabe einer Schriftprobe in der gewünschten Schriftart zu bewegen, erfolglos geblieben, ist sie aufzufordern, das Alphabet von der entsprechenden Vorlage abzuschreiben. Im Anschluß daran hat sie (nach Entfernung der Vorlage) von ihrer Abschrift eine weitere Abschrift zu fertigen. Unter Steigerung des Schreibtempos ist das Verfahren (Abschrift von der jeweils letzten Abschrift) so lange fortzusetzen, bis die schreibende Person dieses Alphabet beherrscht. Danach kann mit der eigentlichen Abnahme der Schriftproben begonnen werden.

Liegt eine Mischschrift vor, so ist in allen darin vorkommenden Schriftarten schreiben zu lassen.

Schreibgeschwindigkeit: Wird offensichtlich langsamer oder schneller geschrieben, als die fragliche Schrift entstanden zu sein scheint, so ist die schreibende Person anzuhalten, ihre Schreibgeschwindigkeit entsprechend zu ändern.

Einzelanweisungen: Weichen die bisher abgenommenen Schriftproben in der allgemeinen Schreibweise (z.B. Größe und Lage) grob auffällig von der fraglichen Schrift ab, so sind spezielle Einzelanweisungen zu geben. Die Art der Einzelanweisungen richtet sich der Lage des konkreten Falles. Volkstümliche, zumindest leicht verständliche Ausdrucksweise (bei den Anweisungen) kann angebracht sein.

Beispiele: Schreiben Sie größer und schwungvoller; kleiner und „mickriger"; enger und gedrängter; breiter und ausladender; mehr nach rechts (links) geneigt; ganz steil und aufrecht; schlicht und einfach; schulmäßiger, genauer, in „Schönschrift"; in flüchtiger Schmierschrift (sog. Doktorschrift); forscher und zügiger, zittriger usw.

Sonstiges: Die Rückseite der Proben darf in der Regel nicht beschrieben werden. Die einzige Ausnahme gilt dann, wenn das fragliche Schriftstück in einer ungewöhnlichen Weise auf seiner Rückseite beschrieben ist (z.B. quer zur Vorderseite). Jedes beschriebene Blatt ist sofort aus dem Gesichtsfeld der schreibenden Person zu entfernen und in der Reihenfolge der Entstehung zu numerieren.

Fremdsprachige bzw. fremdartige Handschriften: Bei fremdsprachigen Texten in lateinischer Schrift ist unbedingt eine von einem Dolmetscher gefertigte buchstabengetreue und möglichst zeilengleiche Abschrift (nicht Übersetzung!) beizugeben. Dies gilt sowohl für die unbefangenen Vergleichsschriften und alle Schriftproben als auch für das fragliche Material.

Soweit Handschriften mit fremdartigen Schriftzeichen (z.B. kyrillisch, arabisch u.a.m.) zur Untersuchung anstehen, wird empfohlen, sich mit dem Schriftsachverständigen in Verbindung zu setzen.

7.2.5 Textschriften

Diktat: Der gesamte fragliche Text muß diktiert und darf keinesfalls abgeschrieben werden. Es soll wörtlich und in Sinnzusammenhängen (nicht zeilenweise) diktiert werden. Interpunktion, Fehler, Unterstreichungen, Absätze, Ränder usw. werden in der Regel nicht angesagt. Fragen nach der Schreibweise eines Wortes sind nicht oder nur ausweichend zu beantworten. Es ist zweckmäßig, bei orthographischen oder grammatikalischen Fehlern sowie bei mundartlichen Ausdrücken und Fremdwörtern nicht zu deutlich zu diktieren, um die dem Schreiber eigene Schreibweise nicht zu beeinflussen.

Es empfiehlt sich, vor Beginn des Diktats kurze Angaben über den zu erwartenden Textumfang zu machen, den allgemeinen Verwendungszweck der fraglichen Schrift (z.B. Brief, Quittung, Anzeige) anzudeuten und Absenderangaben, Anschriften, Datumsangaben, Überschriften und Unterschriften gesondert anzusagen.

Ob anstößige oder sonst ungeeignete Textstellen wörtlich diktiert werden, ist im Einzelfall zu entscheiden. Werden sie nicht diktiert, sind Wörter mit ähnlichen Buchstabenverbindungen zu wählen.

Umfang Der fragliche Text muß stets mehrfach geschrieben werden, und zwar um so häufiger, je kürzer er ist:

- einzelne Worte und Ziffern ca. 20mal,
- kürzere Texte bis zu einer DIN-A5 Seite bzw. einer klein beschriebenen Postkarte mindestens 5mal,
- längere Texte mindestens 2mal.

Nur bei sehr langen Texten kann man sich darauf beschränken, den Anfang, ein Stück aus der Mitte und das Ende (jeweils im Zusammenhang) je zweimal zu diktieren.

Liegen mehrere Schriftstücke in offensichtlich derselben Schrift vor, dann wählt man für die Abnahme der Schriftproben zwei oder drei davon aus. Handelt es sich um mehrere Schriftstücke mit verschiedenen Schriftarten, so ist für jede Schriftart eine gesonderte Schriftprobe abzunehmen.

Gehören zum Material Anschriften und Absender auf Briefumschlägen oder Postkarten u. a., so sind diese unter Verwendung gleichartiger Schriftträger je zehnmal zu schreiben.

Unterschriften auf den Namen existenter Personen: Die Methodik der Schriftvergleichung bei Unterschriften unterscheidet sich von der bei Textschriften. Da bei nachgeahmten Unterschriften brauchbare Aussagen über die Person des Urhebers nicht möglich sind, ist die Untersuchung zunächst auf die Vergleichung mit Unterschriften des Namenseigners (Echtheitsprüfung) abzustellen.

Unterschriftsproben des Namensträgers: Zusätzlich zu den unbefangenen Vergleichsunterschriften des Namensträgers sind von ihm mindestens 20 Unterschriftsproben abzunehmen.

Unterschriftsproben tatverdächtiger Personen: Von Tatverdächtigen sind 20-30 auf den fraglichen Namen lautende Unterschriftsproben zu fertigen. In vielen Fällen ist es jedoch zweckmäßig das Ergebnis der Echtheitsprüfung abzuwarten.

Abnahme von Unterschriftsproben: Bei der Abnahme von Unterschriftsproben sollte nicht gleich zu Beginn der fragliche Namenszug diktiert werden. Es empfiehlt sich vielmehr, zunächst einen besonders zusammengestellten Satz schreiben zu lassen, in dem die Buchstabenverbindungen der fraglichen Unterschrift (nicht aber diese selbst) vorkommen. Auch kann es zweckmäßig sein, nach jeweils einigen Unterschriftsleistungen diesen oder einen beliebigen Satz schreiben zu lassen, um stereotype Wiederholungen zu erschweren.

Die Unterschriftsproben dürfen nicht auf ein und dasselbe Blatt untereinander gesetzt werden. Für jede Unterschrift ist ein gesondertes Blatt (bzw. Vordruck u.a.m.) zu verwenden, das nach Unterschriftsleistung sofort aus dem Gesichtsfeld des Schreibers zu entfernen ist.

Wird die zu erzielende Schreibweise (Schriftart, Schriftlage, -größe o.ä.) damit nicht erreicht, so ist die Anzahl der Proben mit entsprechenden Einzelanweisungen angemessen zu erhöhen.

Im übrigen gelten auch hier die allgemeinen Grundsätze für die Abnahme von Schriftproben.

Fingierte Unterschriften: Bezeichnet der fragliche Namenszug eine vorerst nicht festzustellende Person (Verdacht auf fingierte Unterschrift), dann sind von den Verdächtigen die üblichen Schrift- bzw. Unterschriftsproben zu beschaffen. Von einer fingierten Unterschrift sollte man allerdings erst dann sprechen, wenn zuvor alle erforderlichen Ermittlungen nach der durch den Namenszug bezeichneten Person ergebnislos geblieben sind.

Geständnis: Durch ein Geständnis der tatverdächtigen Person wird die Abnahme von Schriftproben nicht überflüssig. Diese Person braucht dann nur aufgefordert zu werden, so zu schreiben, wie sie bei der Herstellung der fraglichen Schrift geschrieben hat. Die so entstandenen Schriftproben bieten für eine etwa später noch notwendig werdende Schriftvergleichung (Geständniswiderruf, falsches Geständnis) besonders günstige Möglichkeiten.

Bericht: Über jede Abnahme von Schriftproben ist ein Bericht anzufertigen und den Schriftproben beizufügen.

Dieser Bericht muß enthalten:

- Name, Vorname (evtl. Geschlecht), erlernter und ausgeübter Beruf der schreibenden Person, Orte ihres Schulbesuches und Art der Schule,
- Reihenfolge der Schriftproben,
- Abweichungen von den Richtlinien,
- Einzelanweisungen im Wortlaut mit Angabe der Nummer und Stelle der Schriftproben, bei denen sie gegeben oder wiederholt wurden,
- ungewöhnliche Schreibumstände (z.B. linkshändiges Schreiben, körperliche Behinderungen),
- Verhalten des Schreibers und etwaige besondere Reaktionen auf bestimmte Anweisungen,
- Ort, Datum und Dauer der Abnahme der Schriftproben,
- Name des abnehmenden Beamten.

7.2.6 Fundstellen für unbefangenes Vergleichsmaterial

Behörden, Ämter und Dienststellen:

- Polizeidienststellen (ED-Akten),
- Gerichte (Akten von eventuellen früheren Verfahren),
- Zentrale Bußgeldstelle (Anhörungsbogen),
- Strafvollzugsanstalt (Vollstreckungsakten),
- Bundeswehrdienststellen (Gesuche, schulische Arbeiten),
- Notariate,
- Gemeinden (Standesamt, Meldestelle),
- Landratsämter (Sozial-, Jugend-, Ausländer- u. Paßamt, Kfz Zulassungsstelle usw.),
- Arbeitsämter,
- Innungen,
- Berufsgenossenschaften,
- Landwirtschaftliche Alterskasse,

- Krankenkassen (auch Beihilfestellen),
- Gewerkschaften,
- Vereine, Clubs.

Sonstige Institutionen:

- Versicherungsanstalten (Anträge Rentenakten usw.)
- Banken und Sparkassen (auch Postsparkassen, Postscheckämter, Kreditanstalten, Bausparkassen)
- Öffentliche Verkehrsbetriebe (Zeitkartenanträge)
- Schulen (auch Fahrschulen, Volkshochschulen, Fortbildungsinstitute, Fernlehrinstitute usw.)
- Krankenhäuser (Kostensicherungsblatt, Zustimmung zu einem operativen Eingriff).

Aus der Umgebung des Schreibers:

- Arbeitsstelle (Personalakten usw.)
- Bekannte und Verwandte (Briefe, Ansichtskarten; hier StPO beachten!)
- private Korrespondenz (Miet-, Pacht-, Lieferverträge, Bestellscheine für Versandhäuser, Notiz- und Tagebücher, Terminkalender, Telefonverzeichnisse, Kochbücher, Haushaltsbücher)
- Rechtsanwälte (Prozeßvollmachten, Honorarvereinbarung o. ä.).

Abschließend wird nochmals darauf hingewiesen, daß in Zweifelsfällen die Sachverständigen im Bereich Handschriftenuntersuchungen zu Problemen der Formulierung der Untersuchungsfragen, Untersuchungsmöglichkeiten, der Materialeignung und der Beschaffung von Schriftproben jederzeit um Rat gefragt werden können.

Auswertungsangriff bei der Schriftuntersuchung

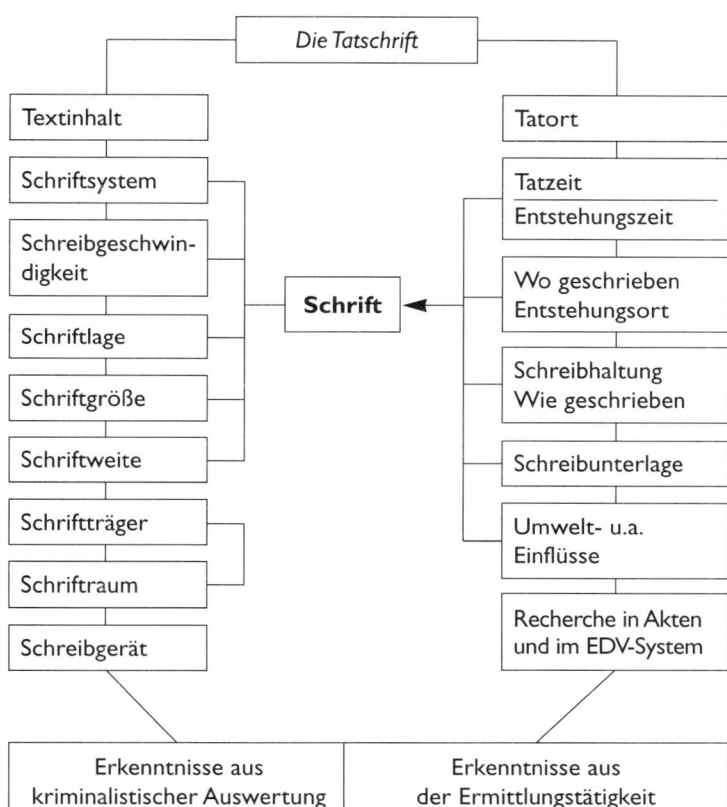

7.3 Wie werden Urkunden untersucht?

Urkunden im Sinne des Strafrechts sind verkörperte Erklärungen, die ihrem gedanklichen Inhalt nach geeignet und bestimmt sind, für ein Rechtsverhältnis Beweis zu erbringen und die ihren Aussteller erkennen lassen. Die Fälschung von Urkunden ist kein Selbstzweck, sondern in der Regel Grundlage, Ausgangspunkt und Voraussetzung für die verschiedensten Verbrechensformen. Daher ist das Erkennen eines Fälschungsdeliktes Ansatzpunkt für die vielfältigsten Formen polizeilicher Verbrechensbekämpfung. Reisepässe, Personalausweise und Führerscheine werden auf die verschiedenste Art ge- oder verfälscht. Vom einfachen Überschreiben von Schriftzeichen oder Radieren mit einem Messer bis zur technisch vollendeten Totalfälschung führt die zunehmende Vervollkommnung der Fälschungstechnik. Viele Fälscher entwickeln ihre individuelle Technik.

Handschriftliche *Schreibdruckrillen* können in Dokumenten und anderen Schriftstücken in hervorragender Weise sichtbar gemacht werden, auch dann, wenn sie mit dem bloßen Augen nicht oder kaum wahrnehmbar sind. Hierzu wird das *ESDA-Gerät* eingesetzt. In diesem Gerät wird die Oberfläche des Schreibmaterials elektrostatisch aufgeladen. Mit Hilfe eines besonderen Entwicklungsverfahrens (Kaskadenentwickler) wird Graphit auf die Oberfläche gebracht und schließlich mit einer selbstklebenden Folie fixiert. Durch dieses Verfahren werden selbst schwächste Durchdruckspuren sichtbar. Probleme ergeben sich bei unsachgemäßer Sicherung und Berührung der Schreibfläche mit bloßen Fingern, da die Aminosäuren aus dem Handschweiß in das zu untersuchende Papier eindringen und eine Untersuchung mit dem ESDA-Gerät erschweren oder vereiteln. Die Untersuchungsstücke sollten nur am Rande vorsichtig berührt werden. Die Lagerung in Plastikfolien ist zu vermeiden, da diese eine elektrostatische Aufladung erzeugen, die das Untersuchungsverfahren stört (siehe auch Verpackungshinweise).

In jüngster Zeit bereitet die rasante Entwicklung auf dem Reproduktionssektor über neue EDV-Verarbeitungs-, Druck- und Kopiertechniken immer größer werdende Schwierigkeiten bei der Echtheitsbewertung von Urkunden. Eingesetzt wird dazu modernste Computertechnik mit Scannern und Laserdruckern; dies führt dazu, daß auf den ersten Blick brillant erscheinende Totalfälschungen zum Einsatz kommen. Zum Erkennen derartiger Fälschungen dienen Vergleichsmaterialien, Originalurkunden und als technische Hilfsmittel verschiedene Beleuchtungsquellen und Lupen. Dieser Umstand erfordert aber auch, daß derartige Mittel bei entsprechenden polizeilichen Einsätzen vor Ort benutzt werden können, sonst bleibt die Fälschung unerkannt.

Sachverständige unterscheiden zwischen:

- Totalfälschungen,
- Verfälschungen und
- Blankofälschungen.

Unter einer *Totalfälschung* ist ein Dokument zu verstehen, das in allen seinen Teilen falsch ist. Als Vorlage für die Herstellung eines solchen Falsifikates dient entweder ein bestehender echter Ausweis oder es wird ein Phantasieprodukt geschaffen. Ausweise mit ungenügendem Sicherheitsstandard sind stärker gefährdet, als Vorlage für eine Totalfälschung benutzt zu werden. Die Totalfälschung gut gesicherter Ausweisdokumente kostet viel Aufwand, Zeit und Geld.

Von einer *Verfälschung* ist zu sprechen, wenn der ursprüngliche Zustand einer Urkunde durch Hinzufügen, Voransetzen, Einfügen, Radieren oder Überdecken von Schriftzeichen oder Textteilen verändert wurde. Die am häufigsten festgestellten Verfälschungen in Reisedokumenten sind der Austausch von Lichtbildern, Veränderungen von Paßdaten sowie das Anbringen falscher oder der Austausch echter Visa. Beim größten Teil der vorkommenden Ausweisverfälschungen handelt es sich um sogenannte Inhaltsfälschungen.

Eine *Blankofälschung* liegt vor, wenn das Urkundenformular (Blankett) selbst echt ist, jedoch die Eintragungen von einer unbefugten Person vorgenommen wurden. Die Blankoformulare werden oft durch andere Straftaten beschafft. Sofern diese mit Individualnummern ausgestattet sind, bietet sich eine Überprüfung in Fahndungsunterlagen an.

Oft sind die in den Urkunden vorhandenen *Siegel* das Ziel besonderer Untersuchungsmaßnahmen. Siegel sind geschlossene *Stempel* von Behörden, Vereinen und anderen Institutionen, aus denen der Aussteller erkennbar ist. Stempel sind hingegen Abdrücke mit nicht festlegbarem Inhalt, wie Datum, Ort, Name oder Firma. Zur Identifikation des Urkundenherstellers dient auch das *Impressum*, dieses enthält Angaben über Druck, Auflage und Herstellungszeitraumes eines Blanketts.

Eine Besonderheit stellen sogenannte *Pseudodokumente* dar, die nicht wie international anerkannte Identitätspapiere von existierenden Staaten ausgestellt werden und daher keine zugelassenen Personaldokumente sind, ähnlich einem Vereinsausweis.

Zu unterscheiden ist bei den *Verfälschungsmerkmalen an Dokumenten* nach folgenden Begriffen:

- Verfälschen der Ausfüllschriften,
- Verfälschen der Siegel- und Stempelabdrucke,
- Auswechseln des Lichtbildes,
- Auswechseln der Seiten des Dokumentes.

Weitere Untersuchungen lassen sich bei den Drucktechniken sowie bei den Tinten und Schreibmitteln durchführen.

Das *Papier* ist als Schreibfläche am weitesten verbreitet und in vielfacher Hinsicht Spurenträger. Für Dokumente und urkundliche Zwecke haben sich Spezialpapiere entwickelt, die weder in ihrer Zusammensetzung noch von ihrem Inhalt her nachgemacht werden dürfen. Zu denken ist hier besonders an Banknoten, Schecks, Obligationen, Aktien, Echtheitszertifikate, Lotterielose, Personalausweise, Pässe, Führerscheine usw. Diese Sicherungen sind unter zwei Aspekten zu sehen:

- Sicherungen gegen Fälschungen: Echtheitssicherungen und
- Sicherungen gegen Verfälschungen: Inhaltssicherungen.

Der Papiermacher unterscheidet folgende *Wasserzeichen:*

- Echte negative oder positive Wasserzeichen, je nachdem, ob das Zeichen heller oder dunkler als das umgebende Papier ist,
- Halbschattenwasserzeichen (auch Porträtwasserzeichen genannt), das ist eine Bildwiedergabe mit Halbtönen,
- Molettenwasserzeichen (Randmarken),
- Prägewasserzeichen (unechte Wasserzeichen).

Planchetten sind kleine, runde, farbige Papierscheibchen (ca. 1 mm Durchmesser), die in die Papierbahn eingelagert werden. Ähnlich wie die Melierfasern können auch diese Planchetten im ultravioletten Licht fluoreszierend gestaltet werden. Der Verwendungsbereich liegt überwiegend bei den Banknoten.

Melierfasern dienen ebenfalls der Sicherung des Papiers. Es handelt sich um Einzelfasern aus verschiedensten Materialien, die bei Bedarf mit fluoreszierenden Materialien eingefärbt werden. Die Fasern zeigen eine Länge von 0,3 bis 10 mm und leuchten je nach Einfärbung im ultravioletten Strahlungsbereich auf.

Eingelegte Fäden aus Metall und anderem Material können ebenfalls nur in der Produktion dem Papierbrei beigegeben werden, Das Verfahren ist aufwendig und bleibt auf Banknoten und Dokumente mit hohem Sicherheitsniveau beschränkt.

Kinegramme sind Plaketten mit holographischen Effekten und mit metallischer Oberfläche, die in Dokumente eingepreßt werden. Sie erhöhen den Sicherheitsstandard des Dokumentes.

Neben den Urkunden-, Paß- und Ausweisfälschungen kann es auch zu *Wertzeichenfälschungen* (Briefmarken, Steuerbanderolen, Wert- und Rabattmarken, Fahrtausweise und Eintrittskarten), *Wertpapierfälschungen* (Aktien, sonstige Wertpapiere, Coupons, Sparkassenbücher, Postsparbücher und Schecks) sowie zu *Kunstfälschungen* (Grafiken) und Falschgelddelikten kommen.

7.4 Verfälschungs- und Fälschungsmerkmale an Urkunden

- Sicherheitsdokumente haben fast immer ein Wasserzeichen,
- bei Sicherheitsdokumenten leuchtet das Papier nicht im UV-Licht,
- die Seriennummer von Ausweisdokumenten muß im Hochdruck gefertigt sein,
- mechanische Rasuren (Radiergummi oder Messer),
- chemische Rasuren (Bleichmittel, Tintenentferner),
- Veränderungen durch Überschreiben oder Einfügen,
- Veränderungen und Beschädigungen am Lichtbild,
- Auffälligkeiten im Druck bei Kopierprodukten,
- Verfälschungen an Siegel- und Stempelabdrucken,
- auffällige Besonderheiten (z.B. Ausstellungsdatum fällt auf Sonn- oder Feiertag).

Bei *Durchsuchungen* sind folgende Vergleichsmaterialien von Bedeutung:

- Drucktechnische Geräte und Materialien,
- fototechnische Geräte zur Herstellung von Reproduktionen,
- Computer, Scanner, Drucker und Kopiergeräte,
- grafische Werkzeuge (Gravierstichel und Nadel),

- Spezialpapiere und Papierreste,
- Chemikalien zum Ausbleichen,
- Druckereiabfälle und Fehldrucke,
- echte Urkunden, die als Vorlage gedient haben,
- Schriftproben von Schreibmaschinen (besser Sicherstellung der Schreibmaschine),
- Schriftproben vom Tatverdächtigen,
- sonstige Schreibgeräte (Kugelschreiber, Füller etc.).

Für die *Untersuchungsanträge und Verpackung* von Urkunden gilt auch das für andere Spuren Gesagte. Der beantragende Ermittler muß sich über seine Fragestellung eindeutig klar sein; die Verpackung muß gewährleisten, daß das Untersuchungsmaterial nicht beschädigt oder verändert wird und daß keine Trugspuren übertragen werden. Dies gilt besonders für latente *Durchdruckspuren* von Schriften. Mit den geschilderten Verfahren können diese heute oft wieder sichtbar gemacht werden, wo in früheren Zeiten keine Möglichkeiten vorhanden waren. Bei derartigem Untersuchungsmaterial ist der Schriftträger besonders vor Druck zu schützen. Negativ wirkt sich hier auch die Verpackung in Folien aus, weil die statische Aufladung die Arbeit mit dem ESDA-Gerät erschwert oder sogar verhindert. Da in der Hauptsache Papierprodukte in allen Variationen in Betracht kommen, ist das Untersuchungsmaterial auch vor allem vor Feuchtigkeit zu schützen.

7.5 Maschinenschriften

Maschinenschriften sind Texte oder Zeichen, die mit Hilfe eines technischen Gerätes zu Papier oder einen anderen Beschreibstoff gebracht werden. Wie alle technischen Geräte werden sie auch zu Fälschungen sowie anderen Straftaten benutzt. In der Kriminaltechnik werden daher die Schreibmaschinen- und die Druckerschriften untersucht, um die technische Urheberschaft festzustellen. Zu unterscheiden sind heute:

Die klassischen Typenhebelmaschine,
die elektrischen Schreibmaschinen, zu unterscheiden in

- Typenradschreibmaschinen und
- Kugelkopfschreibmaschinen, diverse Druckertypen.

Maschinenschriften sind häufig bei folgenden Deliktsgruppen zu erwarten:

- Politisch motivierte Straftaten,
- Beleidigungen,
- Erpressungen,
- Urkundenfälschungen,
- Betrug.

Spurensuche und Sicherung Alle Maschinen, die als Tatmittel in Betracht kommen, sollten nach Möglichkeit sichergestellt werden. Ersatzweise, unter Berücksichtigung einer angemessenen Verhältnismäßigkeit, muß mindestens eine fachgerechte Schriftprobe hergestellt werden. Bei austauschbaren *Schriftträgern*, wie Typenrad oder Kugelkopf, sind auch nicht in der Maschine befindliche Schriftträger sicherzustellen. Das gleiche Prinzip gilt für *Carbonbänder*, die einen besonderen Beweiswert haben, weil von ihnen Leseabschriften gefertigt werden können.

Farbbänder sollten in ihrer Kassette oder Spule verbleiben und nur mit einer schützenden Hülle (Schlauchfolie oder Kuvert) versehen werden.

Eine verwechslungssichere Kennzeichnung aller sichergestellten Teile ist zu gewährleisten.

Untersuchungsziel ist die Systembestimmung (Gruppenbestimmung), die zum Hersteller führt. Sind individuelle Merkmale vorhanden, ist durch Vergleich eine individuelle Bestimmung der verwendeten Maschine möglich. Der Untersuchungsantrag muß Hinweise auf in der Maschine enthaltenes, weiteres spurentragendes Material enthalten.

> **Hinweis:** Vor einer eventuell erforderlichen daktyloskopischen Untersuchung ist die Untersuchung vom Kriminaltechnischen Institut durchzuführen, weil die daktyloskopische Spurensuche (mittels Tauchen) zu Veränderungen am Schriftbild führt.

7.6 Dienst- und Prüfsiegelplaketten

In den Kriminaltechnischen Instituten werden *Prüf- und Dienstsiegelplaketten* von Kfz-Kennzeichen und anderen Gegenständen, beispielsweise Feuerlöschern, auf Fälschungs- und Übertragungsmerkmale anhand ihrer Materialeigenschaften mit chemischen und optischen Mitteln untersucht. Individual- oder Gruppenbestimmungen sind an den Folien, an der Farbe, dem Druck und den Klebstoffen der Plaketten möglich. Bei der Spurensicherung sollte daher die fragliche Plakette zusammen mit dem Gegenstand, auf dem sie befestigt wurde, gesichert werden. Auf keinen Fall sollte sie durch Spurensicherungskräfte am Tatort abgelöst werden. Am häufigsten tritt als aktuelle Tathandlung die Übertragung mittels der auf dem Kennzeichenschild befindlichen retroreflektierenden Folie des Schildes in Erscheinung. Dies erkennt man durch die höhere Lage der Plakette gegenüber dem Untergrund (als Vergleich kann ein Kennzeichenschild eines anderen Kraftfahrzeuges dienen). Fehlt jegliche Erhabenheit der Ziffern an einer Plakette, so kann eine Fälschung vorliegen.

Untersuchungsergebnis/Untersuchungsziel kann das Erkennen einer Fälschung, einer Verfälschung oder einer Übertragung sein. Bei den meisten Plakettensorten kann der Hersteller und das Herstellungsjahr festgestellt werden, was in bezug auf Ausstellungsdatum des Kraftfahrzeugscheines oder der TÜV-Stempel Bedeutung haben kann.

8. Brandursachenuntersuchung

Schema der Brandursachenermittlung[1]

---
1 Schema nach Rainer Pirsch, LKA PTU 22 Berlin.

8. Brandursachenuntersuchung

Kriminalistische Bedeutung Das erhebliche kriminalpolizeiliche Interesse an der Aufklärung von Brand- und Explosionsfällen beruht auf der Tatsache, daß die Brandstiftung sowie die Zerstörung durch Explosion gemeingefährliche Verbrechen darstellen. Der durch Brände und Explosionen im Bundesgebiet entstehende Sachschaden beträgt jährlich mehrere hundert Millionen DM. Der Verdacht, daß schuldhaftes menschliches Verhalten einen Brand ausgelöst hat, wird jedoch in der Regel erst begründet oder bestätigt, wenn die Brandursache erforscht worden ist. Eine objektive Brandursachenermittlung ist nur durch Auswertung aller am Brandort vorhandenen bedeutsamen Spuren möglich.

Kriminalistische Untersuchungsziele Die Untersuchung und Auswertung von Brand- und Explosionsspuren ist im wesentlichen durch zwei kriminalistische Ziele gekennzeichnet:

- Bestimmung der Brand- oder Explosionsursache,
- Ermittlung und Überführung des Tatverdächtigen (im Falle einer vorsätzlichen oder fahrlässigen Brandstiftung bzw. Zerstörung durch Explosion).

Aus dem *Schema der Brandursachenermittlung – Negative Ursachenauslese* – ist deutlich zu erkennen, daß bei dieser Form der Untersuchung von der Annahme ausgegangen wird, daß zunächst alle Ursachen zur Brandauslösung in Betracht kommen. Erst im Zuge der Ermittlungen wird eine mögliche Ursache nach der anderen ausgeschlossen – bis die eine, tatsächliche übrig bleibt. Die Vorarbeit erfolgt gedanklich und fachlich in zwei Schritten: *Brandortbesichtigung und Brandortuntersuchung*.

Definition: Brand- und Explosionsspuren sind alle materiellen Spuren, die Schlüsse auf die Entstehungsursache des Brandes bzw. der Explosion zulassen und im Falle eines schuldhaften Verhaltens Hinweise zur Ermittlung oder Überführung eines Tatverdächtigen liefern können.

Als Brand- und Explosionsspuren kommen in Betracht:

- Gegenstände und Materialien, die einen Brand bzw. eine Explosion verursacht haben oder durch einen Brand bzw. eine Explosion in ihrer stofflichen Beschaffenheit verändert wurden.
- Situationsspuren, deren Wert darin begründet ist, daß die Lage bestimmter Spuren (im weitesten Sinne) Schlüsse auf den Tathergang ermöglicht und
- Formspuren, deren Bedeutung in der formenmäßigen Beschaffenheit der Spuren liegt.

8.1 Ermittlungen und Untersuchungen am Brandort

Brandortbesichtigung Sie erfordert die Zusammenarbeit mit allen am Einsatz beteiligten Polizeikräften, der Feuerwehr, sowie der Versorgungsunternehmen für Gas und Elektrizität so angemessen früh wie möglich:

- Überblick über das Brandobjekt verschaffen
    - Um was für ein Objekt handelt es sich?
    - Welche Teile sind vom Brand erfaßt?
    - Welche äußeren Bedingungen liegen vor?
- Überblick über bereits eingeleitete Maßnahmen verschaffen,
- Überprüfung der Sicherung des Brandortes, eventuell Sicherungsmaßnahmen ergänzen
- Brandort und bisher vorgenommene Veränderungen sowie erkannte und sichergestellte Spuren dokumentieren (Skizze, Foto, siehe auch allgemeiner Teil der vorliegenden Schrift über Tatortarbeit und Fotografie),
- Informationen zum Brandverlauf einholen und protokollieren,
- grober Überblick über Wahrnehmbarkeitsbereich des Brandverlaufes,
- Erstzeugen und Auskunftspersonen informatorisch befragen.

Brandortuntersuchung
Suche und operative Auswertung von Brandspuren:

- Abbrand an Holz und anderen brennbaren Materialien (Fenster, Türen, Dielen, Balken, Inventar),
- Zustand von Putz und Mauerwerk,
- Schwelgas- und Rußniederschläge, „Abbrandkeil" suchen,
- Markierungen durch Rauchfahnen an der Außenseite feststellen,
- Verformungen an Stahlkonstruktionen und anderen Bauteilen,
- Glasierungen und geschmolzenes Metall,
- Brandschuttschichtung beachten und dokumentieren (liegen beispielsweise nicht berußte Glasscherben unter dem Brandschutt, liegt eventuell ein Einbruch vor),
- untypische Lage von Mobiliar und sonstiger Einrichtung beachten,
- Lage von technischen Geräten und/oder Leitungen (Steckdosen, Schalter, Sicherungen, auch Schalterstellungen, Kombinationen von Steckern und Steckdosen).

Lokalisierung von Brandausbruchsbereich (BAB) und Brandausbruchsstelle (BAS)
Spurensicherung und Probennahme, Befragung von Auskunftspersonen:

- Ursprünglicher Zustand?
- Letzte Handlungen vor dem Brandausbruch?
- Was war anders?
- Was bestehen für technische Zusammenhänge zur BAB und BAS?

8. Brandursachenuntersuchung

Nicht brandtypische Spuren (z.B. Einbruchsspuren?)
- Schließzustand von Türen?
- Einstiegs- und Überstiegsspuren?
- Lage von Behältern und Kanistern?

Bei der Arbeit am Brandort sind weitere landesspezifische Vorschriften und Geschäftsanweisungen zu beachten.

Die Verpackung von Brandschutt zu Untersuchungszwecken ist nur dann sinnvoll, wenn jede Kontamination ausgeschlossen wird. Die Kriminaltechnischen Institute verfügen über geeignete *Verpackungsmaterialien,* die von den Dienststellen genutzt werden können: Speziell plastifizierte Aluminiumtüten, gläserne Schraubgefäße mit speziellen Dichtungen und kleine Flaschen, in denen Flüssigkeitsproben aufbewahrt werden können. Die Analyse von flüssigen Brandlegungsmitteln und chemischen Reagenzien werden im kriminaltechnischen Arbeitsbereich Chemie durchgeführt.

8.2 Absperrung und Erhaltung der Brandstelle

Verhinderung unnötiger Zerstörung: Die Spurensicherung beginnt bereits mit der Absperrung des Brandortes und den sonstigen Maßnahmen, die der Erhaltung der Brandstelle dienen. In enger Zusammenarbeit mit der Feuerwehr sollte darauf hingewirkt werden, daß ein sinnloses Zerstören von Brandruinen unterbleibt. Eine Brandstelle darf nur dann eingerissen werden, wenn Menschen oder Sachwerte durch Einsturzgefahr bedroht sind oder eine Brandübertragung auf andere Gebäudeteile zu befürchten ist.

Einsturzgefahr und Witterungseinflüsse: In vielen Fällen können Mauern oder Schornsteine, die als Spurenträger in Betracht kommen, durch Abstützmaßnahmen vor dem Einstürzen bewahrt werden. Spuren, die durch Witterungseinflüsse verändert werden können, sind nach Möglichkeit bis zu ihrer endgültigen Sicherung durch entsprechende Vorkehrungen (z.B. Überdecken mit Pappkarton, Segeltuchplane, Brettern usw.) zu schützen.

8.3 Suche nach der Brandausbruchsstelle (BAS)

Grundsätzliche Möglichkeiten Bei der Spurensuche am Brandort kommt es zunächst darauf an, den Brandentstehungsherd möglichst eindeutig festzustellen. In der Regel kommen zwei Möglichkeiten in Betracht, die Lage des Brandherdes zu ermitteln:

– Auswertung der Spuren, die als charakteristische Begleiterscheinungen beim Ausbruch des Brandes entstehen (z.b. Form und Lage von Schwelgasniederschlägen).
– Stufenweises Rückverfolgen des Brandverlaufes bis zum Brandherd unter Berücksichtigung aller Faktoren, die den Brandverlauf beeinflussen können (z.B. Möglichkeiten der Sauerstoffzufuhr, Zündeigenschaften brennbarer Materialien, Windrichtung, Brandtemperatur) und aller Erscheinungen, die Schlüsse auf den Brandverlauf zulassen (z.B. Art und Weise der Schichtung im Brandschutt, Befund im Bergungsgut).

Zeugenaussagen Aussagen von Zeugen, die Wahrnehmungen über den Brandausbruch gemacht haben, können die Arbeit des Spurensicherungsbeamten wirkungsvoll unterstützen.

Aussehen der Brandwolken Das Aussehen der bei einem Brand entstehenden Rauchwolken läßt mitunter Schlüsse auf die Art der verbrennenden Materialien zu. Auf diese Weise kann das Rückverfolgen des Brandverlaufes oder das Auffinden des Brandherdes erleichtert werden.

Zustand vor dem Brandausbruch Eine wesentliche Voraussetzung für eine erfolgreiche Suche nach dem Brandentstehungsherd ist die Kenntnis des Zustandes vor dem Brandausbruch (z.B. Beschaffenheit der Räume, Art und Umfang der vorhanden gewesenen brennbaren Stoffe).

Vortäuschung natürlicher Brandursachen Außerdem muß der Spurensicherungsbeamte stets mit der Möglichkeit rechnen, daß natürliche Brandursachen (z.B. Blitzschlag) oder sachliche Brandursachen (z.B. fehlerhafte elektrische Anlage, schadhafte Schornsteine) bewußt ausgenutzt werden, um eine vorsätzliche Brandstiftung herbeizuführen.

Mitwirkung von Sachverständigen Die Fülle und die Kompliziertheit der Ursachen und Erscheinungsformen vieler Brände erfordern die Mitwirkung eines oder mehrerer Sachverständiger möglichst schon im Stadium der Spurensuche, zumal das Auffinden entscheidender Spuren oft nur bei Kenntnis aller Gesetzmäßigkeiten, welche die Entstehung und den Ablauf eines Brandes beherrschen, gelingt.

8.4 Spurensuche am Brandort

Spuren als Ursache und Folge der Brandentstehung Der Brandentstehungsherd muß gründlich nach Spuren durchsucht werden, die mit der Brandentstehung in Zusammenhang zu bringen sind oder eine Folge des Brandes darstellen. Bei der Spurensuche sind sämtliche Brandursachen in Betracht zu ziehen, die nicht mit Sicherheit ausgeschieden werden müssen.

Sichtbare und latente Spuren Als Spur oder Spurenträger kann praktisch jeder Stoff bzw. Gegenstand in Betracht kommen. Es ist nicht nur auf sichtbare Spuren (z.B. Rußspuren) zu achten, sondern auch an latente (z.B. Spuren brennbarer Flüssigkeiten in Fußbodenbrettern) zu denken.

Abtragen des Brandschuttes In vielen Fällen wird es unumgänglich sein, den Brandschutt sorgfältig schichtenweise von oben abzutragen. Dabei ist besonders auf Zünd- und Brandspuren, Brandstiftungsvorrichtungen sowie sonstige Spuren, die von einem Brandstifter hinterlassen worden sein können, (z.b. abgebrannte Streichhölzer, Zigarettenstummel) zu achten. Situationsspuren (z.b. Riegelstellung eines im Schutt gefundenen Türschlosses) können für die Rekonstruktion des Tatherganges von Bedeutung sein.

Schichtenaufbau des Brandschuttes Die Untersuchung der einzelnen Schichten des Brandschuttes läßt mitunter wertvolle Schlüsse auf den Brandverlauf zu, wenn das Feuer ohne äußere Einwirkungen langsam niedergebrannt ist.

Vom Täter hinterlassene Spuren Wenn der Verdacht einer Brandstiftung gegeben ist, muß auch nach Spuren gesucht werden, die der Täter an der Brandstelle oder in deren Umgebung zurückgelassen hat (z.b. Fußspuren, Werkzeugspuren, Materialspuren, Textilfasern am Stacheldraht). Falls der Brandstifter gewaltsam in ein Gebäude eingedrungen ist, können dieselben Spuren entstanden sein wie bei Einbruchsdiebstählen.

Vorgetäuschte Spuren Bei der Spurensuche und -sicherung ist stets an die Möglichkeit zu denken, daß Spuren vom Eigentümer des Brandobjektes gelegt worden sein können, um eine Brandstiftung durch fremde Personen vorzutäuschen (z.B. zertrümmerte Fensterscheibe, aufgebrochene Tür). Es muß in jedem Fall auch auf den Zustand der Sicherungen (z.B. Schlösser, Riegel) an Türen und Fenstern geachtet werden, um eine Rekonstruktion des Tatherganges zu ermöglichen.

Spuren am Bergungsgut Die während eines Brandes geborgenen Gegenstände oder Materialien liefern insofern objektive Anhaltspunkte für den Brandverlauf, als ihre Unversehrtheit darauf hindeutet, daß es zum Zeitpunkt ihrer Bergung an dem ursprünglichen Aufbewahrungsort noch nicht gebrannt hat.

Spuren nach Kerzenbrandstiftung Nach einer Kerzenbrandstiftung wird es nur in seltenen Fällen gelingen, unversehrte Kerzenreste aufzufinden. Am Standplatz einer Kerze (z.B. auf einer Holzunterlage) befindet sich jedoch mitunter eine scharf begrenzte Kerzenbrandspur, in deren unmittelbarer Umgebung Kerzenreste aufgesaugt worden sein können.

Sicherung von Kleidungsstücken Bei der Sicherstellung von Kleidungsstücken eines Tatverdächtigen ist zu beachten, daß die an ihnen vorhandenen Spuren oft mit dem bloßen Auge nicht wahrnehmbar sind, so daß die Spurensuche bei der zuständigen Untersuchungsstelle vorgenommen werden muß. Spurentragende Kleidungsstücke sind so zu verpacken, daß eine Spurenübertragung auf andere Teile des Spurenträgers vermieden wird.

Spuren am menschlichen Körper Zur Sicherung von Spuren am menschlichen Körper kann ein Sachverständiger (z.B. ein Gerichtsmediziner) hinzugezogen werden.

Spuren an Tatverdächtigen Am Körper oder an der Bekleidung tatverdächtiger Personen können Spuren vorhanden sein, die

- vom Brandlegungsmittel herrühren (z.b. Reste einer benutzten brennbaren Flüssigkeit an der Bekleidung oder im Fingernagelschmutz, abgetropftes Kerzenwachs),
- durch Hitzeeinwirkung verursacht wurden (z.b. Sengspuren an den Haaren – Kopfhaaren und Augenbrauen sowie Brandblasen an den Händen oder Brandspuren an Textilien),
- vom Tatort und dessen Umgebung übertragen wurden (z.b. Bodenspuren an der Fußbekleidung, pflanzliche Anhaftungen an Bekleidungsstücken).

Versengungsspuren an Haaren und Textilien Nach Versengungsspuren durch Flammeneinwirkung ist vor allem dann zu suchen, wenn eine Brandstiftung unter Verwendung leicht brennbarer Flüssigkeiten vermutet wird. Bei der Inbrandsetzung derartiger Flüssigkeiten können Stichflammen entstehen, die an den Textilfasern der Bekleidung oder an den Kopf- und Körperhaaren Versengungen hervorrufen. Da aus der Lage dieser Versengungen oft die Richtung der Flammeneinwirkung festgestellt werden kann, ist es möglich, Schutzbehauptungen des Tatverdächtigen (z.b. beruflicher Umgang mit Feuer) zu widerlegen.

Spuren an Brandleichen An Brandleichen sind vor allem diejenigen Spuren von Bedeutung, die den Nachweis erbringen, ob die Brandveränderungen zu Lebzeiten oder nach dem Tode entstanden sind. Die Identifizierung stark verbrannter Leichen stützt sich vor allem auf die Auswertung der Zähne und Knochen. Eine Blutgruppenbestimmung ist oft ebenfalls noch möglich.

8.5 Suche und Sicherung von Brandlegungsmitteln

Leicht brennbare Materialien Die Möglichkeit, daß ein Brandlegungsmittel vorsätzlich benutzt wurde, muß besonders dann in Betracht gezogen werden, wenn keine Anhaltspunkte für andere Brandursachen vorhanden sind. Als Brandlegungsmittel kommen leicht brennbare Flüssigkeiten oder sonstige leicht entzündliche Materialien in Betracht. Leicht entzündliche Stoffe werden vor allem mit Hilfe von Zündhölzern, Feuerzeugen, Kerzen oder besondere Zündvorrichtungen (z.b. chemische Zündvorrichtungen, Uhrwerkzeitzünder) in Brand gesetzt.

Schwer entzündbare Stoffe Um schwer entzündbare Stoffe in Brand zu setzen, verwendet der Brandstifter häufig brennbare Flüssigkeiten (z.B. Benzin, Spiritus, Petroleum) oder andere leicht entzündlichen Materialien, z.B. Holzwolle, Papier oder Stroh.

Selbstentzündliche Materialien Chemische und mikrobiologische Vorgänge: Selbstentzündliche Materialien sind Stoffe oder Stoffgemische, deren Temperatur sich infolge wärmeliefernder Reaktionen derart steigern kann, daß sie sich von selbst entzünden oder anderes Material in Brand setzen können. Gefährliche Temperaturen entstehen im Innern solcher Stoffsysteme nur dann, wenn die

8. Brandursachenuntersuchung

Reaktionswärme nur ungenügend abgeführt wird (sogenannter Wärmestau). Als besonders durch Selbstentzündungen gefährdet gelten beispielsweise Erntegut, speziell Heu, Leinöl aber auch Kohlenlager.

Rückstände fester oder flüssiger Brandlegungsmittel Besteht der Verdacht, daß ein Brand durch die Verwendung von Brandlegungsmitteln ausgelöst wurde, müssen der Bereich des Brandentstehungsherdes und dessen Umgebung sorgfältig nach Spuren derartiger Brandlegungsmittel abgesucht werden. In vielen Fällen sind im Bereich des Brandentstehungsherdes noch unverbrannte Reste fester oder flüssiger Brandlegungsmittel (z.B. schwerflüchtige Rückstände, Zersetzungs- und Umsetzungsprodukte) vorhanden. Als Hilfsmittel wird häufig ein *Photoionisationsdetektor* (PID) eingesetzt, um derartige Rückstände aufzufinden.[2]

Charakteristische Verkohlungserscheinungen Bei der Spurensuche ist zu beachten, daß flüssige Brandlegungsmittel auch in tiefer liegende Bereiche (z.B. Fußbodenritzen, Dielenöffnungen) fließen bzw. absickern können. Beim Abbrennen von Flüssigkeiten auf kompakten Holzteilen (z.B. Dielenbrettern) folgt das Feuer oft dem unregelmäßigen Verlauf des ausgelaufenen Brennstoffes, so daß entsprechend dem Brennstoffverlauf verhältnismäßig scharf begrenzte Verkohlungserscheinungen (meist mit Oberflächenwirkung, mitunter auch mit Tiefenwirkung) entstehen können. Derartige Verkohlungserscheinungen, in deren Bereich sich Brennstoffreste befinden (z.B. Spuren von Bleiverbindungen, die beim Abbrennen von bleitetraäthylhaltigem Benzin zurückgeblieben sind), sind mitunter auch an entlegenen und geschützten Stellen vorhanden. Aus dem Ruß, der sich in der Nähe des Brandentstehungsherdes abgelagert hat (z.B. an den Wänden), läßt sich mitunter ebenfalls der Bleinachweis führen.

Reste von Brandlegungsmitteln in Behältern Im Brandschutt aufgefundene Behälter (z.B. Kanister, Blechbüchsen) können Reste oder Rückstände flüssiger Brandlegungsmittel enthalten.

Schlackenreste und andere feste Brandrückstände Schlackenreste, auffällig gefärbte Asche oder zusammengeschmolzene Materialien stellen häufig ebenfalls wichtige Spuren bzw. Spurenträger dar, die der Untersuchung bedürfen.

Besondere Zündvorrichtungen Besondere Zündvorrichtungen (z.B. Uhrwerkzeitzünder, chemische Zündvorrichtungen) werden nur von Brandstiftern benutzt, die über entsprechende (z.B. berufsbedingte) Kenntnisse verfügen. Nach den unverbrannten Resten besonderer Zündvorrichtungen ist sorgfältig zu suchen.

Spuren an nicht transportablen Gegenständen Es ist stets anzustreben, die vorgefundenen Reste oder Rückstände eines Brandlegungsmittels möglichst vollständig und zusammen mit dem Spurenträger (z.B. durch Heraussägen von Fußbodenbrettern) zu sichern. Spuren an nicht transportablen Gegenständen (z.B. Schwelgaskondensate an der Decke) können mit einem geeigneten Instrument (z.B. Messer) abgekratzt werden. In derartigen Fällen müssen auch neutrale Proben zu Kontrollzwecken entnommen werden. Das Abziehen von Rußablage-

---

2 siehe auch Abschnitt 2.3: Umwelt-, Chemie- und Brandmeßtrupp.

rungen mit einer Klebefolie sollte möglichst vermieden werden. Vor der eigentlichen Spurensicherung muß die Lage der Spuren fotografiert oder durch eine Skizze festgehalten werden.

Skizze, Fotografie Der Fertigung maßstabsgerechter Skizzen (Lagepläne, Gebäudeskizzen, Skizzen des Brandraumes) mit genauen Maßangaben kommt in allen Brandfällen besondere Bedeutung zu. Aus der Skizze müssen alle wesentlichen Einzelheiten, die im Laufe der Tatortuntersuchung festgestellt werden (z.B. Lage der aufgefundenen Spuren, Stellen der Probenentnahme, Stellung wichtiger Zeugen, Windrichtung und -stärke), ersichtlich sein. In die Zeichnungen werden zu einem späteren Zeitpunkt auch die vermutliche Lage des Brandraumes, des Brandherdes und der Zündstelle eingetragen.

Fotografische Aufnahmen Die Skizzen sind durch zahlreiche fotografische Aufnahmen (Übersichtsaufnahmen und Nahaufnahmen) zu ergänzen, um den Brandort und die an ihm befindlichen Einzelspuren möglichst umfassend zum Zwecke einer späteren Rekonstruktion festzuhalten. Auf diese Weise werden auch Spuren und sonstige beweiserhebliche Erscheinungen fixiert, deren Bedeutung erst zu einem späteren Zeitpunkt erkannt wird.

Lageveränderung von Spuren und Beweisgegenständen Da die Lage einer Spur bzw. eines Gegenstandes zu ihrer Umgebung für die Beurteilung des Brandgeschehens oft von großer Wichtigkeit ist, sollte nach Möglichkeit kein Beweisgegenstand in seiner Lage verändert werden, bevor er nicht fotografiert wurde. Dasselbe gilt für Spuren an nicht transportablen Gegenständen, die durch besondere Maßnahmen vom Spurenträger getrennt werden müssen.

Verpackung und Übersendung von Spuren und Spurenträgern Die Spuren bzw. Spurenträger müssen bruchsicher in sauberen, luftdicht schließenden Behältern verpackt werden, da Reste flüssiger Brandlegungsmittel sonst an der Luft verdunsten. Unsaubere Behälter können die Untersuchung stark beeinträchtigen oder gar zu Fehldeutungen Anlaß geben. Das geeignete Verpackungsmaterial ist durch die Kriminaltechnik – Institut PTU – erhältlich, besonders dichte Schraubgläser und mit Aluminium kaschierte Folientüten, die Benutzerhinweise sind außen aufgedruckt. Zu Untersuchungszwecken reichen mehrere kleine Probenmengen, die getrennt gesichert werden müssen, dabei ist jede Kontaminationsgefahr zu verhindern, also müssen auch die Handschuhe bei der Probennahme nach jeder Probe gewechselt werden. Die früher übliche Methode der Verpackung in Kunststoffolien birgt die Gefahr, daß Weichmacheranteile aus der Folie die darin gesicherte Probe verfremden.

Sämtliche transportablen Brandspuren sowie das entsprechende Vergleichsmaterial müssen so verpackt werden, daß eine nachträgliche Spurenübertragung und -veränderung weitgehend vermieden wird. Die Hinweise betreffend die Verpackung und Übersendung von Materialspuren sind zu beachten. Spuren flüssiger Brandlegungsmittel müssen besonders sorgfältig verpackt werden, da eine Verdunstung an der Luft zu befürchten ist und Kontaminationsgefahr besteht (siehe Hinweise auf kriminaltechnisch geeignetes Verpackungsmaterial).

Spurenarten und Untersuchungsmethoden Die Spuren, durch deren Auswertung die oben genannten Ziele erreicht werden können, lassen sich unter folgenden Gesichtspunkten auswerten:

- als Situationsspuren (Auswertung der Lage der Spur),
- als Formspuren (Auswertung der formenmäßigen Beschaffenheit der Spur),
- als Materialspuren (Auswertung der stofflichen Eigenschaften der Spur).

Die hierbei angewandten Untersuchungsmethoden sind der Spurenart, der Spurenmenge und dem angestrebten Untersuchungsziel angepaßt (z.B. mikroskopische, chemische, physikalische, chemisch-physikalische, biologische, medizinische, bodenkundliche, mikrobiologische Untersuchungen). Oft müssen mehrere Untersuchungsmethoden angewandt werden.

8.6 Suche und Sicherung von selbstentzündlichen Materialien

Durch Selbstentzündungsvorgänge verursachte Brände größeren Ausmaßes treten vor allem in der Industrie (z.B. in Spinnereien, Spritzlackierereien, holzverarbeitenden Betrieben, Tabakfabriken, Zuckerfabriken) und in landwirtschaftlichen Betrieben (z.B. bei der Lagerung von Erntestoffen) auf.

Elektrische Anlagen Funkenbildung und Wärmeentwicklung: Durch elektrischen Strom können Brände ausgelöst werden, wenn besondere Umstände zu Funken- oder Flammenbildung oder zu übermäßiger Wärmeentwicklung führen, so daß sich in der Nähe befindliche brennbare Substanzen (z.B. Isolierstoffe, explosible Gemische) entzünden, beispielsweise:

- beim Abschmelzen einer Sicherung,
- bei Überlastung der elektrischen Anlage,
- bei fehlerhafter Bedienung elektrischer Geräte (z.B. überhitztes Heizkissen),
- beim Unterbrechen des Stromkreises (z.B. Wackelkontakt, beim Zerreißen einer Leitung),
- beim Kurzschluß (direkte Berührung zwischen Hin- und Rückleitung z.B. bei schadhafter Isolierung),
- beim Erdschluß (Berührung einer Leitung mit „Erde"),
- bei elektrostatischen Aufladungen (z.B. bei Funkenbildung an Riemenantrieben).

Selbstentzündliche Stoffe in Betrieben Bei der Spurensuche an einer Brandstelle muß häufig mit der Möglichkeit gerechnet werden, daß selbstentzündliche Stoffe den Brand verursacht haben. Selbstentzündungen in Betrieben können verursacht werden durch

- Brennstoffe (z.B. Braunkohle, Braunkohlenbriketts, Weißtorf, Fettkohle), besonders bei ungünstigen Lagerungsbedingungen (z.B. zu großer Stapelhöhe),

- Faserstoffe (z.B. Rohprodukte in Spinnereien und Webereien, ölgetränkte Putzwolle in Betrieben der verschiedensten Art, wenn sie mit bestimmten Ölen und Fetten in Berührung kommen),
- Farben und Lacke (z.b. Nebeneinanderverarbeiten von Nitro- und Öllacken in Spritzlackierereien),
- Düngemittel (z.B. ungelöschter Kalk, bestimmte Düngermischungen),
- Sägemehl (z.B. größere Anhäufungen beim Zersägen frischen Holzes in holzverarbeitenden Betrieben),
- Tabak (z.B. bei unsachgemäßer Lagerung frischen Tabaks in Tabakfabriken),
- Rübenschnitzel (z.B. bei unsachgemäßer Lagerung in Zuckerfabriken),
- Getreide (besonders Hafer; auch bei anderen Getreidearten mit starkem Unterwuchs),
- Heu und andere Futtermittel.

Darüber hinaus gibt es noch zahlreiche andere zur Selbstentzündung neigende Materialien, deren Aufzählung hier den Rahmen sprengen würde. Da sich über den zeitlichen Ablauf von Überhitzungsprozessen keine allgemein gültigen Aussagen machen lassen, sollte selbst bei ungewöhnlich kurz oder lang erscheinenden Lagerungszeiten die Möglichkeit einer Selbstentzündung nicht von vornherein ausgeschlossen werden.

Proben biologischer Materialien   Bei der Entnahme von Proben aus biologischen Materialien (z.B. landwirtschaftlichen Ernteststoffen) ist es erforderlich, einen Sachverständigen hinzuzuziehen.

Bei *Probenentnahme* aus größeren Materialbeständen, die – wie oben angeführt – als Ursache von Selbstentzündungen in Betracht kommen, sind mehrere Proben von verschiedenen Stellen zu sichern, da die selbstzündlichen Materialien oder deren Rückstände von unterschiedlicher Beschaffenheit sein können. Es müssen neben unverbrannten Materialien möglichst Proben mit unterschiedlichen Verbrennungserscheinungen sichergestellt werden. Die Stellen der Entnahmen sind durch eine Fotografie oder Skizze festzuhalten.

8.7 Suche und Sicherung von Spuren an elektrischen Anlagen

Zu Bränden durch Elektrizität kann es infolge von Erwärmung kommen. Diese Erwärmung kann durch Funkenflug, Aufheizung durch Widerstand oder Reibungswärme bei Motoren sowie wärmeproduzierende Geräte kommen. Durch Lagerung von leicht entzündlichen Materialien in der Nähe dieser Wärmequelle können sich Brände weiter entwickeln, die wiederum durch Übergreifen auf Chemikalien (zum Beispiel Kraftstoffe) zu Explosionen führen können. Auch der umgekehrte Weg ist möglich, nämlich daß durch eine Explosion Kurzschlüsse entstehen und so für weitere Brandursachen verantwortlich sind. Zur Klärung dieses Sachverhaltes ist unbedingt ein Sachverständiger erforderlich.

8. Brandursachenuntersuchung

Spuren an der elektrischen Leitungsanlage   Die gesamte an einer Brandstelle vorgefundene Leitungsanlage (z.b. Rohrleitungen, Leitungen in Hausanschlußsicherungskästen, Steckdosen) stellt wichtiges Beweismaterial dar, da sich in ihr Spuren befinden können (z.b. Formveränderungen, Schmelzstellen, Beschädigungen der Isolation), die Schlüsse auf die Art und Weise der Brandentstehung oder des Brandverlaufes zulassen. Manche Veränderungen (z.b. Spuren elektrischer Lichtbögen) sind von so geringer Ausdehnung, daß sie mit dem bloßen Auge kaum wahrgenommen werden.

Aufschmelzungen an metallischer Schutzverkleidung   Werden Leitungsdrähte mit einer metallenen Schutzverkleidung (z.b. Stahlpanzerrohren) versehen, kommt es im Falle eines Erdschlusses oft zu erheblichen Aufschmelzungen des Metallmantels, ohne daß an den darunterliegenden Leitungsdrähten Schmelzstellen vorhanden sein müssen.

Spuren, die Anlaß zu Fehlschlüssen bieten   Der nicht sachverständige Spurensicherungsbeamte sollte sich davor hüten, aus der Beschaffenheit und der Lage von Spuren (z.b. geflickten oder durchgeschlagenen Sicherungen, Schmelzperlen, unvorschriftsmäßigen Leitungen) falsche Schlüsse auf die Brandursache zu ziehen. So kann selbst bei vorschriftsmäßiger kleinster Sicherung ein Brand durch einen Isolationsfehler entstehen, ohne daß die Sicherung durchschlägt.

Stellung der Schaltelemente und Beschaffenheit der Sicherung   Die Spurensicherung, die in möglichst enger Zusammenarbeit mit einem Sachverständigen durchgeführt werden sollte, beginnt mit der Feststellung der Stellung bzw. Beschaffenheit der Schalter und Sicherungen an der Schalttafel (Skizze). Die vorhandenen Sicherungen sowie die Sicherungselemente, in denen die Sicherungen eingeschraubt waren, sind eindeutig zu kennzeichnen, ohne daß die möglicherweise auf ihnen vorhandenen Spuren beeinträchtigt werden und anschließend sorgfältig voneinander getrennt zu verpacken. Geflickte oder überbrückte Sicherungen können von besonderer Bedeutung sein.

Werden **schadhafte Hausanschlußleitungen** und Hausanschlußkästen als Brandursache vermutet, ist es nicht ratsam, Sachverständige des Elektrizitätsversorgungsunternehmens hinzuzuziehen, da diese Unternehmen nach den „Allgemeinen Bedingungen für die Versorgung mit elektrischer Arbeit aus dem Niederspannungsnetz des Elektrizitätsversorgungsunternehmens" als Eigentümer der Leitungen auch für die vorschriftsmäßige Errichtung und Unterhaltung derselben verantwortlich sind.[3]

Sicherung von Teilen der Leitungsanlage   Bei der Sicherstellung von Leitungsdrähten ist zu beachten, daß die Drähte nicht aus der Isolierung oder sonstigen Umhüllung (z.B. Stahlpanzerrohren) herausgerissen werden dürfen, um die an ihnen befindlichen Spuren nicht zu verändern. Bevor Leitungsstücke, Abzweigdosen, Schalter, Kupplungen, Steckdosen und andere Spurenträger zum Zwecke der Spurenuntersuchung sichergestellt werden (z.B. durch Abmontieren), müssen sie in ihrer vorgefundenen Lage fotografisch oder durch eine Skizze festgehalten werden.

---

[3] Vgl. auch Abschnitt 9.4: Unglücksfälle und Straftaten in Zusammenhang mit elektrischer Energie.

Die Sicherung der an der Leitungsanlage vorgefundenen Spuren ist auch dann vorzunehmen, wenn die Spuren nach Ansicht des Spurensicherungsbeamten als Folge einer späteren Brandeinwirkung entstanden sind.

Metallaufdampfungen an Kurzschlußstellen Ein an einer Kurzschlußstelle entstehender Flammenbogen kann in der unmittelbaren Umgebung (z.B. an der Wand neben der Leitung) Spuren hinterlassen (z.B. Kupferoxyd). Derartige Spuren sind möglichst zusammen mit dem Spurenträger zu sichern (z.B. durch Herauslösen der spurentragenden Mörtelfläche). Falls die Spuren nur auf andere Weise gesichert werden können (z.B. durch Herauskratzen), muß zu Kontrollzwecken zusätzlich eine neutrale Vergleichsprobe des Spurenträgers genommen werden.

Elektrische Geräte Elektrische Geräte, die als Brand/Zündquelle in Betracht kommen (z.B. schadhafte Heizkissen, mangelhaft isolierte Kochplatten, elektrische Bügeleisen), sind zusammen mit der beweglichen Anschlußleitung sicherzustellen, nachdem ihr Fundort fotografisch oder durch eine Skizze fixiert wurde. Die Stellung der Schalthebel an Geräten und Maschinen muß ebenfalls festgehalten werden.

8.8 Suche und Sicherung von Explosionsspuren

Hinzuziehung von Sachverständigen In Explosionsfällen ist in jedem Fall ein Sachverständiger hinzuzuziehen, da das Auffinden bedeutsamer Spuren ohne die Kenntnis aller Umstände, die zur Explosion geführt haben können, oft nicht möglich sein wird. Man muß nach einem Explosionsunglück stets damit rechnen, daß sich am Explosionsort neue Gefahrenmomente ergeben können (z.B. durch detonierte Sprengstoffreste, Sprengladungen mit Zeitzündern, Einsturzgefahr).

Ermittlung des Explosionszentrums Es kommt vor allem darauf an, durch eine systematische Spurensuche das Explosionszentrum bzw. den Zündort zu ermitteln. Hierbei müssen

- die Form von Explosionstrichtern im Erdreich,
- die Druck- oder Splitterwirkung an Gebäuden,
- die Verletzungen an Explosionsopfern,
- Materialspuren (z.B. Verbrennungsrückstände, Schmauchanhaftungen) an Opfern oder Gegenständen und
- die Lage von Splittern eines Sprengkörpers

berücksichtigt werden.
Die Arbeit des Ermittlungsbeamten bzw. Sachverständigen kann durch Zeugenaussagen wirkungsvoll unterstützt werden.

8. Brandursachenuntersuchung

Sprengkörperstücke, Sprengstoffreste, Reste der Zündeinrichtung Falls eine Explosion durch Sprengmittel ausgelöst worden ist, kommt dem Auffinden von fortgeschleuderten Sprengkörperstücken und Sprengstoffrückständen besondere Bedeutung zu, da sie nach entsprechender Auswertung Hinweise auf die Art des benutzten Sprengmittels geben können. Aus demselben Grund müssen der Explosionsherd und dessen Umgebung (oft mehrere hundert Meter im Umkreis) systematisch nach Resten einer Zündeinrichtung (z.B. Zündschnüren, Drähten, Sprengkapseln, Bestandteilen eines Uhrwerkes, Schalteinrichtungen, Batterien) abgesucht werden. Möglicherweise vorhandene Reste von Verdämmungsmitteln und Verpackungsmaterialien (z.B. kleinste Papierfetzen) können wertvolle Spuren darstellen.

Sprengkörperstücke und Sprengstoffreste am Explosionsopfer Nach Tatmittelrückständen (z.B. Schmauchspuren, Sprengstoffreste) ist auch in der unmittelbaren Umgebung des vermutlichen Explosionszentrums zu suchen. Als Spurenträger kommen häufig die Bekleidung oder der Körper eines Explosionsopfers in Betracht. Zur Auffindung von Teilen des Sprengkörpers im menschlichen Körper können Röntgengeräte mit Erfolg eingesetzt werden.

Sicherung von Teilen der Sprengvorrichtung Jeder aufgefundene Teil einer Sprengvorrichtung (z.B. Splitter, Uhrwerksräder, Papierstücke) ist zunächst fotografisch und in einem Lageplan festzuhalten. Um Verwechslungen zu vermeiden, muß jedes Stück einzeln in einen vorher eindeutig beschrifteten Behälter gelegt werden, dabei sollen die zuvor erwähnten Beutel und Schraubgläser aus der Kriminaltechnik verwendet werden. Aus der Beschriftung muß ersichtlich sein, wie die Spur in dem Lageplan bezeichnet wurde. Es sind auch solche Spuren sicherzustellen, bei denen nur vermutet wird, daß es sich möglicherweise um Reststücke eines Sprengkörpers handelt.

Sicherung von Sprengstoffrückständen Sprengstoffrückstände (z.B. in Form von rußartigen Niederschlägen) sollen stets zusammen mit dem Spurenträger durch kriminaltechnisch ausgebildete Fachkräfte gesichert werden. Befinden sich Spuren an nicht transportablen Spurenträgern, sollte versucht werden, die spurentragenden Teile in geeigneter Weise (z.B. durch Herausbrechen eines Ziegelsteines aus dem Mauerwerk) aus dem Spurenträger herauszulösen. Falls dies aus zwingenden Gründen nicht möglich ist, müssen Sprengstoffrückstände auf andere Art (z.B. durch Abwischen mit einem sauberen, sterilen Wattebausch) gesichert werden. Es muß stets damit gerechnet werden, daß sich in den Rückständen noch Sprengstoffkomponenten befinden können. Das Abziehen von Sprengstoffrückständen mit einer Klebefolie ist zu vermeiden.

Verpackung von Tatmittelresten Die Verpackungsbehälter müssen völlig sauber sowie luft- und wasserdicht verschließbar sein, hier sind die schon erwähnten Verpackungsmaterialien wie bei Brandschutt zu verwenden. Die Verpackung muß genau wie die Suche und Sicherung der Tatmittelreste durch Fachkräfte ausgeführt werden.

8.9 Suche und Sicherung von Spuren an Feuerstätten, Feuergeräten und Schornsteinen

Feuerstätten, Feuergeräte und Schornsteine kommen verhältnismäßig häufig als Brandursache in Betracht, wenn sie hinsichtlich ihres baulichen Zustandes, ihres Standortes oder ihrer sonstigen Beschaffenheit Mängel aufweisen. Da Schornsteine selbst bei völliger Einäscherung eines Gebäudes in der Regel erhalten bleiben, ist der Nachweis von baulichen und sonstigen Mängeln, die zur Brandentstehung geführt haben können, zumeist möglich.

Brandverursachende Mängel Eine erfolgversprechende Spurensuche setzt die Kenntnis aller Möglichkeiten voraus, durch die erfahrungsgemäß Brände verursacht werden (z.B. mangelhafter baulicher Zustand, verbotener Standort, fehlerhafte Bedienung). Beschädigte Ofenunterlagen, undichte Abzugsrohre und Rohrleitungen (z.B. bei Gasöfen) sowie mangelhafte Wärmeschutzeinrichtungen stellen ebenfalls wichtige Spuren dar.

Durchsuchung des Brandschutts Brandverursachende Mängel an Feuerstätten, Feuergeräten und Schornsteinen lassen sich oft noch nachträglich feststellen, wenn bei der Durchsuchung des Brandschuttes mit entsprechender Vorsicht verfahren wird. Selbst bei Bränden größeren Ausmaßes wird es häufig möglich sein, wesentliche Teile der Feuereinrichtung aufzufinden. Schornsteine bleiben oft vollständig erhalten. Es muß stets mit der Möglichkeit gerechnet werden, daß sich in der Nähe einer Feuerstätte feuergefährliche Gegenstände oder Materialien befunden haben, die ebenfalls Spuren an der Brandstätte hinterlassen haben können.

Fotografie, Skizze Es ist stets anzustreben, alle beweiserheblichen Spuren und Spurenträger möglichst im Original zu sichern, nachdem ihre vorgefundene Lage vorher fotografisch und durch eine Skizze festgehalten wurde. Auf die Stellung von Bedienungselementen (z.B. offenstehende Gashähne) muß besonders geachtet werden.

Sicherung erhalten gebliebener Schornsteine Ein unnötiges Zerstören von erhalten gebliebenen Schornsteinen durch die Feuerwehr sollte vermieden werden. Bis zum Abschluß der Spurensicherung ist es in manchen Fällen erforderlich, Schornsteine durch Abstützen (z.B. mit Balken und Holzlatten) vor dem Einstürzen zu bewahren. Das Abtragen eines Schornsteines zum Zwecke der Spurensuche und -sicherung darf nur unter Mitwirkung eines Sachverständigen geschehen.

8.10 Suche und Sicherung von Blitzspuren

Entstehung des Blitzes Blitze entstehen als natürliche Funkenentladung gewaltigen Ausmaßes zwischen verschieden geladenen Wolken oder einer Wolke und der Erde. Während der sehr kurzen Zeit des Spannungsausgleiches (etwa 0,05 sec) treten Stromstärken bis über 100.000 Ampere auf. Die vorkommenden Spannungsdifferenzen betragen in der Regel mehrere hundert Millionen Volt.

Entstehung von Blitzschäden Brände und andere größere Sachschäden entstehen in erster Linie durch die Wärmewirkung des Blitzstromes. Beim Fließen des Blitzstromes durch bestimmte Materialien (z.B. Holz, Mauerwerk) werden häufig das Material und die in ihm enthaltene Feuchtigkeit verdampft, so daß es infolge des Dampfdruckes zu erheblichen Zerstörungen (z.B. Aufreißen des Mauerwerkes, Zersplittern von Holz) kommen kann. Die elektromagnetischen Auswirkungen (z.B. Zusammendrücken dünnwandiger Rohre, Anschmelzungen an Einschlagstelle in Metall) bieten wertvolle Anhaltspunkte für den Nachweis eines Blitzeinschlages.

Personenschäden (z.B. tödliche Unfälle) durch Blitzschlag oder Gewitterinduktion können durch

- einen direkten Blitzstrahl oder eine Teilentladung,
- den Strom im Spannungstrichter der Einschlagstelle oder
- den nachfließenden Netzstrom einer durch Gewittereinwirkung beschädigten Anlage

hervorgerufen werden.

Die durch direkte Blitzeinwirkung verursachten Veränderungen am Körper (z.B. Verbrennungen, schußkanalähnliche Verletzungen, sog. Blitzfiguren) oder an der Bekleidung (z.B. Gewebszerreißungen, bräunliche Versengungsspuren) können ein sehr verschiedenartiges Aussehen haben.

Spuren an metallischen Gegenständen Ein in ein Gebäude eingeschlagener Blitz hinterläßt in der Regel zahlreiche Spuren, die Schlüsse auf den von ihm zurückgelegten Weg zulassen. An metallischen Gegenständen sind häufig Schmelzstellen, Schmelzperlen, Verdrehungen und andere Formveränderungen (z.B. zusammengedrückte dünnwandige Metallrohre) zu beobachten. Bei einem Gewitter können Blitzstromwanderwellen im Freileitungsnetz entstehen, die an isolationsgeschwächten Stellen Lichtbogen-Dauerkurzschlüsse verursachen. Mitunter werden Metallteile (z.B. Schelleisen einer Blitzschutzanlage) magnetisch gemacht. Elektrische Schaltgeräte und Verteilerdosen können explosionsartig zerstört werden.

Spuren am Mauerwerk und im Holz Am Mauerwerk können sich deutlich wahrnehmbare Risse, Löcher und Sprünge befinden; Dachziegel werden oft zerstört oder fortgeschleudert. Balken und andere Holzteile werden zersplittert, angebrannt oder angesengt. Durch den Einschlag in einen Schornstein wird häufig infolge der Luftbewegung Ruß aufgewirbelt, der sich in den anliegenden Räumen niederschlägt.

Spuren in Sand und in Gesteinen Durch Blitzeinschläge im Sandboden wird der Sand mitunter zu unregelmäßigen Röhren aus Quarzglas von etwa 1 bis 2 mm Wandstärke, etwa 1 bis 3 cm Weite und mehreren Metern Länge zusammengeschmolzen. Derartige Blitzröhren bezeichnet man als Fulgurite. In festen Gesteinen erzeugen Blitze Hohlkanäle von viel kleineren Ausmaßen.

Fotografie, Sicherung von Spurenträgern Blitzspuren sind in erster Linie fotografisch zu sichern. Eine zusätzliche Sicherung zusammen mit dem Spurenträger (z.B. durch Abmontieren von Metallteilen) kann erforderlich werden, falls eingehende Untersuchungen (z.B. bei Feststellung der Veränderung des Metallgefüges) durchgeführt werden müssen.

Der Beschaffenheit von Blitzschutzanlagen kommt besondere Bedeutung zu. Zur Untersuchung von Blitzschutzanlagen sollte stets ein Sachverständiger hinzugezogen werden.

Bericht bei Gebäudeschäden Bei Gebäudebränden, die offensichtlich durch Blitzschlag ausgelöst wurden, ist ein Bericht zu fertigen, der u.a. folgende Angaben enthalten muß:

- Beschreibung des Gebäudes (z.B. äußere Abmessungen, Art der Bedachung, elektrischer Hausanschluß, Vorhandensein von Überspannungsschutzgeräten, Antennen-Anlagen auf dem Dach, geerdete elektrische Anlage im Dachgeschoß),
- vermutliche Einschlagstelle (z.B. im Dach, über der Ortsnetzfreileitung, Wahrnehmungen der Hausbewohner: Erlöschen des elektrischen Lichtes, Durchschmelzen von Sicherungen, Feuererscheinungen an elektrischen Geräten),
- Beschaffenheit von Blitzschutzanlagen (z.B. Zeitpunkt der letzten Überprüfung, mangelhafter Zustand der Anlage).

8.11 Hinweise auf die Brand-/ Explosionsursache und den Brand-/ Explosionsverlauf

Definition: Unter einer Explosion versteht man im allgemeinen eine außerordentlich schnell verlaufende Verbrennung, die mit einer plötzlichen Wärmeentwicklung und Drucksteigerung verbunden ist. Explosionen verursachen häufig Brände; Explosionen können auch durch Brände ausgelöst werden.

Elektrische Lichtbögen und selbst Funkenbildungen geringsten Ausmaßes (z.B. an Schleifringen von Elektromotoren) können Explosionen auslösen, wenn die Atmosphäre mit einem explosiven Gemisch angereichert ist.

Entstehungsmöglichkeiten Explosionen werden in der Regel durch

- Explosivstoffe (z.B. Sprengstoffe, Schießpulver),
- Gase bzw. Dämpfe (z.B. Leuchtgas, Acetylen, Kohlenoxid, Benzindämpfe) oder

– staubförmige Materialien (z.B. Kohlenstaub, Holzstaub, Mehlstaub) verursacht.

Während Gase, Dämpfe und staubförmige Materialien bereits durch kleinste Funken (z.B. Elektrizität) zur Entzündung gebracht werden können, erfolgt die Zündung von Explosivstoffen meist mittels Zündschnüre, Sprengkapseln oder mechanische Einwirkung (Stoß oder Schlag).

Auswertung von Situationsspuren Für die Bestimmung der Brandursache bzw. des Brandverlaufes können folgende Situationsspuren von Bedeutung sein:

- Art und Weise der Schichtung im Brandschutt (z.B. Feststellung, in welcher Reihenfolge bestimmte Materialien gebrannt haben),
- Stellung der Schalter an elektrischen Anlagen und Geräten (z.B. Feststellung, ob Geräte eingeschaltet waren),
- Brennbare Materialien in der Nähe einer Zündquelle (z.B. Feststellung, ob Voraussetzungen für eine Brandentstehung gegeben waren),
- Lage von Schmelzstellen an elektrischen Leitungen (z.B. Feststellung, ob ein Kurzschluß an einer bestimmten Stelle überhaupt als Brandursache in Frage kommen kann).

Auswertung von Formspuren Folgende Formspuren können Hinweise auf die Brandursache und den Brandverlauf geben:

- Charakteristische Formveränderungen, die ein eingeschlagener Blitz hinterläßt (z.B. Schmor- und Schmelzstellen, Verdrehungen an metallischen Gegenständen, Risse im Mauerwerk),
- Formveränderung in verbrannten Materialien (z.B. Glutkessel und Glutkanäle im Reststapel selbstentzündlicher biologischer Materialien),
- Schwelgasniederschläge in der Nähe des Brandherdes (z.B. Hinweis auf Brandverlauf aufgrund besonderer Form der Schwelgasniederschläge),
- Explosionstrichter im Erdreich (z.B. Hinweis auf Explosionszentrum und Menge des detonierten Sprengstoffes).

Auswertung von Materialspuren Die Feststellung der Brandursache kann durch folgende Materialspuren ermöglicht oder erleichtert werden:

- Rückstände von Brandlegungsmitteln (z.B. Nachweis von Spuren brennbarer Flüssigkeiten am Brandentstehungsherd),
- Stoffliche Veränderung infolge Brandeinwirkung (z.B. Hinweis auf Brandtemperatur nach metallographischer Untersuchung),
- Abgeschmolzene Metallteile, aufgedampfte Metallspuren, Schlackenreste, Asche (z.B. Feststellung, ob Spuren von bestimmten Objekten herrühren);
- Sprengstoffrückstände am Explosionsopfer (z.B. Hinweis auf benutzten Sprengstoff).

Möglichkeiten der Brand- und Explosionsentstehung Die Entstehung und der Ablauf eines Brandes bzw. einer Explosion werden von zahlreichen Naturgesetzen beherrscht. Es ist erforderlich, daß der Spurensicherungsbeamte über eine hinreichende Kenntnis der

- als Brandursache in Betracht kommenden Zündquellen,
- Eigenschaften brennbarer Stoffe (z.B. Zündeigenschaften) und
- Möglichkeiten der Zündübertragung (z.B. auf in der Nähe befindliche Materialien)

verfügt.

Er muß wissen, welche sonstigen Umstände auf die Brandentstehung (z.B. ausreichend Sauerstoff) und den Brandverlauf (z.B. Windrichtung) von Bedeutung sind. Trotz der Fülle und Kompliziertheit der Ursachen und Erscheinungsformen lassen sich die nachstehend aufgeführten wesentlichen Brand- und Explosionsursachen unterscheiden.

8.12 Sonstige Brandursachen

Die bisher genannten Brandursachen können in den weitaus meisten aller Brandfälle (etwa 90 %) festgestellt werden. Eine auch nur annähernd lückenlose Aufzählung sämtlicher darüber hinaus noch vorkommender Brandursachen, zum Beispiel

- Reibungswärme an Maschinen (z.B. bei heißgelaufenem Metall-Lager),
- Funkenflug (z.B. durch Auspuff von Verbrennungskraftmaschinen),
- statische Elektrizität (z.B. an Treibriemen),
- Sonnenstrahlen (z.B. Wirkung von Sammellinsen),

ist an dieser Stelle nicht möglich.

Der Brandermittlungsbeamte muß jedoch oft auch an weniger häufig vorkommende Brandursachen denken, wenn er durch eine negative Ursachenauslese (Ausschließen von Ursachen, die mit Sicherheit nicht in Betracht kommen) den Kreis der möglichen Brandursachen weitgehend einengen will.

8.13 Vergleichsmaterial

Brandlegung beim Tatverdächtigen Falls vorsätzliche Brandstiftung unter Zuhilfenahme flüssiger Brandlegungsmittel vermutet wird, ist beim Tatverdächtigen nach entsprechendem Vergleichsmaterial (z.B. Behältern mit Benzin, Spiritus, Petroleum, Terpentinöl) zu suchen. Spezielle Lösemittel für Farben, Polituren oder Lacke kommen ebenfalls als mögliche Spurenverursacher in Betracht. Leicht flüchtige Stoffe müssen in luftdicht schließenden Gefäßen (ggf. durch Umfüllen) der Untersuchungsstelle übersandt werden. An der Bekleidung eines Tatverdächtigen können sich Reste brennbarer Flüssigkeiten sowie abgetropfte Kerzenspuren befinden.

Zünd- und Sprengvorrichtungen Besteht der Verdacht, daß spezielle Zünd- oder Sprengvorrichtungen zur Inbrandsetzung bzw. Zerstörung benutzt wurden, müssen beim Tatverdächtigen zu Vergleichszwecken alle Geräte und Materialien sichergestellt werden, die möglicherweise zur Herstellung der Vorrichtungen verwendet worden sind (z.B. Drähte, Zündschnüre, Verpackungsmaterial). Streichhölzer (besonders angebrochene Zündholzbriefe mit Resten abgebrochener Blattstreichhölzer) können ebenfalls als Vergleichsmaterial von Bedeutung sein.

Neutrale Proben zu Kontrollzwecken In den Fällen, in denen Materialspuren nicht zusammen mit dem Spurenträger gesichert werden können (z.b. durch Abkratzen von Schwelgaskondensaten an einer Zimmerdecke), müssen neutrale Proben des Spurenträgers als Vergleichsmaterial zu Kontrollzwecken sichergestellt werden. Die Stellen der Probenentnahme sind fotografisch oder durch eine Skizze festzuhalten.

Proben brennbarer und selbstentzündlicher Materialien Sind brennbare Materialien, die vermutlich in der Nähe des Brandentstehungsherdes gelagert waren, völlig zerstört worden, kann die Beschaffung gleichartiger Materialproben von Bedeutung sein, um prüfen zu können, ob eine angenommene Zündquelle überhaupt geeignet war, die Materialien zur Entzündung zu bringen. Dasselbe gilt sinngemäß, wenn Materialien, die vermutlich durch Selbstentzündung einen Brand ausgelöst haben, restlos verbrannt sind.

Vergleichsmaterial für besondere Spurenarten Zum Zwecke der Auswertung von sonstigen Spuren, die der Überführung eines Tatverdächtigen dienen können (z.B. Bodenspuren, pflanzliche Anhaftungen, Fußspuren), muß Vergleichsmaterial entsprechend den Hinweisen in den betreffenden Abschnitten beschafft werden.

8.14 Hinweise zur Ermittlung und Überführung eines Tatverdächtigen

Auswertung von Situationsspuren Folgende Situationsspuren können ausgewertet werden:

- Sengspuren an bestimmten Stellen des Körpers oder der Bekleidung eines Tatverdächtigen (z.B. zur Widerlegung von Schutzbehauptungen),
- Fingierte Spuren (z.B. Werkzeugspuren), die vom Eigentümer zur Vortäuschung einer Fremdbrandstiftung gelegt wurden und deren Lage mit sonstigen Feststellungen nicht in Einklang zu bringen ist,
- Beschaffenheit von Schlössern, Riegeln und anderen Sicherungen (z.B. Riegelstellung eines im Brandschutt gefundenen Türschlosses widerlegt Aussage des Tatverdächtigen).

Auswertung von Formspuren Für die Ermittlung eines Tatverdächtigen können folgende Spuren von Bedeutung sein:

- Fingerspuren (z.B. zum Nachweis, daß ein Tatverdächtiger bestimmte Gegenstände berührt hat),

- Fußspuren (z.B. zur Widerlegung der Behauptung eines Tatverdächtigen, er habe sich nicht am Tatort oder in dessen Umgebung aufgehalten),
- Abgebrannte Streichhölzer (z.B. zum Nachweis, daß ein abgebrochenes Blattstreichholz ursprünglich einem Streichholzheftchen des Tatverdächtigen angehörte).

Auswertung der Materialspuren Die Überführung eines Tatverdächtigen kann durch folgende Spuren ermöglicht werden:

- Spuren von Brandlegungsmitteln am Brandentstehungsherd (z.B. zum Nachweis, daß Rückstände flüssiger Brandlegungsmittel mit Vergleichsproben aus dem Haushalt eines Tatverdächtigen in chemischer und physikalischer Hinsicht übereinstimmen),
- Spuren von Brandlegungsmitteln am Tatverdächtigen (z.B. zur Feststellung von Flüssigkeitsresten im Fingernagelschmutz oder von abgetropften Kerzenspuren an der Bekleidung),
- Sonstige Spuren an der Bekleidung oder am Körper eines Tatverdächtigen (z.B. Bodenspuren, pflanzliche Anhaftungen oder Mikroorganismen, die vom Tatort oder dessen Umgebung herrühren).
- Reste einer Zündeinrichtung am Explosionsort (z.B. zur Bestimmung der Herkunft aus dem Besitz eines Tatverdächtigen).

9. Physik und Chemie in der Kriminaltechnik

9.1 Das Rasterelektronenmikroskop - REM

Seit Mitte der 60er Jahre wird die Rasterelektronenmikroskopie in vielen Bereichen der Forschung und Technik mit Erfolg eingesetzt. Dieses hervorragende Untersuchungsinstrument hat sehr bald in der Kriminaltechnik seinen Platz gefunden und ist heute nicht mehr wegzudenken. Das REM ermöglicht eine zerstörungsfreie topographische Abbildung von Oberflächen fester Proben (Topographiekontrast). Durch Verwendung bestimmter Detektoren können Bereiche mit verschiedener Materialzusammensetzung dargestellt werden (Materialkontrast). Das REM weist zwei besondere Merkmale auf:

- Ein hohes Auflösungsvermögen (4 - 10 nm) und
- eine Schärfentiefe, die bei 1000facher Vergrößerung 300 mal größer ist als bei einem Lichtmikroskop.

Damit verbunden ist die anschauliche Sichtbarmachung räumlicher Strukturen bei der Topographieanalyse, die eine Untersuchung rauher Oberflächen, beispielsweise Bruchflächen, ermöglicht. In der Kriminaltechnik wird das REM besonders eingesetzt für die Untersuchungen von:

- Schmauchspuren von Schußwaffen an der Schußhand und an anderen Gegenständen,
- Kfz-Glühlampen,
- Metall-, Kunststoff-, Glas- und Lacksplitter,
- Textilfasern,
- Analytik von Mikrospuren (Anhaftungen aller Art),
- Elementanalyse von allgemeinen Materialien (zum Beispiel Schmuck).

Das *REM ist kein optisches Instrument.* Ein feingebündelter Elektronenstrahl tastet die Oberfläche der Probe rasterförmig ab und regt diese Probe zur Emission von Sekundärelektronen an. Dabei werden Elektronen aus der Probe freigesetzt („herausgeschossen"). Diese werden über Detektoren in eine Spannung verwandelt und als Videosignal verarbeitet. Es entsteht ein reliefartiges Bild der Oberfläche von großer Schärfentiefe auf einem Monitor, das in bezug auf den Informationsgehalt dem Bild, das ein Lichtmikroskop (LM) erzeugt, weit überlegen ist (Nachteil beim REM gegenüber dem LM: keine Echtfarbendarstellung, die Probe befindet sich in einer Vakuumkammer).

Durch die Anregung des Probenmaterials beim Abtasten mit dem Elektronenstrahl entsteht Röntgenstrahlung. *Diese Strahlung ist elementspezifisch.* Die Messung der Energie (EDX) oder der Wellenlänge (WDX) gibt Aufschluß über die elementare Zusammensetzung der Probe. Je nach Meßmethode sprechen Physiker hier von einer energiedispersiven oder wellenlängendispersiven Meßmethode.

9. Physik und Chemie in der Kriminaltechnik

Durch den Elektronenbeschuß entsteht bei bestimmten Materialien *Lumineszenz*. Die Auswertung dieser Strahlung im sichtbaren Bereich des Lichtes hilft vor allem bei der Suche nach Spurenelementen in einer Probe.

Das REM bietet also einerseits die Möglichkeit, Oberflächen in hoher Vergrößerung (bis 250.000fach) bei hoher Schärfentiefe zu betrachten sowie andererseits die Bestimmung der elementaren Zusammensetzung der Probe.

Wie schon bei der Untersuchung von Schußrückständen bei Feuerwaffen hervorgehoben, wird das REM in der Kriminaltechnik vorwiegend für die Schmauchuntersuchung genutzt. Besonders wertvoll ist die Möglichkeit, nicht nur das Vorhandensein von Schmauch nachzuweisen, sondern auch die Zusammensetzung der einzelnen Schmauchteilchen zu bestimmen und diese mit Rückständen der verwendeten Munition zu vergleichen (zum Beispiel Referenzschmauch aus der Hülse)[1].

Schmauchpartikel sind mit dem bloßen Auge nicht sichtbar und haften an der Hand des Schützen beim Gebrauch einer Feuerwaffe, an der Waffe selbst und möglicherweise an der Kleidung (Hosenbund etc.) oder an sonstigen Verwahrmöglichkeiten und Transportvorrichtungen (Holster, Aktentasche, Pkw).

Durch gedankliche Rekonstruktion muß bei der Tatortarbeit jede Örtlichkeit und jedes Behältnis erkundet werden, die mit der Waffe oder den Schmauchspuren in Berührung kamen. Diese Kontaktflächen sind zu schützen und ihre Auswertung ist anzustreben. Vor allem ist zu verhindern, daß sich der Schütze die Hände wäscht oder diese an seiner eigenen Kleidung oder an anderen Gegenständen (Pkw-Polster) abreibt. Wenn notwendig, sind die Hände des Verdächtigen bis zum Eintreffen der Spurensicherer in Papiertüten zu stecken, keinesfalls dürfen hier Plastiktüten oder Handschuhe verwendet werden.

Die Spurensicherer sichern die Schmauchspuren mittels spezieller, mit einer Klebeschicht versehener Teller, die dann als Probenträger im REM untersucht werden können. Es sind aber auch andere Methoden üblich, wie beispielsweise Folienabzug.

Sehr sorgfältig muß mit der Kleidung des vermeintlichen Schützen umgegangen werden. Sie darf nicht in Schlauchfolie hineingestopft werden, sondern ist locker einzeln zu verpacken; die Möglichkeit, daß sich fremde Substanzen übertragen, ist auszuschließen. Einschußbereiche und zu untersuchende Bereiche (zum Beispiel Ärmel) sind großflächig mit sauberem Papier (DIN A 4) abzudecken, um eine Übertragung von Schmauchspuren zu vermeiden. Bei engem Kontakt zwischen dem Schützen und anderen Personen (zum Beispiel beim Festhalten) ist eine Spurenübertragung möglich. Daher müssen derartige Kontakte im Protokoll beschrieben werden.

Eine besondere Problematik beschreibt BECKER[2] bei der Schußabgabe durch Faustfeuerwaffen unter dem Einfluß von Wind. Danach treten bei Wind von vorn Schmauchspuren etwa in vierfacher Menge an der Schußhand auf, verglichen mit einem Schuß bei Windstille. Bei Wind von hinten reduziert sich die Menge auf die Hälfte und bei seitlichem Wind auf ein Viertel, immer verglichen mit dem Schuß bei Windstille.

---

[1] BECKER UND GANSAU: Semi-Automatic Detection of Gunshot Residue (GSR) by Scanning Electron Microscopy and Energy Dispersive X-Ray Analysis (SEM/EDX) Scanning Electron Microscopy/1982/I IL 60666 USA.
[2] Protokoll über die Arbeitstagung Schmauchspuren im BKA 1985.

9.2 Die Schußwaffenentfernungsbestimmung mit Hilfe der Röntgenfluoreszenzanalyse - RFA

Die Röntgenfluoreszenzanalyse (RFA) ist eine Methode zur zerstörungsfreien Analyse der elementaren Zusammensetzung von Substanz. In der Kriminaltechnik wird sie hauptsächlich bei der Bestimmung der Schußwaffenentfernung eingesetzt.

Zur Bestimmung der Schußentfernung wird das beschossene Objekt benötigt. Da mit Hilfe der RFA der Bleigehalt in der Umgebung des Einschusses bestimmt wird, ist es von großer Bedeutung, möglichst den Ursprungszustand bis zum Zeitpunkt der Untersuchung zu erhalten.

Es sollten alle vermeidbaren Veränderungen unterbleiben. Die Spurensicherung sollte also den betreffenden Bereich mit Papier (Größe DIN A4 reicht allgemein aus) abdecken. Zur Fixierung empfiehlt es sich, die Ecken z.B. mit Stecknadeln dauerhaft mit dem Material des Untersuchungsobjektes zu verbinden. Akzeptabel ist auch das Fixieren der Ecken mit Klebeband (Tesa). Das so vorbereitete Untersuchungsobjekt kann nun in Schlauchfolie verpackt werden. Eine stabile Unterlage, z.B. Pappe, gewährleistet, daß dieses Material beim Transport zur Untersuchungsstelle nicht mehr verändert wird.

Bei der Einlieferung von verletzten Personen in Krankenhäuser werden deren Kleidungsstücke oft in Plastiksäcken verwahrt. Bei Sicherstellungen von derartig verpackten Textilien sollten diese nun nicht mehr umgepackt werden, damit sie den obigen Empfehlungen entsprechen, sondern mit entsprechenden schriftlichen Hinweisen an das Kriminaltechnische Institut gesandt werden, um Spurenverluste zu vermeiden. Diese Form der Verpackung wird bei der Untersuchung entsprechend berücksichtigt.

Da die Schußwaffenentfernungsbestimmung nur am primär beschossenen Objekt vorgenommen wird, ist es eigentlich unnötig, sekundär betroffene Bekleidungsstücke mitzuschicken; zur Untermauerung des Untersuchungsergebnisses ist es aber nicht verkehrt, auch diese Bekleidungsstücke wie T-Shirt, Unterhemd, Slip etc. mit beizulegen.

Die Vergleichsschüsse werden hier mit der Tatwaffe und der Tatmunition (soweit bekannt) auf dem Orginalstoff durchgeführt und ebenso wie beim Tatschuß die Bleiflächendichten in der Umgebung der Einschüsse bestimmt.

Die RFA Untersuchung ist zwar zerstörungsfrei, bedingt aber ein Zerschneiden des Stoffes. Nur wenn ein Zerschneiden nicht erwünscht ist, kann hier eine Abdruckmethode angewandt werden, deren Empfindlichkeit allerdings geringer ist.

9.3 Glasvergleichsuntersuchungen

Zur Glasvergleichsanalyse wird beim Institut PTU ein „Glass Refractive Index Measurement" (GRIM) benutzt. Hierzu wird der Glassplitter in eine Silikonöl-Mischung gebracht und die Temperatur bestimmt, bei der dieser Glassplitter nicht mehr sichtbar ist, daraus wird dann der Brechungsindex ermittelt.

Zur Untersuchung wird Spurenmaterial vom Tatverdächtigen und von dem angegriffenen Objekt benötigt. Mögliche verdächtige Glassplitter sollten in einem Behältnis gesammelt werden.

Verpackungshinweise Plastikdosen (z.B. Filmdosen) sind sehr geeignet. Notfalls kann auch ein gut verschlossener Briefumschlag verwendet werden. Die minimale Splittergröße sollte es immerhin noch ermöglichen, diesen Splitter nochmals zerkleinern zu können, da nur frische Bruchkanten ein zufriedenstellendes Ergebnis bei der GRIM liefern. Auf keinen Fall sollten Spurensicherungsfolien verwendet werden, da die Glassplitter nur mit hohem Aufwand von der Klebeschicht befreit werden können. Das Untersuchungsmaterial ist gut zu beschriften, beispielsweise bei Glasscheiben von Geschäftseinbrüchen, Wohnungseinbrüchen „außen" oder „innen".

Bei Einbruch in ein Fahrzeug ist die Angabe z.B. „rechte Seitenscheibe hinten" oder „Heckscheibe links unten" sehr wichtig.

> **Hinweis:** Es ist nicht möglich, allein anhand der aufgefundenen Glassplitter eines Fahrzeugs Rückschlüsse auf Fabrikat, Typ oder Baujahr zu ziehen (bei aufgefundenen Glassplittern der Beleuchtungsanlage kann es sich anders verhalten).

Bei einer *Vergleichsuntersuchung* wird versucht festzustellen, ob der Verdächtigte Glassplitter vom angegriffenen Objekt haben könnte oder ob dies auszuschließen ist. Da Glas ein technisches Massenprodukt ist, kann nur in wenigen Fällen eine weitergehende Übereinstimmung festgestellt werden.

9.4 Untersuchung von Unglücksfällen und Straftaten in Zusammenhang mit elektrischer Energie

Elektrische Energie ist im Alltag selbstverständlich geworden, obwohl sie unsichtbar, nicht zu hören und nicht zu riechen ist. Infolge der hohen Energie und der Schwierigkeit bei der Wahrnehmung mit menschlichen Sinnen kann es zu den verschiedenartigsten Unglücksfällen kommen. Kriminalisten ist diese Energie auch bekannt, weil sie zur Begehung von Straftaten benutzt werden kann. So kann es zu vorsätzlichen Brandauslösungen und Tötungsdelikten kommen.

Die Spurensicherung, die durch die Fachkräfte des Kriminaltechnischen Institutes oder in enger Zusammenarbeit mit ihnen durchgeführt werden soll, beginnt mit der Feststellung der Stellung und Beschaffenheit der Schalter und Sicherungen am Zähler oder an der Schalttafel. Die Situation von Schalter und

Sicherung kann durch Fotos und Skizzen dokumentiert werden. Die vorhandenen Sicherungen sowie die Aufnahmeelemente, in denen Sicherungen eingeschraubt waren oder fehlten, sind eindeutig zu kennzeichnen, ohne daß auf ihnen vorhandene Spuren beeinträchtigt werden. Bei der Sicherstellung sind diese Gegenstände getrennt voneinander zu verpacken. Besonders geflickte oder überbrückte Sicherungen sind von größter kriminaltechnischer Bedeutung. Wird eine Unfallursache in einer schadhaften Hausanschlußleitung vermutet, rät WIGGER[3] davon ab, Sachverständige von Elektrizitätsversorgungsunternehmen hinzuzuziehen, weil man diesen später Subjektivität unterstellen könnte.[4]

Bei der *Sicherstellung von Leitungsdrähten* sollen die Drähte nicht aus der Isolierung oder sonstigen Umhüllung herausgerissen werden, weil dadurch an ihnen befindliche Spuren verändert werden. Leitungsstücke, Abzweigdosen, Schalter, Kupplungen, Steckdosen und andere Spurenträger müssen in ihrer vorgefundenen Lage fotografisch oder durch Skizze fixiert werden, damit die Ausgangssituation dokumentiert wird. Ein an einer Kurzschlußstelle entstehender *Flammenbogen* kann in unmittelbarer Nähe (Schaltergehäuse, Wand) Spuren hinterlassen. Derartige Spuren sind mit dem Spurenträger zusammen zu sichern.

Elektrische Geräte, die als Unfallursache in Betracht kommen (Heizkissen, Haartrockner, Kochplatten, Bügeleisen) sind zusammen mit der beweglichen Anschlußleitung sicherzustellen, nachdem ihr Fundort dokumentiert wurde (Foto oder Skizze). Die Stellung der Schalthebel an Geräten oder Maschinen muß ebenfalls festgehalten werden.

Der unsachgemäße Umgang mit Elektrizität durch sogenannte Heimwerker oder eine erhöhte Risikobereitschaft führen oft zu *tödlichen Unfällen.* Diesen unsachgemäßen Umgang, der zu einem selbstverschuldeten Unfall führt, aufzuklären, bedarf es der Fachkräfte des Kriminaltechnischen Institutes, denn die möglichen Ursachen sind so vielfältig, daß sie sich der Wahrnehmung ohne Verwendung von Meßgeräten entziehen. Hier können genauso geflickte oder überbrückte Sicherungen verantwortlich sein, wie auch selbst verlegte oder gar verpolte Anschlüsse, aber auch der Vorsatz, sich in der Badewanne sitzend die Haare zu fönen.

Entscheidend für die Wirkung des Stromes auf den Organismus ist sowohl die *Spannung* als auch vor allem die *Stromstärke* (Ampère). Bei *Wechselströmen* hängt die Gefährlichkeit auch von der Frequenz ab. Von wesentlicher Bedeutung ist auch die *Einwirkungszeit* von Elektrizität auf den Organismus sowie die Größe der *Einwirkungsfläche*. Von weiterem Einfluß ist das vom Strom durchflossene Organ. Da der Strom meist von Arm zu Arm oder von Arm zu Bein fließt, ist das Herz fast immer betroffen, daher ist der Herztod die häufigste Todesursache infolge von Einwirkung der Elektrizität. Der Herztod kann schlagartig eintreten, als Herzkammerflimmern oder als langsames Herzversagen. Die Literatur zur Gerichtsmedizin[5] beschreibt sehr unterschiedliche Merkmale des „Stromtodes", diese reichen von kaum sichtbaren Strommarken - nur mit der Lupe wahrnehmbar - bis zu massiven Verbrennungen. Strommarken sind sowohl auf der Kleidung als auch auf dem Körper zu finden.

---

3 Vgl. Kriminaltechnischer Leitfaden.
4 Siehe auch Hinweise zu Brandursachen, Abschnitt 8.7.
5 Vgl. u.a. Dietz/Dürwald: Gerichtliche Medizin.

9. Physik und Chemie in der Kriminaltechnik

Bei dieser Form von Unfällen ist vor allem auch durch die ersten Einsatzkräfte auf *Eigensicherung* zu achten. Dazu sind nach Möglichkeit die Haus- oder Wohnungssicherungen zu entfernen, jedoch so zu kennzeichnen, daß Messungen zur Rekonstruktion, der Tat- oder Unfallzeit entsprechend, durchgeführt werden können. Bei derartigen Bränden und Unfällen mit verletzten oder getöteten Personen sind immer auch *vorsätzliche Handlungen* in Betracht zu ziehen. So können bestimmte elektrische Konstruktionen als Zündquelle oder Brandlegungsmittel dienen oder aber zur Verletzung und Tötung von Menschen vorgesehen sein. Daher ist es wichtig, auch bei sogenannten Heimwerkerarbeiten nach Gegenständen und Spuren zu suchen, die möglicherweise der Vorbereitung einer derartigen Tat dienen (Schaltuhren, Glühlampenreste, Kabel- und Drahtenden mit Werkzeugspuren etc.).

9.5 Allgemeine chemische Untersuchungen

In diesem Bereich der Kriminaltechnik werden mit den unterschiedlichen chemischen Untersuchungsmethoden Brandlegungsmittel und Brandschutt, Lackproben, Prüf- und Siegelplaketten, Tinten, Kugelschreiberpasten und Toner für Kopierer und Drucker untersucht und alle chemischen Untersuchungen durchgeführt, die nicht in anderen Arbeitsgebieten erfolgen. Das Untersuchungsprinzip - trotz unterschiedlicher Methoden und Geräte - lautet auch hier wie in anderen Bereichen der Kriminaltechnik:

- Besichtigen,
- Analysieren,
- Vergleichen,
- Schlüsse ziehen und bewerten.

Chemische Substanzen werden auf ihre Zusammensetzung untersucht und mit anderen bekannten chemischen Substanzen verglichen, um die Substanz zu identifizieren. Die Fragestellung beim Antrag kann also darauf zielen, eine Übereinstimmung zwischen zwei sichergestellten Substanzen zu erfragen oder aber mit einer unbekannten Substanz einen *Sammlungsvergleich* durchführen zu lassen, um diese Substanz zu identifizieren. Bei der Vielzahl der technisch-chemischen Produkte kann aber oft nur eine *Gruppenzugehörigkeit* nachgewiesen werden. Im einzelnen bedeutet dies, ein Kraftstoff kann zwar einer bestimmten Qualität, wie Bleifrei oder Super, zugeordnet werden, aber nicht einer bestimmten Tankstelle oder einem bestimmten Fahrzeug, eine Kugelschreiberpaste kann zwar einem bestimmten Produkt, möglicherweise einem bestimmten Produktionsjahr zugeordnet werden, nicht aber einem ganz bestimmten Kugelschreiber. Ähnliche Merkmale sind auch bei der Untersuchung von anderen Substanzen vorhanden.

9.6 Die Lackfahndungshilfe sowie Lack-, Kunst- und Klebstoffuntersuchungen

Treten Chemikalien in einer bestimmten arbeitstechnisch bedingten Kombination auf, können gruppenspezifische Bestimmungen durchgeführt werden. Ein Beispiel hierfür ist die Lackfahndungshilfe. Jede Produktionsfirma verwendet andere Lacke in spezifischer Zusammensetzung und baut die Lackschichten in unterschiedlicher Qualität und Reihenfolge auf. An Lacksplittern kann nunmehr mit Hilfe der Infrarotspektroskopie bestimmt werden, von welcher Fahrzeugfirma die zu untersuchende *Lackschichtung* in einem bestimmten Zeitraum in der Produktion verwendet wurde.

Lackfahndungshilfe Nach Verkehrsunfällen mit Fahrerflucht benötigen die Ermittler der Polizei möglichst zügig Sachinformationen als Grundlage zur Feststellung des flüchtigen Täters. Der Erfolg der Fahndungsmaßnahmen hängt wesentlich davon ab, wie schnell von dem gesuchten Fahrzeug Marke, Typ und Baujahr ermittelt werden können. Als Ansatzpunkte für sofortige Ermittlungsarbeiten eignen sich besonders Bruchstücke von Streuscheiben[6] und Lacksplitter. Die Auswertung der Lacksplitter erfordert den Einsatz aufwendiger Analysegeräte, so daß die Auswertung im Kriminaltechnischen Institut erfolgen muß. Die hierfür notwendige Lack- und Spektrensammlung steht seit 1990 allen LKÄ zur Verfügung.

Welche Proben eignen sich für die Lackfahndungshilfe Es müssen Lacksplitter sein, die alle Schichten bis auf das Blech enthalten. Der Lacksplitter muß aus Originallack bestehen (wie bei der Herstellung des Fahrzeuges). Splitter mit Reparaturlack sind nur dann geeignet, wenn darunter Originallack enthalten ist. Über die Eignung befindet das Kriminaltechnische Institut.

Welche Proben sind für die Lackfahndungshilfe ungeeignet? Vor allem Aufriebe eignen sich nicht für die Untersuchung, die auftretende Aufhellung und die fehlenden unteren Schichten lassen keine Aussage zu. Proben, die nur Reparaturlack enthalten.

Wie groß müssen die Lacksplitter zur Fahndungshilfe sein? Nach Möglichkeit sollte die Größe nicht unter 1 mm^2 liegen.

Welche PKW wurden erfaßt? Etwa 95% aller zugelassenen PKW werden erfaßt, alle deutschen, japanischen, französischen, englischen, schwedischen, koreanischen, spanischen und italienischen Autos.

Welche Fahrzeuge werden nicht erfaßt? Alle Nutzfahrzeuge, PKW aus anderen Herstellungsländern und alle Sonderlackierungen.

Wie lange dauert die Untersuchung? Das Ergebnis wird in der Regel nach 24 Stunden (vom Institut PTU) für Berlin vorliegen.

---

[6] Für die Scheinwerferstreuscheiben sowie alle gläsernen Teile, die im Kraftfahrzeugbereich der Bauart unterliegen und entsprechend gekennzeichnet sind, steht die Luna-Kartei beim BKA für Recherchezwecke den Fahndungskräften zur Verfügung. Bei Nachfragen muß zwischen Glas- und Kunststoffscheiben unterschieden werden.

9. Physik und Chemie in der Kriminaltechnik

Welches Ergebnis ist zu erwarten? Die genaue Bezeichnung, Fahrzeugmarke, Fahrzeugtyp und Eingrenzung des Baujahres.

9.7 Vergleichende Lackuntersuchung

Nach der Darstellung der Lackfahndungshilfe erfolgen nun Hinweise für die Probennahme an Fahrzeugen und anderen Gegenständen, die vermutlich an einem Unfall oder einer Straftat beteiligt waren oder verwendet wurden.

Wie sollen zu vergleichende Lackproben gesichert werden?
Die Aussagekraft einer Lackprobe ist von einer fachgerechten Probennahme abhängig. Von einer Probe, die von einer nicht brauchbaren Stelle entnommen wurde, kann kein aussagekräftiges Ergebnis erwartet werden. Aus der Praxis haben sich die folgenden Arbeitsabläufe ergeben:

Die Vergleichsproben sollen immer aus dem Bereich der Beschädigung genommen werden. Sieht der Lack im Beschädigungsbereich unterschiedlich aus, müssen mehrere Proben genommen werden. Lackierungen können an verschiedenen Stellen unterschiedlich sein. Etwa 60 % der Fahrzeuge werden zum Beispiel bereits im Werk nachgebessert. Sind beide Unfallfahrzeuge bekannt (also keine Lackfahndungshilfe!) sollten - sofern möglich - insgesamt 4 Proben gesichert werden: Der Eigenlack der beiden Fahrzeuge und die jeweiligen Anhaftungen (Kreuzvergleich). Dies gilt auch für Probensicherungen von anderen Gegenständen.

Weil der Schichtaufbau bei den Lackuntersuchungen eine wesentliche Rolle spielt, müssen die Lackproben immer vollständig bis zum Blech abgetragen werden. Die Sicherstellung von Lackpartikeln *darf nicht mit Klebestreifen* erfolgen, weil kleine Teile nicht aus der Klebemasse entfernt werden können und umgekehrt können die Reste der Klebemasse nicht von den Lackteilen entfernt werden. Daher ist bei sehr kleinen Partikeln eine Untersuchung nicht mehr möglich.

Eine *Verpackung von Lacksplittern* und -proben in Plastiktüten, Schlauchfolien und Klemmbeutel darf wegen der elektrostatischen Aufladung nicht erfolgen. Tüten aus Papier, Zellophan oder Pergamin eignen sich hervorragend.

Das *Ablösen von Lackschichten* zur Vergleichsprobe soll durch Abschaben oder Abhebeln mit einem Messer oder ähnlichem Gegenstand erfolgen und mit einem möglichst glatten Papier aufgefangen werden. Dieses Papier ist zusammenzufalten und je Probe einzeln in ein Pergamintütchen zu verpacken und zu verschließen. Die Tütchen sollen in seperate Briefumschläge gepackt werden, um ein Vermischen der Proben zu vermeiden. Seit kurzer Zeit wird zur Sicherheit von Lackaufrieb bei der Berliner Polizei ein spezielles Lacksicherungsband verwendet, das nur den aufgeriebenen Lack von der Oberfläche überträgt und gut unter dem Mikroskop zu verwenden ist.

Untersuchungsergebnisse/Untersuchungsziele Bei mehrschichtigem und Reparaturlack ist eine individuelle Zuordnung möglich. Einschichtige Systeme lassen lediglich eine Bestimmung der Produktionscharge zu.

9.8 Untersuchung an Kunst- und Klebstoffen

Für die Sicherung und Verpackung von Kunst- und Klebstoffen gilt grundsätzlich das gleiche wie das im vorigen Abschnitt über Lacke Gesagte: Keine Klebefolien, keine Plastiktüten zur Sicherung verwenden.

Untersuchungsergebnisse/Untersuchungsziele Bei Einzelproben kann eine spezifische Artbestimmung des Materials erfolgen, liegen mehrere Proben vor, kann in der Regel eine Bestimmung der Produktionscharge erfolgen. Individuellere Bestimmungen sind nicht möglich.

9.9 Untersuchung von Brandlegungsmitteln

Weitere Arbeitsbereiche der Chemie werden zur Identifizierung und Vergleichsuntersuchung von *Vergaserkraftstoffen, Lösemitteln* und sonstigen brennbaren Stoffen. Die Analyse von *Brandbeschleunigern* aus Brandschutt und die Untersuchung von Lungengewebsproben auf flüssige Brandlegungsmittel ist von großer kriminalistischer Bedeutung.

Bei der Übersendung derartiger Spuren ist auf sachgerechte Verpackung – und besonders sorgfältigen Verschluß – zu achten, da sich Brandbeschleuniger (Kraftstoffe, Lösemittel) schnell verflüchtigen und stark zur Kontamination neigen. Die Gefahr besteht nicht nur im Verflüchtigen der gesicherten Materialien, sondern auch in der Durchmischung mit Fremdmaterialien. In Zweifelsfällen sollte noch während der Tatortarbeit Rücksprache mit den Fachkräften dieses Sachgebietes genommen werden.

In Berlin bietet beispielsweise die Kriminaltechnik besonders für diesen Spurensicherungsbereich geeignetes Verpackungsmaterial an, das die Dienststellen auf Anforderung erhalten. Zu nennen sind plastifizierte Aluminiumtüten (mit aufgedruckten Handlungsanweisungen), Schraubgläser mit speziellen, wirksamen Dichtungen für Brandschutt und Flaschen für Flüssigkeiten. Es ist stets neues, ungeöffnetes Verpackungsmaterial zu verwenden, jede Form von Kontamination der Spuren führt später zu falschen Ergebnissen, daher ist auch eine Übertragung von Spuren durch Handschuhe durch rechtzeitigen Wechsel zwischen den Probennahmen auszuschließen. Diese müssen folglich bei der Verpackung verschiedener Proben auch gewechselt werden. Anderes Material als vom Kriminaltechnischen Institut darf nicht verwendet werden, weil Fremdmaterialien immer kontaminiert sind.

Bei der Spurensuche (hierzu das Kapitel über Brandursachenuntersuchung beachten) ist besonders auch daran zu denken, daß brennbare Flüssigkeiten in Fußbodenbrettern sich ablagern und daher nicht restlos verbrennen, es entstehen Rückstände, Zersetzungs- und Umsetzungsprodukte. Diese kann das Kriminaltechnische Institut analysieren. Bei flüssigen Brandlegungsmitteln zeichnet sich oft am Brandherd ein unregelmäßiger Verlauf durch die Verteilung der Flüssigkeit ab. An den Rändern dieser Flächen entstehen scharf begrenzte Verkohlungserscheinungen, in deren Bereich sich besonders häufig Brennstoffreste ablagern. *Brandschutt* ist sorgfältig schichtweise von oben abzutragen, dabei muß besonders auf Zünd-, Brandspuren, Brandlegungsvorrichtungen und andere Spuren, die ein Verursacher hinterlassen haben könnte, geachtet werden. Die Untersuchung der einzelnen Schichten des Brandschutts läßt Schlüsse auf den Brandverlauf zu, wenn das Feuer ohne äußere Einwirkung langsam niedergebrannt ist. Weiterhin ist bei der Spurensuche auch an Spuren am *Bergungsgut,* an verdächtige und unverdächtige Personen zu denken, die als Spurenträger in Betracht kommen. Die Kleidung von verdächtigen Personen ist bei der Sicherstellung getrennt von anderen Kleidungsstücken und Brandschutt zu verpacken, um ebenfalls eine Kontamination zu verhindern. Die Stücke sind auf jeden Fall zur Untersuchung einzureichen. Wie bei der allgemeinen Tatortarbeit beschrieben, muß vor der Einzeluntersuchung am Brandort eine Skizze mit Übersichtsaufnahmen geschaffen werden, um die Lage der verschiedenen Gegenstände und Spurenträger zu dokumentieren. Gelegentlich bleiben auch am Brandort Behälter zurück, in denen das Brandlegungsmittel enthalten war. Diese sollen ebenfalls der Untersuchung zugeführt werden. Flüssigkeiten sind in Flaschen zu sammeln.

Beispiel: Besonders ist nach unverbrannten Resten von *Zündvorrichtungen*[7] zu suchen. HERREN[8] zitiert hierzu den Fall Hugler. Dieser hatte besonders erfindungsreich Zündvorrichtungen hergestellt, die restlos verbrannten, unter anderem seinen sogenannten „Landjägerzünder". Fachleute bezeichnen dies als Kleintierbrandsatz. Der Mechanismus wurde durch Tierfraß ausgelöst. Verwendet wurden für die Zündmechanismen brennbare Materialien, die kaum sichtbare Spuren beim Brand hinterließen. Zum Einsatz kamen beispielsweise Mausefallen und Teile von Schilfrohren. Auch solche Möglichkeiten sind bei der Spurensuche in Betracht zu ziehen.

9.10 Untersuchung von Schreib- und Malmitteln sowie Schrift- und Bildträgern

Untersucht werden Tinten- und Kugelschreiberpasten, Faser- und Feinschreibertinten und Kopiertoner, Farbstoffe von Drucker- und Schreibmaschinenbändern, Papier und alle Arten von Bild- und Schriftträgern, Fälschungen von Gemälden.

Untersuchungsziele Bei Tinten und Papieren ist lediglich eine Gruppenzuordnung möglich, bei Kugelschreiberpasten ist eine Bestimmung der Produktionscharge möglich, dies trifft auch bei Faserschreibern und Tinten zu. Zeitliche Eingrenzungen und Altersbestimmungen sind eingeschränkt möglich.

Sicherungs- und Verpackungshinweise Die Asservate sollen deutlich nach Herkunft verwechslungssicher gekennzeichnet sein und bei Sicherstellung an verschiedenen Orten den Besitzer erkennen lassen. Bei der Verpackung muß eine Beschädigung des Untersuchungsgutes ausgeschlossen werden. Zuvor erfolgte daktyloskopische Untersuchungen durch Behandlung mit Ninhydrinreagenzien schließen Untersuchungen der oben genannten Art aus.

7 Siehe Abschnitt über USBV-Entschärfer.
8 Denktraining in Kriminalistik und Kriminologie, Band III.

Bei auftretenden Fragen sollte frühzeitig Rücksprache mit den Fachleuten des Kriminaltechnischen Institutes gehalten werden.

9.11 Umwelt und Explosivstoffe

Die Untersuchung und Bestimmung von Stoffen, die in die Umwelt gelangen, werden auch in der Zukunft eine wesentliche Rolle spielen. Anlässe können Straftaten aber auch Unglücksfälle sein. Besonders in Großstädten wie Berlin treten Kampfmittel- und Bombenfunde aus der Zeit des 2. Weltkrieges als Herausforderung in Erscheinung. Mögliche Funde chemischer Kampfstoffe oder auch potentielle *Giftgasanschläge* – wie in Japan durch fanatische Sektenangehörige – können das Bereithalten von Kapazitäten in personeller und technischer Hinsicht erfordern.

Aufgaben der Kriminaltechnik Es werden Proben von Gefahrstoffen, von Explosivstoffen und von USBV-Sprengstoffen (häufig gefährliche Selbstlaborate) analysiert und identifiziert.

Spurensuche und -sicherung entziehen sich naturgemäß bei den vorgenannten Bereichen den Kompetenzen der alltäglichen Kriminalitätsbekämpfung. Diese Arbeitsbereiche sind eindeutig den Spezialisten vorbehalten. Dazu verfügt beispielsweise die Arbeitsgruppe des Instituts PTU in Berlin über ein *Sicherheitslabor*. Dort können – unmittelbar nach Sicherstellung – gefährliche Kampfstoffe und Sprengstoffe von Bombenfunden identifiziert werden. Diese Fähigkeit ist bei der Entschärfung von größter Bedeutung; das Ergebnis führt unter Umständen zur Räumung ganzer Stadtteile bei der Bergung und Beseitigung von Kampfmitteln. Nur durch die Arbeit des Labors können die Feuerwerker und Chemiefeuerwerker kompetente Entscheidungen am Bergungsort treffen.

Auf dem Gebiet der *Umweltkriminalität* werden die Proben vom Referat Umwelt des Landeskriminalamtes und von der Wasserschutzpolizei asserviert und analysiert. Das Sicherheitslabor unterstützt diesen Bereich durch die Untersuchung entsprechender toxischer Stoffe. Im Bereich der Umweltkriminalität werden die asservierten Proben, wie Abfallstoffe, kontaminierte Wasser- und Bodenproben, Luft- und Rauchschadstoffe, analysiert, identifiziert und begutachtet. Diese Vorgänge erstrecken sich auch auf die Unterstützung bei den Ermittlungen der Wasserschutzpolizei bei Gewässerkontaminationen und bei gefährlichen Schiffsladungen.

10. Textiltechnische Untersuchungen, morphologische Haaruntersuchungen, botanische und zoologische Spuren

10.1 Textiltechnische Spuren

Allgemeine kriminalistische Hinweise Textilspuren – besonders Faserspuren – sind in unserer Lebenswelt allgegenwärtig und können sich bei einem Kontakt von Textilien mit anderen Textilien oder mit nichttextilen Gegenständen (Glasbruchkanten, Tischfläche usw.) übertragen. Für eine sinnvolle Untersuchung mit größtmöglicher Aussagekraft ist eine sorgfältige und verantwortungsvolle Spurensicherung grundlegende Voraussetzung. Die *Spurendichte* ist abhängig von der Intensität und der Dauer des Kontaktes, den Eigenschaften des Spurengebers und dem Material des Spurenträgers. Da es sich bei *Fasern* um *Mikrospuren*, also um kleinste, meist mit dem bloßen Auge nicht erkennbare Partikel handelt, muß die Spurensicherung sehr oft suchend, in gedanklicher Rekonstruktion, vorgenommen werden. Ziel ist hier, den Kontakt zwischen Personen oder zwischen Personen und Sache nachzuweisen.

Spurenspektrum Das zu erwartende Spurenspektrum reicht von konfektionierten Textilerzeugnissen bis zu mikroskopisch kleinen Einzelfasern und beinhaltet auch andere Produkte (wie z.B. Bekleidungsstücke, Heimtextilien, Stoffe, Reißverschlüsse, Knöpfe, Klebebänder, Seile, Fäden und Faserflocken).

10.1.1 Suche, Sicherung, Verpackung und Antragstellung

Es ist prinzipiell zwischen den direkt wahrnehmbaren Spuren und den mit bloßem Auge nicht sichtbaren, aber latent vorhandenen Spuren zu differenzieren. *Die wahrnehmbaren Spuren* können manuell oder unter Verwendung von stumpfen Pinzetten gesichert werden und sollen in unbenutzten Verpackungen (möglichst Papier- oder Klemmverschlußtüten) einzeln verpackt und verschlossen werden. Eine eindeutige Beschriftung ist unerläßlich.

Bei nicht wahrnehmbaren Mikrospuren ist, um Spurenverluste zu minimieren und Spurenbilder zu erhalten, grundsätzlich folgendes zu beachten:
- Luftzug vermeiden (Fenster und Türen schließen),
- Personenbewegung vermeiden (kein Tatort-Tourismus),
- Schutzkleidung tragen (Einwegoverall),
- Fundsituation unverändert lassen,
- erfolgte Veränderungen dokumentieren.

Faser- und sonstige Mikrospuren sind zeitlich vordringlich vor allen anderen Spuren sichern.

10. Textiltechnische Untersuchungen, morphologische Haaruntersuchungen

Die mit bloßem Auge nicht wahrnehmbaren Mikrospuren müssen mittels SCOTCH-Klebeband (Breite: 5 cm, max. Länge 25 cm) gesichert werden. Hier ist fallabhängig zu entscheiden, ob die Spuren im Verhältnis 1:1 oder additiv gesichert werden können. Zur Mikrospurensicherung steht in schwierigen Fällen und nach Rücksprache in einigen Bundesländern auch der Spurensicherungstrupp des Kriminaltechnischen Institutes zur Verfügung.

Die gefertigten Klebebandabzüge sind plan und faltenfrei in den Innenbereich unbenutzter und frisch geöffneter (drei Seiten öffnen) Klemmverschlußtüten zu kleben. Im Notfall kann die Innenseite von Schlauchfolie benutzt werden.

Nur im Fall einer Improvisation ist das Klebeband mit der Klebeschicht gegeneinander zu verkleben. *Niemals Papier* als Trägerschicht verwenden. In allen Fällen ist eine *eindeutige Beschriftung* unerläßlich.

Können bestimmte Objekte nicht vor Ort einer Mikrospurensicherung unterzogen werden, so sind relevante Bereiche des spurentragenden Materials zu Transportzwecken möglichst mit Papier abzudecken, um Spurenverluste zu vermeiden.

Um ein gerichtsverwertbares und interpretierbares Ergebnis zu gewährleisten, ist grundsätzlich darauf zu achten, daß zwischen den Textilien von tatverdächtigen Personen und Opfern kein direkter Kontakt oder Kontakt über Zwischenträger erfolgen kann. Gleiche Fahrzeuge, gleiche Vernehmungsorte, gleiche Kontaktpersonen und gemeinsame Verpackungseinheiten sind zu vermeiden.

Die Antragstellung erfolgt auf dem vorgesehenen *Untersuchungsantrag*.

Der *Fragenkatalog* kann abgestellt sein auf:

- Paßspuren,
- Beschädigungen,
- Knotenkonstruktionen,
- Abdruckspuren,
- Faserspuren,
- Spurenbilder.

Notwendig ist eine kurze Erläuterung des Tatherganges mit präziser Fragestellung, die das Ziel der Untersuchung erkennen läßt, nötigenfalls ist Rücksprache mit den Sachverständigen des Kriminaltechnischen Institutes zu halten. Die entsprechenden kriminaltechnischen Untersuchungen sind äußerst zeitaufwendig. Für die Praxis ergeben sich zwei (ökonomisch orientierte) Auswertungsmöglichkeiten:

- Für Kapitalverbrechen ist die umfangreichste Sicherung geboten.
- Für die alltägliche Kriminalität sollte eine Untersuchung erst dann beantragt werden, wenn sowohl textile Spur, als auch das Vergleichsstück (z.B. Bekleidung des Tatverdächtigen) sichergestellt sind.

Untersuchungsvoraussetzungen
Neben der Einhaltung der Spurensicherungsvorschriften ist es erforderlich, Vergleichs- und Informations-Materialien zu beschaffen, die als Grundlage der Vergleichsuntersuchung dienen.

Vergleichsmaterial Die Sicherung von Vergleichsproben ist nur in begrenztem Ausmaß (PKW, Opferbekleidung, letzter textiler Kontaktbereich des Opfers) notwendig.

Info-Folien Sicherung von Informations-Folien (Tatort, Lebensbereich Opfer, Lebensbereich des oder der Tatverdächtigen) erfolgt immer unter dem Aspekt, mit einem Minimum an Aufwand das Maximum an vorkommenden Fasern eines Lebensbereiches zu erfassen. Dazu werden im Additiv-Verfahren Klebefolien aus folgenden Bereichen gefertigt: Schrankboden, Garderobe, Wäschekorb und häufig frequentiertes Sitzmobiliar, wenn nötig sind die Sicherungsmaßnahmen auf relevante Bereiche erweitern. Voraussetzung ist ebenso ein intensiver Informationsaustausch bezüglich der Rahmenbedingungen des Falles, da sich durch neue Erkenntnisse möglicherweise die Untersuchungsansätze oder Befundbewertungen verändern.

Untersuchungsergebnis und Beweiswert

Textile Spuren im Rahmen kriminaltechnischer Untersuchungen sind häufig Kontaktspuren, die durch den Kontakt eines oder mehrerer Textilien zu einer Person oder einem beliebigen Objekt entstehen können. Als Teil einer größeren Einheit enthalten Mikrospuren trotz der geringen Dimension oft wesentliche Informationen über Gruppen- und Individualeigenschaften ihrer Herkunftsquelle. Neben der Materialanalytik sind die Untersuchungsergebnisse zu Verteilung, Menge, Formgebung und Musterbildung der Spur unabdingbare Bestandteile eines gerichtsverwertbaren Gutachtens.

Die Untersuchungen erfolgen unter der Voraussetzung, daß bei einem textilen Kontakt nicht nur das Eigenmaterial eines Textils (Primärspur), sondern auch das zwangsläufig aufgelagerte Faserspektrum aus dem Lebensbereich des Trägers (Sekundärspuren) mit übertragen wird. Übereinstimmende Spuren- und Vergleichskomplexe bestehen dann in der Regel aus verschiedenen, vernetzten Material- und Farbkomponenten.

Festgestellte Sekundärspuren und Faserüberkreuzungen (Täter-Opfer-Beziehung) erhöhen den Beweiswert erheblich.

Eine solche Vernetzung ist auch nach Rechtsprechung durch den BGH (vom 28. November 1995) einer hinreichenden Gesamtwürdigung durch das Gericht zu unterziehen und dahingehend zu prüfen, inwieweit das Vorkommen eines solchen vernetzten Systems auf dem Opfer und beim Tatverdächtigen auf einem ganz fernliegenden Zufall beruhen müßte.

10.2 Haaruntersuchungen

Allgemeine kriminalistische Hinweise Als Haare bezeichnet man die fadenförmigen Oberhautgebilde der Menschen, Säugetiere und Pflanzen. Zur Erörterung stehen hier die Haare von Menschen und Tieren. Diese bestehen ebenso wie die Oberhaut aus verhornten Zellen. Die aus der Marksubstanz gebildete Achse der Haare ist von der Haarrinde umgeben. In diese Haarrinde ist ein Farbstoff (Pigment) enthalten, der die Haarfarbe bestimmt. Jedes Haar ist von einer dünnen Schicht aus Hornschuppen umgeben (Citicula). Der Länge nach unterschei-

10. Textiltechnische Untersuchungen, morphologische Haaruntersuchungen

det der Experte beim menschlichen und tierischen Haar den Schaft mit der Spitze, die über die Hautoberfläche hinausragt und die Haarwurzel, die in einer Einbuchtung der Haut steckt und sich an ihrem Ende zwiebelförmig verdickt. Ferner unterscheiden Experten zwischen Langhaaren und Wollhaaren. Die Langhaare bilden bei Tieren das Fell und bedecken den ganzen Körper, beim Menschen wachsen sie als Kopfhaare, Barthaare und Schamhaare. Die Wollhaare stehen bei Tieren zwischen den Langhaaren, beim Menschen an allen Körperteilen, die nicht durch Langhaare bedeckt sind. Haarspuren können durch natürlichen Ausfall, Auskämmen oder verschiedene Gewalteinwirkung entstehen und eventuell vom ursprünglichen Ort an ihre spätere Fundstelle verschleppt werden. Sie fallen an als Einzelhaar und auch gelegentlich als Büschel. Zu unterscheiden ist zwischen ausgefallenen Haaren (mit Wurzel) und ausgerissenen Haaren, an deren Wurzeln sich noch Gewebereste der Wurzelhüllenschichten befinden. Parallel zur Sucharbeit muß wieder – wie bei anderen Spuren – Protokoll geführt werden, insbesondere, welche Haare lose und welche fest am Spurenträger haftend gefunden werden.

Haare haben eine erhebliche kriminaltechnische Bedeutung:

– Bei Sexualdelikten,
– bei Verkehrsunfallfluchten,
– bei Tötungsdelikten,
– bei schweren Diebstählen,
– bei Brandstiftungen,
– bei Vergiftungsdelikten,
– bei Pelzdiebstählen,
– bei Sodomie.

Haare werden übertragen:

– Vom Tatverdächtigen auf das Opfer, auf den Tatort und auf Objekte wie Fahrzeuge bei einem Unfall,
– vom Opfer auf den Täter, auf den Tatort und auf Objekte wie Tatwerkzeuge.

Spurenspektrum Das zu erwartende Spurenspektrum reicht von ganzen Haarteilen oder Haarsträhnen bis herunter zu mikroskopisch kleinen Haarfragmenten.

Suche, Sicherung, Verpackung und Antragstellung Es ist auch hier zwischen den direkt wahrnehmbaren Spuren und den mit bloßem Auge kaum sichtbaren Spuren zu differenzieren.

Die wahrnehmbaren Spuren können mit der Hand (möglichst behandschuht) oder unter Verwendung von stumpfen Pinzetten (Haare nicht quetschen) gesichert werden und sollen in unbenutzte Klemmverschlußtüten oder Briefumschlägen verpackt werden. Jede separate Spur ist einzeln zu verpacken, eine *eindeutige Beschriftung* ist unerläßlich.

Um sicher zu gehen, daß alle Spuren (auch schwer wahrnehmbare Fragmente) erfaßt werden, können relevant erscheinende Bereiche mit klebender Folie nachgesichert werden. Diese Art von Sicherung darf ausschließlich für die Nachsicherung angewendet werden.

Achtung Trugspuren Um nicht selber „Haarspuren" während der Sicherung zu setzen, empfiehlt es sich, Schutzkleidung (Einwegoverall mit Kapuze) zu tragen.

Können bestimmte Objekte (wie Windschutzscheiben von Kraftwagen) nicht vor Ort einer Sicherung unterzogen werden, so sind relevante Bereiche zu Transportzwecken möglichst mit Papier abzudecken, um Spurenverluste zu vermeiden.

Fest anhaftende Haare sind nur dann separat zu sichern, wenn eine Sicherstellung mit Spurenträgern nicht möglich ist. Die zu sichernden Haare sind mit den Spurenträgern zusammen sorgfältig zu verpacken (nichtklebende Folie, sauberes Papier, notfalls Zeitungspapier).

Haarspuren in Flüssigkeiten sind sorgfältig herauszufischen, auch hier ist die Sicherung einer Vergleichsprobe der Flüssigkeit sinnvoll. Es besteht auch die Möglichkeit, dünnflüssige Stoffe durch einen Filter von der Haarspur zu trennen (Kaffeefilter).

Bei der *Sicherung an nicht transportablen Spurenträgern* ist die Haarspur mit der haftenden Substanz zusammen abzuschaben oder mit sauberem Wasser abzulösen und vorsichtig zu isolieren. Von der haftenden Substanz ist eine Vergleichsprobe zu sichern, sie kann zusätzliche Informationen liefern.

Eingeklemmte Haare sind erst nach einwandfreier Dokumentation der Auffindesituation zu sichern. Die klemmenden Teile sind ohne Beschädigung der Haarspur zu entfernen oder mit der Spur zusammen zu sichern. In Betracht kommen hier vor allem Schlagwerkzeuge und Zierleisten von Fahrzeugen.

Die *Antragstellung* muß auf dem üblichen Untersuchungsantrag erfolgen. Der Fragenkatalog kann abgestellt sein auf:

- Haarmorphologische Merkmalscharakteristika,
- mechanische Schädigungen,
- thermische Schädigungen,
- Parasitenbefall.

Notwendig ist eine kurze Erläuterung des Tatherganges mit präziser Fragestellung, die das Ziel der Untersuchung erkennen läßt. Wenn erforderlich, ist Rücksprache mit dem Kriminaltechnischen Institut zu halten.

Untersuchungsvoraussetzungen

Grundlage der Untersuchungen sollten möglichst mehrere Spurenhaare sein. Neben der Einhaltung der Spurensicherungsvorschriften ist es erforderlich, Vergleichsmaterialien zu beschaffen, die als Grundlage der morphologischen Vergleichsuntersuchung dienen. Die Probenentnahme ist von einem Arzt unter Beachtung der besonderen Formvorschriften [1] vorzunehmen. Mit der Untersuchungsstelle ist zunächst zu klären, welche Art von Haarvergleichsprobe benötigt wird (Kopfhaare, Schamhaare, Barthaare, sonstige Körperhaare).

Als *Vergleichsmaterial für die morphologischen Untersuchungen* sind bei Kopfhaaren in der Regel sieben Haarproben einer Person notwendig, wobei eine bestimmte Reihenfolge bei der Entnahme zu beachten ist und das repräsentative Spektrum der Haare erfaßt werden soll.

---

1 Bitte StPO §§ 81a - 81f selbst lesen sowie landesspezifische Vorschriften.

10. Textiltechnische Untersuchungen, morphologische Haaruntersuchungen

Kämmprobe (gesamtes Kopfhaar durchkämmen und vorhandene Haare sichern und verpacken),

Zupfprobe (insgesamt sollen mindestens 20 Haare vom gesamten Kopfbereich gezupft werden),

sieben Schnittproben (dicht über der Kopfhaut geschnittene Strähnen mit jeweils etwa 50 Haaren), Stirn – rechte Schläfe – linke Schläfe – Mittelhaupt – Hinterhaupt.

Die *Vergleichssicherung* aller anderen Haarkategorien sollte im Vorfeld mit dem Kriminaltechnischen Institut abgestimmt werden.

Eine Vergleichsprobenentnahme sollte so schnell wie möglich nach dem Tatgeschehen erfolgen, da sich die Haare während des Wachstums (7-13 mm pro Monat) verändern. Innerhalb eines halben Jahres ergeben sich in der Regel deratige Veränderungen, daß eine Sicherung und Vergleichsuntersuchung hinsichtlich der morphologischen Merkmale nach Ablauf dieses Zeitraumes nicht mehr sinnvoll erscheint, die DNA-Analyse und die Haaruntersuchung nach toxischen Erscheinungen (Betäubungsmittel) bleiben davon jedoch unberührt.

Untersuchungsergebnis und Beweiswert
Beim Haarvergleich auf morphologischer Basis wird eine Vielzahl von Merkmalscharakteristika herangezogen. Darüber hinaus werden äußere Einwirkungen (wie kosmetische Haarbehandlungen – mechanische Einwirkungen – Parasitenbefall) mit beurteilt. Die Bewertungsskala auf Basis der mikroskopischen Untersuchungen von Haarfarbe und Morphologie reicht vom Ausschluß bis zu einer Einordnung (kommt als Spurenverursacher in Betracht). Liegen auffällige und seltene Merkmale vor, so wird die Bewertung des Untersuchungsergebnisses erheblich verstärkt. Die Bewertung hängt dabei ganz entscheidend vom Umfang der Spur und der Anzahl der übereinstimmenden Merkmale ab.

10.3 Bodenkundliche Spuren

Als Bodenspuren oder Erde bezeichnet man die obere Verwitterungsschicht der Erdrinde, die aus physikalisch, chemisch und biologisch veränderten Gesteinen besteht und Pflanzen und Tiere sowie deren Reste in Form von organischer Substanz (Humus) enthält. Diese Schicht bildet eine Decke über den noch nicht von der Verwitterung angegriffenen, mehr oder weniger tief liegenden Gesteinskomplexen.

Als Fremdbestandteile können die Böden in industriell besiedelten und ackerbaulich genutzten Gebieten Beimischungen technischer Produkte, wie Textilfasern, Plastik, Gummi, Düngemittel, Metallteile, Brennstoffe, Schlacke, Baustoffe, Glassplitter, Anstrichstoffreste und Öle enthalten.

Die Bedeutung besteht in der Personen- und Ortsbezogenheit der Bodenspuren, der relativen Dauerhaftigkeit der Spur. Die Spuren treten überwiegend im Komplex mit biologischen, textilen und formgebundenen Spuren auf, sie sind bei Delikten zu erwarten, bei denen der Ereignisort oder der Zu- und Abgang außerhalb geschlossener Räume liegt.

Bodenspuren sind beweiserheblich bei folgenden Straftaten:

- Gegen Leben und Gesundheit,
- Raub und Eigentumsdelikten,
- Sexualstraftaten,
- Verkehrsdelikten,
- Waffen- und Sprengstoffvergehen.

Diese Bodenspuren kommen an allen denkbaren Oberflächen vor. So auf der Hautoberfläche, unter Fingernägeln, in den Köperöffnungen, in den Haaren, in den Bekleidungsstücken von Tätern und Opfern (Knie, Ellenbogen und Gesäß, Fußbekleidung, Hosenaufschläge und Taschen). Bodenspuren können grundsätzlich überall da zu finden sein, wo ein Zusammenhang mit der Tatbegehung besteht. Die Literatur unterteilt in *primäre und sekundäre Spurenträger*. Primär sind Bodenspuren zu finden an Fahrzeugrädern, besonders Profilen, Flanken und Felgen, in Radkästen, an Geräten wie Schaufeln, Spaten und Spitzhacken. Sekundäre Spurenträger sind Gegenstände, auf die das Spurenmaterial von einem primären Träger übertragen wurde, so von Schuhen auf Pedale, in den Schuhschrank, auf den Teppichboden. Bodenspuren stellen für den Kriminalisten nicht nur einen Gegenstandsbeweis dar, der darüber Auskunft gibt, ob eine Person oder ein Fahrzeug an einem bestimmten Ort war – Bodenproben sind auch Spurenträger, die weitere tatrelevante Stoffe enthalten, beispielsweise Mikroorganismen, Blut und Körperausscheidungen.

Sicherung und Verpackung des Spurenmaterials Das Spurenmaterial ist verlust- und bruchsicher zu verpacken und von außen zu beschriften. Als Verpackungsmaterialien sind Plastiktüten und dicht schließende Behältnisse aus Glas oder Plastik geeignet.

Kleinere Spurenträger werden im Original in das Labor des Kriminaltechnischen Institutes gegeben. Nasse Bekleidung ist vor der Versendung an der Luft zu trocknen. Lokalisierte Anhaftungen an Textilien sind mit sauberem Papier abzudecken.

Ist ein Transport des Spurenträgers nicht möglich, so wird vor Ort nach einer fotografischen Sicherung eine Sicherung mittels Spatel oder Skalpell durchgeführt. Als Unterlage ist ein Blatt sauberes Papier oder eine Plastikunterlage geeignet. Die Unterlagen sind nur einmal zu benutzen. Liegen mehrere unterschiedlich aussehende Anhaftungen oder Auflagerungen vor, so sind diese einzeln zu sichern und zu verpacken.

Die *Sicherung von Mikrospuren* sollte durch den sachverständigen Kriminaltechniker erfolgen oder erst nach Absprache mit diesem durchgeführt werden.

Bodenspuren an Leichen werden unmittelbar am Fundort der Leiche gesichert. Die Leiche ist auf einer sauberen Unterlage in die Räume der Rechtsmedizin zu schaffen, um während des Transportes abfallende Erdanhaftungen sichern zu können.

Sicherung von Vergleichsbodenproben Zu Beginn der Sicherung von Vergleichsmaterial sind alle potentiellen Spurenträger zu entfernen. Die Menge an Vergleichsboden sollte 100 - 200 g betragen. Diese sollten im allgemeinen aus den oberen 5 cm des Bodens gesichert werden. Das Vergleichsmaterial kann mittels eines Löffels oder eines Messers entnommen werden und in Plastikbeutel oder andere dicht schließende Gefäße aus Plastik oder Glas gefüllt werden. Die Zeit zwischen der Entnahme von Vergleichsmaterial und der Tatausführung sollte möglichst kurz gehalten werden. Entnahmewerkzeuge müssen vor Entnahme weiterer Proben gründlich gereinigt werden. Bei Probenentnahme aus einer Grube werden zur Oberflächenabnahme zusätzlich aus 20 cm, 50 cm, 100 cm usw. bis zum Grund der Grube Proben entnommen.

10.3.1 Methoden der Probenentnahme

Große, einheitliche Flächen – Felder, Wiesen, Waldgebiete
Entnahme wie bereits beschrieben am unmittelbaren Ereignisort;
der Umkreis für die Probenentnahme ist zu erweitern auf 1 m, 10 m, 50 m bis max. 100 m (ab 10 m mindestens 4 Entnahmestellen);
bei Zu- und Abgangswegen des Täters sind alle 10 - 20 m Proben zu nehmen, mindestens 8. Von Flächen, die sich im Aussehen von der Umgebung unterscheiden, sind gesondert Proben zu entnehmen.

Uneinheitliche Flächen
Beispiel Baustelle: Neben den Proben vom unmittelbaren Ereignisort sind auch von den Flächen abweichender Zusammensetzung Proben zu nehmen sowie von Baustoffen, Schlacken u.a.

Straßen, Wege, Gleisanlagen
Handelt es sich am Ereignisort um langgestreckte Flächen, die zum Beispiel mit Schlacke, Ziegelsplitt oder Schottermaterial bedeckt sind, so werden vom unmittelbaren Tatort entsprechend den bereits beschriebenen Sicherungsmethoden Proben entnommen. Weiterhin erfolgt eine Sicherung von Bodenproben in etwa 10 m und 50 m Entfernung in beide Richtungen der Fläche sowie je eine Probe rechts und links der Fläche dicht am Ereignisort.

Eng begrenzte Flächen (Terrassen, Blumenrabatten u.ä.)
Flächen bis zu einer Größe von 10 x 10 m enthalten meist nicht mehr den ursprünglichen Boden der weiteren Umgebung, sondern beispielsweise „Mutterboden", Kies oder Streusand. In solchen Fällen ist die Entnahme von 3 bis 4 Bodenproben von verschiedenen Stellen ausreichend.

Erdreste auf Fußböden, asphaltierten Straßen usw.
Das Vergleichsmaterial kann in der weiteren Umgebung an markanten Stellen gesichert werden, wenn es zum Beispiel um die Klärung des Zuganges eines Täters zum Ereignisort geht.

10.3.2 Protokollierung

Genaue Angaben zur *Lage* des Ereignisortes, d.h. diese Angaben müssen derart abgefaßt sein, daß ein Wiederfinden des Ereignisortes in Spezialkarten zu jeder Zeit möglich ist; Anfertigung von Fotografien mit Kennzeichnung der Entnahmestellen, Anfertigung einer Faustskizze mit Kennzeichnung der Entnahmestellen. Zusätzlich erfolgt eine *allgemeine Beschreibung* des Ereignisortes, also zum Beispiel Ackerland, Wiese, Wald, Schuttabladeplatz, Baugrube usw., Angaben zur Vegetation und den Witterungsbedingungen.

Untersuchungsmöglichkeiten Möglich sind Herkunftsbestimmungen auf der Grundlage stofflicher Zusammensetzungen, Rekonstruktionen von Ereignis- und Tatabläufen auf der Grundlage der Form und Ausbildung der Bodenspuren, der Lage der Bodenspuren, der Zusammensetzung der Bodenspuren sowie Vergleichsuntersuchungen zwischen Bodenspuren und Bodenproben bekannter Herkunft.

Aussagewert Bei Vergleichsuntersuchungen sind neben dem Ausschluß grundsätzlich Aussagen mit einem individualisierenden Charakter möglich.

Hilfsmittel der Spurensuche sind bewegliche Lichtquellen und Lupen. Bei der Spurensuche soll spezielle Arbeitskleidung getragen werden. Andernfalls muß die Art der Bekleidung vermerkt werden. Bei der Suche nach Bodenspuren ist eine Mischung oder Überlagerung mit anderen Spuren möglich, beispielsweise mit Formspuren, serologischen Spuren, Glas-, Metall- und Kunststoffspuren, Textilspuren.

Staub ist – wie Boden – einerseits materielle Gegenstandsspur und durch seine Zusammensetzung andererseits auch Spurenträger. Er besteht aus einem Gemisch von vorwiegend Feststoffen, die aufgrund ihrer Feinkörnigkeit und Dichte in Abhängigkeit von den Umgebungsbedingungen, wie Luftbewegung, Temperatur und Feuchtigkeit, in der Luft schwebefähig sind. Die den Staub bildenden Komponenten variieren in ihrer Zusammensetzung sehr stark und reichen von durch Wind fraktionierten Bodenbestandteilen über rein technische Produkte, wie Flugasche und Farbnebel, bis hin zu biologischen Phasen, wie Pollen und Sägemehl. Für Stäube gelten grundsätzlich die gleichen Sicherungs- und Untersuchungsprinzipien sowie Aussagemöglichkeiten wie für die kriminaltechnische Bodenanalytik.

Unter Beachtung der heterogenen Zusammensetzung ist es bei Anwendung optimaler Analyseverfahren möglich, ein territorial eng begrenztes Gebiet durch Boden- oder Staubproben individuell so zu bestimmen, daß eine Teilmenge des von diesem Ort stammenden Materials als dessen einzigartiges Merkmal („Fingerabdruck")[2] betrachtet werden kann. Grundlage der individuellen Bestimmung bildet die Auswahl einer optimalen Kombination stabiler Eigenschaften und Merkmale, die der Analytik mit ausreichender Reproduzierbarkeit zugänglich sind.

Die *Verpackung der Spuren* kann in sauberen, fest verschließbaren *Glas- oder Plastikbehältern* oder *Plastiktüten* mit Schnellverschluß erfolgen. *Feuchtes Material ist vor dem Verpacken zu trocknen.* Kompakte Bodenspuren an nicht transportablen Spurenträgern – zum Beispiel an Radkästen von Fahrzeugen – dürfen beim Abnehmen nicht zerbröckelt werden, damit der Schichtenaufbau nicht zerstört wird. Die Ablagerungscharakteristik kann nach Wigger[3] von Bedeutung für die Aufklärung der Tat sein. Diesem Umstand kommt in der heutigen Kriminalpraxis weniger Bedeutung zu und kann daher bis auf Einzelfälle vernachlässigt werden.

---

2 Vgl. Adam.
3 Vgl. Wigger, 1980.

10. Textiltechnische Untersuchungen, morphologische Haaruntersuchungen

Bodenspuren an Personen und Bekleidung sollen mit Spateln, Holzstäbchen o.ä. gesichert werden oder auch durch Abschneiden der spurentragenden Teile (Haare oder Fingernägel). Für bestimmte Körperregionen ist wieder ein Arzt erforderlich. Die Spuren sollen nicht mit Watte vom Körper abgerieben werden, empfohlen wird eine Körperwaschung mit 0,5 l reinem Wasser unter Verwendung von wenig Seife. Das Waschwasser wird in sauberen Behältern (Flaschen) aufgefangen. Die Flaschen dürfen nicht mehr als zu zwei Drittel gefüllt werden. Eine Probe des zum Waschen verwendeten Wassers ist ebenfalls zu sichern. Bei Anhaftung an Kleidung und ähnlichen transportablen Gegenständen können diese insgesamt sichergestellt werden. Kompakte Bodenspuren sind so zu verpacken und zu versenden, daß sie nicht zerfallen. Das Material ist mit dünnem Papier oder Folie zu umhüllen und in einem gepolsterten festen Behälter einzulagern.

Bodenproben werden mit folgenden Mitteln und Methoden untersucht:

- Allgemeine Charakteristik,
- chemische Analytik,
- stereomikroskopische Untersuchung,
- lichtmikroskopische Untersuchung,
- Polarisationsmikroskopie.

10.4 Botanische Spuren

Unter *Pflanzenspuren* (botanische Spuren) sind solche Objekte zu verstehen wie Holz, Früchte, Samen, Sproß-, Blatt- und Blütenteile, pflanzliche Verarbeitungsprodukte wie Futtermittel sowie Bakterien, Algen, Pilze, Sporen und Pollen.

Pflanzen oder auch Pflanzenprodukte können Gegenstände von strafbaren Handlungen, Tatwerkzeuge oder Hilfsmittel bei der Tatausführung sein.

Kriminalistische Bedeutung:

- Als Betäubungsmittel wie Cannabis, Mohn, Pilze der Gattung Psilocybe u.a.,
- als Standortanzeiger und damit Hinweisgeber auf einen möglichen Tatort, da Pflanzen abhängig sind von Boden, Wasser, Klima und das Vorhandensein anderer Pflanzenarten, sind sie bei Freilandtatorten fast immer nachweisbar,
- viele Pflanzen bzw. Pflanzenteile besitzen ein gutes Haftvermögen,
- mit Ausnahme der Einflüsse von Staunässe und Fäulnisprozessen sind pflanzliche Spuren über lange Zeiträume haltbar und nachweisbar,
- botanische Spuren sind häufig Träger anderer Spuren, wie Blut, Sperma und formgebundener Spuren,
- als Ursache bei Brandentstehung durch Selbsterwärmungsprozesse, beispielsweise in Erntegut[4].

---

4 Vgl. Ziff. 8.5: Brandursachen/Suche und Sicherung von Brandlegungsmitteln.

Suche und Sicherung botanischer Materialien

Ausgangspunkt für eine Sicherung botanischer Spuren sollte eine gedankliche Rekonstruktion des Tatherganges sein, um alle beweiserheblichen Spuren für eine Auswertung zu sichern. Erkennbare pflanzliche Bestandteile sollten mit einer sauberen Pinzette in einem Briefumschlag oder einer ähnlichen Verpackung aus Papier gesichert werden. Bei Mikrospuren ist es ratsam, den Spurenträger im getrockneten Zustand an das Kriminaltechnische Institut zu senden, um dort eine fachgerechte Spurensicherung durchführen zu lassen. Pulverförmige Substanzen wie beispielsweise Lebensmittel sind mit einem Spatel oder Löffel aufzunehmen und in einem Plastikbeutel oder Schraubglas einzusenden.

Sollten nach Sexualstraftaten an der Bekleidung von Geschädigten oder Tatverdächtigen gelbbraune, gelbe oder grüne Flecken erkennbar sein, so ist diese Bekleidung im trockenen Zustand an das Kriminaltechnische Institut einzusenden.

Botanische Spuren die als Bestandteil von Boden oder Staubspuren auftreten, sind wie diese zu sichern und zu verpacken.

Grundsätzlich ist auf folgendes zu achten: Die *Verpackung* muß im trockenen Zustand erfolgen, wenn nötig sind diese Spuren vorab bei Zimmertemperatur zu trocken, Untersuchungsobjekte sind stets getrennt, bruchsicher, nässegeschützt und ordnungsgemäß beschriftet in sauberen Behältnissen einsenden.

Sicherung von Vergleichsmaterialien

Krautige Pflanzen und Gräser werden stets mit Wurzel und der umgebenden Spreuschicht gesichert. Von Bäumen und Sträuchern sind Blätter, Blüten oder Früchte und Samen zu sichern.

Das Vergleichsmaterial ist vor dem Einsenden bei Zimmertemperatur zu trocknen und im Anschluß in Glas-, Plastikbehältnissen, -beuteln oder anderen geeigneten Behältnissen aus Papier oder Karton zu verpacken. Vor Sicherung von Vergleichsmikrospuren ist mit dem zuständigen Sachverständigen des Kriminaltechnischen Instituts Rücksprache zu halten.

Untersuchungsmöglichkeiten Herkunftsbestimmungen auf der Grundlage botanischer Zusammensetzungen in Ergänzung zu den mineralischen Herkunftsbestimmungen, botanische Vergleichsuntersuchungen, Rekonstruktionen von Ereignis- und Tatabläufen auf der Grundlage der Lage der pflanzlichen Spuren, der Zusammensetzung der pflanzlichen Spuren, Alters- und Liegezeitbestimmungen unter Berücksichtigung von klimatischen Bedingungen sowie toxikologische Beurteilungen bei Vergiftungserscheinungen und im Rahmen des Betäubungsmittelgesetzes (BtMG).

Aussagewert Überwiegend handelt es sich um Wahrscheinlichkeitsaussagen. Bei Vergleichsuntersuchungen sind neben dem Ausschluß grundsätzlich kategorische Aussagen möglich.

10. Textiltechnische Untersuchungen, morphologische Haaruntersuchungen

10.5 Zoologische Spuren

Unter zoologischen Spuren sind zu verstehen: Fraß- und Bißspuren, z.B. Ratten, Marder u.a., Hautderivate wie Haare, Schuppen, Federn als direkte Spur oder Verarbeitungsprodukte, Knochen, Knochenteile oder Knochenderivate (z.B. Geweihe), Reste wirbelloser Tiere in Bodenspuren (z.b. Humus) und Trittsiegel.

Zoologische Spuren sind beweiserheblich bei folgenden Straftaten:

- Klärung von Verkehrsunfällen,
- Sachbeschädigungen,
- Störungen im Flugbetrieb,
- Wilderei,
- Taten gegen Leben und Gesundheit,
- Diebstähle, Verstöße gegen Artenschutzgesetze (Exotenschmuggel) und Tierschutzgesetze

Sicherung und Verpackung Kleinere Spuren werden mit einer Pinzette aufgenommen und in Plastikbeuteln, Schraubgläsern oder anderen Behältnisse trocken, bruchsicher und ordentlich beschriftet an das Kriminaltechnische Institut geschickt. Größere Teile, wie Kabel, Bleirohre oder Trittsiegel, werden unter Verwendung eines Maßstabes fotografisch festgehalten. Zerbissene Bremsleitungen, Kabel usw. werden anschließend ausgebaut und an das kriminaltechnische Institut geschickt. Falls diese Möglichkeiten nicht gegeben sind, ist nach vorheriger Absprache eine Beurteilung durch einen sachverständigen Kriminaltechniker vor Ort notwendig.

11. Serologische und toxikologische Untersuchungen von Spuren

11.1 Serologische Untersuchungen

In der Kriminaltechnik werden folgende Spuren serologisch untersucht:

- Blutspuren,
- Sekretspuren (Speichel, Sperma, Vaginalsekret, Schweiß, Nasensekret).

> **Hinweis:** Exkretspuren (Urin und Kot) sind in serologischer Hinsicht nicht von kriminalistischer Bedeutung.

Die besondere kriminalistische Bedeutung des Blutes beruht auf dem Umstand, daß bei vielen Kapitalverbrechen infolge äußerer Einwirkung auf den menschlichen Körper, beispielsweise durch Schuß, Stich oder Schlag, zwangsläufig *Blutspuren* entstehen, deren Auswertung eine Rekonstruktion des Tatherganges ermöglicht oder Hinweise zur Ermittlung oder Überführung des Tatverdächtigen liefert. [1]

Blut hilft jedoch nicht nur als Formspur und Gegenstandsspur bei der Aufklärung von Straftaten, sondern zeigt sich auch als Träger weiterer Informationen. Am Tatort kann sich Blut als Tropfen, Spritzer, Wischer, Abrinnspur, Lache oder als Abdruck- oder Eindruckspur darstellen. Blutspuren müssen nicht unbedingt sichtbar sein, es ist dort zu suchen, wo Blut nach der Sachlage des Ereignisses zu vermuten ist. Die Entscheidung über den Einsatz von Reagenzien, wie beispielsweise *Luminol* ist grundsätzlich den Kriminaltechnikern zu überlassen.

Blut ist, wenn es aus dem Körper austritt, infolge seines hohen Gehaltes an Eiweißstoffen der Zersetzung durch Bakterien, Schimmelpilzen und durch schädigende Einflüsse der Spurenträgeroberfläche unterworfen. Diese *Zersetzung* schreitet unaufhaltsam fort, wenn nicht die geeigneten Maßnahmen getroffen werden. Die Auswertbarkeit der Spur, die an das Vorhandensein von intakten, biochemisch noch reaktionsfähigen Substanzen gebunden ist, engt sich bei Unterlassen der Maßnahmen ein. Das gilt auch für Sekretspuren.

Alle serologische Spuren unterliegen leicht der *Veränderung*, besonders durch Witterungseinflüsse, Zersetzungsprozesse und Wärmeeinwirkung.

Vordringlichste Aufgabe der Spurensicherung muß daher sein, den Zersetzungsprozeß der Blutspur vom Zeitpunkt der Auffindung bis zur Auswertung im Labor durch geeignete Maßnahmen zu unterbinden oder möglichst stark zu verzögern. Die Spuren sind daher trocken und bei Raumtemperatur aufzubewahren, dann sind sie auch noch nach langen Jahren auswertbar.

---

[1] Vgl. Wigger, 1980.

11. Serologische und toxikologische Untersuchungen von Spuren

Bei der Suche nach Blutspuren sollte stets bedacht werden, daß die Spuren von sehr unterschiedlicher Farbe sein können. Die *Farbe einer Blutspur* ist sowohl vom Alter als auch von der stofflichen Beschaffenheit des Spurenträgers sowie von äußeren – besonders thermischen – Einflüssen abhängig.

Bei der Spurensicherung sind zunächst fotografische Übersichtsaufnahmen und Skizzen zu fertigen, damit die Situationsspuren fixiert werden können. Dabei darf nur mit sauberen Händen und Werkzeugen gearbeitet werden. Anschließend sind die einzelnen Spuren durch fotografische Nahaufnahmen zu sichern. Beim Einsatz von starken Beleuchtungsmitteln muß darauf geachtet werden, daß durch die Scheinwerferhitze keine Schädigungen der Spuren entstehen. Die Sicherung der einzelnen Spuren soll verlustfrei und umfangreich erfolgen, die Sicherung mit dem Spurenträger hat hier absoluten Vorrang. Blut darf niemals mit Klebefolie (Fingerspurenfolie) gesichert werden. Filterpapier oder Zellstoffprodukte sind mögliche, jedoch nicht optimale Hilfsspurenträger.

Blut kann – sofern die Mengen ausreichen – mit einer Pipette oder einer Venüle aufgenommen und sofort an das Kriminaltechnische Institut gesandt werden. Eine ausreichende Menge kann auch auf einem Hilfsspurenträger aufgebracht (Vlies oder Baumwollgewebe) und nach Trocknung bei Raumtemperatur zur Untersuchung gesandt werden. Blutspuren auf transportablen Trägermaterial soll vollständig an der Luft trocknen und luftdurchlässig aber staubfrei verpackt werden.

Wisch- und Tropfspuren geringen Ausmaßes an nicht transportablen Gegenständen können fast verlustfrei auf einen mit sauberem Wasser angefeuchteten Hilfsspurenträger (siehe oben) übertragen werden. Ebenso können Spuren auf organischem Gewebe (Haut) gesichert werden. Hierbei ist Eile geboten, weil sich die Spur durch den Spurenträger (Schwitzen) verändern kann. Besteht der Untergrund aus glattem, nicht saugenden Material, so kann versucht werden, die angetrocknete Blut- oder Sekretspur abzuheben (nicht schaben), dabei sollen möglichst große Schuppen abgehoben werden. Spuren auf saugenden Untergründen (Tapete, Putz, Textilien) sind auszuheben oder auszuschneiden.

Speichel und **Vaginalsekret** sind wie Blut bei der Sicherung zu behandeln, eine Probe zum Vergleich des Untergrundes ist erforderlich. Vaginalabstriche und Penisabstriche sind nur vom Arzt vornehmen zu lassen. Fingernägel als Spurenträger sind einzeln zu sichern und entsprechend gekennzeichnet zu verpacken.

Schweiß und **Nasensekret** können überwiegend mit dem Spurenträger zusammen gesichert werden, andernfalls ist wie bei Blutspuren zu verfahren. Eine neutrale Probe des Spurenträgers ist auch hier erforderlich.

Speichel als Spur ist zu erwarten an Briefumschlägen, Zigarettenresten, Mundstücken, Pfeifen, Trinkgefäßen, Flaschen, Taschentüchern, Kaugummi, Lebensmittelresten. Am menschlichen Körper können Speichelspuren auch infolge von Bißverletzungen auftreten.

Spermaspuren zeigen sich im Tageslicht gelblich bis grau/weiß und wirken auf Textilien als gewebeverstärkende Flecken. Ultraviolettes Licht ist als Hilfsmittel bei der Spurensuche zweckmäßig, weil Spermaflecken dann gelblich fluoreszieren können.

Bei der Suche nach Vaginalsekreten sind alle denkbaren Varianten eines Tatgeschehens zu berücksichtigen und Objekte zu suchen, an denen entsprechende Spuren anhaften könnten. Bei der Suche am menschlichen Körper ist auf jeden Fall ein Arzt hinzuzuziehen (vgl. § 81a StPO).

Schweißspuren sind mit Hilfe von Hineindenken in das Tatgeschehen zu suchen und die Objekte zu sichern, auf denen Schweiß abgelagert sein könnte. Wie bei den beiden vorgenannten Spurenarten ist auch bei der Suche nach Nasensekret und den entsprechenden Spurenträgern zu verfahren.

> Im Zweifelsfalle sollte bei der Spurensicherung immer mit den Fachleuten des Kriminaltechnischen Institutes Rücksprache gehalten oder beispielsweise in Berlin der Spurensicherungstrupp in Anspruch genommen werden. Weitere, ausführliche Hinweise sind dem Leitfaden Tatortarbeit – Spurensuche (LF 385) zu entnehmen.

11.2 Serologische Untersuchungsziele

Ziele dieses Sachgebietes sind: Sicherer Nachweis von Blut und eines bestimmten Sekretes, Bestimmung erblicher, unveränderlicher Merkmale – *DNA-Analyse* (siehe Folgebeitrag); der Nachweis des Vorhandenseins von Urin erfolgt zumeist in der Toxikologie.

Die Untersuchung von Blut und Sekreten in kriminaltechnischer Hinsicht soll zu der Feststellung führen, welche Person als *Spurenverursacher* in Frage kommt oder auszuschließen ist. Sie dient der *Rekonstruktion von Tatabläufen*. Dazu ist die Untersuchung der Einzelspur und des gesamten Spurenbildes (Formspuren, Situationsspuren) erforderlich. Bei jeder Einzeluntersuchung wird ein Teil des Spurenmaterials verbraucht; steht nicht genügend Material zur Verfügung, müssen Prioritäten gesetzt werden. Die Verunreinigung des Spurenmaterials durch Sicherungswerkzeug und Behältnisse ist unbedingt zu vermeiden, weil dies die Ergebnisse der Untersuchung beeinträchtigen könnte.

Als Grundlage ist immer der Vergleich zwischen Spuren und dem möglichen Verursacher sowie zwischen den einzelnen Spuren erforderlich.

Was wird als Vergleichsmaterial benötigt?
Unabhängig vom vorliegenden Spurenmaterial wird für die DNA-Analyse von der verdächtigen Person eine Blutprobe zu Vergleichszwecken benötigt. Ersatzweise ist auch eine Speichelprobe geeignet. Dazu ist von dem Probanden ein Stück Filterpapier (Speichelprobenpapier, ersatzweise sauberer Kaffeefilter oder Wattestäbchen) mit Speichel zu durchtränken.

11.3 DNA-Analysen

1898 wurden bei Osnabrück zwei Mädchen grausam ermordet; als Tatverdächtiger wurde der Wanderarbeiter Tessnow festgenommen, erklärte aber die Flecken auf seiner Hose als Holzfarbe. Da ihm nichts anderes nachgewiesen wer-

11. Serologische und toxikologische Untersuchungen von Spuren

den konnte, setzte man ihn auf freien Fuß. 1901 fand man auf Rügen sieben ausgeweidete Schafe auf einer Wiese und nur drei Wochen später die ähnlich zugerichteten Leichen zweier Brüder. Tessnow, zu dieser Zeit auf Rügen aufhältlich, erklärte, die Flecken auf seinen Stiefeln würden von Beize stammen. Die Beweislage wurde durch Professor Paul Uhlenhuth geklärt, der durch seinen derzeit entwickelten Präzipitin-Test bewies, daß die Flecken nicht von der angegebenen Farbe stammten, sondern von Menschen- und Schafsblut. Tessnow wurde zum Tode verurteilt.

In der Diplomarbeit von KRUMHOLZ[2] wird das Jahr 1901 als das Geburtsjahr der forensischen Serologie bezeichnet. Als Beispiel wird dazu THORWALD[3] mit dem Fall des Wandergesellen Ludwig Tessnow zitiert.

Noch im gleichen Jahr entdeckte der Wiener Biologe LANDSTEINER die vier Blutgruppen und 1927 noch weitere Untergruppen, unter anderem den Rhesusfaktor. Durch diese Entdeckungen war es auch möglich geworden, Blutspuren kriminalwissenschaftlich auszuwerten. Etwa 80% der Bevölkerung weisen „Ausscheider-Eigenschaften" auf, also Urin, Speichel, Schweiß und Sperma der Individuen dieser Bevölkerungsgruppe enthalten dieselben Substanzen wie ihr Blut und geben daher weitere Möglichkeiten der Blutgruppenbestimmung.

Während die Daktyloskopie von dem Axiom der Einmaligkeit ausgeht und daher ein Fingerabdruck ein Individuum einwandfrei identifiziert, ist die Blutgruppenbestimmung nie über eine wahrscheinliche Identität von etwa 1:50.000 hinausgekommen; daher war bei Vaterschaftsgutachten nur ein Ausschluß einwandfrei möglich, jedoch keine präzise Bestätigung. 1985 erschien in der Zeitschrift NATURE – hundert Jahre nach dem Bericht über die Möglichkeiten der Daktyloskopie - ein Artikel über den „genetischen Fingerabdruck[4]" von JEFFREYS[5].

Die DNA-Analyse vermag heute für die Kriminalwissenschaft Einzigartiges zu leisten, wie unter anderem eine im November 1996 veröffentlichte Untersuchung zeigt. Das fast 200 Jahre alte kriminalistische Rätsel um das populäre Findelkind Kaspar Hauser konnte mit Hilfe der DNA-Analytik geklärt werden. Die Erbgut-Analyse wurde im Auftrag eines Nachrichten-Magazins von Professor KEIL (Universität München) und BLARK (Forensic Science Service) durchgeführt. Untersucht wurde die Abstammung von Kaspar Hauser; dieser war 1828 im geschätzten Alter von etwa 16 Jahren in Nürnberg aufgetaucht und gab an, lange Jahre in einem dunklen Verließ gefangengehalten worden zu sein. Nach einer sich zäh bis heute haltenden These des Gerichtspräsidenten und Kriminalwissenschaftlers Anselm von FEUERBACH[6] sollte Kaspar Hauser ein unerwünschter Nachkomme des Fürstenhauses Baden (Großherzogin Stephanie de Beauharnais) sein, diese Behauptung unterstützte auch bestimmte politische Bestrebungen. Hauser wurde 1833 im Ansbacher Hofgarten erstochen. Blutreste aus der Unterhose des Kaspar Hauser – aufbewahrt im Nürnberger Museum – lieferten aus-

---

2 Christian Krumholz Sequenzierung seltener Allele an forensisch bedeutsamen VNTR-Genorten Berlin 1996/97 Diplomarbeit aufgrund eines Praktikums im Institut PTU, LKA Berlin, Studiengang Biotechnologie, Technische Fachhochschule Berlin.
3 Thorwald, Jürgen: Das Jahrhundert der Detektive, Bd. 1 und 2, 1969.
4 Jeffreys, A.J., Wilson, V., Thein, S.L.: Individual-specific „fingerprints" of human DNA, Nature 316, 76, 1985.
5 eine deutschsprachige Beschreibung der Arbeit von Jeffreys liegt vor, siehe Literaturverzeichnis: Schleyer u.a.: Humanbiologische Spuren.
6 Präziser: Paul Johann Anselm Ritter von Feuerbach, Großvater des Malers Anselm Feuerbach.

reichend DNA-Material, um dieses mit dem DNA-Muster zweier weiblicher Angehöriger des Fürstenhauses zu vergleichen. Das Ergebnis: Das Blut aus der Unterhose stammt unter keinen Umständen von einem Abkömmling des Fürstenhauses. Das Beispiel zeigt deutlich, wie an alter (degradierter) – aber von Pilzen und Bakterien freier – DNA erfolgreich Untersuchungen vorgenommen werden können.

Die Anwendungsmöglichkeiten der DNA-Analyse gehen wesentlich über den forensischen Bereich hinaus. Möglichkeiten in der Medizin bestehen vor allem in der heutigen Transplantationstechnik, in der Krebsforschung und in der Diagnostik. Weitere Verwendungsgebiete liegen im Artenschutz, in der Tier- und Pflanzenforschung. Besonders aktuell sind auch, wie das genannte Beispiel zeigt, geschichtliche Forschungen. So wurden schon Erbgut-Gutachten an Insekten durchgeführt, die seit über 100 Millionen Jahren in Bernstein eingeschlossen sind. 1985 wurde auch erstmals DNA aus einer 2400 Jahre alten ägyptischen Mumie isoliert. So konnte auch 1995 das Schicksal der letzten Zarenfamilie näher geklärt werden. Einerseits konnten Skelette einwandfrei als die Überreste der Familie identifiziert werden, andererseits konnte die Familienmitgliedschaft der angeblichen Zarentochter Anastasia alias Anna Anderson widerlegt werden. Die Überreste der echten Anastasia konnten jedoch nicht bei den untersuchten Skeletten entdeckt werden.

In der *forensischen DNA-Analytik* ist wohl eine der Spitzenleistungen der Kriminalwisssenschaft zu sehen. Aber wie funktioniert die *molekularbiologische Untersuchung von biologischen Spuren*, welche Gewebe und Körperausscheidungen sind geeignet? Und wie alt können die Spuren sein, wie müssen sie aufbewahrt werden? Neue Verfahrensweisen sind oft umstritten – aufgrund der DNA-Analyse ist sich die Anklagebehörde sicher, Kommentar eines wegen Mordes anklagenden Staatsanwaltes: „Es gibt keinen vernünftigen Zweifel!"[7] Eine zusammenfassende Antwort gibt unter anderem ein Fachbeitrag.[8]

In den letzten Jahren verlagerten sich die eingesetzten Methoden in der forensischen Spurenkunde immer mehr von der klassischen Blutgruppenserologie in Richtung hochspezialisierter, moderner Verfahren der Molekularbiologie. So genügen inzwischen winzigste Spuren, z.B. Haarfollikel, um über molekularbiologische Untersuchungsmethoden ein einzigartiges Muster der DNA zu erhalten, das den Spurengeber (oder Verursacher) mit der Sicherheit eines Fingerabdruckes zu identifizieren oder auszuschließen vermag. Aufgrund dieser angenommenen Einmaligkeit wird auch vom genetischen Fingerabdruck (jedoch nicht vergleichbar mit der absoluten Einmaligkeit des daktyloskopischen Fingerabdrucks) gesprochen.

Untersuchungsmaterial
Zur genetischen Spurenuntersuchung sind geeignet:

- Blut,
- Sperma,
- Speichel (z.B. Briefkuverts und -marken, Trinkgefäße und Zigarettenreste),

---

[7] Meldung im Berliner Tagesspiegel vom 16.11.95, Titel: Anklage Kein Zweifel an Andersons Täterschaft.
[8] Vgl. Zeitschrift KRIMINALISTIK (8-9/96), ohne Autorenangabe.

11. Serologische und toxikologische Untersuchungen von Spuren

- Hautfetzchen,
- Haarwurzeln,
- Zähne,
- Knochenmark,
- Muskulatur.

Zellkernfreies Material, wie Nägel oder Haarschäfte, ist als Untersuchungsmaterial selbst ungeeignet, kommt aber als *Träger* von DNA-Spuren in Betracht. Unter Fingernägeln können beispielsweise Blut oder Hautreste anhaften.

Was wird als Vergleichsmaterial benötigt?
Unabhängig vom vorliegenden Spurenmaterial wird für die DNA-Analyse von der verdächtigen Person eine Blutprobe benötigt. Ersatzweise ist auch eine Speichelprobe geeignet. Dazu ist von dem Probanden ein Stück Filterpapier (Speichelprobenpapier, ersatzweise sauberer Kaffeefilter oder Wattestäbchen) mit Speichel zu durchtränken.

Untersuchungsmehode
Die heute forensisch angewandten genetischen Methoden beruhen im wesentlichen auf der *Polymerasekettenreaktion (PCR: Polymerase Chain Reaction)*, die 1986 von Mullis entwickelt wurde. Sie läßt sich als die gezielte Vermehrung von DNA oder DNA-Bruchstücken beschreiben. Nachdem das Spurenmaterial (Blut, Sperma, Speichel, etc.) vom Spurenträger abgelöst ist, erfolgt eine Reinigung und Isolation der DNA.

Selbst kleinste Mengen können so oft verdoppelt werden, bis sie für die Untersuchungszwecke (individuelle Typisierung) genügen. Durch die Polymerasekettenreaktion werden bestimmte, kurze DNA-Abschnitte zwischen 100 und 350 Basenpaaren in vitro millionenfach vermehrt. Wenige Zellen genügen für eine erfolgreiche Untersuchung. Das Verfahren kann aufgrund seiner Eigenheiten auch alte DNA typisieren.

Nach Anwendung der PCR und der damit verbundenen Vervielfältigung der DNA, werden deren Merkmale durch elektrophoretische Auftrennung bestimmt. Als Ergebnis entsteht ein System aus Längenangaben, das auf einem Film aus einer Gelmasse abgebildet ist oder auch auf einem Monitor dargestellt werden kann.

Stichworte zur DNA-Analytik
Chromosomen Betrachtet man mit einem Lichtmikroskop Zellen, so sieht man gewöhnlich nur die Zellwand, das Zellplasma und den Zellkern. Mikroskopiert man aber diese Zellen während der Teilung, werden im Zellkern faden- oder schleifchenförmige Teilchen sichtbar. Wegen ihrer Färbbarkeit mit bestimmten Farbstoffen werden diese Kernfäden als Chromosomen (Chroma = Farbe, Soma = Körper) bezeichnet. Sie treten in zwei untereinander gleichen Paaren auf.

Diese bei der Zellteilung mikroskopisch sichtbar werdende Strukturen sind Träger der Gene. Gestalt und Art der Chromosomen sind artspezifisch (der Mensch besitzt 2 x 23, die Fruchtfliege beispielsweise 2 x 4 Chromosomen). Bei einem Organismus mit einem Zellkern sind die Chromosomen komplexer gebaut. Die Form ändert sich mit der genetischen Aktivität. Zu Beginn der Zellteilung treten sie mit der charakteristischen Stäbchenform hervor und die Spindelansatzstelle (Centromer) des Chromosoms wird an bestimmten Stellen sichtbar. Ferner zeigen sich knötchenartige Verdickungen (Chromomeren). Chromosomen vermehren sich durch Verdopplung. Diploide Zellen enthalten zwei Chromosomensätze oder Genome.

In jeder einzelnen Körperzelle liegt die gesamte *Erbinformation* des Menschen vor. Hierbei handelt es sich um zwei Chromosomensätze von je 23 Chromosomen, jeweils ein Satz stammt von der Mutter und einer vom Vater. Die Erbinformation liegt in der dichtgepackten DNA (Desoxyribonucleinsäure). Vereinfacht ausgedrückt und auf die Welt der Computer übertragen könnte man die Chromosomen mit Disketten und die DNA mit dem gespeicherten Programm vergleichen.

Abweichungen von der typischen Chromosomenzahl, von Form und Größe (Chromosomen-Aberrationen) können zu mehr oder weniger schweren Erbschäden bis hin zur Lebensunfähigkeit führen.

Das **Gen** ist die kleinste genetische Einheit (Erbfaktor) im Chromosom. Die Gesamtheit der in den Chromosomen lokalisierten Gene wird als Genotyp bezeichnet. Dieser legt den Aufbau und die Reaktionsnorm des Individuums in allen möglichen Umweltverhältnissen fest. Gene haben die Fähigkeit zur Auslösung erblicher Merkmale (Vererbung), zur identischen Reduplikation und zur Mutation. Die Gene bestehen hauptsächlich aus Desoxiribonucleinsäure (DNS; engl.: DNA, A für acid)).

Jedes Gen ist für die Synthese eines bestimmten Eiweißes verantwortlich, diese genetische Information wird von der DNS auf die Messenger- (Boten-) oder Matrizen-Ribonucleinsäure (m-RNS) übertragen, die aus dem Zellkern zu den Ribosomen wandert und dort unter Einschaltung von Transfer-RNS den genetischen Code überträgt.

Die Gene werden über Millionen von Zellgenerationen unverändert weitergegeben, weil die DNS die Fähigkeit zur identischen Reduplikation hat. Veränderungen in den Erbfaktoren treten nicht durch die Art der Weitergabe, sondern spontan oder induziert durch Mutationen auf. In der Reihenfolge der Basen der DNS (genetischer Code) ist die genetische Information zur Proteinsynthese enthalten. Die DNA enthält die Beschreibung zum Aufbau aller menschlichen Zellen, die Sprache dieser Beschreibung besteht aus einer „Vier-Buchstaben-Schrift", nämlich aus vier Basen, die sich komplementär zueinander verhalten, also feste – somit entschlüsselbare – Bindungsregeln aufweisen.

Nucleinsäuren (Abk. NS, von Nucleolus, Kernkörperchen der Zellkerne) sind hochmolekulare, aus Nucleotiden aufgebaute chemische Verbindungen (Kettenmoleküle, sog. Polynucleide), die aus stickstoffhaltigen Basen, Phosphorsäure-Rest und Zucker bestehen. Der Name der vier Basen ist:

- Adenin - A
- Guanin - G
- Thymin - T
- Cytosin - C

Durch Denaturierung (Hydrolyse) lassen sich Nucleinsäuren in ihre Bestandteile zerlegen. Eine der Nucleinsäuren ist die Desoxyribonucleinsäure (DNS). Die räumliche Struktur der DNS ist als Doppelhelix (gedrehte Strickleiter) gut bekannt. Zwei Polynucleotidfäden sind schraubenförmig umeinander gewunden und stehen durch Wasserstoffbrücken zwischen ihren Basen in Beziehung, jede Base des einen Fadens bestimmt den Basenpartner im anderen und umgekehrt, solche Basenpaare sind A und T, G und C – sie bilden die Sprossen der „Strickleiter".

Nur etwa fünf Prozent der DNA der menschlichen Zelle besteht aus codierten Informationen zum Zellenaufbau, der Rest ist „Junk-DNA" oder „Nonsense-DNA". Er enthält keine codierten Gene, Sinn und Funktion dieser DNA ist bis heute nicht gesichert. Die Menge des mit der DNA gespeicherten Wissens wird auf den Umfang einer Bibliothek geschätzt, nämlich auf etwa eintausend Bücher mit je 400 Seiten.

Allele Mutierte Zustandsformen von Genen, Allele genannt, eignen sich besonders für die *individuelle Identifizierung*; werden viele Allele vorgefunden, ist von einem hochpolymorphen System zu sprechen, dieses ist für die forensische Auswertung von erheblicher Aussagekraft.

Ein entscheidendes Kriterium ist die Alleleverteilung, also die Häufigkeit, mit denen einzelne Allele in der Bevölkerung vorgefunden werden. Bei Nichtausschluß einer untersuchten Person kann die Häufigkeit des nachgewiesenen PCR-Musters in der Bevölkerung berechnet werden. Bei den angewandten Methoden resultieren in der Regel Häufigkeitswerte zwischen 1:100.000 und eins zu mehreren Milliarden. Damit ist die Spurenurheberschaft des Untersuchten in der Regel als erwiesen zu betrachten. Das Verfahren kann auch an alter (degradierter) DNA angewendet werden. Getrocknete oder tiefgefrorene biologischen Spuren können noch nach Jahren erfolgreich untersucht werden. Störend wirkt jedoch ein Klima, in welchem sich Pilze und Bakterien entwickeln und die Proben unbrauchbar machen können. Die PCR-Methode ist nach kurzer Zeit zu der Identifikationsmethode schlechthin in der Kriminalwissenschaft geworden.

Der Gesetzgeber hat sich (1997) bemüht, für die DNA Analyse ein separates Gesetzeswerk zu schaffen (StVÄG)[9]. Auf die *Pflicht zur Anonymisierung* der Proben und Spuren durch den Sachbearbeiter der Ermittlungsakte weisen die Verfasser besonders hin (ausführlicher im Abschnitt 1.3 Rechtsgrundlagen).

11.4 Blutuntersuchungen

Neben der *Blutalkoholbestimmung* und dem Nachweis von *Drogenkonsum* können durch Blut auch *Vergiftungen* im weitesten Umfang nachgewiesen werden. Dazu stellt Wigger fest, daß Tatverdächtige bei Verkehrsdelikten in vielen Fällen bestrebt sind, das Ausmaß ihres Rauschzustandes infolge Alkoholgenusses zu verheimlichen, jedoch bei anderen Delikten, wie Mord, Vergewaltigung, Körperverletzung, oft versuchen, einen möglichst hohen Trunkenheitsgrad vorzutäuschen.

Die häufigsten Untersuchungen am Blut werden zur Bestimmung der Blutalkoholkonzentration und des Drogenkonsums vorgenommen. Diese Untersuchungen dienen einerseits zur Feststellung und Beweisführung bei der Untersuchung von Straftaten, wie Trunkenheit im Straßenverkehr oder Verstoß gegen das Betäubungsmittelgesetz, sie dienen aber auch häufig dazu, ein Urteil über den

---

9 siehe Abschnitt Rechtsgrundlagen.

Zustand einer Person zur Tatzeit herbeizuführen und über die Zurechnungsfähigkeit einer Person zu entscheiden. Im Einzelfall ist darüber zu entscheiden, ob überhaupt eine Schuldfähigkeit vorhanden war oder ob sich jemand vorsätzlich zur Begehung einer Tat mit Alkohol betrunken hat, was als Vollrauschdelikt zu verfolgen wäre.

Fast alle Maßnahmen zur Spurensicherung im Blut von lebenden Personen sind durch Gesetze und Geschäftsanweisungen geregelt[10]. Von Bedeutung ist die Tatsache, daß der Untersuchungsantrag zum Blut gleichzeitig auch die Anordnung einer strafprozessualen Maßnahme und das Protokoll über Ort, Zeitpunkt und Verlauf der Blutentnahme umfaßt. Daher kommt dem Ausfüllen dieses Formulars eine erhebliche Bedeutung zu. Die gesetzliche Grundlage zur Blutentnahme ist im § *81a StPO* geregelt:

Eine körperliche Untersuchung des Beschuldigten darf zur Feststellung von Tatsachen angeordnet werden, die für das Verfahren von Bedeutung sind. Zu diesem Zweck sind Entnahmen von Blutproben und andere körperliche Eingriffe, die von einem Arzt nach den Regeln der ärztlichen Kunst zu Untersuchungszwecken vorgenommen werden, ohne Einwilligung des Beschuldigten zulässig, wenn kein Nachteil für seine Gesundheit zu befürchten ist.

11.5 Blutentnahmen

Gründe für die Anordnung der Blutentnahme

Regelfälle Eine körperliche Untersuchung und eine Blutentnahme sind in der Regel anzuordnen bei Personen, die verdächtig sind, unter der Einwirkung von Alkohol und/oder von sonstigen auf das Zentralnervensystem wirkenden Stoffen (Medikamenten, Drogen) eine Straftat begangen zu haben, namentlich

– ein Fahrzeug im Straßenverkehr geführt zu haben mit 0,3 Promille oder mehr Alkohol im Blut oder einer Alkoholmenge im Körper, die zu einer solchen Blutalkoholkonzentration führt, wenn es infolge des Alkoholkonsums zu Ausfallerscheinungen, einer verkehrswidrigen Fahrweise oder einem Verkehrsunfall gekommen ist,

– ein Kraftfahrzeug im Straßenverkehr geführt zu haben mit 1,1 Promille oder mehr Alkohol im Blut oder einer Alkoholmenge im Körper, die zu einer solchen Blutalkoholkonzentration führt,

– bei schwerwiegenden Straftaten und bei schweren Unfällen, die sich anhand örtlicher oder tageszeitlicher Bedingungen, aufgrund der Straßen- und Witterungsverhältnisse oder durch übliche Fehlverhaltensweise nicht oder nicht ausreichend erklären lassen.

Verdacht auf Medikamenten- und Drogeneinfluß

Anhaltspunkte für das Einwirken sonstiger auf das Zentralnervensystem wirkender Stoffe (Medikamente, Drogen) sind insbesondere typische Ausfallerscheinungen oder unerklärliche Fahrfehler, die trotz auszuschließender Alkoholeinwirkung bzw. nicht eindeutiger oder ausschließlicher Alkoholbeeinflussung (zum Beispiel nach vorhergegangenem Atemalkoholtest) festgestellt werden. Als weitere Anhaltspunkte kommen das Auffinden von Medikamenten, Drogen

---
10 siehe Abschnitt: Nach welchen Rechtsgrundlagen wird Kriminaltechnik angewendet?

oder Gegenständen, die dem Konsum von Betäubungsmitteln dienen, sowie die positive Kenntnis früherer Verstöße gegen das Betäubungsmittelgesetz in Betracht.

Durchführung der Blutentnahme
Zur Blutentnahme sind die Betroffenen der örtlich zuständigen Blutentnahmestelle zuzuführen, wobei während des gesamten Blutentnahmevorganges zu dessen ordnungsgemäßer Durchführung einschließlich der korrekten Kennzeichnung der Blutprobe(n) der die Blutprobe anordnende Beamte oder der von ihm Beauftragte zugegen sein muß. Die Entnahme des Blutes ist in dem dafür eingerichteten Raum der Blutentnahmestelle von der beauftragten Ärztin oder dem beauftragten Arzt, die auch Erste Hilfe leisten können, durchzuführen. Es ist darauf zu achten, daß die Venüle möglichst vollständig gefüllt wird.

Verweigert der Betroffene die Entnahme einer Blutprobe, ist diese mit nach den Umständen erforderlichem unmittelbaren Zwang durchzuführen. Ist bei einem Betroffenen eine Blutentnahme angeordnet, erfordert aber seine Verletzung eine stationäre Aufnahme in das Krankenhaus oder ist er bereits in ein Krankenhaus transportiert worden, ist die Abnahme der Blutprobe durch den Krankenhaus-Aufnahmearzt zu veranlassen.[11]

Wird aus medizinischen Gründen die Anwesenheit des Polizeibeamten bei der Blutprobe nicht gestattet (zum Beispiel Intensivstation), kann auf dessen Gegenwart ausnahmsweise nur dann verzichtet werden, wenn entsprechende Vorkehrungen zur Verhinderung einer Flucht getroffen wurden. Dieser Umstand ist aktenkundig zu machen.

Für die *Abgabe der Schreibprobe* auf dem Vordruck ist den Betroffen die Benutzung von Sehhilfen zu gestatten. Diese Schriftprobe dient nicht dem kriminaltechnischen Schriftvergleich, sie soll die motorischen (Hirn-) Leistungen unter Alkoholeinfluß dokumentieren, denn in der Schreibleistung zeigen sich deutlich die Auswirkungen des Alkohol-, Medikamenten- oder Drogenkonsums.

Eine zweite Blutentnahme ist im Hinblick auf den Grundsatz der Verhältnismäßigkeit nur in Ausnahmefällen anzuordnen, wenn Anhaltspunkte für die Annahme gegeben sind, daß Beschuldigte oder Betroffene

– innerhalb einer Stunde vor der ersten Blutentnahme Alkohol zu sich genommen haben,
– sich auf einen Nachtrunk berufen oder
– die Angaben zur Alkoholaufnahme verweigern.

Die zweite Blutentnahme soll 30 Minuten nach der ersten Blutentnahme erfolgen.

---

[11] Landesrecht beachten!

Protokollierung und Weiterleitung
Mit dem vorgesehenen Vordruck (Protokoll und Antrag) ist jeweils jede Blutentnahme oder Urinprobe zu protokollieren und die Untersuchung der Proben gemäß der in diesem Vordruck vorgegebenen Untersuchungszwecke mit Ankreuzen der entsprechenden Felder zu beantragen.

Der Vordruck für die Blutentnahme ist sorgfältig auszufüllen, wobei insbesondere auf die korrekte Angabe der Dienststelle, des Geschäftszeichens, der Namen sowie des Deliktes zu achten ist. Verwahrung sowie Übergabe und Übernahme der Blut- und Urinproben sind *lückenlos zu dokumentieren.*

Werden *bei einer Person zwei Blutentnahmen* durchgeführt, sind zwei Vordrucke auszufüllen und die verwendeten Klebezettel jeweils entsprechend zu beschriften.

Der Arzt füllt die Rückseite des Protokolls (ärztlicher Bericht) in eigener Zuständigkeit aus. Wegen der Bedeutung des ärztlichen Berichtes bei der Gerichtsverhandlung *ist der Arzt um deutliche Ausfertigung zu bitten.* Zur Blutentnahme ist nach dem jeweils gültigen Landesrecht das geeignete Blutentnahmegerät (Monovette oder Kolbenpumpe) einzusetzen.

Vom anwesenden Beamten oder dem von ihm Beauftragten ist darauf zu achten, daß der Arzt den Bericht eigenhändig unterschreibt und seinen Namen, soweit dieser nicht dem Stempelabdruck zu entnehmen ist, in Druckbuchstaben hinzufügt. Auf das Vorhandensein eines Stempelabdruckes des Arztes oder des Krankenhauses ist zu achten.

Bei der polizeilichen Anordnung von zwei Blutentnahmen sind die Protokolle beider Blutentnahmen zusammengeheftet mit den getrennt verpackten Blutproben an das kriminaltechnische Institut zu übergeben.

Werden bei einem Betroffenen sowohl eine Blutprobe entnommen als auch eine Urinprobe abgegeben, ist in der gleichen Weise zu verfahren. Beim Versand von Blutproben sind die vorgesehenen Behälter zu verwenden. Verpackungsmaterial und Protokoll sind mit deutlich sichtbaren Warnhinweisen (zum Beispiel HIV-Verdacht!) zu versehen. Jede durchgeführte Blutentnahme oder Urinprobe ist von den Blutentnahmestellen der örtlichen Dienststellen in getrennten Listen zu erfassen.

Verfahren bei der Untersuchung
Die Untersuchungsstelle trifft die erforderlichen Maßnahmen, um sicherzustellen, daß Verwechslungen von Blutproben ausgeschlossen werden. Die Aufzeichnungen über die Kennzeichnung der Proben und die Ergebnisse der Alkoholbestimmung sind für die Dauer von sechs Jahren aufzubewahren, damit sie – wenn erforderlich – dem Gericht oder der Verfolgungsbehörde vorgelegt werden können.

Die Blutalkoholbestimmung für forensische Zwecke ist nach den vom Bundesgesundheitsamt aufgestellten Richtlinien[12] durchzuführen.

Weichen Sachverständige im Einzelfall von den vorstehenden Grundsätzen ab, so haben sie dem Gericht oder der Verfolgungsbehörde darzulegen, ob hierdurch die Zuverlässigkeit des Untersuchungsergebnisses beeinträchtigt wird.

---
12 Erlaß über die Einführung der bundeseinheitlichen Verwaltungsvorschrift über die Feststellung von Alkohol im Blut bei Straftaten und Ordnungswidrigkeiten und über die Sicherstellung und Beschlagnahme von Fahrausweisen vom 26.Juni 1995.

11. Serologische und toxikologische Untersuchungen von Spuren

Die Untersuchungsstellen haben zur Gewährleistung einer gleichbleibenden Zuverlässigkeit ihrer Ergebnisse laufend interne Qualitätskontrollen vorzunehmen und regelmäßig an Ringversuchen teilzunehmen.

Das Gutachten der Untersuchungsstelle ist umgehend der Behörde zuzuleiten, welche die Untersuchung veranlaßt hat, sofern diese nicht die Übersendung an eine andere Stelle angeordnet hat.

Die Blutprobenreste sollen mindestens zwei Jahre gekühlt aufbewahrt werden. Im Einzelfall kann die Staatsanwaltschaft oder das Gericht eine Verlängerung der Aufbewahrungsfrist anordnen.

11.6 Welche toxischen Stoffe werden bei Straftaten eingesetzt?

Bei der Untersuchung von Blut und Harn sowie bei Rückständen in Trinkgefäßen können nicht nur Betäubungsmittel, sondern auch Medikamente und andere, toxisch wirkende Stoffe nachgewiesen werden. Toxikologische Untersuchungen erstrecken sich auch auf Lebensmittel aller Art, Erde, Pflanzenmaterial, ausgelegtes Futter sowie vielfältiges Material aus Garten, Haushalt und Hobby.

11.7 KO-Tropfen

Als Tatmittel tauchen immer wieder sogenannte KO-Tropfen auf. Der Begriff stammt aus der Ganovensprache, es handelt es sich dabei um flüssige Zubereitungen, die Speisen oder Getränken zugesetzt, jemanden in kurzer Zeit in tiefen Schlaf oder Bewußtlosigkeit versetzen sollen. Es werden handelsübliche flüssige Fertigzubereitungen (Tropfen, Injektionszubereitungen) oder aus Pulvern oder Tabletten selbst hergestellte – meist alkoholische – Lösungen verwendet. In Frage kommen alle Arzneistoffe, die als Wirkung oder Nebenwirkung einen einschläfernden (sedierenden) Effekt aufweisen und bei denen mit einem raschen Wirkungseintritt zu rechnen ist. Von Vorteil für den Täter sind natürlich Arzneistoffe, die hochwirksam sind, also auch in sehr niedrigen Dosierungen – und damit für das Opfer kaum bemerkbar – den gewünschten Effekt auftreten lassen.

Die nachfolgend aufgeführten Stoffe und ihre Markennamen kommen am häufigsten zur Anwendung, daher ist bei Durchsuchungsmaßnahmen auf das Vorhandensein dieser Stoffe und Medikamente als Sachbeweis besonders zu achten.

Nr.	Substanz	Handelsname
1.	Flunitrazepam	u.a. Rohypnol®
2.	Diazepam	u.a. Valium®
3.	Triazolam	u.a. Halcion®
4.	Tramadol	u.a. Tramal®
5.	Haloperidol	u.a. Haldol®
6.	Clozapin	u.a. Leponex®
7.	Clonidin	u.a. Catapresan®
8.	Diphenhydramin	u.a. SedoveganNovo®

Ferner kommen Herz-Kreislauf-Medikamente (zum Beispiel Betablocker) und andere als die oben genannten Psychopharmaka als Tatmittel in Betracht.

Das als Nummer 1 in der Liste bezeichnete Mittel ist zur Zeit in Berlin beim Zechanschlußraub und ähnlichen Delikten die am häufigsten verwendete Substanz. Das Mittel zu Nummer 6 wird in der medizinischen Behandlung gegen Schizophrenie eingesetzt und darf dort wegen erheblicher Nebenwirkung nur bei stationärer Behandlung eingesetzt werden. Die Substanz zu Ziffer 7 ist zur Senkung des Blutdruckes und des Augeninnendruckes in der Medizin vorgesehen. Bei hoher Dosierung führt es zu rasch einsetzender Bewußtlosigkeit.

Die *Toxizität* der aufgeführten Substanzen ist bei alleiniger Applikation sehr unterschiedlich; im Zusammenwirken mit Alkohol besteht bei allen Substanzen ein großes Risiko lebensbedrohlicher Zustände.

11.8 Andere Vergiftungen

Außer den vorgenannten Phänomen untersuchen Kriminaltechnische Institute Vergiftungen beispielsweise durch Rattengifte, Schwermetalle, Pflanzenschutzmittel, diverse Tabletten und Tenside. In Betracht kommen weitere, den Organismus schädigende Stoffe, die wegen der Vielzahl der Möglichkeiten hier nicht näher beschrieben werden können. Ursächlich für derartige Taten können nach polizeilicher Erfahrung sowohl Konflikte zwischen Nachbarn als auch Erpressungsversuche von Lebensmittelketten, sein.

Bei der Tatortarbeit und Spurensicherung ist besonders auf die verdächtigen Stoffe und die bei der Verabreichung verwendeten Gefäße und auf sonstige Materialien zu achten. Die Verpackung der Stoffe muß in neutralen und sauberen Gefäßen erfolgen. Sachverständige empfehlen die Verwendung von Probenbechern wie sie bei Urinproben verwendet werden. Keinesfalls sollten Gegenstände aus dem inkriminierten Haushalt zur Spurensicherung verwendet werden, da eine Kontamination der Stoffe untereinander nicht ausgeschlossen werden kann und daher die Beweisführung fragwürdig wird.

Je nach sicherzustellendem Material muß auch an eine temperaturgerechte Lagerung gedacht werden, bei Lebensmitteln ist eine angemessene Kühlschranktemperatur anzuraten. Beim Verdacht der Vergiftung von Nahrungsmitteln und Tierfutter werden die Proben häufig durch Opfer oder Geschädigte selbst eingebracht. Für die Untersuchung der Proben sind daher auch nähere Angaben über Herstellung oder Erwerb der Nahrungsmittel von Bedeutung und sollten in den Untersuchungsantrag einfließen oder als Kopie von Berichten dem Untersuchungsantrag beigefügt werden.

11.9 Betäubungsmittel[12]

Drogen sind Stoffe, die auf das psychische und/oder physische Befinden des Menschen in gefährlicher Weise einwirken und eine mehr oder weniger starke Abhängigkeit zur Folge haben können. Zu den Drogen müssen im wissenschaftlichen Sinne auch Alkohol, Nikotin und Medikamente gezählt werden. In der Gesellschaft sind folglich *legale und illegale Drogen* im Gebrauch.

Ohne behördliche Erlaubnis ist jeder Umgang mit Drogen im Sinne des *Betäubungsmittelgesetzes (BtMG)*[13] strafbar. Schon der Erwerb oder Besitz einer geringen Menge Haschisch, Marihuana oder LSD sind nach der aktuellen Gesetzeslage strafbar. Allerdings gibt es gesetzliche Möglichkeiten, zugunsten von Konsumenten oder Abhängigen von Strafverfolgungsmaßnahmen oder einer Bestrafung abzusehen, insbesondere unter der Berücksichtigung des Grundsatzes „Therapie vor Strafe".

Leider werden diese Grundsätze in der öffentlichen Diskussion umgedeutet, mit dem Schluß, daß gewisse Mengen[14] von Drogen straffrei wären. Dies führt zu bedenklichen Verhaltensweisen beim Erwerb von Drogen.

Betäubungsmittel und deren Verbote sind präzise im BtMG definiert. Um hier entsprechende Lücken zu finden, kreieren illegale Labore immer wieder synthetische Drogen, die noch nicht im BtMG aufgeführt und daher zunächst auch nicht verboten sind. Diese Stoffe werden allgemein *Designerdrogen* genannt, weil sie gezielt – entsprechend der Absicht, nicht in den jeweils neuesten Suchtstoffgesetzgebungen (u.a. Grundstoffüberwachungsgesetz – GÜG) aufzutauchen – entworfen und auf den Markt gebracht werden.

11.10 Opiate

Als Rohstoff zur Herstellung von Opiaten dient der Schlafmohn (Papaver Somniferum), aus ihm wird das Rohopium gewonnen. Aus diesem entsteht entweder *Rauchopium, Morphium* (für medizinische Zwecke) oder *Morphinbase* zur Herstellung von Heroin. Heroin kann als bräunliche Krümelsubstanz (Heroin Nr. 3) oder weißes Pulver (Heroin Nr. 4) auf den illegalen Markt kommen.

---

12 Vgl. auch Rauschmittelmißbrauch in Berlin (West), Hrsg.: PPr Berlin, 1990.
13 Gesetz über den Verkehr mit Betäubungsmitteln (Betäubungsmittelgesetz) vom 28.7.1981 in der Fassung vom 23.12.92.
14 Ein Lübecker Gericht kam in einem Einzelfall zu dem Urteil, daß 5 kg Haschisch noch Eigenbedarf und keine Handelsware wären. Nach einer Pressemeldung vom 28. Okt. 1996 wurde in Wuppertal Anklage wegen des Besitzes von 4,9 g Haschisch erhoben, weil besonderes öffentliches Interesse vorlag (Jugendschutz). Es kam zu einer Verurteilung, die vom BGH bestätigt wurde.

Die Wirkung schwankt – je nach Stärke, Zusammensetzung, Reinheit und Streckmittel – zwischen überwiegend dämpfend und gelegentlich euphorisierend, es entsteht eine starke physische und psychische Abhängigkeit. Gefahren sind besonders auch durch nicht sterile Spritzen gegeben, bei Überdosierung kann es zur Atemlähmung und Herzschwäche kommen. Die Zusammensetzungen von Substanzen auf dem illegalen Markt sind sehr unterschiedlich und folglich mit starken Risiken behaftet.

Als *spurentragende Sachbeweise* kommen besonders die Spritzen, Teelöffel zum Aufkochen, Zigarettenfilter zum Filtrieren des Stoffes und Stanniolbriefchen als Verpackungseinheit in Betracht. Auch geringste Mengen lassen sich heute zuverlässig nachweisen.

11.11 Synthetische Drogen

Aus verschiedenen chemischen Grundstoffen werden die synthetischen Drogen hergestellt, vier Gruppen sind hier zu unterscheiden:

- Amphetamin, Methamphetamin (Szenesprache: Speed) – Wirkung aufputschend.
- Designer Drugs (Ecstasy, XTC, Adam und Eve, Happy Pills) – Wirkung aufputschend und/oder halluzinogen. Ecstasy hat zu einem vermehrten Drogenkonsum unter Kindern und Jugendlichen geführt.
- LSD, Meskalin, Tryptamin (DMT), PCP (Szenesprache: Trips, Acid, Peace-Pills, Angel Dust) – Wirkung halluzinogen.
- Illegal hergestellte Arzneistoffe, z.B. Methaqualon und Fenetylin (Szenesprache: Tabs, Tabes, Capys) – Wirkung stark dämpfend bis euphorisierend.

Diese Stoffe werden in sehr unterschiedlichen Formen und auf vielfältigen Substanzträgern gehandelt, in Betracht kommen Löschpapier, in Mustern mit Comicfiguren bedrucktes Papier, Filzstückchen, Zuckerwürfel, Tabletten und Kapseln. Der Wirkstoff wird oft auch in Gelatine eingebettet, die dann in kleine Würfel geschnitten wird (Mikrotrips).

11.12 Cannabisprodukte

Aus der Hanfpflanze (Cannabis Sativa) wird durch Trocknung der Blätter *Marihuana* („Gras" oder „Mary-Mary") als Mittel zum Rauchen gewonnen; die Stoffe sind als zerkleinerte, harzhaltige Pflanzenteile im Handel. Als weitere Produkte entstehen aus Marihuana, Haschisch-Öl oder Haschisch-Konzentrat.

Haschisch ist das von der Hanfpflanze abgesonderte Harz, es („Shit") wirkt halluzinogen und führt zu psychischer Abhängigkeit. Es wird meist als Platte oder Kuchen gehandelt – gelegentlich auch in Pulverform – und ist von unterschiedlicher Farbe, nach der sich auch teilweise die Herkunft bestimmen läßt: Brauner Marokkaner, Grüner Türke, Roter Libanese, Schwarzer Afghane usw.

11. Serologische und toxikologische Untersuchungen von Spuren

Bei der *Spurensicherung* kommen neben den Haschischprodukten selbst, vor allem Rauchgeräte in Betracht, wie Pfeifen und Zigarrenspitzen, daneben sind aber auch Verpackungen und Transportmittel von spurenkundlichem Interesse. Geringe Mengen dürften an der szenetypischen, kleinen Briefwaage anhaften. Es sollte aber auch bei der Spurensuche bedacht werden, daß Haschisch sich auch als *Beigabe zum Gebäck* eignet oder als *Tee* getrunken werden kann.

11.13 Kokain und Crack

Kokain wird aus der Kokapflanze (Erytroxylon Coca) gewonnen; die Kokablätter werden geerntet und weiterverarbeitet, es entsteht eine Kokapaste, die zu Kokain oder Crack aufbereitet wird (Szenesprache für Kokain: Koks oder Schnee, für Crack: Rocks). Das Kauen der Kokablätter ist unter den Bewohnern der Andenstaaten weit verbreitet. Um die Jahrhundertwende gelangte Kokain nach Europa und wurde als Medikament eingesetzt, weil zunächst das starke Suchtpotential verkannt wurde. Kokain erscheint auf dem Markt als weißes, flockiges Pulver, Crack als gelblich/weiße bis bräunliche, harte Brocken.

Kokain- und Heroinmixturen („speed-ball") führen besonders schnell in die Abhängigkeit. Dem Kokain wird nachgesagt, daß es alle Hemmungen beseitigt, aber auch Angstzustände auslöst und damit zu Aggressionshandlungen oder suiziden Verhaltensweisen führen kann. Crack ist hinsichtlich der Wirkung als Steigerung anzusehen. Kokain und Crack können zu Erschöpfungszuständen, Verengungen der Blutgefäße, Gehirnblutungen, Lungenschäden und paranoiden oder schizophrenen Zuständen führen.

Bei der *Spurensuche* ist auf gefaltete Stanniol- oder Papierverpackungen zu achten, kleine Aufbewahrungsgefäße aus Plastik, das sogenannte Kokser-Mäppchen mit Spiegel, Rasierklinge, Schnupfröhrchen und Kokser-Löffelchen (Maß zur Portionierung); Crack wird oft in speziellen Metallpfeifen geraucht. Auch geringe Anhaftungen lassen sich heute kriminaltechnisch identifizieren.

11.14 Hinweise auf Drogenkonsum

Rauschgifte entfalten ihre Wirkung über das Gehirn des Menschen, dorthin werden sie über den Blutkreislauf transportiert. In das Blut gelangen sie auf die unterschiedlichste Weise: beim Haschischrauchen über die Lunge, beim LSD über den Verdauungstrakt einschließlich Mundschleimhaut, beim Schnupfen von Kokain über die Nasenschleimhäute und beim Heroin direkt in die Blutbahn durch Injektion. Neben den klassischen Drogen tauchen auch immer wieder Versuche auf, berauschende Wirkungen mit Hilfe von Pflanzen und deren Substraten zu erzielen. Beispielsweise kommen hier Psilocybepilze oder Tollkirschen in Betracht.

Je nach dem verwendeten Rauschgift und der praktizierten Aufnahmeform befinden sich im Besitz des Abhängigen die unterschiedlichsten Hilfsinstrumente, die es bei der Spurensuche zu sichern gilt. Wer Rauschgift nimmt, benötigt meist verschiedenartige Hilfsmittel.

Je nach Rauschgift und Aufnahmeform zeigen sich körperliche Merkmale, die einen Hinweis auf den Drogenkonsum geben können, meist sind die Zeichen aber unsicherer Natur. Für strafprozessuale Maßnahmen muß dieser oft geringe Anfangsverdacht erst gefestigt werden.

In der Literatur werden folgende Symptome als Hinweise genannt:

- Blasses, ungesundes Aussehen,
- Schläfrigkeit, Apathie,
- Appetitlosigkeit,
- starke Gewichtsabnahme,
- Durchfall,
- erhöhte Berührungs-, Schmerz- und Lichtempfindlichkeit,
- Schwindel,
- Kopfdruck,
- laufende Nase,
- Reizhusten,
- Magen- und Darmstörungen,
- Heißhunger auf Süßigkeiten,
- Zahnschäden bis zur Zerstörung des Gebisses,
- extrem erweiterte oder verengte Pupillen,
- gerötete Augen,
- Juckreiz,
- außergewöhnliches Schwitzen,
- Gänsehaut,
- Händezittern,
- Schmerzen,
- eitrige Geschwüre an den Extremitäten,
- Gelbsucht,
- Leberentzündung,
- Tragen von langärmliger Kleidung auch bei großer Wärme, um Einstichstellen zu verbergen.

11.15 Urinproben

Mittels Urinprobe kann der Nachweis von Medikamenten und Drogen unter Umständen auch noch längere Zeit nach der Einnahme geführt werden.

Ergeben sich Anhaltspunkte für die Einnahme von Medikamenten oder Drogen, ist im Fall des Verdachts einer Straftat oder einer schwerwiegenden Ordnungswidrigkeit neben der Blutentnahme auf die freiwillige Abgabe einer Urinprobe hinzuwirken. Dazu ist die betroffene Person zu belehren. Ihre Einwilligung ist im Protokoll zu dokumentieren.

Die betroffene Person gibt ihre Urinprobe in einem bei den Dienststellen vorhandenen verschraubbaren Gefäß ab, das möglichst vollständig (ca. 50 - 100 ml) zu füllen ist.

Die Echtheit der Urinprobe ist mit der Anwesenheit einer/eines Angehörigen der Schutz-, Kriminal- oder Wachpolizei[15] zu gewährleisten.

Gibt die betroffene Person keine Urinprobe ab, ist darauf zu achten, daß wegen weitergehender Untersuchungen die Mindestmenge des entnommenen Blutes 2 x 10 ml beträgt. Urinproben sind kühl zu lagern. Sie müssen in dicht schließenden Behältnissen sowie festem Verpackungsmaterial gegebenenfalls gemeinsam mit gleichzeitig entnommenen Blutproben versandt werden. Dabei sollen mit der Blutprobe gleichlautende Identitätsnummern verwendet werden.

Fehler Bei den *Untersuchungsanträgen* auf Betäubungsmittel und/oder Medikamente wird die Fragestellung oft nicht deutlich. Häufig ist der Name des Beschuldigten oder Betroffenen nicht eindeutig in der Schreibweise, auch der Status Beschuldigter, Betroffener ist nicht gekennzeichnet oder aber wenn ein anderer Status vorliegt, beispielsweise Zeuge oder Geschädigter, ist dieser nicht vermerkt. In den Untersuchungsanträgen fehlt häufiger auch die genaue Deliktsbezeichnung. Wie schon bei anderen Anmerkungen bei Untersuchungsanträgen herausgehoben, dokumentiert auch dieser Antrag gleichzeitig eine strafprozessuale Maßnahme. Daher ist unbedingt darauf zu achten, daß sowohl Unterschrift, Name und Dienststelle des Antragstellers als auch die bearbeitende Dienststelle und das Geschäftszeichen deutlich lesbar eingetragen sind.

Für die Untersuchungen werden folgende Methoden eingesetzt:

- **EMIT** (enzymimmunologische Einstiegsuntersuchung, die über die weitere analytische Vorgehensweise entscheidet),
- **HPLC** (Hochdruckflüssigkeitschromatographie zur Differenzierung von bestimmten Arzneistoffgruppen), in Verbindung mit dem *Automatisierten Extraktionsverfahren* (ermöglicht die schnelle Erfassung einer großen Anzahl von Drogen und pharmazeutischen Wirkstoffen),
- **DC** (Dünnschichtchromatographie zur Untersuchung von pharmazeutischen Wirkstoffen),
- **GC-MS** (Gaschromatographie-Massenspektrometrie dient aufgrund sehr hoher Empfindlichkeit in vielen Fällen einer endgültigen Abklärung des Untersuchungsergebnisses).

11.16 BtM-Nachweis in Haaren

Die Entnahme von Haarproben bei lebenden Personen ist in Geschäftsanweisungen – je nach Landesrecht – näher geregelt. Die wichtigsten Merkmale sind hier auszugsweise wiedergegeben:

Neben Blut- und Urinproben kommt für den Nachweis dauernder Zufuhr von Medikamenten und Drogen die Sicherung von Haarproben in Betracht. Diese Maßnahme stellt eine körperliche Untersuchung dar und darf gegen den Wil-

---

15 Landesrecht Berlin: Wachpolizei im Angestelltenverhältnis.

len des Beschuldigten nur vom Richter, bei Gefährdung des Untersuchungserfolges durch Verzögerung auch durch die Staatsanwaltschaft und ihre Hilfsbeamten angeordnet werden (§ 81a Abs. 2 StPO).

Die Haarprobe ist durch eine Ärztin oder einen Arzt zu entnehmen. Bei der Probenabnahme ist folgendes zu beachten:

Die Probennahme, das Verpacken und das Versenden darf nicht in der Nähe von Rauschmittelasservaten stattfinden.

Die Entnahme sollte in erster Linie über dem Hinterhauptshöcker erfolgen. Ist dies nicht möglich, muß die Entnahmestelle entsprechend dokumentiert werden.

Die Probe sollte aus einem mindestens bleistift- bis kleinfingerdicken Strang bestehen. Die Haare sind vor dem Abschneiden mit einem Bindfaden, möglichst 2 - 3 cm von der Kopfhaut entfernt, fest zusammenzubinden. Die zusammengebundenen Haare sind möglichst direkt an der Kopfhaut abzuschneiden, sollte dies nicht möglich sein, ist die Länge der zurückgebliebenen Haarreste zu dokumentieren.

Die entnommene Haarprobe ist fest in Folie einzurollen und diese Folie mit Klebefilm auf einem Papierbogen zu fixieren (Kontakt zwischen Klebeschicht des Films und Haaren darf nicht erfolgen). Die Probenbeschriftung und Probenkennung, Bezeichnung der Entnahmestelle, Kennzeichnung von kopfnahem Ende und Haarspitze sowie Angabe zur Länge der verbliebenen Haarreste sind auf dem Bogen zu vermerken.

11.17 Die Untersuchung von sichergestellten Betäubungsmitteln

Stoffe, die dem Betäubungsmittelgesetz unterliegen, werden nicht nur im konsumierten Zustand einer Untersuchung als Harn- oder Blutprobe zugeführt, sondern natürlich auch als Substanz in mehr oder weniger reinem Zustand – je nach Menge – als Handelsware oder Eigenbedarf juristisch eingestuft. Der Kriminalist wird bei einer sichergestellten Substanz immer fragen:

– Was ist das für ein Stoff? Unterliegt er dem BtMG ?
– Wieviel ist das? (in Gewichtsprozenten)

Dazu benötigt der Sachbearbeiter eine forensisch abgesicherte Auskunft. Die Entscheidung vom Gericht wird im Urteil nach dem Anteil der reinen BtM-Substanz – ohne Streckmittel – getroffen.

Bei der Sicherstellung und dem Weiterreichen der fraglichen Substanzen ist auf den Durchsuchungsprotokollen die jeweilige Übergabe zu vermerken, so daß eine Verwechslung mit anderen sichergestellten Substanzen ausgeschlossen werden kann. Es hat sich als praktisch erwiesen, einen Laufzettel zusätzlich zu dem Protokoll zu benutzen, dieser sollte den Namen aller übernehmenden und übergebenden Personen enthalten sowie eine Beschreibung der Substanz.

Die Lagerung von BtM-Stoffen sollte bei Raumtemperatur erfolgen, am besten unter Ausschluß von Licht in einem Schrank. Auf keinen Fall darf das Untersuchungsmaterial feucht werden. Auf klare Trennung unter Ausschluß von al-

11. Serologische und toxikologische Untersuchungen von Spuren

len Übertragungsmöglichkeiten zwischen verschiedenen Stoffen im Lager muß unbedingt geachtet werden, eine Kontamination mit Fremdstoffen ist auszuschließen. Die Einzelverpackung muß staubfest sein. Sichergestellte Injektionsnadeln sind entweder zu vernichten oder in Schutzhülle zur Untersuchung zu senden, keinesfalls nur umzubiegen.

Der Untersuchungsantrag an die Kriminaltechnik soll mindestens enthalten:

- EDV-Nr. des Vorgangs,
- Name des Beschuldigten,
- Namen des Sachbearbeiters mit Rückrufnummer,
- Bezeichnung der Dienststelle,
- Umstände, die möglicherweise eine Veränderung des Stoffes herbeigeführt haben,
- Mitteilung, ob Untersuchungsreste vernichtet werden sollen, auch wenn keine Betäubungsmittel festgestellt wurden,
- Hinweis auf besondere Dringlichkeit und vor allem
- eindeutige Benennung des Untersuchungszieles.

Untersuchungsmethoden
Naß-chemische Vorteste (screening) Untersucht werden können Kokain, Opiate sowie Amphetamine und deren Derivate. Es handelt sich nur um einen Vortest (!), der relativ unspezifisch ist; eine chemische Substanz wird mit dem fraglichen Stoff zusammengebracht und führt als Reaktion zu einem Farbumschlag.

Nah-Infrarot-Spektralphotometrie (NIR) Auf die Oberfläche des Untersuchungsgutes wird infrarotes Licht über ein Glasfaserkabel gestrahlt und das Ergebnis der Reflektion in einen Detektor geleitet und innerhalb von Sekunden mit im Rechner vorhandenen Daten bereits gemessener Drogen und Drogengemische verglichen. Als Ergebnis entsteht ein Diagramm, aus dem die Art des BtM und dessen Wirkstoffgehalt zu bestimmen sind.

Die **Dünnschicht-Chromatographie** differenziert nach Inhalts- und Wirkstoffen und wird auch zu den Screening-Verfahren gerechnet.

Die **Quantifizierung auf Wirkstoffkonzentration** führt zu einwandfreien forensichen Ergebnissen, die für eine Verurteilung benötigt werden.

Besonders bei sogenannten Exoten, also ungewöhnlichen Drogen, wird die **Massenspektrometrie** eingesetzt, um die Zusammensetzung des unbekannten Stoffes zu klären.

Vergleichsuntersuchungen zwischen verschiedenen Drogenspuren bei Heroin und Kokain dienen dazu, die Herkunft von einzelnen Drogen zu klären, je nach „Drogenküche" oder Herkunftsland.

12. Daktyloskopische Spuren

12.1 Daktyloskopie – Gegenstand und Bedeutung

Die Daktyloskopie – ein kriminalistisches Verfahren zur Identifizierung von Menschen auf der Grundlage der Abdrücke von Papillarleisten der Finger, Handflächen, Zehen und Fußsohlen wird seit Beginn des 20. Jahrhunderts mit Erfolg angewandt und dient im Strafverfahren zur Beweisführung. Schon im 18. Jahrhundert befaßten sich europäische Wissenschaftler mit den Papillarlinien auf Fingern und Händen des Menschen. Auf den Gedanken, daktyloskopische Erkenntnisse für die Zwecke der Identifizierung zu verwenden und damit auch für die Kriminalistik nutzbar zu machen, ist man jedoch erst in der zweiten Hälfte des 19. Jahrhunderts gekommen. Daktyloskopie – wörtlich Fingerschau – ist abgeleitet aus dem Griechischen (daktylos = Finger, skopien = schauen).

12.2 Geschichtliche Entwicklung der Daktyloskopie[1]

Wahrscheinlich ist, daß außereuropäische Völker schon viel früher die Bedeutung der Papillarlinien für die Identifizierung erkannt haben, wenngleich manches nach wie vor dunkel ist. Quellen geben an, daß etwa 3000 Jahre alte Zeichnungen Papillarlinienmuster wiedergeben[2]. Chinesen und Japaner verwendeten bereits im 7. bzw. 8. Jahrhundert auf Rechtsurkunden als Signatur den Fingerabdruck der Kontrahenten. Unsicher ist, inwieweit Fingerabdrücke zur **Identifizierung bei Strafsachen** benutzt wurden.

Nachweislich bereits im 12. Jahrhundert stößt der Nachforschende auch in Strafverfahren auf Fingerabdrücke. Daher ist anzunehmen, daß einige Völker um Identifizierungsmöglichkeiten wußten. So erklärt sich, daß die Chinesen um 1880 eine Sammlung von Daumenabdrücken der Schwerverbrecher besaßen. Ähnlich sind die Verhältnisse anscheinend in Indien und Persien gewesen.

Die Identifizierung durch Fingerabdruck im europäischen Altertum und Mittelalter war offensichtlich unbekannt. Bei der „Handfeste", dem Handabdruck unter einer Urkunde, kam es vermutlich mehr auf die Form und andere Dinge als die Papillarlinienmuster an; diese Handfeste geriet zudem im frühen Mittelalter mit zunehmender Verbreitung der Schrift in Vergessenheit. Nach MALIPIGHIUS (1686) u.a. wurden die Papillarlinien in Europa auch von HINTZE (1747) und ALBINUS (1764) erwähnt. Erste Versuche, die Muster der Papillarlinien zu klassifizieren, soll der Physiologe PURKINJE im Jahre 1823 unternommen haben, obwohl er deren Einmaligkeit anscheinend nicht erkannte.

---

1 Vgl. Groß und Geerds.
2 Archivalien der Polizeihistorischen Sammlung des Polizeipräsiums Berlin.

12. Daktyloskopische Spuren

Für die moderne Kriminalistik waren die eigentlichen Entdecker die Engländer SIR WILLIAM J. HERSCHEL und HENRY FAULDS, die zu gleicher Zeit, aber unabhängig an den Grundlagen der Daktyloskopie arbeiteten. HERSCHEL war von 1853 bis 1878 bei der Polizei in Kalkutta tätig, während FAULDS in Tokio physiologische Vorlesungen hielt. HERSCHEL soll erstmalig 1857, bestärkt durch das Alphabetentum, einen Handflächenabdruck zum Zwecke der Identifizierung abgenommen haben. Er führte 1858 auf seiner Dienststelle praktisch die Daktyloskopie zur Identifizierung von Strafgefangenen ein. Doch erhielt HERSCHEL, der 1877 vorschlug, alle Sträflinge Bengalens daktyloskopieren zu lassen, einen abschlägigen Bescheid. 1880 veröffentlichte HERSCHEL – einen Monat, nachdem eben dort eine Arbeit von FAULDS publiziert worden war, in der englischen Zeitschrift „Nature" seinen Beitrag über den Identifizierungswert der Daktyloskopie. Auch die britischen Behörden, denen FAULDS - insoweit von HERSCHEL abweichend – Daktyloskopie aller zehn Finger vorschlug, lehnten dies 1888 ab. Ähnlich erging es dem Berliner Tierarzt WILHELM EBER im gleichen Jahr beim Preußischen Ministerium des Innern. Durch die Publikationen aufmerksam geworden, wandte sich der englische Anthropologe SIR FRANCIS GALTON 1888 dem Studium der Papillarlinienmuster zu. Er veröffentlichte 1892 sein bahnbrechendes Werk „Finger Prints". In ihm erkannte er die Einmaligkeit und Unveränderlichkeit der Papillarlinienmuster an und führte diese auf vier Grundformen zurück. Auf dieser Grundlage erarbeitete der Nachfolger HERSCHELS in Bengalen, SIR EDWARD RICHARD HENRY, ein verbessertes Klassifizierungssystem aus. Dieses wurde 1897 in Britisch-Indien eingeführt und 1899 einer wissenschaftlichen Kommission vorgelegt. 1900 veröffentlichte HENRY sein Buch „Classification and Uses of Fingerprints". HENRY wurde nach London gerufen und führte dort am 21.7.1901 das Fingerabdruckverfahren ein, das als Galton-Henry'sches System bis in die heutige Zeit die Grundlage der meisten Registraturen für Fingerabdrücke in Europa, Nordamerika und vielen Ländern des früheren britischen Empire bildet. Moderne Klassifikationsmethoden sind auf Verarbeitungsmethoden von Computern zugeschnitten.

1902 führte Österreich-Ungarn die Daktyloskopie neben der Anthropometrie ein. In Deutschland geschah dies 1903 zuerst für das Königreich Sachsen in Dresden auf Vorschlag von HEINDL, der sich mit dem im Jahre 1922 veröffentlichten Buch „System und Praxis der Daktyloskopie" (3. Aufl. Berlin 1927) um dieses Erkenntnismittel verdient machte. Andere deutsche Länder folgten; so wurde in Berlin, Hamburg, Nürnberg und Augsburg 1903 mit dem Anlegen von Zehnfingerabdrucksammlungen begonnen. Obwohl HEINDL bereits 1903 anregte, die den Vorschlägen von BERTILLON folgenden Meßkartenzentralen aufzugeben, geschah dies erst vom Jahre 1912 an, zunächst in Bayern und Sachsen. Bis dahin war die erkennungsdienstliche Behandlung außerhalb der großen Städte oft lückenhaft. In Preußen wurde die Daktyloskopie beispielsweise erst 1927 obligatorisch. Mitunter wurde das Galton-Henry'sche System mehr oder weniger modifiziert, was im Verkehr zwischen verschiedenen Dienststellen naturgemäß Schwierigkeiten mit sich brachte.

Forscher und Kriminalbeamte aus unterschiedlichen Ländern gingen bei Einführung der Daktyloskopie verschiedene Wege. Das gilt beispielsweise für viele südamerikanische Länder. Durch Galtons Arbeiten angeregt, führte VUCETICH, der seit 1889 Leiter des Erkennungsdienstes in La Plata war, bereits am 1.1.1896 in Buenos Aires und damit in Argentinien die Daktyloskopie mit einem von ihm selbst erarbeiteten Klassifizierungssystem ein. Dieses erst 1905 staatlich anerkannte System wurde nicht nur von anderen Staaten Südamerikas, sondern in Europa u.a. von der Schweiz und Frankreich übernommen.

12.3 Erkenntnisse/Axiome

Für die kriminalistische Identifizierung von Personen mit Hilfe der Daktyloskopie sind folgende Erkenntnisse von Bedeutung:

Einmaligkeit Die große Bedeutung der Daktyloskopie ergibt sich aus der Feststellung, daß die Innenflächen der Hand und der Fußsohlen eine große Anzahl von feinen Linien aufweisen, die Papillarleisten. Die Papillarleisten bilden reichhaltige Muster, die bei jedem Menschen vom vierten Embryonalmonat an individuell ausgebildet sind. Es gibt keine zwei Menschen – auch nicht eineiige Zwillinge –, bei denen sie absolut übereinstimmend vorhanden sind.

Unveränderlichkeit Die Papillarleistengebilde verändern sich nicht von Natur aus vom Zeitpunkt der völligen Ausbildung bis über den Tod des Menschen hinaus (außer dem Größenwachstum). Bei oberflächlichen Hautverletzungen wachsen die Papillarleisten in ihrer ursprünglichen Form nach. Verletzungen der Keimschicht führen zu Narbenbildungen. Diese besitzen individuellen Merkmalscharakter besonderer Art.

Klassifizierbarkeit Die Abdrücke der Fingerendglieder sind klassifizierbar, die Papillarleistenstrukturen lassen sich im allgemeinen in *drei Grundmuster* einteilen: *Bogen-, Schleifen- und Wirbelmuster*. Die Klassifizierbarkeit schafft die Voraussetzung und Möglichkeit der Registrierung von Fingerabdrücken.

Die **Daktyloskopie als kriminalistisches Verfahren** wird bei der Polizeiarbeit angewandt

- zur Feststellung der Identität von Personen sowie zur Feststellung von Spurenverursachern anhand der am Ereignisort gesicherten kriminalistisch relevanten Papillarleistenspuren und
- zur Identifizierung unbekannter Toter sowie hilfloser und vermißter Personen.

Daktyloskopie ist im Prozeß der Untersuchung und Aufklärung von Straftaten ein wichtiges Mittel zur Wahrheitsfindung und Beweisführung (Anwesenheitsbeweis). Eine wesentliche Voraussetzung für die operative Wirksamkeit der Daktyloskopie ist eine hohe Qualität und Quantität in der Suche und Sicherung von Papillarleistenspuren sowie in der Anfertigung von Vergleichsabdrücken im Rahmen der Durchführung der erkennungsdienstlichen Maßnahmen.

12.4 Entstehung daktyloskopischer Spuren

Der Begriff der daktyloskopischen Spur Die Bedeutung der daktyloskopischen Spur für die Kriminalistik drückt HEINDL [3] in dem klassisch gewordenen Satz aus „Die eigene Hand des Verbrechers ist sein ärgster Feind!". Der Name Papillarlinien stammt von den Papillen, kleinen, warzenförmigen Gebilden der Lederhaut (Corium), die von der Hornschicht der Oberhaut (Epidermis) überzogen sind. Die sonst ungeordneten, niedrigen Papillen stehen an den Fingerbeeren der Handfläche und an den Fußsohlen erhöht in Doppelreihen und bilden Linien. In den Papillen münden außer den Tastnerven auch Schweißdrüsenkanäle, die mit Poren durch die Epidermis zur Oberfläche der Haut führen. Durch diese fließt das für die Fingerabdrücke so wichtige Schweißsekret.

Die Entstehung daktyloskopischer Spuren Im allgemeinen kann jede Substanz, die geeignet ist, von den Papillarleisten durch Berührung angenommen zu werden, durch Berühren der Hautleisten mit dem Spurenträger auf diesen übertragen werden und dort einen sehr dünnen, meist latenten Materialfim in Gestalt des Papillarlinienbildes hinterlassen. Hauptsächlich handelt es sich dabei um den eigenen Schweiß des Spurenlegers. Dieser wird aus den Papillen benachbarten Drüsen mit Stoffwechselprodukten zusammen durch die Poren abgesondert. Die damit erzeugten daktyloskopischen Spuren bestehen materiell neben dem anfänglich hohen Wassergehalt von etwa 98 % aus anorganischen Salzen (überwiegend Chloride) und organischen Verbindungen (Fette, Aminosäuren, Harnstoff, Peptide, Lactate u.a.m.), wobei die relativen Anteile sehr stark schwanken. In seltenen Fällen treten zusätzlich auch geringe Mengen von Absonderungen oder Ausscheidungen anderer mit den Fingern berührter Körperteile auf, wie Talg, Duftstoffe, Hautfarbstoffe (Pigmente) und sonstige Sekrete und Exkrete (z.B. Blut, Harn). Neben diesen körpereigenen kommen aber auch die verschiedensten körperfremden Substanzen (z.B. Fett, Farbe, Staub) als „Stempelfarbe" oder als Eindruckmaterial in Frage.

Die Entstehung der daktyloskopischen Spuren resultiert aus der Wechselwirkung von Papillarleistenbereichen mit unterschiedlichen Spurenträgern. Das sind im kriminalistischen Sinn Objekte, die selbst die Eigenschaft besitzen, die Eigenschaften spurenverursachender Objekte als Merkmale zu speichern und widerzuspiegeln; es sind Gegenstände, mit denen der Täter bei der Ausführung einer Straftat in Berührung gekommen ist. Das kann eine Fensterscheibe sein, die der Täter angefaßt, ein Messer, welches er benutzt oder ein Brief, den er geschrieben hat usw. Papillarleistenspuren können an festen und halbfesten Gegenständen verursacht werden.

Durch *die daktyloskopischen Untersuchungen* können die Papillarleistenstrukturen der Finger, Handinnenflächen, Zehen und Fußsohlen des Menschen anhand von Vergleichsabdrücken und von Spuren analysiert, ausgewertet und begutachtet werden. Die Vergleichsabdrücke und die Papillarleistenspuren widerspiegeln die Eigenschaften der Papillarleistenbereiche eines Menschen. Durch die Analyse der allgemeinen und besonderen Merkmale der Vergleichsabdrücke kann der Sachverständige die Frage nach der Identität beantworten. Daktylo-

---

[3] Heindl, System und Praxis der Daktyloskopie 3. Auflage, Berlin 1927.

skopische Spuren sind quasi Stempelab- oder -eindrücke, die – sichtbar oder unsichtbar – im Zusammenhang mit strafbaren Handlungen an Gegenständen hinterlassen worden sind, im Regelfall unbewußt. Die Kunst des Daktyloskopen liegt darin, sie zu finden, sichtbar zu machen, zu sichern und auszuwerten. Ziel dieser Tätigkeit ist, beweiskräftige Tatsachen zu gewinnen für

- die Identifizierung der Spurenverursacher,
- die Rekonstruktion des kriminalistisch relevanten Geschehens,
- die Feststellung von Tatzusammenhängen und
- die Überführung oder Entlastung der Tatverdächtigen.

Die Qualität einer daktyloskopischen Spur ist abhängig von

- den biochemischen Grundbedingungen des Spurenverursachers (Beschaffenheit der Papillarleisten, Schweißaussonderungsfähigkeit),
- den Eigenschaften des Spurenträgers (Material, Oberflächenbeschaffenheit, Saugfähigkeit),
- den Entstehungsbedingungen (Stärke, Dauer und Richtung des Fingerdruckes, Art und Menge der übertragenen Substanz, Temperatur) sowie dem Alter und der Haltbarkeit der Spur.

Diese Faktoren bestimmen die anzuwendenden Methoden, um das Papillarlinienbild einer Spur auf dem Spurenträger mittels eines Farbkontrastes zu verstärken oder überhaupt erst sichtbar zu machen. Die Entscheidung, auf welchem Wege dabei ein Höchstmaß an Wirkung zu erreichen ist, kann im Einzelfall recht schwierig sein, da nicht immer mit der erforderlichen Sicherheit vorherzusehen ist, ob und ggf. inwieweit die einzelnen Faktoren das Ergebnis unerwünscht beeinflussen.

12.5 Einflußfaktoren und Spurensicherung

Die Oberflächenbeschaffenheit des Spurenträgers Je glatter und größer die Oberfläche eines Spurenträgers ist, desto größer ist die Möglichkeit für die Aufnahme von Papillarleistenspuren. So ist beispielsweise die Wahrscheinlichkeit, daß an vom Täter berührten Glasscherben Papillarleistenspuren zu finden sind, recht groß. Auf grobem Putz, rauhem Packpapier, ungehobeltem Holz u.ä. ist die Suche nach Papillarleistenspuren kompliziert bis unmöglich. Sofern die geringste Aussicht besteht, sollte dennoch eine Spurensuche und Spurensicherung versucht werden, so z.B. bei der Saugfähigkeit eines Stoffes oder der Verformbarkeit des Spurenträgers.

- *Saugfähigkeit eines Stoffes* Auf Gegenstände mit einer hohen Saugfähigkeit (z.B. Lösch- oder Fließpapier) dringt der übertragene Schweiß ein, die Spur verschwimmt und wird bei der Sicherung oft nur noch als Fleck erscheinen.
- *Verformbarkeit des Spurenträgers* Entsprechend der Verformbarkeit lassen sich die daktyloskopischen Spuren in Abdruck- und Eindruckspuren einteilen.

12. Daktyloskopische Spuren

Vorgehen am Tatort/Suche und Sicherung Daktyloskopische Spuren sind unauffällig (latente Formspuren), man muß sie suchen. Sie befinden sich an Berührungs- und Angriffsobjekten. Alle vermutlich vom Täter benutzten oder zurückgelassenen Gegenstände, alle Veränderungen am Tatort und alle sonstigen Umstände, die mit der Tat in Verbindung gebracht werden können, sind sorgfältigst zu prüfen, weil bei der Tatortarbeit nicht voraussehbar ist, welche Bedeutung eine zunächst unscheinbare Spur später bei der Überprüfung von Tatverdächtigen haben kann.

Latente Abdrücke auf Gegenständen Alle Gegenstände, die durch einen Täter berührt werden, können Spurenträger sein. Beim Berühren wird durch die Hautleisten Schweiß auf den Gegenstand übertragen, wodurch eine latente Spur entsteht. Um die latent vorhandenen Spuren zu finden, muß der Spurensicherungsbeamte den möglichen Tathergang gedanklich rekonstruieren. Eine solche gedankliche Tatrekonstruktion zeigt ihm, wo er nach Spuren suchen muß.

Spurensicherung In Frage kommende Gegenstände werden bei der Tatortarbeit sorgfältig mit Spurensicherungspulver eingestaubt, wodurch die latenten Papillarlinienbilder sichtbar werden. Die sichtbar gemachten Spuren können fotografiert oder mit geeigneten Folien abgezogen werden. Aufnahmeort und Lage der gesicherten Spuren müssen zwecks späterer Rekonstruktion genau festgehalten werden (Skizze auf der Spurensicherungskarte und Bericht).

Wird ein Spurenträger zwecks genauerer Untersuchung im Labor für den Transport verpackt, so ist darauf zu achten, daß spurentragende Flächen weder mit Taschentüchern oder Handschuhen angefaßt werden noch mit dem Verpackungsmaterial in Berührung kommen.

Gesicherte Spuren werden vom Erkennungsdienst mit den Vergleichsabdrücken aller Tatortberechtigten verglichen. Verbliebene Fremdspuren werden verglichen mit den Abdrücken von Tatverdächtigen, einschlägigen Tätergruppen, Einzelfingerabdruck- und Zehnfingerabdrucksammlung; dieses Verfahren erfolgt heute automatisiert durch das AFIS (Automatisiertes Fingerabdruck-Identifizierungs-System).

Latente Abdrücke auf Papier Wird Papier von Menschen angefaßt, so bleiben, abhängig von Papierart, momentaner körperlicher Verfassung des Menschen, feuchte oder trockene Hände sowie der Berührungsdauer und des Berührungsdruckes, latente daktyloskopische Spuren zurück. Die Substanzen der Fingerspur liegen vorerst an der Papieroberfläche und werden je nach Papierart innerhalb von Stunden in das Papier eingesaugt. Im Papier bleiben sie auch, abhängig von den Lagerumständen, bis zu Jahrzehnten. Nachträgliches Anfassen des Spurenträgers kann zwar zu Überlagerungen führen, schließt aber eine Sicherung und Auswertung nicht grundsätzlich aus, z.B.

- Fingerspur auf entwendeten und betrügerisch eingelösten Schecks ermöglicht die Identifizierung des Einlösers,
- Zettel des Bankräubers, auf dem er eine Drohung verfaßte,
- Papier, mit dem die Türspione abgeklebt werden,

Einflußfaktoren und Spurensicherung

- Erpresserschreiben, Drohbriefe, Beleidigungsschreiben, Bekennerbriefe. Schriftstücke von Tatorten usw. können Träger von latenten Fingerabdruckspuren sein.

Spurenträgerbehandlung: Sollte Papier als tatrelevanter Spurenträger anfallen, ist folgende Verfahrenweise zu empfehlen:

- Keine neuen Spuren verursachen, Pinzette oder Einweghandschuhe benutzen,
- Spurenträger in Kuvert, Tüte, Karton verpacken, keine Klarsichthüllen oder Plastiktüten, wenn Untersuchung auf Durchschreibspuren erfolgen soll,
- Spurenträger sofort zum Erkennungsdienst bringen, wo im Labor die Spurensicherung erfolgt.

Spurensicherung auf Papier Der Erkennungsdienst verfügt über chemische Mittel, die eine Sichtbarmachung der latenten Spuren noch nach Jahren ermöglicht. Für die Sichtbarmachung der latenten Spuren bieten sich physikalische und chemische Methoden an, wobei vorrangig abzuklären ist, ob die Untersuchung nur zerstörungsfrei erfolgen darf und ob im Hinblick auf die Analyse von Schrift, Schriftträger und Schreibmittel gewisse Einschränkungen bestehen. Es stehen Reagentien zur Verfügung, die Schreibmittel, Tinte, Kugelschreiberpaste, Schreibmaschinen etc. nicht beeinträchtigen und eine weitere kriminaltechnische Auswertung bedingt zulassen. Eine mechanische Spurensuche mit einem Einstaubmittel hat in jedem Fall zu unterbleiben, da diese Sicherungsart

- die chemische Untersuchung erschwert,
- außerdem nur frische Spuren erfaßt und
- den möglichen Erfolg der Untersuchung auf Durchschreibspuren vereitelt.

Die sichtbar gemachten daktyloskopischen Spuren dienen den üblichen Identifizierungszwecken. Die Bandbreite der kriminaltechnischen Beweisführung ist weit. Folgende Beispiele sollen als Anregung für die Praxis dienen und die kriminalistische Kreativität wecken:

- Verpackungsmaterial *vorher* beschriften,
- Untersuchungsantrag exakt formulieren,
- wer kommt als tatneutraler Spurenverursacher in Betracht?
- Name, Anschrift, Telefonnummer jeder tatneutralen Person notieren und dem Spurenträger beifügen,
- als Ansprechpartner steht der Erkennungsdienst zur Verfügung.

Verpackung von Spuren auf Papier Die Schriftstücke sind in geeignete Schutzhüllen (z.B. Klarsichtmappen) zu verpacken, wobei größte Sorgfalt darauf zu verwenden ist, daß weder latent vorhandene Spuren verwischt noch neue gelegt werden. Eine geeignete Beschriftung der Verpackung (z.B. „Inhalt nicht berühren, Fingerabdrücke noch nicht ausgewertet") kann weiter dazu beitragen, daß die Untersuchungsstelle das inkriminierte Material unbeschädigt erhält.

12. Daktyloskopische Spuren

Daktyloskopische Blut-, Schmutz- und Staubspuren   Schmutzige oder blutbeschmierte Hände können auswertbare Fingerabdrücke hinterlassen. Ebenso kann beim Berühren eines staubigen Gegenstandes auf demselben ein Papillarlinienbild entstehen.

Daktyloskopische Blut-, Schmutz- oder Staubspuren sind je nach Beschaffenheit von bloßem Auge oder mit Hilfe der Handlupe im schräg einfallenden Licht zu erkennen. Bei der Reproduktion der Spuren ist speziell auf eine farben- und seitenrichtige Wiedergabe zu achten.

Sicherung von daktyloskopischen Spuren in Blut, Schmutz und Staub   Daktyloskopische Blut-, Schmutz- sowie Staubspuren sind fotografisch zu sichern. Schwache Blutspuren lassen sich chemisch verstärken. Schmutzspuren (außer Fettspuren) wie auch Staubspuren können zudem mittels Folien gesichert werden. Zu diesem Zwecke sind die Flächen neben den Spuren zu reinigen, worauf die Folie zuerst auf die gereinigte Unterlage angedrückt wird, um ein Verrutschen der Folie bzw. Zerstören der Spuren zu verhindern. Bei Staubspuren kann nachträglich versucht werden, die Spuren mit den herkömmlichen Methoden zu sichern. Dies wird dann zum Erfolg führen, wenn bei dünner Staubschicht der Handschweiß bis auf die Unterlage gedrungen ist.

Müssen Träger von Blut-, Schmutz- oder Staubspuren für den Versand bereitgestellt werden, so ist darauf zu achten, daß spurentragende Flächen mit dem Verpackungsmaterial nicht in Berührung kommen.

Plastische Spuren   Finger-, Hand- und Fußeindruckspuren in plastisch verformbarer Materie (z.B. Fensterkitt, Lehm, Butter) sind ohne Hilfsmittel zu erkennen. Eine Überprüfung der Eindrücke auf auswertbare Papillarlinienbilder erfolgt zweckmäßig im Streiflicht.

Spurensicherung   Die Sicherung von Eindruckspuren erfolgt fotografisch oder durch Erstellen eines Abgusses. Bei der fotografischen Methode sind die Eindrücke derart zu beleuchten, daß die Papillarlinienbilder gut sichtbar werden. Bei hitzeempfindlichen Spurenträgern (z.B. Butter, Fett) ist darauf zu achten, daß durch die Strahlungswärme der Fotolampen keine Schäden am Papillarlinienbild entstehen. Aufnahmen im Studio sind immer dann zu empfehlen, wenn die Spurenqualität durch den notwendigen Transport des Spurenträgers nicht beeinträchtigt wird.

Liefert die fotografische Methode kein befriedigendes Resultat (z.B. wegen zu großer Eindrucktiefe der Spuren), so ist von der Eindruckspur ein Abguß zu erstellen. Geeignete Abformmassen sind dünnflüssiger Gipsbrei oder Silikonkautschuk, wobei der Silikonkautschuk vor dem Eingießen in die Spur ein Vernetzungsmittel (Härter) beizufügen ist.

Die Abgüsse sind im Atelier unter geeigneter Beleuchtung zu fotografieren. Von elastischen Gießlingen kann zudem nach Einfärben mit Druckerschwärze ein Stempelabdruck erstellt werden.

Abdrücke von eingefärbten Gießlingen sind farben- und seitenrichtig und können direkt verglichen werden, im Gegensatz zu fotografisch aufgenommenen Eindruckspuren, bei welchen auf farben- und seitenrichtige Wiedergabe zu achten ist.

Die Spurensuche setzt neben Erfahrung und Ausdauer voraus:

- Kenntnis der einzelnen Spurenarten und ihrer Erscheinungsformen,
- planmäßiges Vorgehen und
- Beherrschung der Hilfsmittel.

12.6 Mittel der Spurensicherung

Hilfsmittel zum Sichtbarmachen Sichtbare Abdruckspuren, beispielsweise in Verbindung mit Blut, sind selten. Überwiegend sind sie kaum oder nicht sichtbar, weil eine geringe Substanzmenge auf der großen Berührungsfläche ungleichmäßig, dünn und durchscheinend verteilt ist. Zur Sichtbarmachung dienen die folgenden Mittel bzw. Stoffe:

Optische Hilfen Lupe und Taschenlampe. Im Labor werden besondere gebündelte Lichtquellen eingesetzt. Durch schräg einfallendes Licht lassen sich daktyloskopische Spuren erkennen und lokalisieren.

Pulverförmige Stoffe für das Adhäsionsverfahren:
Mittels Klebefolien werden Spuren, die durch pulverförmige Sicherungsmittel sichtbar gemacht wurden, abgehoben und auf die Spurensicherungskarten aufgebracht, diese ist nach Vorgaben richtig und vollständig auszufüllen und - wenn möglich - mit einer Skizze zu versehen. Sie gilt im rechtlichen Sinne als Urkunde.

Pulverarten:
Rußpulver (für die Tatortarbeit) Ein Gemisch von Ruß und Mangandioxyd wird mit einem Fiberglas-Pinsel auf den Spurenträger gebracht. Am Schweißabdruck bleiben Rußpartikel haften und die Spur wird sichtbar.
Magnetpulver (für die Tatortarbeit) Pulverisierte Metallspäne (engl. Bezeichnung: magna brush) werden mit einem Magnetstab auf den Spurenträger gebracht. Je nach Untergrund steht schwarzes, graues oder silberfarbenes Pulver zur Verfügung. Für Spurenträger aus Metall ist magna brush nicht geeignet!
Aluminiumpulver (Argentorat) ist nur für labormäßige Spurensicherung verwendbar, es ist silberfarben und besitzt eine besonders hohe Adhäsionskraft. Zur Sicherung wird Schwarzfolie benötigt, die Spur kommt farben- und seitenverkehrt. Eine fotografische Umkehrung ist notwendig.
Fluoreszierende Pulverarten sind nur für labormäßige Spurensicherung geeignet. Beispielsweise bei mehrfarbigen Spurenträgern.

Gasförmige Mittel – nur für labormäßige Spurensicherung
Kristallines Jod wird in einem Behälter durch künstliche Wärmequellen zur Sublimation gebracht. Der Spurenträger wird den Dämpfen ausgesetzt, organische Spurensubstanzen (Talg) verbinden sich mit dem Jod und verfärben sich hell- bis dunkelbraun. Sofortige fotografische Sicherung ist notwendig.

Der Spurenträger wird in einem räumlich angepaßten Behältnis (Milieu) mit den Dämpfen des Cyanacrylat-Esters begast, so daß die Papillarlinien als grauweiße Linien fester Substanzen sichtbar werden.

12. Daktyloskopische Spuren

Flüssige Reagenzien – nur für labormäßige Spurensicherung
Gegenwärtig wird nur noch das sehr effiziente Ninhydrin-Tauchverfahren eingesetzt. Der Hautschweiß des Menschen enthält in sehr geringen Mengen Aminosäuren. Es ist mit Ninhydrin-Lösungen, die zerstäubt oder aufgetupft werden oder in die der gesamte Spurenträger hineingetaucht wird, möglich, daktyloskopische Spuren z.b. auf Papier, Karton, Schecks usw. sichtbar zu machen.

Auswertung Alle gesicherten daktyloskopischen Spuren (Spurensicherungskarten) sind unverzüglich dem Erkennungsdienst getrennt vom Ermittlungsvorgang zuzuleiten.

Brauchbarkeit und Bewertung Die eingehenden Spuren werden geprüft, ob sie identifizierbar, also für den Vergleich geeignet sind. Spuren, die im Einzelabdruck weniger als 12 anatomische Merkmale (AM), das sind Abweichungen vom normalen Verlauf einer durchgehenden Papillarlinie, aufweisen, sind grundsätzlich für den Identitätsnachweis unbrauchbar, Ausnahme 8 AM plus Grundmuster bei Spuren der Fingerbeeren. Die brauchbaren Spuren werden mit den Abdrücken der neutralen Personen[4] verglichen, um Trugspuren auszuschließen. Die verbleibenden Spuren werden wie folgt bewertet:

- *Brauchbar für den Identitätsnachweis* 12 AM sowie im Ausnahmefall bei Spuren der Fingerbeeren 8 AM plus Grundmuster (GM) sind nach Art und Lage zueinander auswertbar.
- *Codierbar nach dem Automatisierten Fingerabdruckidentifizierungssystem (AFIS)* Nur Spuren der Fingerendglieder sind codierbar. Mit Hilfe von AFIS wird ein Ähnlichkeitsangebot von maximal 30 Bestandskandidaten erzielt. Erst der anschließende visuelle Endvergleich am Bildschirm kann zur Spurenidentifizierung führen (Sammlungsvergleich).

Der für die Auswertung nicht ausgebildete Spurensicherer oder Ermittlungssachbearbeiter hat selbst keine Identifizierungsversuche vorzunehmen. Dafür sind nur die besonders ausgebildeten Tatortdaktyloskopen und die Sachverständigen für Daktyloskopie des Erkenntungsdienstes zuständig.

Spurensicherungs- oder Identifizierungsbericht Die sachbearbeitende Dienststelle erhält in jedem Fall einen Spurensicherungsbericht, aus dem hervorgeht, ob die gesicherte Spur brauchbar oder unbrauchbar ist. Gleichzeitig wird das Ergebnis bereits durchgeführter Vergleichsarbeiten (z.B. Hinweisvergleich) mitgeteilt. Waren diese erfolgreich oder erfolgt die Identifizierung zu einem späteren Zeitpunkt, erhält die Dienststelle einen Identifizierungsbericht. Darin wird der Spurenverursacher namentlich genannt. Ferner enthält der Bericht die Stellungnahme des Sachverständigen, der sich damit bereit erklärt, die Feststellung der Spurenidentifizierung gutachtlich vor dem zuständigen Gericht als Sachbeweis zu vertreten.

---

[4] Zum Beispiel Personen mit berechtigtem Zugang zum Tatort.

Tatortspurensammlung (TOS) Nicht identifizierte Spuren werden zur Tatortspurensammlung genommen. Diese sind Gegenstand weiterer ständiger Vergleiche mit Spuren, um im Falle einer Spur-Spur-Identität einen Tatzusammenhang nachzuweisen. Tatortspuren verbleiben so lange in der TOS, bis sie entweder identifiziert werden oder die Strafverfolgungsverjährung (gemäß StGB) eintritt.

Codierbarkeit von Fingerabdrücken und -spuren Nach der im Dezember 1993 erfolgten Einführung des Automatisierten Fingerabdruckidentifizierungssystems *(AFIS),* welche die Systeme der alten und der neuen Bundesländer ablöste, werden alle aufbewahrungsfähigen Fingerabdruckblätter beim BKA im AFIS codiert. Jedes anatomische Merkmal (Minutie) eines abgerollten Fingerabdruckes (FA) wird dabei mit Koordinaten- und Winkelwerten erfaßt und mit anderen bestimmten, zu beschreibenden Daten (Fingerbezeichnung, Grundmuster, Geschlecht, Altersangabe sowie Bundeslandkennung und gegebenenfalls Deliktsschlüssel (oder Asylschlüssel) zu einem Datensatz zusammengefaßt und gespeichert. Weiterhin werden alle FA digitalisiert und somit auch bildlich gespeichert. Diese Datenbänke stehen den Ländern für die Spurenrecherche zur Verfügung.

Identitätsnachweis Um den daktyloskopischen Identitätsnachweis führen zu können, müssen die zu vergleichenden Unterlagen (z.B. Spur mit Vergleichsabdruck) im Papillarlinienverlauf sowie hinsichtlich der anatomischen Merkmale innerhalb des Papillarlinienbildes übereinstimmen. Anatomische Merkmale sind alle Abweichungen vom freien Verlauf der Papillarlinien, beispielsweise endende Linien, Liniengabelungen, Häkchen, Augenbildungen und andere.

12.7 Verpackungshinweise für Träger daktyloskopischer Spuren

Für die Verpackung von Trägern daktyloskopischer Spuren ist vom BKA ein Merkblatt erstellt worden, das auf die Spuren und Spurenträger anzuwenden ist, die zugleich beim Kriminaltechnischen Institut und beim Erkennungsdienst von Bedeutung sind:

- Eine daktyloskopische Spur ist das im Regelfall unbewußt an Gegenständen hinterlassene Abbild menschlicher Hautleisten.
- Diese Spuren entstehen durch Substanzübertragungen und sind im Regelfall latent.
- Die Substanz besteht im allgemeinen aus Schweißrückständen und liegt bei glatten Flächen auf der Oberfläche.
- Der Verfall einer daktyloskopisachen Spur beginnt unmittelbar nach deren Verursachung.
- Deshalb muß die Spurensicherung schnellstmöglich erfolgen, wozu spezielle mobile Spurenträger zur Fachdienststelle verbracht werden müssen, wenn das Adhäsionsverfahren beim Ersten Angriff nicht anwendbar ist.

12. Daktyloskopische Spuren

- Falsche Verpackung kann den Verfall der Spuren beschleunigen bzw. zur Vernichtung führen.
- Falsche Verpackungen sind Tüten, Säcke und Folien aus Polyethylen (Plastik).
- Alternativ sind Verpackungen, wie zum Beispiel Kartonagen und Tüten aus Papier geeignet.
- Klarsichthüllen sind nur bei Schecks, Erpresserschreiben, Auszahlungsbelegen etc. zugelassen. Hier liegt die Spurensubstanz nicht mehr auf der Oberfläche, sondern bereits im Papier.

Warum keine Plastiktüten? Zur Herstellung derartiger Folientüten finden Polyethylene aus niederen Kohlenwasserstoffen Verwendung. Diese versetzt der Hersteller entsprechend ihrem Verwendungszweck mit niedermolekularen Hilfsstoffen (zum Beispiel Stabilisatoren, Weichmacher, Gleitmittel, Antiblockmittel). Polyethylene, die zur Folienproduktion für Verpackungszwecke hergestellt werden, sind lediglich mit Gleitmitteln – hierbei handelt es sich um Ölsäureamide – versehen. Die Kohlenwasserstoffe vertragen sich chemisch nicht mit den Gleitmitteln, so daß diese an die Oberfläche der Folien abgegeben werden. Die Folien „schwitzen" diese Stoffe sozusagen aus und bilden einen wachsartigen Film auf der Oberfläche. Die austretenden Stoffe sind chemisch selbst nicht reaktionsfähig. Da die Folien aus niedermolekularen Kohlenwasserstoffen bestehen, besitzen sie eine große Migrationsfähigkeit. Sie haben also die Eigenschaft, andere Stoffe in sich aufzunehmen. So können zum Beispiel Fette, Aminosäuren sowie andere organische Stoffe relativ leicht in Polyethylenfolien migrieren, Wasser und Salze dagegen weniger oder gar nicht. Da der Schweiß insbesondere Fette, Aminosäuren und Eiweiße enthält, ergibt sich somit die Gefahr der negativen Beeinflussung (Verfall) der Spuren durch „Wanderung" (Migration) bei Polyethylenverpackung. Die Folien sind darüber hinaus gas- und aromadurchlässig. Sauerstoff, Stickstoff und Kohlendioxid sind in der Lage, durch die Folien hindurch zu diffundieren, Wasserdampf dagegen wird von ihnen so gut wie nicht durchgelassen. Diese Eigenschaften der Folien begünstigen unter bestimmten Bedingungen die Herausbildung eines Mikroklimas in der Verpackung. Da die Spuren beim Transport den verschiedensten Temperaturen ausgesetzt und die Spurenträger wasserdampfdicht verpackt sind, kann es zu einer Schwitzwasserbildung in der Verpackung kommen. *Deshalb keine Plastiktüten!*

12.8 Die erkennungsdienstliche Behandlung

Die gesetzliche Grundlage für die erkennungsdienstliche Behandlung (ED) bildet der § 81 b (erste und zweite Alternative). Diese Behandlung umfaßt sowohl die *Messung der Person*, die *Anfertigung von Lichtbildern* als auch die *Abnahme von Fingerabdrücken* (FA) zu Vergleichszwecken.

Die erkennungsdienstliche Behandlung wird mit dem Ausfüllen des Vordrucks angeordnet. Vor Abnahme der Fingerabdrücke ist der bundeseinheitliche Vordruck KP 8 (Erfassungsbeleg zur Personenbeschreibung) auszufüllen. Die Abnahme von Fingerabdrücken erfordert einige Fertigkeiten und Hilfsmittel:

- Arbeitstisch mit Glasplatte (oder ähnlichem Material),
- Handflächenabdruckbock (vorwiegend aus Holz gefertigt) mit etwa 10 cm Durchmesser,
- Gummiwalze zum Auftragen und Einfärben der Glasplatte,
- schwarze Druckfarbe,
- Reinigungsmaterialien für die Hände,
- Reinigungsmittel für die Geräte.

Die Reinigung der Geräte ist nach jedem Gebrauch erforderlich, weil Verschmutzung die Ergebnisse beeinträchtigt.

In der Vorbereitung ist die Farbe auf die Glasplatte aufzubringen und mit der Gummiwalze gleichmäßig und dünn zu verteilen.

Der Vordruck des FA-Blattes ist an den bezeichneten Stellen so zu falten, daß für den jeweiligen Fingerabdruck nur das dafür bestimmte Feld genutzt werden kann. Der gefalzte Bogen wird in die Haltevorrichtung des Arbeitstisches eingespannt.

Die erkennungsdienstlich zu behandelnde Person hat sich gründlich die Hände zu reinigen, so daß Schweiß und andere Stoffe entfernt werden. Stark verhornte Hände sollen im Wasserbad aufgeweicht werden. Eine geringfügige Feuchtigkeit ist nicht schädlich.

Zum Einschwärzen sollte der Daktyloskopierende mit seinem Daumen und Zeigefinger das zweite Fingerglied des zu Behandelnden erfassen und mit seiner zweiten Hand die Fingerkuppe. Der Finger soll von Nagelkante zu Nagelkante beim Einschwärzen und beim Abrollen mit leichtem Druck bewegt werden. Der Abdruck soll eine annähernd rechteckige Form erhalten. Die Bewegung darf nur in eine Richtung erfolgen, jede Rückbewegung, Quetschung oder zusätzliche Drehung macht den Abdruck unbrauchbar.

Ein Feld des FA-Blattes ist für den Handflächenabdruck vorgesehen. Zur Anfertigung des Handflächenabdruckes wird die vorher beschriebene Holzrolle benutzt und das Papier darüber gespannt. Die Handflächen werden mit der Gummiwalze gleichmäßig eingeschwärzt und einmal auf die Wölbung aufgedrückt. Dabei ist zu beachten, daß der Handwurzelbereich vollständig abgebildet wird.

Die *Leichendaktyloskopie* ist zur Identifizierung unbekannter Toter erforderlich. Sie wird nur von den Sachverständigen des Erkennungsdienstes durchgeführt. Durch postmortale Einflüsse (Autolyse) und Umwelteinflüsse treten in der Epidermis starke Veränderungen auf.

- Ein unverändertes Oberflächenrelief ist bei frischen Leichen zu finden.
- Eine umkehrbare (reversible) Faltenbildung der Epidermis tritt bei Waschhaut auf. Der ursprüngliche Zustand ist wiederherstellbar.
- Eine nicht umkehrbare (irreversible) Faltenbildung der Epidermis tritt bei natürlichen Leichenkonservierungsvorgängen (Mumifizierungen) auf. Der ursprüngliche Zustand der Oberhaut ist nicht wiederherstellbar.

Jede an Leichen auftretende Epidermisveränderung der Fingerendglieder läßt sich einer dieser drei Grundformen zuordnen. Je nach der auftretenden Epidermisveränderung gibt es unterschiedliche Methoden der Leichendaktyloskopie.

12. Daktyloskopische Spuren

Nicht alle diese Methoden sind vom Kriminaltechniker selbst anwendbar, da hierzu gerichtsmedizinische Kenntnisse und auch entsprechende labormäßige Bedingungen gehören. Die Handhabung der Leichendaktyloskopie erfolgt methodisch unterschiedlich in den Bundesländern. Daher wird an dieser Stelle nicht weiter darauf eingegangen.

Das Personenlichtbild

Für erkennungsdienstliche Zwecke besitzt das Personenlichtbild eine starke Bedeutung. Aus den Personenlichtbildern wird die Täterlichtbildkartei gebildet - im Volksmund und auch teilweise in der Literatur als sogenanntes Verbrecheralbum bezeichnet. BERTILLON, der zwei Personenlichtbilder (Enface- und Profilbild) forderte, hatte zunächst (in seinem Buch „La photographie judiciaire", 1890) zwei im rechten Winkel zueinander stehende Kameras vorgeschlagen. Später entwickelte er die sogenannte Bertillonkamera, die mit einem drehbaren Stuhl fest verbunden war.

Für Vergleichs- und Fahndungszwecke entstehen heute bei der erkennungsdienstlichen Behandlung gewöhnlich drei Bilder vom Kopf der betreffenden Person, einmal das Profil, zum anderen von vorn und schließlich von schräg vorn (3/4-Profil), um die Ohrbildung sowie weitere anatomische Merkmale festzuhalten. Zu diesen drei Aufnahmen des Kopfes tritt unter gewissen Voraussetzungen noch eine Ganzaufnahme (von vorn) hinzu. Derartige oder auch auf andere Weise - unter Umständen von Dritten - erlangte Personenlichtbilder sind zu einem vorzüglichen Mittel der Personenidentifizierung und der Personenfahndung geworden.

Zumeist verwendet man beim Personenlichtbild Schwarzweißaufnahmen; Farbaufnahmen, Diapositive oder (Video-) Filme sind beim Erkennungsdienst immer noch Ausnahmen (häufig aus rechtlichen Gründen), wenngleich Schwarzweißaufnahmen auch hier nicht immer befriedigen oder die Vorführung von Dias oder Filmen andere (Fahndungs-)Vorteile haben kann. Selbstverständlich ist für die Zwecke des Erkennungsdienstes Retuschieren oder Verschönern von Aufnahmen unzulässig, soweit dadurch nicht Mängel der Fotos korrigiert werden. Die Einzelheiten der Aufnahmetechnik sind aus den einschlägigen Vorschriften zu entnehmen.

Die Sammlung ist gewöhnlich nach Deliktsgruppen oder -formen geordnet, kann bei größeren Sammlungen ferner noch eine Untergliederung nach persönlichen Daten (z.B. Geburtsjahr, Größe der Person, Tätowierungen) enthalten. Das kann zugleich eine zeitbedingte Aussonderung erleichtern. Bei Leichenaufnahmen für die Zwecke der Personenidentifizierung bevorzugt man neben einem Brustbild üblicherweise die Profilansicht der rechten Seite des Gesichtes.

Die Personenidentifizierung anhand von Lichtbildern ist seit Anfang dieses Jahrhunderts immer mehr vervollkommnet worden. Beim Erkennungsdienst geht es vorrangig um die Auswertung der Personenlichtbilder durch Experten, welche eine anwesenden Person oder einer Leiche auf diese Weise zu identifizieren versuchen. Bei der Lichtbildvorlage sollen Zeugen aus einer mehr oder weniger großen Auswahl von Bildern Verdächtige identifizieren.

12.9 Die Rechtsgrundlagen des Erkennungsdienstes

§ 163 b StPO (Festhalten zur Identitätsfeststellung)

(1) Ist jemand einer Strafe verdächtig, so können die Staatsanwaltschaft und die Beamten des Polizeidienstes die zur Erstellung seiner Identität erforderlichen Maßnahmen treffen; § 163 Abs. 4 Satz 1 gilt entsprechend. Der Verdächtige darf festgehalten werden, wenn die Identität sonst nicht oder nur unter erheblichen Schwierigkeiten festgestellt werden kann. Unter den Voraussetzungen von Satz 2 sind auch die Durchsuchung der Person (des Verdächtigen) und der von ihm mitgeführten Sachen sowie die Durchführung erkennungsdienstlicher Maßnahmen zulässig.

(2) Wenn und soweit dies zur Aufklärung einer Straftat geboten ist, kann auch die Identität einer Person festgestellt werden, die einer Straftat nicht verdächtig ist; § 69 Abs. 1 Satz 2 gilt entsprechend. Maßnahmen der in Absatz 1 Satz 2 bezeichneten Art dürfen nicht getroffen werden, wenn sie zur Bedeutung der Sache außer Verhältnis stehen; Maßnahmen der in Absatz 1 Satz 3 bezeichneten Art dürfen nicht gegen den Willen der betroffenen Person getroffen werden.

§ 81 b StPO (Lichtbilder und Fingerabdrücke)

Soweit es für die Zwecke der Durchführung des Strafverfahrens oder für die Zwecke des Erkennungsdienstes notwendig ist, dürfen Lichtbilder und Fingerabdrücke des Beschuldigten auch gegen seinen Willen aufgenommen und Messungen und ähnliche Maßnahmen an ihm vorgenommen werden.

Landesrecht[5]: § 23 des Allgemeinen Sicherheits- und Ordnungsgesetzes - ASOG Berlin - vom 14. April 1992 (Erkennungsdienstliche Maßnahmen)

(1) Die Polizei kann erkennungsdienstliche Maßnahmen vornehmen, wenn
  1. eine nach § 21 zulässige Identitätsfeststellung auf andere Weise nicht oder nur unter erheblichen Schwierigkeiten möglich ist,
  2. das zur vorbeugenden Bekämpfung von Straftaten erforderlich ist, weil die betroffene Person verdächtig ist, eine Straftat begangen zu haben und wegen der Art der Begehungsweise der Tat die Gefahr der Begehung weiterer Straftaten besteht.

(2) Ist die Identität festgestellt, sind den Fällen des Absatzes 1 Nr. 1 die im Zusammenhang mit der Feststellung angefallenen erkennungsdienstlichen Unterlagen zu vernichten, es sei denn, ihre weitere Aufbewahrung ist zu Zwecken des Absatz 1 Nr. 2 oder anderen Rechtsvorschriften zulässig.

(3) Erkennungsdienstliche Maßnahmen sind insbesondere:
  1. Die Abnahme von Finger- und Handflächenabdrücken,
  2. die Aufnahme von Lichtbildern und
  3. Messungen und die Feststellung anderer äußerer körperlicher Merkmale.

(4) Eingriffe in die körperliche Unversehrtheit sind unzulässig.

---

5 Aufgabe: Stellen Sie fest, nach welchen Landesgesetzen Sie in Ihrem Arbeitsbereich zur Gefahrenabwehr Erkennungsdiensntliche Maßnahmen treffen können und tragen Sie das Ergebnis in den Kasten ein.

12. Daktyloskopische Spuren

§ 41 Ausländergesetz – AuslG vom 9. Juli 1990, zuletzt geändert durch Gesetz vom 24. Februar 1997 (BGBL. I S. 310)
(Identitätsfeststellung)

(1) Bestehen Zweifel über die Person oder die Staatsangehörigkeit des Ausländers, sind die zur Feststellung seiner Identität oder Staatsangehörigkeit erforderlichen Maßnahmen zu treffen, wenn

1. dem Ausländer die Einreise erlaubt oder eine Aufenthaltsgenehmigung oder Duldung erteilt werden soll oder
2. es zur Durchführung anderer Maßnahmen nach diesem Gesetz erforderlich ist.

(2) Zur Feststellung der Identität können die in § 81 b der Strafprozeßordnung bezeichneten erkennungsdienstlichen Maßnahmen durchgeführt werden, wenn die Identität in anderer Weise, insbesondere durch Anfragen bei anderen Behörden, nicht oder nicht rechtzeitig oder nur unter erheblichen Schwierigkeiten festgestellt werden kann.

(3) Auch wenn die Voraussetzungen der Absätze 1 und 2 nicht vorliegen, können erkennungsdienstliche Maßnahmen durchgeführt werden, wenn der Ausländer mit einem gefälschten oder verfälschten Paß oder Paßersatz einreisen will oder eingereist ist oder wenn sonstige Anhaltspunkte den Verdacht begründen, daß der Ausländer nach einer Zurückweisung oder Beendigung des Aufenthaltes erneut unerlaubt in das Bundesgebiet einreisen will. Das gleiche gilt, wenn der Ausländer in einen in § 26 a Abs. 2 des Asylverfahrensgesetzes genannten Drittstaat zurückgewiesen oder abgeschoben wird.

(4) Der Ausländer hat die erkennungsdienstlichen Maßnahmen zu dulden.

§ 16 Asylverfahrensgesetz (AsylVfG) in der Fassung der Bekanntmachung vom 27. Juli 1993 (BGBl. I S. 1361), zuletzt geändert durch Gesetze vom 1. November 1996 (BGBl. I S. 1626)
(Sicherung der Identität)

(1) Die Identität eines Ausländers, der um Asyl nachsucht, ist durch erkennungsdienstliche Maßnahmen zu sichern, es sei denn, daß er eine unbefristete Aufenthaltsgenehmigung besitzt oder noch nicht das 14. Lebensjahr vollendet hat. Nach Satz 1 dürfen nur Lichtbilder und Abdrucke aller zehn Finger aufgenommen werden.

(2) Zuständig für erkennungsdienstliche Maßnahmen sind das Bundesamt[6] und – sofern der Ausländer dort um Asyl nachsucht – auch die in den §§ 18 und 19 bezeichneten Behörden sowie die Aufnahmeeinrichtung, bei der sich der Ausländer meldet.

(3) Das Bundeskriminalamt leistet Amtshilfe bei der Auswertung der nach Absatz 1 gewonnenen Fingerabdruckblätter zum Zwecke der Identitätssicherung. Es darf hierfür auch von ihm zur Erfüllung seiner Aufgaben aufbewahrte erkennungsdienstliche Unterlagen verwenden. Das Bundeskriminalamt darf den in Absatz 2 bezeichneten Behörden den Grund der Aufbewahrung dieser Unterlagen nicht mitteilen, soweit dies nicht nach anderen Rechtsvorschriften zulässig ist.

(4) Die nach Absatz 1 gewonnenen Unterlagen werden vom Bundeskriminalamt getrennt von anderen erkennungsdienstlichen Unterlagen aufbewahrt und gesondert gekennzeichnet. Entsprechendes gilt für die Verarbeitung in Dateien.

(5) Die Verarbeitung und Nutzung der nach Absatz 1 gewonnenen Unterlagen ist auch zulässig zur Feststellung der Identität oder der Zuordnung von Beweismitteln, wenn bestimmte Tatsachen die Annahme begründen, daß dies zur Aufklärung einer Straftat führen wird, oder wenn es zur Abwehr einer erheblichen Gefahr für die öffentliche Sicherheit erforderlich ist. Die Unterlagen dürfen ferner für die Identifizierung unbekannter oder vermißter Personen verwendet werden.

---

6 Bundesamt für die Anerkennung ausländischer Flüchtlinge, siehe § 5 Asylverfahrensgesetz; Nebenstellen siehe § 5 (4) AsylVfG.

(6) Nach Absatz 1 gewonnene Unterlagen sind zu vernichten:
1. nach unanfechtbarer Anerkennung,
2. nach Ausstellung eines Reiseausweises nach dem Abkommen über die Rechtsstellung der Flüchtlinge,
3. nach Erteilung einer unbefristeten Aufenthaltsgenehmigung,
4. im Falle einer Einreiseverweigerung (§ 18 Abs. 2) oder einer Zurückschiebung (§ 18 Abs. 3) nach drei Jahren,
5. im übrigen acht Jahre nach unanfechtbarem Abschluß des Asylverfahrens; die entsprechenden Daten sind zu löschen.

§ 86 Strafvollzugsgesetz (StVollzG)

(1) Zur Sicherung des Vollzuges sind als erkennungsdienstliche Maßnahmen zulässig:
1. die Abnahme von Finger- und Handflächenabdrücken,
2. die Aufnahme von Lichtbildern,
3. die Feststellung äußerer körperlicher Merkmale,
4. Messungen.

(2) Die gewonnenen erkennungsdienstlichen Unterlagen werden zu den Gefangenenpersonalakten genommen. Sie können auch in kriminalpolizeilichen Sammlungen verwahrt werden.

(3) Personen, die aufgrund des Absatzes 1 erkennungsdienstlich behandelt worden sind, können nach der Entlassung aus dem Vollzug verlangen, daß die gewonnenen erkennungsdienstlichen Unterlagen vernichtet werden, sobald die Vollstreckung der richterlichen Entscheidung, die dem Vollzug zugrunde gelegen hat, abgeschlossen ist. Sie sind über dieses Recht spätestens bei der Entlassung zu belehren.

§ 4 Abs. 5 Landespersonalausweisgesetz (LPAuswG)[7] vom 1. November 1990

(5) Reichen die Angaben und Nachweise nach Absatz 4 nicht aus, um die Identität des Ausweisbewerbers zweifelsfrei festzustellen, und lassen sich die Zweifel auch nicht oder nur unter unverhältnismäßigen Schwierigkeiten durch weitere vom Ausweisbewerber zu erbringende Nachweise oder durch Auskünfte anderer Stellen beheben, so ist der Ausweisbewerber verpflichtet, sich den zur Feststellung seiner Identität erforderlichen Maßnahmen, insbesondere einer Gegenüberstellung, zu unterziehen. Bestehen auch dann noch Zweifel an seiner Identität, so kann die Ausweisbehörde erkennungsdienstliche Maßnahmen anordnen; ihre Durchführung obliegt der Polizei. Erkennungsdienstliche Unterlagen zur Feststellung der Identität des Ausweisbewerbers darf die Polizei nur für diesen Zweck verwenden. Sie werden der Ausweisbehörde mit dem Ergebnis der Feststellung zugesandt. Steht danach die Identität des Ausweisbewerbers zweifelsfrei fest, so werden die Unterlagen vernichtet.

---

7 Ausgabe Berlin

13. Kriminalfotografie

Als Fotografie wird in Lexika die Herstellung von Bildern durch Einwirkung von Licht über ein Objektiv auf eine lichtempfindliche Schicht in der fotografischen Kamera bezeichnet. Als Objektive bezeichnet man die Linsensysteme, die das Licht bündeln und auf die lichtempfindliche Schicht lenken. Die Objektive werden nach der Anzahl ihrer Linsen und nach der Größe des Bildwinkels bezeichnet. Gebräuchlich sind Weitwinkel-, Normal- und Teleobjektive. Der Durchmesser des Objektivs ist für die Lichtmenge und Schärfentiefe von Bedeutung, er kann über eine verstellbare Blendenöffnung gesteuert werden.

Zwischen Objektiv- und Kameragehäuse befindet sich der Verschluß, mit dem die Belichtungszeit gesteuert wird. Er kann beispielsweise als Zentral-, Schlitz- oder Rolloverschluß ausgeführt sein. Moderne Kameras haben eingebaute Belichtungsmesser zur halb- oder vollautomatischen Verschlußsteuerung. Eingebaute oder separate Blitzlichtgeräte und Lampen sorgen für die notwendige Lichtmenge. Die lichtempfindliche Schicht (Film) enthält Halogensilbersalze in Gelatine fein verteilt, die sich durch die Belichtung verändern und ein latentes, seitenverkehrtes Bild erzeugen. Im Entwickler wird das latente Bild in ein sichtbares umgewandelt und anschließend im Fixierbad lichtunempfindlich (haltbar) gemacht. Für Vergrößerungen wird der Film (Negativ) in den optischen Vergrößerungsapparat eingelegt und das Bild mit Licht auf Papier übertragen. Auf diesem Papier entsteht nach Entwicklung und Fixierung ein Positiv – das Lichtbild – als seitenrichtiges Produkt.

Die Fotografie ist sofort nach ihrer Erfindung für die Zwecke der Kriminalistik nutzbar gemacht worden. Die ihrer stetigen Entwicklung folgende Anwendung geht weit über den Erkennungsdienst hinaus. Dies zeigt sich nicht nur bei der Spurenkunde und einzelnen kriminaltechnischen Untersuchungen, sondern auch in der Kriminaltaktik.

13.1 Geschichtliche Entwicklung und Grundlagen[1]

Schon bald nach der Erfindung der Fotografie – die damals nach ihrem Erfinder, dem Franzosen L. DAGUERRE, noch Daguerreotypie (1837) genannt wurde und die der Engländer TALBOT bereits 1841 verbesserte – wurden in Belgien (1843) Lichtbilder von Strafgefangenen gemacht, die entlassen werden sollten. Dabei war allerdings nicht ganz klar, ob es mehr um die Identifizierung Vorbestrafter oder um ein Hilfsmittel für künftige Fahndungen ging. Jedoch hat ein Friedensrichter 1854 in Lausanne von einem Unbekannten Lichtbilder herstellen lassen, um sie zu dessen Identifizierung zu benutzen. Bald finden sich derartige Berichte in vielen europäischen Staaten. Denselben Zwecken dienten auch die in den nächsten Jahrzehnten angelegten Lichtbildsammlungen, die man Verbrecheral-

---
[1] Vgl. Groß und Geerds.

ben nannte, deren Klassifizierung aber bald Schwierigkeiten bereitete. Die ersten Sammlungen von Verbrecherlichtbildern dürften 1864 in Danzig und 1867 in Moskau entstanden sein. Doch die weitere Entwicklung führt bereits zur Gegenwart und ist besser dort zu schildern.

Die Tatortfotografie dürfte mit Aufnahmen begonnen haben, die man 1867 anläßlich eines Doppelmordes in der Nähe von Lausanne angefertigt hat. Etwa um dieselbe Zeit beginnt man, die Fotografie für die *Sicherung und Auswertung von Spuren* zu nutzen und zwar zunächst bei der *Urkundenuntersuchung*. So hat man nachweislich schon 1869 mit Hilfe der Fotografie eine unsichtbare Schrift sichtbar gemacht und eine *Schriftfälschung* bewiesen; in demselben Jahr begann Reiss in Lausanne eine Sammlung von Schriftfälschungen anzulegen. Mit dem 1877 gelungenen mikrofotografischen *Nachweis von Menschenblut* beginnt die Fotografie ihren Einzug in andere wichtige Bereiche der Kriminaltechnik. Schließlich ist die Fotografie auch schon kriminalistisch in Form der *Fotofalle* bekannt geworden. Bereits 1887 begann man, in Bankräumen Blitzlichtapparaturen aufzustellen, die elektrisch ausgelöst wurden, wenn jemand unbefugt den Raum betrat. Jedenfalls wurde in New York 1893 ein Täter beim Betreten eines Bankraumes durch eine solche Diebesfalle fotografiert. Wichtig für die weite Verbreitung der Fotografie wurde sodann die um die Jahrhundertwende von dem Amerikaner EASTMANN-KODAK hergestellte Rollfilm-Tageslichtpackung (Erfinder: GOODWIN und TURNER). Nach dem ersten Weltkrieg wurde mit der Konstruktion der „Leica" die *Epoche der Kleinbildfotografie* eingeleitet.

Parallel dazu entwickelte sich der Film, der auch Bewegungsabläufe fotografisch festzuhalten vermag. Im Jahre 1937 brachte „Agfa" nahezu gleichzeitig mit „Kodak" den ersten Farbfilm auf den Markt. Damit begann der immer noch nicht ganz ausgetragene Streit um Vor- und Nachteile der Farbfotografie gegenüber der Schwarzweißfotografie in der Kriminaltechnik. Dazu verweist die Literatur auf den Zweck des Lichtbildes – seine kriminalistische Funktion – und auf den Bezug zum Einzelfall.

Schon *Tatortfoto und Personenlichtbild* haben verschiedenartige Funktion; ferner kann die Lage am Tatort so verschieden sein, daß einmal diese, ein anderes Mal jene Technik aussagekräftigere Bilder zu liefern vermag. Das früher gegen die Farbfotografie vorgebrachte Argument einer zu komplizierten Technik, die überdies mit Einschaltung betriebsfremder Fachleute die Geheimhaltung nicht gewährleistet, läßt sich heute nicht mehr halten; dasselbe gilt für den Zeitfaktor. So bleibt heute neben dem Kostenfaktor, der bei der Farbfotografie kaum mehr in das Gewicht fällt, die fototechnische Frage, auf welchem Weg der bessere Informationsgehalt erreicht wird. Deshalb ist auf diese Frage jeweils im besonderen Zusammenhang einzugehen.

Die vorletzte Stufe der Entwicklung stellt die Fernseh- und Videotechnik dar, die sich nach dem zweiten Weltkrieg stürmisch verbreitet hat, und wie die Fotografie den Weg über das Schwarzweiß-Bild zur Farbe gegangen ist.

Eine weitere Entwicklung – sicher nicht die letzte – verbreitet sich seit Mitte der 90er Jahre mit der *Computersimulation*, bei der nach Grundrißzeichnungen dreidimensinale Bilder von umschlossenen und offenen Tatorten erzeugt und rekonstuierte Tatabläufe – beispielsweise Geschoßflugbahnen – nach Berechnungen von Sachverständigen dargestellt werden können. Modernste Technik erlaubt entsprechende visuelle Darstellungen der rekonstruierten Tat im Gerichtssaal und kann auch für Laienrichter komplizierte technische Abläufe und Untersuchungen transparent machen.

Die *Fotografie* sowie die Video- und Computertechnik halten Vorgänge (Zustände oder Phasen) in Bildern fest; sie können dabei vor allem Situationen fixieren oder beschreiben, mitunter aber auch erforschend wirken. Mit Hilfe besonderen Fotomaterials und spezieller Aufnahmetechniken lassen sich Dinge darstellen, die sich sonst der Wahrnehmung ganz oder teilweise entziehen. Allerdings ist das Lichtbild nur mehr oder weniger identisch mit dem abgebildeten Gegenstand; mitunter kann der Aussagegehalt gegenüber der Wirklichkeit sogar erheblich verändert werden. Das gilt sowohl für Schwarzweißaufnahmen als auch für Farbaufnahmen. Neben der Wahl des Kamerastandpunktes spielen dabei die verwendeten Objektive (z.B. Weitwinkel- oder Teleobjektiv) eine Rolle. Von Einfluß ist ferner die Beleuchtung; bei extrem flacher oder steiler Beleuchtung werden Kontraste stärker oder nehmen ab.

Das Personenlichtbild wurde – wie schon angedeutet – vor allem durch BERTILLON für die Kriminalistik und insbesondere den Erkennungsdienst nutzbar gemacht; er veröffentlichte 1890 sein Buch „La photographie judiciaire".

Bald verwendete man die Fotografie auch für *Tatortaufnahmen.* Im Zusammenhang damit entwickelte man die *Fotogrammetrie,* ein vermessungstechnisches Verfahren, das insbesondere auch bei Verkehrsunfällen wichtig ist.

Der Beweiswert der Fotografie hängt wesentlich von etwaigen Fehlerquellen ab. Sieht man hier von *Verfälschungen oder Totalfälschungen* ab, wie sie Retusche oder Fotomontage beim Papierbild darstellen und verstärkt bei den elektronischen Medien möglich sind, läßt sich als Vorzug zwar festhalten, daß die Fotografie als Verfahren nichts willkürlich zum Vorhandenen hinzufügen kann. Allerdings darf man dabei nicht verkennen, daß die Fotografie sowohl „hervorheben" als auch „unterdrücken" kann, weshalb die fotografische Technik die eigentliche Fehlerquelle ist. Denn sie ermöglicht es, von ein und demselben Objekt ganz verschieden aussehende Bilder zu erzeugen. Derartige Effekte lassen sich sowohl bei der Aufnahme (Wahl von Bildausschnitten, Perspektive, Beleuchtung, Belichtung, Filter usw.) als vor allem auch beim Entwickeln, Kopieren und Vergrößern erzielen. Neben der Wahl von Bildausschnitt und Perspektive kommt es auf das vom Fotografen benutzte Objektiv an. Scheint das Teleobjektiv zu verkürzen, so verändert das Weitwinkelobjektiv auch die Lage der abgebildeten Gegenstände. Derartigen Größenverzerrungen begegnet man dadurch, daß Maßstäbe mitfotografiert werden. Auch die Fotografie läßt sich bereits bei der Aufnahme und noch mehr beim Kopieren und Vergrößern so manipulieren, daß der Eindruck des betreffenden Bildes erheblich beeinflußt werden kann. Deshalb verlangt eine einwandfreie Arbeitstechnik beispielsweise, daß ein Graukeil oder eine Farbtafel mitfotografiert werden.

13.2 Studiofotografie und Fotografie mit besonderen Strahlen

Als Hilfsmittel bei kriminaltechnischen Untersuchungen fungiert die Fotografie mit besonderen, normalerweise unsichtbaren Strahlen. Da die folgende Darstellung sich auf Ultraviolett-, Infrarot- und Röntgenfotografie beschränkt, sei daran erinnert, daß man auch bei vielen anderen naturwissenschaftlichen Untersuchungsmethoden – wie etwa Mikroskopie und Spektrografie – die Fotografie als Hilfsmittel verwendet. Hierher gehört auch die Lumineszenzfotografie, bei welcher Stoffe durch Einwirken von Licht oder Schatten zum „kalten Leuchten" angeregt werden. Beschränkt sich die Lumineszenz auf die Zeit des Einwirkens, spricht man von Fluoreszenz, währt sie über die anregende Bestrahlung hinaus, nennt man das Phosphoreszenz. Kriminaltechnisch ist vor allem die Fluoreszenz bedeutsam, die man mit ultraviolettem oder kurzwelligem Licht vorwiegend mit Hilfe von Quecksilberdampflampen erzeugt. Im Tageslicht nicht sichtbare oder farblich gleich erscheinende Stoffe fluoreszieren im UV in verschiedenen Farben. Diese Leuchterscheinungen lassen sich fotografisch festhalten. Man kann sogar unsichtbare Fluoreszenz festhalten, dies gilt ebenfalls für die Fotografie im Infrarotbereich. Besonders wichtig ist die Fotografie als Mittel der Spurensicherung in Fällen, in denen latente Spuren sowie chemische oder physikalische Reaktionen nur kurzfristig sichtbar gemacht werden können. Einige Untersuchungsmethoden wären ohne Fotografie überhaupt nicht möglich oder werden durch sie beträchtlich erleichtert.

Ultraviolett (UV)-Fotografie Die Fotografie bei ultraviolettem Licht hat sich erst nach vielen Schwierigkeiten meistern lassen, obwohl man diese Strahlen bereits seit dem 18. Jahrhundert kennt. Die kurzwelligen (400-150 nm) UV-Strahlen sind energiereicher als sichtbares Licht. Sie reflektieren oder absorbieren viele Stoffe sehr unterschiedlich. UV-Strahlen können Änderungen physikalischer oder chemischer Art hervorrufen, weshalb bei Materialspuren Vorsicht geboten ist. Die durch UV-Licht bewirkte Lumineszenz kann von diesen Strahlen abhängen (Fluoreszenz) oder bei festen Stoffen auch länger andauern (Phosphoreszenz). Derartige Phänomene kann man mit Hilfe der UV-Fotografie festhalten. Diese Möglichkeit wird vor allem für kriminaltechnische Untersuchungen ausgenutzt. Eine der vielen Anwendungsmöglichkeiten der UV-Fotografie bietet die *Urkundenuntersuchung*, insbesondere auch auf *Geheimschriften* hin. Außer Schreibmitteln können aber auch Farben (Gemälde), Edelsteine und Schmuck mit UV-Licht untersucht und so Gegenstand der UV-Fotografie werden.

Infrarot (IR)-Fotografie Eine andere Fototechnik arbeitet mit IR-Strahlen, deren Wellenbereich etwa bei 700 mm (bis 1400 nm) beginnt, also die gewöhnlich nicht mehr sichtbar (bis etwa 760 nm) sind.

Die im Jahre 1800 entdeckten IR-Strahlen lassen sich mit Hilfe spezieller Fototechniken nutzen. So kann man das bei IR-Licht andersartige Emissionsvermögen sowie die Reflexionskraft vieler Materien festhalten. Neben der IR-Durchleuchtungsfotografie gibt es die IR-Reflexfotografie, die für den Kriminalisten besonders wichtig ist. Sie wird beispielsweise bei der Urkundenanalyse genutzt.

Röntgenfotografie Auch mit Röntgenstrahlen wird die Fotografie für kriminaltechnische Zwecke angewandt. Entweder wird dabei das Schirmbild festgehalten oder werden die Befunde direkt fotografiert.

Mikrofotografie Die Mikrofotografie vermag selbst kleinste Spuren im Detail wiederzugeben, wobei für den Befund wichtige Erscheinungen – wenn erforderlich – hervorgehoben werden können. Sie wird vor allem bei Darstellung und Auswertung von kleinen Spuren benutzt. Außer um die entsprechend vergrößerte Darstellung von Oberflächenstrukturen fester Materialien (insbesondere auch Metallen, Kunststoffen, Papier sowie anderen organischen oder inorganischen Materialien) kann es auch um die Form von Lacksplittern, Textilfasern sowie um die morphologische Struktur von pulvrigen oder ähnlichen Substanzen (Boden-, Staub- und Schmutzbestandteile, Abrieb, Metallspäne und dergleichen) gehen. So sollte man im Mikroskop beobachtete Detailmerkmale oder Vorgänge immer auch im Lichtbild festhalten, das sowohl für die Gutachter und Sachverständigen als auch für die gerichtliche Beweisaufnahme besonders geeignet ist, weil es eine Kontrolle und anderen einen Eindruck von den Gegebenheiten verschaffen kann. Denn auch hier besteht ja die Möglichkeit zu entsprechender Vergrößerung. Außer dem Kameramikroskop, bei welchem die Kamera fest mit dem Mikroskop verbunden ist, verwendet man in der Mikrofotografie Stativ- oder Aufsatzkameras. Kameramikroskope erlauben mit automatisch gesteuerter Belichtungszeit Serienaufnahmen bei fortlaufender Beobachtung von Vorgängen. Auch hier setzt die Videotechnik neue Maßstäbe, das zu betrachtende Objekt wird nicht nur auf den Monitor des Mikroskops übertragen, sondern kann auch fotografisch oder mit einem Drucker aufgezeichnet oder in einen Computer eingescannt werden.

Erinnert sei an das bei der Daktyloskopie verwendete, auch für andere Vergleichsuntersuchungen der Kriminaltechnik wesentliche *Vergleichsmikroskop*. Mit Hilfe der Mikrofotografie kann man hier Tat- und Vergleichsspur auf einem Foto nebeneinander abbilden, was bei Übereinstimmung besonders beweiserheblich ist.

Der *Mikrofilm* läßt sich außer zu den genannten Zwecken auch dazu nutzen, Akten, Schrift- und Bildgut raumsparend zu archivieren. Zu Vorzügen schnellen Zugriffs sowie leichter Rückvergrößerung und Vervielfältigung kann auch der Gedanke der Sicherungsverfilmung hinzutreten. Insgesamt hat der Mikrofilm, der inzwischen auch bei Kriminalpolizeidienststellen eingeführt worden ist (Mikrofilmstellen), mehr Bedeutung für die Verwaltungstätigkeit als für die eigentliche Kriminaltechnik und den Erkennungsdienst.

13. Kriminalfotografie

13.3 Tatortfotografie[2]

Die unterschiedlichen Aufnahmebedingungen verlangen eine besonders gute fotografische Ausrüstung. Außer Platten- und Rollfilmkameras mit langem Balgenzug verwendet man Kleinbildkameras mit auswechselbaren Objektiven. Weiter benötigt man Stative, unter Umständen Leiter- oder Brückenstative, Belichtungsmesser, Blitzgeräte und Lampen.

Gerade im Zusammenhang mit der Tatortfotografie hat sich die Fotogrammetrie entwickelt, die es als vermessungstechnisches Verfahren ermöglichen soll, aus Fotos ein technisch-konstruktives Zeichenbild herzustellen. Für diese Zwecke sind Spezialgeräte mit Doppelkameras entwickelt worden, die bei relativ einfacher Bedienung für die kriminalistische Praxis völlig genügen.

Die Fotografie wird zunehmend auch bei Darstellung und Auswertung von Spuren benutzt, was zum Teil bereits in das Gebiet der Mikrofotografie führt. Im Bereich der Makrofotografie geht es vor allem um Größe und Form von Spuren und um die Fundsituation am Tatort oder auf dem Spurenträger. Ferner ist auf die Verwendung der Fotografie bei physikalischen Untersuchungsmethoden optischer Art hinzuweisen, soweit nicht Techniken der Mikrofotografie erforderlich sind.

Anders als das Lichtbild wird der Film weniger für kriminalistische Zwecke eingesetzt. Am ehesten benutzt man ihn für die bei der Kriminaltaktik zu behandelnden Täterfallen, hier kommt vor allem die elektronische Video-Langzeitüberwachung in Betracht. Kriminaltechnisch nutzt man Hochgeschwindigkeitskameras beispielsweise zur Untersuchung und Dokumentation von schnell ablaufenden Vorgängen - beispielsweise dem Verhalten von Glas und anderem Material beim Auftreffen oder Durchdringen von Geschossen.

Die Begriffe *Tatort- oder Ereignisortfotografie* beziehen sich nicht nur unmittelbar auf die Orte, an denen das Ereignis direkt stattfand, sondern sie schließen auch benachbarte Orte mit ein, an denen Vorgänge abliefen, die mit dem zu untersuchenden Ereignis in Beziehung stehen. Die kriminaltechnische Fotografie dokumentiert alle Orte, die als Tat- oder Ereignisort in Betracht kommen sowie die Örtlichkeiten strafprozessualer Maßnahmen.

Die fotografische Arbeit am Tatort[3] muß mit besonderer Sorgfalt und ohne Behinderung anderer Maßnahmen ausgeführt werden, da als ihr Ergebnis Beweismittel entstehen, die über den Erfolg der kriminalistischen Arbeit entscheiden können. Daher ist eine optimale Koordination aller Maßnahmen erforderlich. Die fotografische Tatortdokumentation erfolgt sowohl im Stadium der Besichtigung als auch der Untersuchung des Ortes als begleitende Dokumentation. Die Videotechnik wird für die kriminalistische Arbeit mehr und mehr erschlossen, wobei künftig noch viele Einsatzmöglichkeiten zu erwarten sind.

Aufgabe der Fotografie an Tatorten ist es, in einer Serie fotografischer Bilder ein Maximum nützlicher Informationen aufzuzeichnen, die den Betrachter der Bilder in die Lage versetzen, zu erkennen, wo und wie sich das Ereignis abgespielt hat und die das Ereignis oder die Maßnahmen rekonstruierbar zu machen.

---

2 Vgl. Achim Stargardt.
3 Vgl. Abschnitt 3.1.

Aufgabe dieser Fotografie ist es, den Zustand und die Verhältnisse um und an dem Ort eines kriminalistisch interessanten Ereignisses fotografisch zu sichern. In Abhängigkeit von den Anforderungen an die Beweisführung ist

- die Situation am Tatort mittels Orientierungs-, Übersichts-, Teilübersichts- und Detailaufnahmen zu fotografieren,
- die Spur fotografisch zu sichern,
- die Lage von gesicherten Spuren und anderen Sachbeweisen zu dokumentieren,
- mit Hilfe der Tatortfotografie in der Einheit mit Skizzen und dem Tatortuntersuchungsprotokoll eine evtl. notwendige Rekonstruktion vorzunehmen und das kriminalistische Experiment (Kontrolldemonstration) vorzubereiten.

Anzahl und Art der fotografischen Aufnahmen hängen von den Umständen des Ereignisses ab; die Dokumentationsmittel (Beschreibung, Skizze) haben sich sinnvoll mit den Fotografien zu ergänzen. Hierzu gibt es einige allgemein gültige Regeln.

Zur *Sicherung der Spuren* an nicht transportablen Spurenträgern gehört eine sachgemäße fotografische Sicherung. Die Sicherung bezieht sich nicht allein auf den Gegenstand selbst, sondern auch auf die Situation, in der er sich beim Auffinden am Untersuchungsort befand. Ein Teil dieser Fotografie wird im alltäglichen Dienst durch die kriminalpolizeiliche Sofortbearbeitung ausgeführt. Bei umfangreichen und speziellen Aufnahmen stehen in der Mehrzahl der Bundesländer die *Spurensicherungstrupps der Kriminaltechnischen Institute* und die *Fotografen des Erkennungsdienstes* in geeigneter Weise (Rufbereitschaft) zur Verfügung.

Die Vorbereitung zur fotografischen Fixierung der Situation beginnt nach Kontrolle der fotografischen Ausrüstung mit einer umfassenden Besichtigung des Ereignisortes. Fotografische Aufnahmen sollen stets gemacht werden, bevor Veränderungen am Ereignisort vorgenommen werden.

Zuerst wird eine *Orientierungsaufnahme* angefertigt. Orientierungsaufnahmen geben einen Überblick über die Lage des Tatortes (TO) zu seiner Umgebung (zum Beispiel benachbarte Gebäude, Straßen, Betriebe u.a.). Sie sollen die Lage des Ereignisortes in ihrer Beziehung zu benachbarten markanten Gebäuden, Straßen, Eisenbahnlinien usw. kennzeichnen.

Übersichtsaufnahmen erfassen den TO in seinem gesamten Umfang mit den wichtigsten vom Täter verursachten Veränderungen. Die Übersichtsaufnahme gibt den Eindruck wieder, den ein Augenzeuge vom Ereignisort hat. Aus diesem Grunde soll sie aus Augenhöhe des Betrachters erfolgen. Um die Lage von Spuren und kleineren Gegenständen, die auf dem fotografischen Bild nicht ohne weiteres zu erkennen sind, zu kennzeichnen, werden diese durch Nummerntafeln markiert, so daß ihre Lage später genau zu rekonstruieren ist. Zur Übersicht über die gesamte Örtlichkeit ist es im Regelfall erforderlich, die Übersichtsaufnahme aus einer größeren Entfernung anzufertigen.

Um einen präziseren Überblick über Teilbereiche des Ereignisortes zu erhalten, werden *Teilübersichtsaufnahmen* angefertigt, Spuren und besondere Gegenstände am TO werden zusätzlich in *Detail-Aufnahmen* fixiert, wobei es unbedingt erforderlich ist, einen Maßstab mitzufotografieren, um die Größenverhältnisse des Gegenstandes oder der Spur exakt festzuhalten. Die Kamerastandorte der einzelnen Aufnahmen werden in der Ereignisortskizze vermerkt. Die Bildbereiche von Orientierungsaufnahme, Übersichtsaufnahme und Teilübersichtsaufnahme sollten sich weitgehend überdecken, so daß eine zusätzliche Kontrollmöglichkeit über den Aufnahmestandort gegeben ist.

Detailaufnahmen sind Aufnahmen einzelner Spuren und Gegenstände, die im Zusammenhang mit dem Ereignis stehen (zum Beispiel vom Täter liegengelassenes Werkzeug, aufgebrochene Kassette, umgeworfene Gegenstände). Sie betreffen vorwiegend Gegenstands- und Situationsspuren. Da beweiserhebliche Umstände oftmals erst im Verlauf der Tatortuntersuchung erkannt werden, ist die Fertigung von Detailaufnahmen während des gesamten Prozesses der Spurensuche und -sicherung zu beachten. Spuren, die am Tatort als Eindruckspuren in Staub, Fett, im Boden oder in einem anderen Spurenträger hinterlassen werden, sind vor ihrer Sicherung mit Abformmaterialien in jedem Fall zu fotografieren.

13.4 Spurenfotografie

Die Sicherung von Spuren ist ein wichtiges und häufig angewandtes Teilgebiet der Kriminaltechnischen Fotografie.

Für die Fotografie von Spurenträgern und Spuren unter Studiobedingungen haben kriminaltechnische Institute spezielle Voraussetzungen geschaffen. Die kriminaltechnische und -wissenschaftliche Fotografie ist hier unter dem Einsatz spezifischer Techniken zum Vergleich von Spuren möglich (Makro-, Mikro- und Lupenbereich, Schwarzweiß- und Color-, Ultraviolett- und Infrarotfotografie). In jedem Fall entscheiden sowohl kriminaltechnische als auch fotografische Fertigkeiten über die Auswertbarkeit, ob die zu sichernde Spur in Form von Detailaufnahmen am Ereignisort oder – wenn eine sachgerechte Bearbeitung mit den am Ereignisort vorhandenen Ausrüstungen nicht möglich ist – im Labor fotografisch aufgezeichnet wird. Die fotografische Methode der Spurensicherung arbeitet zerstörungsfrei, ermöglicht alles Sichtbare aufzuzeichnen und ist nahezu überall anwendbar. Wenn die fotografische Methode auch vor den anderen, vorwiegend mechanischen Methoden der Spurensicherung angewandt wird, so muß hervorgehoben werden, daß die Fotografie der Spur nicht die anderen Spurensicherungsmethoden ersetzt, sondern in gegenseitiger Ergänzung mit ihnen erst eine umfassende Auswertung ermöglicht.

Für einige Arten von Spuren ist die fotografische Aufnahme jedoch die einzig mögliche Sicherungsmethode. Das trifft für die Fälle zu, in denen die schnelle Veränderung der Spur infolge von Witterungseinflüssen (z.B. Schuhspuren und insbesondere Blutspuren im Schnee) oder chemischen Vorgängen (z.B. durch Joddampf sichtbar gemachte Fingerabdrücke), die besondere Beschaffenheit von Spurenträger und Spurenmaterial (Fingerabdrücke mit Fett, Blut, Farbe; Schuhspuren auf gebohnerten Fußböden) andere Sicherungsverfahren weitgehend ausschließen und in denen die zu sichernde Erscheinung sich nur optisch erfassen läßt (Erhitzungs-, Verbrennungs-, Rauch- und Verwitterungserscheinungen).

Trotz der Vielfalt der Probleme der Spurenfotografie existieren allgemeingültige Hinweise und Regeln, deren Beachtung für eine erfolgreiche Arbeit erforderlich ist.

Filmkennzeichnung Bei Praktikern hat es sich durchgesetzt, am Beginn des Filmstreifens ein Blatt mit der Vorgangsnummer und den Namen von Beschuldigten, Opfern oder Verstorbenen zu beschriften und zu fotografieren, so daß der Filmstreifen unverwechselbar bleibt. Sind mehrere Filme verwendet worden, kann die angefertigte Schrifttafel jeweils mit der Nummer des Films ergänzt werden.

Sofern das Objekt und seine Lage es zulassen, sollte stets *die Filmebene der Kamera parallel zur abzubildenden Objektfläche* positioniert werden, um Verzerrungen zu vermeiden. Die optische Achse muß senkrecht auf der Objektebene stehen, was in der Praxis ein Stativ erfordert.

Um die Lagebeziehungen der Spuren sowohl in der *Tatortübersichtsaufnahme* als auch in der *Tatortskizze* erfassen zu können und eine eindeutige Zuordnung zu gewährleisten, werden neben allen Spuren Nummerntafeln angebracht. Diese *Spurenkennzeichnung* durch Etiketten oder Tafeln muß mitfotografiert werden. Es sind immer zwei Aufnahmen zu fertigen:

1. Lage der Spur auf dem Spurenträger,
2. die Spur selbst.

Spurenaufnahmen werden grundsätzlich maßstabgerecht angefertigt. Bei der Darstellung einzelner Objekte, besonders bei Objekten von geringer Ausdehnung, ist daher stets ein *Maßstab* mit Millimetereinteilung mit abzubilden. Der Maßstab erleichtert die spätere Entzerrung und Vergrößerung des Bildes auf die natürliche Größe des Objektes und dient bei Farbaufnahmen auch zum Vergleich von Farbverfälschungen. (Auch das Mitfotografieren einer bedruckten Filmverpackung nutzt bei der Filmbearbeitung der maßstabsgerechten Vergrößerung und richtigen Wiedergabe von Farb- und Helligkeitsstufen.)

Es ist zweckmäßig – nach Helligkeit des Objektes – jeweils mit einem hellen Maßstab mit dunkler Teilung und einem dunklen Maßstab mit heller Teilung zu arbeiten. Dabei ist zu beachten, daß der mitaufgezeichnete Maßstab nur für die Ebene gültig ist, in der er sich befindet und Objekte oder ihre Teile in anderen Ebenen damit nicht vermessen werden können. Dies ist bereits bei der Aufnahme zu beachten. Das verlangt zum Beispiel bei Eindruckspuren, daß der Maßstab in der Ebene des Spurengrundes, bei erhabenen Objekten, daß der Maßstab erhöht gelagert wird. Gekrümmte Flächen können nur mit einem anliegenden flexiblen Maßband maßstabgerecht abgebildet werden.

Beleuchtung Die technischen Probleme der Tatortfotografie stellen sich als außerordentlich vielseitig dar. Oft ist das vorhandene Licht zur Anfertigung einer zufriedenstellenden fotografischen Aufnahme nicht ausreichend. Das trifft insbesondere für Ereignisse zu, die während der Nachtzeit untersucht werden und für Aufnahmen in geschlossenen Räumen. In diesen Fällen erfordert die Dunkelheit, zusätzliche Lichtquellen anzuwenden, wie Lampen, Scheinwerfer oder Foto-blitzgeräte (eventuell die sogenannte Lichtgiraffe). Unter gegebenen Umständen können auch Fahrzeugscheinwerfer eingesetzt werden.

13. Kriminalfotografie

Als Faustregel ist davon auszugehen, daß sich die Beleuchtungsstärke eines Objektes etwa proportional mit dem Quadrat seines Abstandes zur Lichtquelle verringert. Das kann zur Folge haben, daß weiter entfernte Objekte noch unterbelichtet, kameranahe Objekte hingegen überbelichtet werden. Es ist anzustreben, durch gezielten Einsatz mehrerer Lampen den Ereignisort gleichmäßig zu beleuchten. Steht nur eine Lichtquelle zur Verfügung, kann man mit ihr bei geöffnetem Kameraverschluß den Tatort nacheinander systematisch ausleuchten (mehrfache Auslösung von Blitzgeräten).

Geschlossene Räume erlauben es oft nicht, durch Vergrößerung des Abstandes der Kamera zum aufzunehmenden Objekt zu einer besseren Übersicht zu gelangen. Zur Abbildung eines größeren Raumwinkels werden Weitwinkelobjektive verwendet. Folgendes gilt es hier zu beachten:

- Spur gleichmäßig ausleuchten, starke Schlagschatten, die evtl. Details verdecken, vermeiden.
- Anwendung von Schräglicht.
- Maßstab mit gut erkennbarer Maßeinteilung in Höhe der Spurenebene anlegen, stets formatfüllend fotografieren.
- Bei Papillarleistenspuren protokollieren, ob die Spur in der Aufnahme hell oder dunkel erscheint (seiten- oder farbverkehrte Bilder).
- Bei der Beleuchtungssituation ist zu beachten, daß nicht nur die direkte Anstrahlung oft den Gegenstand deutlich werden läßt, sondern daß hier häufig seitliches Licht den *Kontrast* zum Spurenträger oder innerhalb der Spur erheblich steigert.

Die Auswahl der Beleuchtung entscheidet mit über den Erfolg der Spurensicherung. Diffuse, schattenfreie Beleuchtung wird angewendet, wenn zu befürchten ist, daß die Schatten großer Objektteile Einzelheiten des Objektes verdecken oder glänzende Oberflächen störende Reflexe verursachen. Hierfür nutzen lassen sich das Tageslicht bei bewölktem Himmel, das an hellen Wänden reflektierte direkte Sonnen- oder Blitzlicht sowie großflächige Lichtquellen, die entweder aus einer Vielzahl einzelner Lichtquellen zusammengesetzt sind oder in denen Mattscheiben verwendet werden.

Die diffuse Beleuchtung eignet sich zum Beispiel zur Aufnahme von Abdruckspuren auf glänzenden Oberflächen sowie von Metallgegenständen. Zur Verminderung der Schattenbildung auf dem Untergrund kann die diffuse Beleuchtung von oben mit einer solchen von unten kombiniert werden, wobei das Objekt auf einer von unten beleuchteten Mattscheibe gelagert wird.

Gerichtete, schräg einfallende Beleuchtung wird gewählt, wenn es darauf ankommt, kleine Einzelheiten eines Objektreliefs durch Schattenbildung verstärkt sichtbar zu machen. Tiefe Reliefs müssen dabei etwas steiler, flache Reliefs mehr schräg beleuchtet werden. Bereits geringfügige Änderungen des Lichteinfallwinkels, die bei tiefen Spuren nicht viel ausmachen, können bei feinen Reliefs Veränderungen des Spurenbildes verursachen. Für Vergleichsuntersuchungen ist die Einhaltung übereinstimmender Beleuchtungsbedingungen eine grundlegende Voraussetzung. Die gerichtete Beleuchtung braucht nicht nur von einer Seite zu erfolgen, sondern kann auch von gegenüberliegenden Seiten (z.B. bei einer Schuheindruckspur) oder auch von allen Seiten durch ringförmige Anordnung der

Strahlenquellen erfolgen. Dabei muß der Beleuchtungswinkel so eingestellt werden, daß die Reflexionen an der beleuchteten Fläche die Abbildung nicht beeinflussen.

Für die Schrägbeleuchtung sind direktes Sonnenlicht, Kleinstscheinwerfer, Mikroleuchten und Taschenlampen verwendbar. Diese Beleuchtungsart wird häufig zur Sicherung von Eindruck- und Abdruckspuren aller Art angewendet. Die gerichtete Beleuchtung kann auch im Durchlicht erfolgen, wobei sie bei lichtdurchlässigen Spurenträgern meist so ausgeführt wird, daß das Kameraobjektiv nur durch das von der Spur gestreute und nicht durch das von der Lichtquelle direkt kommende Licht getroffen wird.

Die Beleuchtung mit Blitzlichtgeräten in der Spurenfotografie erfordert ein großes Maß an Erfahrung. Die Vorteile dieser Lichtquellen liegen in der Netzunabhängigkeit, der leichten Handhabung und der kurzen Belichtungszeit. Die hohe Beleuchtungsstärke der Blitzlichtgeräte gestattet bei Nahaufnahmen größte Blendenwerte und verbessert damit die Schärfentiefe. Da jedoch bei Nahaufnahmen wegen der zunehmenden Bedeutung des Abstandes Kamera - Blitzleuchte eine schattenfreie Beleuchtung nicht mehr möglich ist, empfiehlt es sich, entweder das Objekt mit Hilfe eines Objektives größerer Brennweite aus größerem Abstand oder mit Hilfe einer Ringblitzleuchte, wie sie in der Medizin zur Körperhöhlenfotografie genutzt wird, aufzunehmen. Die Ringblitzleuchte gestattet schattenfreie Aufnahmen im allseitigen Schräglicht aus kürzesten Entfernungen und hat sich insbesondere bei Fuß- und Fingerspuren auf wenig reflektierenden Spurenträgern wie Plastik, Leder oder mattem Metall gut bewährt.

Fotografische Verfahren erlauben auch eine Beeinflussung der Helligkeitsunterschiede im Bild. Im Bereich der Spurenfotografie sind sowohl Kontrastminderungen als auch Kontrastverstärkungen sehr oft nutzbringend. Die Anwendung von Filtern, die Art des fotografischen Materials und die Bearbeitungsbedingungen beeinflussen dabei den Bildkontrast.

Darüber hinaus gibt es eine Reihe von *Verfahren zur nachträglichen Bildaufbereitung*, so zur Nachverstärkung unterbelichteter und zur Abschwächung überbelichteter Aufnahmen sowie zur Kontrastverstärkung, wie sie zum Beispiel bei wenig ausgeprägten, schwach abgebildeten Folienabzügen unterschiedlichster Spuren angewendet werden können.

Der Einsatz von Lichtfiltern, die jeweils nur das Licht bestimmter Wellenlängen (Monochromfilter, Interferenzfilter) oder Wellenlängenbereiche (Farbfilter, Kontrastfilter) hindurchtreten lassen, ermöglichen die Hervorhebung von Objektteilen, von denen Licht im Bereich der Durchlässigkeit des Filters ausgeht, gegenüber den Objektteilen, die Licht aussenden, das vom Filter zurückgehalten wird. Auf diese Weise können sich überlagernde Strukturen unterschiedlicher Färbung, zum Beispiel das Spurenbild gegenüber dem Spurenträger, mit erhöhtem Kontrast abgebildet werden.

Störende Reflexionen an glatten Flächen, wie zum Beispiel an Glas, können durch Verwendung von Polarisationsfiltern vermieden werden. Polarisationsfilter sind nur für Licht einer Schwingungsrichtung durchlässig. Damit kann das bei der Reflexion an ebenen nichtmetallischen Oberflächen polarisierte Licht von der Abbildung zurückgehalten werden. Bei metallischen Oberflächen tritt bei Reflexion keine Polarisation auf, und ein Polarisationsfilter bringt hier nur Nutzen, wenn das Objekt mit polarisiertem Licht beleuchtet wird, was durch Anbringen eines entsprechenden Filters vor der Lichtquelle erreicht werden kann.

Filmmaterial Zur Spurenfotografie sollte ausschließlich feinkörniges Filmmaterial verwendet werden, um die Abbildung feinster Details zu gewährleisten. Für Kopien oder Vergrößerungen ist aus dem gleichen Grund die Anwendung von weißen Hochglanzpapieren erforderlich.

In einer Bildmappe, die als Nebenakte zur Ermittlungsakte geführt wird, lassen sich die fotografischen Aufnahmen zusammenfassen.

14. Kriminaltechnik und Todesermittlungen

Die folgenden Ausführungen beziehen sich ausdrücklich auf einen kriminaltechnischen Schwerpunkt und umfassen keineswegs alle Gesichtspunkte der kriminalistischen oder gerichtsmedizinischen Todesermittlung. Sie beschreiben die Gebiete der bisher dargestellten Kriminaltechnik, die auf das gesamte Umfeld der Todesermittlungen anwendbar ist. In der gesamten Ermittlungs- und Untersuchungsphase empfiehlt sich eine enge Kooperation der Kriminaltechnischen Institute mit der Gerichtsmedizin und der Daktyloskopie sowie den ermittlungsführenden Dienststellen. Die Auswertung und Beurteilung von Spuren, die mit dem menschlichen Körper in direktem Zusammenhang stehen, fällt in den Kompetenzbereich der Gerichtsmedizin, die Auswertung von anhaftenden Materialspuren in den Kompetenzbereich der Kriminaltechnik. Der Gerichtsmediziner kann aufgrund der Verletzungen und der postmortalen Veränderungen Hinweise auf das Tatgeschehen, auf die Todesursache und die Todeszeit geben.

Der Sicherung des Tatortes erfolgt im Ersten Angriff überwiegend durch die Schutzpolizei (Spurenschutz und -erhalt).

Die Fixierung von Situationsspuren unterliegt der Tatortfotografie und der protokollierenden Tatortarbeit.

Das Erkennen und Sichern sowie Verpacken von Spuren übernehmen die Spurensicherungsbeamten.

Das Auswerten und Begutachten von Spuren ist Aufgabe der Kriminaltechnischen Institute.

Der Erkennungsdienst leistet die Identifizierung der Verstorbenen.

Die Ermittlungsbeamten der Sachbearbeitung führen die Resultate zusammen und bewerten das Gesamtbild unter der Berücksichtigung von materiellen und immateriellen Spuren.

Das Untersuchungsergebnis ist unmittelbar der Staatsanwaltschaft mitzuteilen (Näheres § 159 StPO).

> Auf die Grundsätze über das Verhalten am Tatort von Kapitalverbrechen wird hingewiesen.

14.1 Dienstkundliche Hinweise

Jede Polizeidienststelle ist verpflichtet, Anzeigen in Todesermittlungssachen entgegenzunehmen (§§ 159 und 163 StPO); die Zuständigkeit für die Bearbeitung ist für den Einzelfall besonders geregelt. Nach Mitteilung vom Tode eines Menschen hat die in Kenntnis gesetzte Dienststelle sofort zu veranlassen, daß *Gewißheit über den zweifelsfrei eingetretenen Tod* erlangt oder für geeignete Hilfe gesorgt wird. Die zuständigen Kriminalbeamten haben unverzüglich den Tat- oder Fundort aufzusuchen.

14. Kriminaltechnik und Todesermittlungen

Die Leiche und deren Fundort sind zu sichern und Spuren vor Zerstörung zu schützen. Wenn durch *sichere Zeichen des Todes feststeht*, daß Hilfe für das Opfer nicht mehr möglich ist, muß jede weitere Veränderung des Tat- oder Fundortes auf das unabdingbare Maß beschränkt und den Fachkräften bei deren Eintreffen mitgeteilt werden. Die zuständigen Kriminalbeamten haben sofort alle erforderlichen Maßnahmen zu treffen, um festzustellen, ob *natürlicher oder nichtnatürlicher Tod* vorliegt und ob bei nichtnatürlichem Tod *Anhaltspunkte für Fremdverschulden* anzunehmen sind. Nach einer ersten Aufnahme des Tatbefundes ist zu entscheiden, ob es sich um ein Delikt aus dem Zuständigkeitsbereich einer Fachdienststelle handelt. Diese ist sofort in Kenntnis zu setzen und alle weiteren Maßnahmen mit der Leitung dieser Dienststelle abzusprechen.

Bei ungeklärter Todesursache sind die Anhaltspunkte für die Annahme eines nichtnatürlichen Todes zu prüfen. Der Arzt, der den Verstorbenen zu Lebzeiten behandelt hat (Hausarzt) und Personen aus dem Lebenskreis des Verstorbenen sind zur Frage des Fremdverschuldens zu befragen. Bis zur endgültigen Klärung muß wie beim Vorliegen fremder Schuld verfahren werden.

Beim Verdacht von Fremdverschulden oder bis zur Abklärung der oben dargestellten Frageklärung ist der Leichnam durch Beschlagnahme sicherzustellen, damit jede Veränderung durch Dritte unterbunden wird. Der Abtransport der Leiche ist zu veranlassen, sofern diese nicht vorerst am Fundort (Wohnung, Krankenhaus) verbleiben kann. Kann ein Fremdverschulden nur durch eine Obduktion oder weitere Ermittlungen ausgeschlossen werden, sind vor Abtransport der Leiche Lichtbilder anzufertigen. Diese sollen auch den Fundort ausreichend dokumentieren.

14.2 Kriminaltechnik am Untersuchungsort

Der Untersuchungsort kann der Tatort, der Fundort des Opfers, der Vorbereitungsort zur Tat, der Weg von oder zum Tatort – möglicherweise auch der Fluchtweg – der Aufenthalts- oder der Ergreifungsort des Tatverdächtigen sein sowie die von ihm benutzten Quartiere und Fahrzeuge.

Am Tat- oder Fundort sind folgende Spuren zu erwarten:

- *Gerichtsmedizinische Spuren* am und im Opfer,
- *materielle Spuren* am Opfer, am Tatmittel, am Tat- und Fundort sowie am Täter,
- *daktyloskopische Spuren* sind am Opfer, am Tatmittel, am Tat- und Fundort und beim Täter zu finden.

Diese drei Untersuchungsbereiche (Gerichtsmedizin, Kriminaltechnik, Daktyloskopie) sind in eine zeitliche Abfolge je nach Tat und Tatort zu bringen, um eine wechselseitige Zerstörung der Spuren zu vermeiden. Die verschiedenen Fachkräften müssen also ihre Maßnahmen miteinander abstimmen.

Bei den Tatorten ergeben sich die Maßnahmen aus der Art der Örtlichkeit, nämlich ob es sich um einen offenen oder geschlossenen Tatort handelt. Als geschlossene Tatorte (oder gedeckte Tatorte) werden alle umschlossenen Räume wie

Wohnung, Keller, Dachböden, Lager, Werkstätten, Wohnlauben etc. bezeichnet. Offene Tatorte sind solche, die unter freiem Himmel liegen. An diesen Tatorten können die nachgenannten Spurenübertragungen und Spuren auftreten.

Übertragung von Spuren

Vom Täter auf:	**vom Opfer auf:**
das Opfer	den Täter
das Tatmittel	das Tatmittel
den Tatort	den Tatort
vom Tatmittel auf:	**vom Tatort auf:**
den Täter	den Täter
das Opfer	das Opfer
den Tatort	das Tatmittel

14.3 Geschlossene Tatorte

Alle Räume sind hinsichtlich des Zuganges durch den oder die Täter zu untersuchen. Die vorgefundene Situation läßt häufig bedeutende Schlüsse auf den Tatablauf und die Täterschaft zu. Daher dürfen *Situationsspuren* nicht als separate Einzelspuren der Bereiche Gerichtsmedizin, Kriminaltechnik und Daktyloskopie betrachtet werden, sondern müssen kriminalistisch die Rekonstruktion der Gesamtsituation herbeiführen. Zur Sicherung und Fixierung der Auffindesituation eignen sich die *Tatort- und Spurenfotografie*, ergänzt durch Skizzen und Berichte.

Liegen *Einbruchsspuren* vor, können diese als Werkzeugspuren, als Glasbruchspuren und sonstige Überwindungsspuren (zum Beispiel Kletterspuren) auftreten. Fehlende Einbruchs- und Werkzeugspuren deuten häufig darauf, daß der oder die Täter zum Opfer eine Beziehung oder Vertrauensstellung hatten, weil die Räume ohne Gewalt gegen Sachen betreten werden konnten.

Selbstverständlich ist in jedem Fall die *Suche nach daktyloskopischen Spuren* wichtig.

Schuhabdruckspuren können auf den entsprechenden und geeigneten Flächen zu sichern sein.

Setzt der Täter eine Waffe ein, insbesondere eine Schußwaffe, hinterläßt sie eindeutige Spuren am Opfer, am Täter, am Tatort und an der Waffe selbst. Im Untersuchungsbereich der Schußwaffen kann sowohl die *Tatwaffe* und die *Tatmunition* identifiziert als auch die *Schußentfernung* bestimmt werden. Schußrichtungen können berechnet und als Kontrolldemonstration mit Laserstrahlen rekonstruiert werden.

Schmauchablagerungen an der Schußhand ermöglichen es, die Benutzung einer bestimmten Waffe mit einer bestimmten Munition nachzuweisen, ferner ergibt sich die Möglichkeit, zwischen *Fremdtötung und Suizid* zu unterscheiden.

14. Kriminaltechnik und Todesermittlungen

Das Öffnen von Behältnissen mittels Nachschlüssel oder Hebel- oder sonstigen Werkzeugen verursacht (wie beim Einbruch) *Werkzeugspuren*.

Immer stärkere Bedeutung erlangt der Sachbeweis durch *Fasern*, die bei geschlossenen Tatorten besser zu sichern sind, weil die Kontaminationsgefahr durch Luftzug geringer ist. Faserspuren müssen – wenn ihre Sicherung beabsichtigt ist – als erste Maßnahme am Untersuchungsort gesichert werden. Bei diesen textilen Spuren kann es sich um kaum sichtbare Mikrospuren von Einzelfasern bis hin zum kompletten Kleidungsstück handeln. Fasern als Spuren treten nicht nur beim Opfer, sondern auch auf Sitz- und Liegemöbeln in der Umgebung und im häuslichen Bereich auf.

Erhebliche Bedeutung haben *Haarspuren*, die als Einzelhaare oder Büschel (nach Auseinandersetzungen, Angriffs- und Abwehrhandlungen) auftreten können.

Spuren von *Mikroorganismen und Böden* weisen oft so individuelle Merkmale auf, daß sich die Herkunft bestimmen läßt, auch in feinster Verteilung als *Staub* (von Baustoffen, Sägemehl, Fasern etc.).

Blut – sei es vom Täter oder Opfer – kann durch die DNA-Analytik heute zu einem hervorragenden Beweismittel im Strafprozeß werden. Für die DNA-Analytik ebenfalls von Bedeutung sind *Sperma, Speichel* (zum Beispiel an Briefkuverts und -marken, an Trinkgefäßen und Zigarettenresten), Hautteile (auch kleinere Fetzen), *Haarwurzeln, Zähne, Knochenmark und Muskulatur*. Auch winzigste Spurenmengen unter den Fingernägeln von Opfern sind bei den Möglichkeiten der heutigen Kriminaltechnik auswertbar. Aus Blutproben ist auch häufig die Herkunft des Blutes (Nasenblut, Vaginalblut) abzuleiten.

Zur Rekonstruktion der Tat ist nicht selten auch der Zustand des Opfers unmittelbar vor der Tat relevant, daher gibt oft eine *Blutentnahme beim Verstorbenen* durch Gerichtsmediziner noch Auskünfte über den Vortatzustand.

Im *Blut*, im *Urin* und an *Haaren* lassen sich *toxische Phänomene* wie zum Beispiel Betäubungsmittel, KO-Tropfen oder Schlafmittel und andere Gifte nachweisen.

Verwendet der Täter *Schrift als Tatmittel* (Briefe, Testamente, Abschiedsbriefe, Notizen etc.), kann der Nachweis einer Täterschaft durch *Schriftvergleich* erfolgen.

Die Kriminalgeschichte weist einige Fälle auf, in denen Täter nach einem Tötungsdelikt einen sogenannten Deckungsbrand legten. Die Untersuchung eines solchen Brand- und Tatortes erfordert besondere Fachkenntnisse und Methoden bei der Spurensicherung.

Als weiteres Tatmittel sind Haartrockner und andere Elektrogeräte in der Badewanne in Erscheinung getreten. Die Untersuchung von *Unfällen und Straftaten mit Hilfe von elektrischer Energie* liegt so gut wie ausschließlich in der Kompetenz der Kriminaltechnik. In diesem Rahmen müssen als Spuren die Stellungen von Schaltern, der Zustand von Sicherungen, Leitungen und Geräten besonders beachtet werden.

14.4 Offene Tatorte

Von der asphaltierten Straße über Baustellen, Gärten, Parkanlagen, Waldstücke, Felder und Wiesen kommen hier alle Flächen in Frage, die unter freiem Himmel liegen. Eine besondere Rolle nehmen hier Gewässer ein. Durch die Witterung und Umwelteinflüsse gewinnt hier der Sicherungsangriff zum Schutz und Erhalt der Spuren besondere Bedeutung. Von dieser Besonderheit abgesehen, erfolgt die Spurensuche mit dem gleichen Umfang und Aufwand wie beim geschlossenen Tatort. Wichtig ist bei großer Ausdehnung die genaue geographische Bezeichnung von Fundstellen der Spuren und Probenentnahmen sowie zur Rekonstruktion.

Besondere Beachtung erfordern hier die *Übertragungsmöglichkeiten biologischer Spuren* (Holz, Früchte, Samen, Sproß-, Blatt- und Blütenteile, pflanzliche Verarbeitungsprodukte wie Futtermittel, Bakterien, Algen, Pilze, Sporen und Pollenkörner) vom Tatort auf das Opfer, daher ist Anhaftungen an Körper und Kleidung besondere Aufmerksamkeit zu widmen.

Vorsorglich sind *Bodenproben* aus der Umgebung des Opfers zu sichern, weil sie als *Vergleichsproben* mit Anhaftungen an der Bekleidung und Schuhwerk sowie an Werkzeugen (Spaten, Schaufel etc.) des Täters dienen. Bodenspuren kommen in allen denkbaren Oberflächen vor, auf der Haut, unter Fingernägeln, in den Körperöffnungen, in den Haaren, in den Bekleidungsstücken von Tätern und Opfern. Bodenspuren können überall da zu finden sein, wo ein Zusammenhang mit der Tatbegehung besteht.

Bei fortschreitender *Autolyse* überträgt der Leichnam Spuren auf seine Unterlage und Umgebung, die kriminaltechnisch nachgewiesen werden können.

Auftretender Tierfraß darf nicht mit Leichenzerstückung durch den Täter verwechselt werden. Sachverständige für *zoologische Spuren* können die Bißarten verschiedener Tierarten differenzieren.

Formspuren, wie Schuh- und Reifenspuren, Schleif- und Kampfspuren sowie Abwehrverletzungen am Opfer, führen zur Rekonstruktion und geben kriminaltechnische Hinweise zur Ermittlung und Identifizierung der oder des Tatverdächtigen. Diese Spurengruppe trägt auch zu der Entscheidung mit bei, ob es sich um den Tatort oder „nur" um den Fundort handelt.

Gegenstandsspuren treten auf, wenn der Täter Gegenstände hinterlassen hat, die eindeutig identifizierbar sind und keiner weiteren Kriminaltechnischen Untersuchung bedürfen (Beispiel: individuell angefertigter Ehering mit gravierten Daten).

Als *Fundorte* werden die Örtlichkeiten bezeichnet, an denen das Opfer oder Teile des Opfers gefunden werden. Auch hier können offene und geschlossene Örtlichkeiten unterschieden werden. Bei Fundorten sind die Ermittlungen besonders zu den Fragen Transport des Opfers, Fahrzeug und Fußspuren, Schleifspuren, Übertragungsspuren vom Täter, Übertragungsspuren vom Tatort und Spuren von verwendeten Tatwerkzeugen oder Werkzeugen zur Leichenzerstückelung oder Beerdigung von größter Bedeutung. Fundorte sind wie Tatorte nach Spuren abzusuchen.

14. Kriminaltechnik und Todesermittlungen

Maßnahmen und Aufgaben der Schutzpolizei
Vor der Tat- oder Fundortbesichtigung und der Inaugenscheinnahme der Leiche ist die Absperrung des Ortes durch die Polizei als *Sicherungsangriff zum Schutz der Spuren* zu veranlassen oder eine vorhandene Absperrung den Erfordernissen anzupassen. Die Leiche ist zu bewachen, um Veränderungen durch Dritte auszuschließen. Die Personalien der Anwesenden und ihre Erreichbarkeit nach Verlassen der momentanen Örtlichkeit sind schriftlich festzuhalten. Die Beamten der äußeren und inneren (Haus-)Absperrung folgen den Weisungen der Kriminalpolizei hinsichtlich der Durchlaßstellen und der Personen, die zum Betreten des Tat- oder Fundortes berechtigt sind.

Die Schutzpolizei sorgt im Rahmen des Sicherungsangriffes für das Bereithalten von Verdächtigen, Bezugs- und Auskunftspersonen. Diese sind untereinander und von den Zeugen zu trennen.

Bei geeigneter Sachlage sind die Verfolgung Tatverdächtiger und geeignete Fahndungsmaßnahmen einzuleiten. Dabei sind möglicherweise vom Tatort stammende Spuren oder Sachen sicherzustellen.

Die Bearbeitung von Leichensachen, die im Zusammenhang mit Kriegsereignissen stehen, die als Leichen, Leichenteil- oder Knochenfunde außerhalb der Friedhöfe auftreten, obliegt vollständig der Schutzpolizei.

Weiterhin hat die Schutzpolizei die Benachrichtigung von Angehörigen und interessierter Stellen außerhalb der Polizei wahrzunehmen. Benachrichtigungen sind mit der bearbeitenden Dienststelle abzusprechen.

Die Tätigkeit der Ermittlungsbeamten erfordert Sicherung aller vergänglichen Spuren, Anforderung des Spurensicherungstrupps des Kriminaltechnischen Instituts bei Kapitalverbrechen oder schwieriger Spurenlage sowie

- das getrennte Bereithalten von Zeugen,
- das schriftliche Festhalten der Personalien aller Personen, die am Tat- oder Fundort anwesend waren (Zeugen, Anwohner, Schutz-, Kriminal- und Feuerwehrbeamte),
- das Einleiten unaufschiebbarer Maßnahmen, wie Fahndung, Durchsuchung, Festnahme,
- die Spurensicherung und gründliche Durchsuchung von Tatverdächtigen, wie zum Beispiel Schmauch-, Blut-, Urin- und Sekretspuren an Körper und Bekleidung,
- die Übergabe des Tat- oder Fundortes und Information über getroffene Maßnahmen an die fachspezifischen Dienststellen (Mordkommission, Raubreferat, Brandreferat),
- die Fertigung von Tatortbefundsberichten, Leichenbericht, Melde- und Berichterstattung.

Bei tödlichen Unfällen hat die zuständige Kriminalpolizeidienststelle zu prüfen, ob Fremdverschulden zu dem Unfall geführt hat. Die Arbeit zur Spurensuche und -sicherung erfolgt nach den Regeln der Tatortarbeit. Zur Sicherung von Beweismitteln sind (unter Umständen) Sachverständige heranzuziehen, eine enge Zusammenarbeit mit den Vertretern des Landesamtes für Arbeitsschutz und technische Sicherheit, des Bauaufsichtsamtes und der Berufsgenossenschaften ist anzustreben.

Tot- und Fehlgeburten Wird eine Totgeburt aufgefunden, hat die zuständige Kriminalpolizei den Leichenbericht zu fertigen und der Staatsanwaltschaft zu übersenden. Wird eine Fehlgeburt (totgeborene Leibesfrucht unter 35 cm Länge) aufgefunden, ist die für die Bearbeitung von Delikten an Kindern zuständige Kriminalpolizei zu unterrichten. Grundsätzlich sind Tot- und Fehlgeburten mit Leichenbegleitschein der Rechtsmedizin [1] zuzuführen. Für die Ermittlung der Kindesmutter ist dem Fundort und dem Verpackungsmaterial besondere Bedeutung beizumessen.

Bei **Selbsttötungen und Selbsttötungsversuchen** haben die Ermittlungen nicht nur zur Feststellung einer unzweifelhaften Selbsttötung zu führen, sondern auch die Verletzung von Strafbestimmungen durch andere Personen (unterlassene Hilfeleistung, Tötung auf Verlangen) zu erbringen. Der Vermerk Selbsttötung unzweifelhaft genügt daher nicht.

Der Leichenbericht muß – auch bei Suizid – immer Aufschluß geben über:

- Lage der Leiche,
- Befund der Verletzungen,
- Benutzung von Tatmitteln, wie Waffen, Werkzeuge, Gifte,
- Zustand der Fenster, Türen, Schließeinrichtungen und Entlüftungen,
- Stellung der Gashähne und Stand der Zähler der elektrischen und Gasversorgungsunternehmen sowie Wasserwerke,
- Lebensweise des Verstorbenen und Auskünfte aus dessen Lebenskreis,
- Motiv der Selbsttötung,
- Abschiedsbrief einschließlich Auskünfte oder Gutachten zur Identität von Schrift und Verursacher.

Von Abschiedsbriefen sind, sofern sie nicht kriminaltechnisch untersucht werden müssen, Abschriften oder Kopien zu fertigen und zu den Akten zu nehmen. Schriftstücke, in denen der Verstorbene seinen letzten Willen bekundet, sind im Original zum Vorgang zu nehmen, über den weiteren Verbleib entscheidet die Staatsanwaltschaft.

Führen Selbsttötungsversuche später zum Tode, hat die zuständige Kriminalpolizeidienststelle für die Fertigung und Absendung des Leichenberichtes an die Staatsanwaltschaft sowie für alle anderen erforderlichen Maßnahmen zu sorgen. Hat ein Selbsttötungsversuch eine Schädigung einer an dieser Handlung unbeteiligten Person zur Folge, ist die Tat entsprechend den gesetzlichen Vorschriften zu verfolgen und ein Ermittlungsverfahren einzuleiten. Ebenso ist zu verfahren, wenn durch den Selbsttötungsversuch Gefährdungsdelikte begangen werden.

---

[1] in Berlin: Landesinstitut für gerichtliche und soziale Medizin (GerMed), das jeweilige Landesrecht ist zu beachten.

14.5 Definitionen

Todeseintritt Der Tod eines Menschen ist eingetreten, wenn Herz, Lunge und Zentralnervensystem ihre Funktion eingestellt haben. Amtlich ist die Todesfeststellung nur durch den Arzt möglich.

Natürlicher Tod Der natürliche Tod tritt durch Krankheit, Alter und Rückbildung von Körperfunktionen ein.

Nicht natürlicher Tod (§ 159 StPO): Der nichtnatürliche Tod liegt vor, wenn Einwirkungen auf den Körper eines Menschen das vorzeitige Aufhören der Funktionen von Herz, Lunge und Zentralnervensystem zur Folge haben oder damit in unmittelbarem ursächlichem Zusammenhang stehen. Nichtnatürlich ist der durch Selbstmord, Unfall, strafbare Handlung oder sonst durch Einwirkung von außen herbeigeführte Tod. Dies sind insbesondere:

Tod ohne Fremdverschulden Dies sind Unfälle durch höhere Gewalt und Selbstverschulden.

Tod durch Fremdverschulden Er umfaßt alle Übergriffe und Einwirkungen auf fremdes Leben, die zum Tode führen, wie z.B. Mord, Totschlag, Kindestötung, fahrlässige Tötung, tödlicher Unfall durch fremdes Verschulden, Tötung auf Verlangen sowie ursächliche Folgen anderer Delikte, wie Körperverletzung, Raub, Vergewaltigung, Brandstiftung, Freiheitsberaubung, Kindesmißhandlung und so fort.

Unbekannt ist ein Toter, der nicht sofort identifiziert werden kann. Stirbt ein Unbekannter nach längerer Behandlung im Krankenhaus, so wird sein Leichnam nicht „gefunden". Dagegen wird der Leichnam eines Unbekannten gefunden, wenn jemand zwar unter den Augen anderer gestorben ist, aber eine sofortige Identifizierung nicht möglich ist.

Die Obduktion wird richterlich angeordnet mit dem Ziel der Feststellung der Todesursache. Nach der Vorschrift des § 89 StPO sind Kopf-, Brust- und Bauchhöhle zu öffnen.

14.6 Hinweise für die Leichenbesichtigung

Die sicheren und unsicheren Zeichen des Todes
Ziel des Ermittlungsbeamten ist bei der Besichtigung eines vermeintlich Verstorbenen mit Sicherheit zu erkennen,

- ob die Person bereits tot ist und damit Rettungsmaßnahmen entbehrlich geworden sind,
- ob Fremdverschulden vorliegt und
- wann der Tod eingetreten ist.

Nach grundlegenden medizinischen Erkenntnissen ist die Aufrechterhaltung des Lebens abhängig vom ungestörten und koordinierten Zusammenspiel von Atmungs-, Herz-Kreislauf- und Zentralnervensystem. Unwiderruflicher Ausfall oder Stillstand der Atmung oder des Blutkreislaufes führen zur Sauerstoffverarmung des Gesamtorganismus und damit – infolge des Fehlens der wichtigen Energiequelle für den Sauerstoffaustausch zwischen Körper und Umwelt zum Untergang der Zellen, Gewebe und Organe – zum Tod. Gleiches gilt für den Ausfall des Zentralnervensystems als Sitz übergeordneter funktionell-nervaler Regulationszentren. Unabhängig von der Todesart und -ursache ist damit der Zelltod in jedem Fall letztlich Folge mangelnder Sauerstoffversorgung.

Je nach Grundleiden erfolgt das Absterben des Organismus mehr oder weniger allmählich, beispielsweise bei chronischen oder auszehrenden Krankheiten, chronischen Vergiftungen oder aber der Tod tritt schlagartig ein, wie beim plötzlichen Verschluß des Herzkranzgefäßsystems (Herzinfarkt), der Lungenschlagadern (Lungenembolie) oder bei nichtnatürlichem Tod infolge Erhängens, Erschießens oder tödlicher Schädelverletzungen und ähnlichem mehr. In Analogie hierzu pflegen beim langsamen Ableben auch die einzelnen Lebenserscheinungen über einen als „Vita minima" bezeichneten Zustand minimalster Lebensäußerungen stufenweise zu erlöschen.

Mit der Agonie, also dem Vorstadium des Todes, geht beim Erwachsenen häufig Bewußtlosigkeit mit unwillkürlichem Einnässen und Einkoten einher. Die Reflextätigkeit pflegt noch vor Eintritt des Todes nach und nach zu erlöschen. Bei verschiedenen Todesarten nichtnatürlicher Ursache, wie beim Erhängen und Ertrinken, treten mit Eintritt der Agonie Krampfbewegungen der Muskulatur auf, die zu gelegentlichen sekundären Verletzungen vorwiegend der Gliedmaßen führen können. Beim plötzlichen Ableben erfolgt der Todeseintritt zeitlich so schnell, daß die Sterbeerscheinungen mit Ausnahme der Schnappatmung und terminalen Krämpfe nicht zur Ausbildung kommen. Im Gegenteil pflegen die Reflexe den Zeitpunkt des Todes noch geraume Zeit zu überdauern und tragen damit den Charakter einer frühzeitigen Leichenerscheinung.

Unter dem Begriff der supravitalen Reaktionen hat man das biologische Verhalten der einzelnen Zellen und Gewebe des Organismus nach Eintritt des Todes zu verstehen. Der Eintritt des Zelltodes wird von der Sauerstoffempfindlichkeit der einzelnen Zellarten und Gewebe einerseits und andererseits bei Eintritt des unwiderruflichen Herz-Kreislauf- und Atemstillstandes der im Blut noch vorhandenen Sauerstoffmenge bestimmt.

In der Medizin sind verschiedene Methoden bekannt, um in dieser postmortalen Phase Reaktionen des Körpers hervorzurufen, und so aus der Reaktionsfähigkeit und der Stärke der Reaktion die Bestimmung des Todeszeitpunktes abzuleiten. So können noch bis 30 Stunden nach Todeseintritt Schweißdrüsenreaktionen ausgelöst werden oder durch Einbringung von Eserin und Atropin können Verengungen und Erweiterungen der Pupillen beim Verstorbenen erreicht werden. Ferner wird in der Literatur über mechanische und elektrische Reizbarkeit der Muskulatur berichtet. In der Gerichtsmedizin erfolgt eine Einteilung dieser Lebensproben nach unsicheren und sicheren Todeszeichen.

14. Kriminaltechnik und Todesermittlungen

Unsichere Todeszeichen
Puls und Atmung können so eingeschränkt sein, daß sie nicht mehr feststellbar sind.

Die verminderte Durchblutung kann eine Blässe der Haut, nachlassende Gewebespannung, Zurücksinken der Augäpfel und Einfallen der Wangen zur Folge haben.

Nachlassende Körpertemperatur kann infolge mangelnden Energieumsatzes auftreten.

Die Siegellack- oder Brennprobe wird auf empfindliche Hautpartien aufgetragen, bei intaktem Kreislauf kommt es infolge des Reizes zu einer Rötung der Haut.

Bei der Federprobe wird eine Flaumfeder vor dem Mund des Sterbenden oder Verstorbenen gehalten, um festzustellen, ob sie durch die Atmung in Bewegung gesetzt wird. Gleiche Effekte sollen mit feinem Seifenschaum erreicht worden sein. Bei der Spiegelprobe soll ein vor Mund und Nase gehaltener Spiegel bei noch vorhandener Atmung beschlagen.

Die Wasserglasprobe besteht darin, daß ein bis zum Rand gefülltes Wasserglas der zu untersuchenden Person auf die Brust gestellt wird. Bei noch vorhandenem Leben wird das Glas durch die Atmung zum Überlaufen gebracht.

Der Pulsaderschnitt wurde in der Vergangenheit von Medizinern eingesetzt. Dabei wurde eine Puls- oder Schlagader ganz oder teilweise durchtrennt, sofern das Blut daraus pulsierend strömte, konnte man auf eine vorhandene Kreislauftätigkeit schließen. Nach Todeseintritt tritt das Blut träge aus dem durchtrennten Gefäß.

Mittels der Fluoresceinprobe kann durch Injektion bei noch nicht erloschener Kreislauftätigkeit innerhalb einer halben Stunde eine Gelbfärbung der Augenbindehäute und Schleimhäute herbeigeführt werden. Anstelle einer Injektion kann die Lösung auch in den Bindehautsack eingeträufelt werden, was zu einer Gelbfärbung der Augäpfel führen kann.

Bei der Röntgenprobe zeigt die Auswertung einer Röntgenaufnahme des Brustkorbes verwaschene Randkonturen des Herzschattens auf, die auf eine noch vorhandene Herztätigkeit zum Zeitpunkt der Aufnahme weisen.

Durch die Elektrokardiographie werden noch vorhandene Herzaktionsströme auf elektrophysiologischem Wege nachgewiesen.

Röntgenprobe und Elektrokardiographie sind an eine aufwendige apparative Voraussetzung gebunden, die ihre praktische Bedeutung an den meisten Untersuchungsorten einschränken.

Eintrocknung und Abkühlung werden in der Literatur häufig zu den frühen Leichenerscheinungen gezählt. Beide Erscheinungen sind jedoch unsicher, weil sie sowohl zu Lebzeiten als auch nach dem Todeseintritt zu beobachten sind.

Sichere Todeszeichen
Als die sichersten Zeichen des Todes gelten die Leichenflecke sowie die Totenstarre. Beide werden auch unter dem Begriff der frühen Leichenerscheinung genannt.

Leichenflecke treten mit dem Stillstand der Blutzirkulation auf. Es kommt zur Hypostase oder Senkungsblutfülle an und in der Leiche. Die farbstofftragenden Blutkörperchen sinken allmählich nach unten ab, während das farbstofffreie Blutwasser (Serum) nach oben verdrängt wird. Damit nehmen die von der Hypostase betroffenen Hautpartien fleckenförmige, meist blau-rote Verfärbungen an, die als Leichenflecke oder Livores bezeichnet werden. Sie können bereits etwa 20 Minuten nach Eintritt des Todes auftreten und zwar bei in Rückenlage verstorbenen Personen zuerst an den seitlichen Halspartien. Etwa zwei Stunden nach Todeseintritt sind sie am übrigen Körper zu finden und beginnen anschließend großflächig zusammenzufließen. Aufliegestellen, Haut- und Kleiderfalten sowie sonstige Bruchstellen bleiben von der Leichenfleckbildung ausgeschlossen, weil der Eintritt der Senkungsblutfülle in ihrem Bereich durch die Kompression der hier gelegenen Blutgefäße verhindert wird. Vollständig ausgeprägt sind die Totenflecke nach 6 bis 12 Stunden.

Je nach Lage der Leiche sind die Erscheinungsstellen für die Ausformung der Flecken verschieden. Sie bleiben bis zu vier Stunden veränderbar, nach etwa acht Stunden sind sie hinsichtlich ihrer Lage fixiert. Die Lage der Flecke gibt auch Aufschluß, ob die Leiche nach Todeseintritt bewegt wurde.

Farbe und Intensität der Totenflecke werden vom Sauerstoffgehalt, der Zusammensetzung und der Menge des Blutes bestimmt. Blutarmut hat geringere Intensität der Flecke zur Folge. Unter normalen Bedingungen zeigen die Flecke einen blauen bis blau-roten Farbton. Veränderungen zu einem hellen Rot treten nach der Literatur bei Kälteeinwirkung, bei Brandleichen (Rauchvergiftung/ Kohlenmonoxid)) und bei Elektrizitätseinwirkung auf. Als Methhämoglobinbildner bezeichnete Gifte wie Nitrite, Benzol, Anilinderivate und vergleichbare Stoffe verleihen den Leichenflecken eine bräunlich-schokoladenfarbene Tönung. Grau-violette Flecken finden sich bei Vergiftungen durch Schlafmittel und Methylalkohol.

Als Totenstarre oder Rigor mortis bezeichnet man nach dem Tode auftretende Quellungs-, Verkürzungs- und Versteifungszustände der Skelett- und Eingeweidemuskulatur, die sich auf die gesamte Leiche erstrecken und sie letztlich zur Erstarrung bringen. Dabei wird die Leiche gewöhnlich in der Lage fixiert, in welcher der Tod eintrat – jedoch nur dann, wenn die Leiche nicht nach Todeseintritt in eine andere Lage als beim Sterben verbracht wurde. Die Ursache für die Totenstarre wurde in der Vergangenheit überwiegend der Milchsäureanhäufung in der Muskulatur zugeschrieben. Nach neueren Untersuchungen liegt jedoch ein Wechsel[2] von Adenosintriphosphat (ATP) zu Adenosindiphosphat (ADP) zugrunde. Der zeitliche Ablauf der Totenstarre wird in der Wärme begünstigt. Sie tritt zunächst im Inneren der Leiche im Bereich der Herzmuskulatur auf, etwa eine halbe Stunde bis zwei Stunden nach Eintritt des Todes. In der Kiefernmuskulatur ist sie etwa in ein bis vier Stunden nach Todeseintritt zu beobachten. Nach rund acht Stunden ist der gesamte Körper in die Totenstarre einbezogen. Wird die Totenstarre künstlich gelöst, etwa beim Entkleiden oder Transportieren von Verstorbenen, so tritt sie nach sieben bis acht Stunden (nach dem Tode) wieder auf, ist jedoch schwächer ausgeprägt, was bei der Tatortuntersuchung und Leichenschau von Bedeutung ist. Die Lösung der Totenstarre beginnt frühestens nach zwei Tagen und ist etwa am vierten Tag nach dem Tode beendet. Teilweise verbleibt in den Gelenken eine sogenannte Reststarre.

---

[2] Vgl. Dietz/Dürwald, Gerichtliche Medizin sowie Arbad-Zadeh, Rechtsmedizin für Kriminologen, Ärzte, Juristen und Studierende.

Häufig wird die kataleptische Totenstarre diskutiert. So wird ein plötzliches Starrwerden der gesamten Körpermuskulatur im Augenblick des Todes bezeichnet. Es bestehen verschiedene Möglichkeiten, die eine derartige Starre vortäuschen können. Daher sind stets Zweifel geboten. Kommt es jedoch bei Unfällen oder Einwirkungen von Waffen zu einer Durchtrennung des Hirnstammes, kann als Folge eine Spannungszunahme bestimmter Gruppen der Streckmuskulatur noch längere Zeit nach dem Tode erhalten bleiben.

Späte Leichenerscheinungen
Einige Zeit nach dem Tode machen sich an und in der Leiche Auflösungs- und Zersetzungserscheinungen bemerkbar. Sie sind auf autolytische sowie Fäulnis- und Verwesungsvorgänge, klimatische Einflüsse zurückzuführen oder durch Tierfraß verursacht.

Die *Autolyse* tritt durch den Einfluß körper- und organeigener Wirkstoffe (Enzyme) sehr bald nach dem Tode auf und führt zu Veränderungen der Gewebestrukturen, die sich ohne Luftzutritt oder Bakterieneinflüsse vollziehen. Davon ist zuerst das Blut (Hämolyse) betroffen. An Thymus und Bauchspeicheldrüse machen sich Erweichungen bemerkbar, die den Organen eine matschige Beschaffenheit verleihen. Im Magen pflegt die Aktivität der Verdauungswirkstoffe nach dem Tode noch geraume Zeit lang anzuhalten, weshalb nicht nur der Mageninhalt noch weiter erweicht, sondern auch die Magenwand angedaut werden kann. Besonders der Magengrund wird mit fortschreitender Autolyse weich und zerreißlich. In Speiseröhre oder Luftwegen kann durch agonales Erbrechen oder beim Transport der Leiche dort hingeratener Mageninhalt zu Erweichungen führen, die mitunter von echten, zu Lebzeiten entstandenen Verätzungen schwer zu unterscheiden sind.

Fäulnis und Verwesungen sind Erscheinungen, die sich unter der Mitwirkung von Bakterien vollziehen, wobei jedoch die Fäulnis gewöhnlich von autolytischen Vorgängen eingeleitet wird. Chemisch handelt es sich bei der Fäulnis um Prozesse in Abwesenheit von Sauerstoff (Reduktion), bei der Verwesung hingegen um Vertrocknungsvorgänge in Anwesenheit von Sauerstoff (Oxidation). Bei der Fäulnis werden die körpereigenen Eiweiße und Kohlenhydrate in einzelne Bausteine zerlegt, wobei frühzeitig Ammoniak sowie Schwefel und Kohlenwasserstoffe freigesetzt werden.

Der Verwesung hingegen liegen trockene Prozesse zugrunde, die mit Freisetzung verschiedener Säuren einhergehen und gewöhnlich einen stechend aromatischen Geruch verursachen.

Als erstes Zeichen der Fäulnis pflegt an der Leiche eine grünliche Verfärbung der Haut an den seitlichen Bauchpartien aufzutreten. Sie beruht auf dem Vordringen von Fäulnisbakterien aus den Bauchorganen der Leiche entlang der Blutgefäßen, wobei es zur Bildung von Schwefelwasserstoff und zum Auftreten schwefelwasserstoffhaltiger Blutfarbstoffverbindungen kommt. Es entsteht ein Vorgang, der als Durchschlagen des Venennetzes bezeichnet wird. Die Verfärbung dehnt sich auf die gesamte Körperoberfläche und die inneren Organe aus. Bald machen sich auch Verflüssigungsvorgänge in den einzelnen Geweben und Organen der Leiche bemerkbar. An der Körperoberfläche kommt es zu flüssigkeitsgefüllten, durchscheinenden Blasenbildungen.

Neben der Verflüssigung spielt auch die Gasbildung bei der Verfäulnis eine erhebliche Rolle, vor allem Methan, Schwefelwasserstoff, Ammoniak und Stickstoff. Dabei kann sich auch Blausäure bilden. Infolge der Gasbildung kommt es in Leibeshöhlen und Unterhautzellgeweben zu Aufblähungen und Auftreibungen, die monströse Ausmaße erreichen können.

Mumifikation tritt bei einer Leiche besonders bei warmer Temperatur und größerer Trockenheit auf und wird durch die Einwirkung trockener Zugluft begünstigt. Als Folge der Mumifikation kann die Fäulnis ausbleiben und an ihre Stelle tritt ein sehr schnell ablaufender Trocknungsprozeß. Die Oberfläche vertrocknet zu einem grau-schwarzen oder bräunlichen, lederartigen Gebilde, die Haut pflegt sich gewöhnlich sehr fest an die Knochen anzulegen, weil das Unterhautfettgewebe schwindet. Die inneren Organe sind in Einzelheiten nicht mehr zu untersuchen, während äußere Verletzungen infolge der Konservierung der Hautkonturen unter Umständen noch Jahre lang erkennbar bleiben. Für die vollständige Ausbildung der Mumifizierung wird in der Regel ein Zeitraum von 6 bis 12 Monaten angenommen.

Unter besonderen Umständen bildet das Unterhautfettgewebe der Leiche nach Verlust der Oberhaut das sogenannte Fettwachs oder Adipocire. Die Konsistenz des Fettwachses ist zu Anfang schmierig-fettig, wird aber mit zunehmender Austrocknung so fest, daß die Leiche gleichsam mit einem gipsartigen Panzer umgeben ist. Die früheste Bildung von Fettwachs wird mit drei Wochen angegeben, normal scheint eine Zeitspanne von zwei bis vier Monaten zu sein. Für die vollständige Ausbildung wird mindestens ein Jahr angegeben.

An der Leichenauflösung haben auch verschiedene höhere und niedere Tierarten ihren Anteil. In erster Linie ist hier der Insekten- und Madenfraß zu nennen. Bei entsprechenden Bedingungen können bereits kurze Zeit nach dem Tode - gelegentlich sogar schon in der Agonie - die verschiedensten Fliegenarten ihre Eier ablegen. Dabei werden Augenwinkel, Nasenöffnungen, bei geöffnetem Mund die Innenseiten der Mundwinkel sowie gelegentlich After- und Scheideneingang bevorzugt. Nach 10 bis 48 Stunden schlüpfen die Maden aus den Eiern aus, dringen in die Körperöffnungen ein und fressen sich durch die Schleimhäute in die Muskulatur und das Unterhautfettgewebe. Erst später wird auch die Haut von innen her durchfressen. Außer Fliegen beteiligen sich auch noch andere verschiedene Aas- und Totengräberkäferarten, Tausendfüßler, Ameisen und Küchenschaben sowie seltener auch Ohrwürmer und anderes niederes Getier an der Leichenzerstörung. Hinzuweisen ist hier besonders auf die Freßspuren von Ameisen, die sich an der Haut als bräunliche unregelmäßige Vertrocknungen darstellen und zu Verwechslungen mit Ätzspuren führen können. Von den übrigen Tierarten können Raben und Krähen durch Einhacken der Schnäbel messerstichartige Verletzungen setzen, gelegentlich gehen auch Eulen und Bussarde an Leichen heran. Ratten, Feld- und Wühlmäuse verursachen unregelmäßig zernagte, aber teilweise auch glattrandige, schlitz- und stichförmige Weichteildefekte, die das Abbild ihrer Nagezähne zeigen. Für Katzen sind girlandenähnliche Begrenzungen der Freßstellen und stichartige, durch die spitzen Eckzähne hervorgerufene Bißverletzungen charakteristisch. Hunde und Hausschweine gehen nur selten an Leichen heran. Es kommt aber gelegentlich vor, daß Hunde die Leichen ihrer eigenen Halter anzehren. Füchse, Dachse, Wildschweine, Hamster, Eichhörnchen und Hasen sollen hingegen menschliche Leichen anfressen, wobei vom Fuchs gesagt wird, daß er Knochen und größere Leichenteile mehr oder weniger weit verschleppen kann.

Vor allem die Schimmel- und Spaltpilze wirken auf Leichen ein. Spaltpilze besiedeln den menschlichen Körper bereits zu Lebzeiten als harmlose Schmarotzer und sind nach dem Tode wesentlich am Zustandekommen der Fäulnis beteiligt.

Von der übrigen Leichenflora sind noch die Algen zu erwähnen, die bei Wasserleichen relativ oft zu beobachten sind. Sie setzen sich auf der Körperoberfläche und der Kleidung fest.

Beim Aufenthalt im Wasser ist die Ersterscheinung die sogenannte Waschhautbildung. Das ist eine Runzelung und Aufquellung der Haut, wie sie auch zu Lebzeiten ähnlich an den Fingerspitzen nach längerem Arbeiten im Wasser zu beobachten ist.

An der Leiche tritt die Waschhautbildung meist zuerst im Bereich der Brüste auf, wenig später an den Fingerspitzen. Schließlich kommt es mehr und mehr zur Ablösung der Oberhaut, so daß sich am Ende die Oberhaut mit den anhaftenden Fingernägeln handschuhartig von der Hand herunterstreifen läßt. In gleicher Weise sind auch Zehen und Fußsohlen betroffen. Zur Waschhautbildung ist kein vollständiges Untertauchen in das Wasser erforderlich. Auch die anderen vorgenannten Veränderungen, wie Fäulnis, Fettwachsbildung, Leichenflora und Tierfraß, sind im Wasser möglich. Beim Aufenthalt in tiefen Gewässern kann die Bildung von Fäulnisgasen durch Wasserdruck und niedrige Temperaturen erheblich zurückbleiben, so daß Leichen nicht wieder auftauchen. Ob eine Leiche im Wasser untergeht und wann sie wieder auftaucht, hängt von ihrem spezifischen Gewicht ab, das vom Fettgehalt des Körpers und der Füllung der Lungen sowie des Magen-Darm-Traktes mit Gasen bestimmt wird. Im allgemeinen pflegt der Körper nach Eintritt des Todes im Wasser unterzugehen und erst mit der Bildung von Fäulnisgasen infolge der Verminderung des spezifischen Gewichtes wieder an die Wasseroberfläche zu kommen. Das kann bei warmen Temperaturen nach 48 Stunden eintreten, bei niedrigeren Temperaturen wesentlich später.

Bei treibenden Leichen kommt es zu postmortalen Verletzungen, die auch als Treibverletzungen bezeichnet werden. Diese treten auf durch Überwindung von Strömungshindernissen oder Anstoßen an Uferbefestigungen, aber bei flachen Gewässern durch Berührung des Grundes mit herabhängenden Gliedmaßen. Erhebliche Zerstörungen an der Leiche werden auch durch Schiffsschrauben verursacht, derartige Verletzungen sind durch parallele Anordnungen zu erkennen. Schließlich werden Verletzungen auch durch das Bergen der Leichen verursacht.

Einige Hinweise zur angenäherten Todeszeitbestimmung aus den Leichenerscheinungen

Alle Hinweise sind nur Näherungswerte und stark abhängig von der Temperatur, von der Umgebung und weiteren Einflüssen, die in der Lebensweise des Verstorbenen begründet sein können.

Leichenflecke	ungefähre Zeit nach Todeseintritt
an abhängigen, nicht aufliegenden Körperpartien	nach 20 - 30 Minuten
am übrigen Körper	nach 20 - 60 Minuten
deutliches Zusammenfließen erkennbar	nach 1 bis 2 Stunden
volle Ausprägung	nach ca. 4 Stunden
wegdrückbar auf Fingerdruck	bis zu 10 Stunden
nicht mehr wegdrückbar	über 12 Stunden
Verlagerung durch Bewegung von Dritten	bis zu 4 Stunden

Totenstarre	
am Kiefergelenk nachweisbar	nach 2 - 3 Stunden
am ganzen Körper vorhanden	nach 6 - 9 Stunden
Wiederauftreten nach gewaltsamer Lösung	nach 7 - 8 Stunden
Beginn der spontanen Lösung	nach 2 Tagen
vollständige Lösung	nach 3 - 4 Tagen

Leichenzersetzung	
Fäulnisblutaderbildung, Grünfärbung am Bauch	nach etwa 2 Tagen
Mumifikation (vollständig)	nach 6 - 9 Monaten
Fettwachsbildung (teilweise)	nach 6 Monaten
Fettwachsbildung (vollständig)	nach etwa 1 Jahr

Leichenzersetzung in der Erde	
Auflösung der Weichteile	nach 4 - 5 Jahren
Auflösung von Knorpel und Sehnen	nach 5 - 7 Jahren
Knochen brüchig und porös	nach etwa 50 Jahren

Leichenzerstörung durch Insekten	
Fliegeneier an Nase, Augen, Mund und Ohr	nach wenigen Minuten
lebende Maden in mäßiger Menge	nach etwa 24 Stunden
Maden in größeren Mengen, Madenfraß	nach 3 - 5 Tagen
Fliegenpuppen	nach 1 - 2 Wochen
leere Puppenhüllen	nach 2 - 3 Wochen

Abkühlung der Leiche bei durchschnittlicher Außentemperatur
Die Abkühlung beträgt im Innern der Leiche etwa 1 Grad Celsius pro Stunde, zur Messung ist ein geeignetes Thermometer erforderlich.

Erscheinungen bei Wasserleichen

Waschhaut an den Fingerbeeren (Beginn)	nach etwa 5 - 6 Stunden
Waschhaut an den Fingerbeeren (vollständig)	nach 6 - 24 Stunden
Waschhaut in der Hohlhand	nach 2 - 3 Tagen
Ablösung der Waschhaut an Fingern und Hohlhand	nach etwa 1 Woche
Ablösung der Waschhaut handschuhförmig	nach etwa 2 Wochen
Gesicht und Hals schmutzig-blau verfärbt	nach etwa 2 Tagen
Gesicht und Hals schmutzig-grünlich verfärbt	nach etwa 2 Wochen
Dunsung von Gesicht und Körper	nach etwa 5 Wochen
Fettwachsbildung möglich	nach 4 - 6 Monaten

14.7 Anmerkungen zu Verletzungen und Todesarten

Sogenannte *vitale Verletzungen* (Verletzungen am Lebenden) sind Reaktionen des Körpers durch Blutaustritt, Rötung der Wundränder, Schwellungen im Umfeld der Wunde, Eiterbildung, Verschorfung oder Verklebung. Blutergüsse und Schwellungen sind Kennzeichen einer inneren Verletzung.

Agonale Verletzungen treten in der Phase zwischen Leben und Tod ein, zum Beispiel durch Kämpfe oder Todeskampf.

Postmortale Verletzungen treten nach dem Tode ein, beispielsweise bei Wasserleichen durch Schiffe und Schiffsschrauben. Kennzeichen sind anormale Reaktionen. So treten an den Rändern von Verletzungen Hautvertrocknungen auf, die nicht mit Hautrötungen bei vitalen Verletzungen verwechselt werden dürfen. Die Beurteilung der Frage, ob postmortale oder vitale Verletzungen vorliegen ist von einem Gerichtsmediziner zu beantworten.

Intermediäres Leben hält etwa bis zu zwei Stunden nach dem Tod an (unterschiedliche Angaben in der Literatur), es kommt unter Umständen zu sogenannten Sarggeburten. Die Verfasser weisen auf die zuvor genannten supravitalen Reaktionen hin.

Völlige Ausblutung ist nur durch den Gerichtsmediziner feststellbar, für den Laien ist das Fehlen von Leichenflecken auffällig.

Hautabschürfungen entstehen durch tangential-streifende Bewegung mit einem schürfenden Werkzeug, unter Umständen wird dabei die Unterhaut freigelegt.

Blutunterlaufungen entstehen als Folge von Quetschungen der Unterhaut, die Oberhaut bleibt erhalten.

Als **scharfe Gewalt** werden Schnitt- und Stichverletzungen bezeichnet. *Schnittverletzungen* erfolgen tangential zur Körperoberfläche durch schneidende Werkzeuge wie Messer, Scheren, Rasierklingen usw. Die Wunde ist scharfrandig und in der Regel länger als tief. Sie entsteht durch Druck und Zug. Der Tod kann bei Verletzung der Schlagader oder des Kehlkopfes oder durch Luftembolie eintreten. **Stichverletzungen** erfolgen radial zum Körper durch Messer, Dolche, Pfeile, Schaber, Schraubendreher und sonstige Werkzeuge. Die Wunde ist tiefer als sie lang ist und sieht unter Umständen kleiner aus als sie zur Tatzeit war.

Halbscharfe Gewalt wird das Einwirken mit der Axt, dem Beil oder dem Spaten sowie von Fahrzeugkanten bei Verkehrsunfällen genannt. Als Ursache der halbscharfen Gewalt werden Hiebe, die mit Druck und Wucht gegen den Körper geführt wurden, genannt. Als Folge entstehen tiefe Verletzungen, Knochenbrüche, zerrissene Wundränder, es bilden sich einzelne Hautlappen, da die Haut bei der halbscharfen Gewalt reißt.

Als **stumpfe Gewalt** gilt die Folge von Druck, Stoß oder Sturz, dabei tritt das Zerreißen von Organen auf. Diese Form der Verletzung tritt beispielsweise bei Selbsttötungen durch Überfahren mit dem Zug oder bei Fenstersturz auf.

Defensivverletzungen sind Verletzungen, die durch Abwehr entstehen, wie beispielsweise Messerstiche, Kratzspuren an Armen und Beinen.

Offensivverletzungen sind die durch den Täter bewußt und gewollt verursachten Schäden.

Schußverletzungen werden nach der Lage und Bahn des Geschosses im Körper bezeichnet: Durchschuß, Streifschuß, Steckschuß, Prellschuß oder Querschläger (große Wunde), Ringelschuß (Einschuß und Ausschuß befinden sich nicht in einer Linie, das Geschoß wurde durch Knochen oder Gewebe abgelenkt. Der Standort des Schützen ist hierbei besonders sorgfältig zu ermitteln). Die Todesursache ist bei Schußverletzungen davon abhängig, welches Organ getroffen und zerstört wurde. Kopfschüsse müssen nicht unbedingt und nicht sofort tödlich sein.

Der **Kontusionsring** entsteht beim Durchschlagen des Knochengewebes, wobei ein Teil der Hautoberfläche vorübergehend in die Wunde mit hineingezogen wird. Auf dieser Hautoberfläche streift das Geschoß Anhaftungen ab, die später nach Zurückziehen der Haut als Ring sichtbar sind.

Bei Selbsttötung mit Schußwaffen ist die geöffnete Kleidung verbreitet. Die Waffe wird auf die nackte Haut aufgesetzt. Häufiger ist auch der Schuß in den Mund, evtl. auch mit Wasser im Mund. Der Schläfenschuß gilt allgemein als unsicher, da der sich Selbsttötende nicht genau die Schußrichtung bestimmen kann. Nach älteren Unterlagen werden 70 % der Selbsttötungen mit Schußwaffen durch einen Schuß in den Kopf vorgenommen.

Schußentfernungen
Der absolute Nahschuß erfolgt aus einer Entfernung von 0 bis 3 cm (aufgesetzter Schuß). Die Wunde ist zackig bis sternförmig, der Einschuß möglicherweise größer als der Ausschuß. Durch die sogenannte Stanzmarke, mit der sich die Waffenmündung auf der Hautoberfläche beim Nahschuß abzeichnet, kommt es

zu Gewebe- und Fettablagerungen auf der Haut, Textilteile werden auf die Hautwunde übertragen, an der Waffe sind Blut, Gewebe und Knochenteile durch eine Sogwirkung nach der Schußabgabe zu finden.

Ein relativer Nahschuß erfolgt aus einer Entfernung zwischen 3 und 50 cm. Dabei ist Pulverschmauch um die Wunde herum zu finden, die Wunde ist nicht in dem Maße sternförmig aufgerissen wie bei einem Nahschuß.

Als Fernschuß werden Distanzen von über 50 cm Entfernung bezeichnet, die Merkmale des Nahschusses fehlen beim Opfer.

Tod durch Entzug atmosphärischer Luft
Wird die atmosphärische Luft entzogen, tritt nach 10 bis 12 Sekunden der Tod ein. Die nachstehend aufgeführten Einwirkungen treten am häufigsten auf:

Beim **Ersticken** werden die Luftwege verschlossen, als Tatmittel werden Kissen und Plastiktüten benutzt. Als Ursache treten auch autoerotische Unfälle oder Unfälle von Kindern durch Versteckspiele in Kühlschränken oder Truhen auf. Ersticken tritt ebenfalls ein beim Aufenthalt in sauerstoffreier oder -armer Atmosphäre, beispielsweise beim Aufenthalt in engen und abgeschlossenen Gefäßen. Durch Verschluß der Luftwege infolge eines zu großen Bissens in der Luftröhrengabelung kann es ebenfalls zur Erstickung kommen (Bolustod).

Beim **Erhängen** handelt es sich um eine Art der Erstickung. Die Halsweichteile werden durch ein um den Hals gelegtes strangförmiges Tatmittel komprimiert, dabei wird das eigene Körpergewicht als Zugkraft wirksam. Dabei muß nicht das volle Körpergewicht zum Einsatz kommen. Die Blutzufuhr zum Gehirn wird unterbrochen und durch Druck auf die Atmungsorgane die Luftzufuhr unterbunden.

Erhängen ist als Selbsttötungsart sehr häufig, bei Kindern erfolgt möglicherweise bei Erhängungsspielen der Unfalltod. Als Folge der Strangulation tritt nicht nur gelegentlich ein Orgasmus mit Ejakulation auf, daher trifft man den Unfalltod durch Erhängen häufig bei Autoerotikern an. Bei typischen Erhängungsweisen verläuft die Strangfurche vom Kehlkopf schräg nach oben zur Mittellinie des Nackens. Atypisch ist ein Aufhängepunkt im vorderen Halsbereich, hierbei tritt der Tod durch Kompression der Halsschlagadern ein.
Ein Tötungsdelikt durch Erhängen ist selten, ein Verdacht auf Fremdverschulden liegt vor, wenn Kletterspuren zum Aufstiegspunkt fehlen, wenn die Schlinge festgeknotet ist und kein laufendes Ende aufweist und zu klein ist, um sie über den Kopf zu ziehen. Weitere Anhaltspunkte für Fremdeinwirkung ergeben sich, wenn mehrere Strangfurchen vorhanden sind oder Strangfurchen bei hängender Leiche nicht entsprechend dieser Position verlaufen. Das Vorhandensein von Kampf- und Abwehrspuren deutet ebenfalls beim Erhängten auf Fremdeinwirkung. Häufige Merkmale beim Erhängen: Heraushängen der Zunge, Erektion, Ejakulation, Verfärbung im Gesicht.

Die **Erdrosselung** erfolgt wie das Erhängen durch eine Erstickung in Folge einer Einwirkung auf die Halsorgane (Strangulation und Kompression), jedoch nicht durch das Körpergewicht, sondern durch eine außerhalb wirkende Kraft. Der Ablauf erfolgt ähnlich wie beim Erhängen, da jedoch geringere Kräfte wirken und die Blutzufuhr nicht plötzlich und vollständig unterbrochen wird, tritt der Tod langsamer als beim Erhängen ein. In erster Linie ist bei Erdrosselten an

Fremdverschulden zu denken. Aber auch Hilfsmittel technischer Art sind möglich. Selbsterdrosselungen sind selten und nur möglich, wenn das Drosselwerkzeug vor Eintritt der Bewußtlosigkeit so fixiert wird, daß es sich nicht von allein lockern kann. Die Selbsterdrosselung mittels Knebel oder nassem Handtuch ist jedoch leichter auszuführen, bei diesem Phänomen sind Unglücksfälle von Kindern und Autoerotikern nicht auszuschließen.

Als **Erwürgen** bezeichnet man die Erstickung allein durch die Kompression der Halsweichteile durch die Kraft der Hände. Dabei können sowohl beide als auch nur eine Hand eingesetzt werden. Beim Erwürgen ist nicht mit einer vollständigen Drosselung der Halsgefäße wie beim Erhängen oder Erdrosseln zu rechnen. Beim Erwürgen liegt immer Fremdverschulden vor, Kennzeichen sind Spuren von Finger- und Daumennägeln am Hals.

Strangulation ist das Zusammenpressen der Halsorgane. Es erfolgt der Abschluß der Luftwege durch Kompression der Halsorgane. Als Folge tritt eine Strangmarke auf, die durch die mechanische Einwirkung des Strangwerkzeuges und der damit verbundenen Schädigung der Hautzellen zustande kommt.

Der **Tod durch Ertrinken** ist ein reiner Erstickungstod durch Verschluß der Atemwege. Die Obduktion zeigt Wasser im Magen und in der Lunge. Unterschieden werden muß diese Todesart vom sogenannten Badetod durch Herz- und Kreislaufversagen. Der Ertrinkende neigt zunächst dazu, die Luft anzuhalten und wird dann aus Atemnot einige tiefe und heftige Atemzüge vornehmen, bei denen Wasser in die Lunge und in den Magen eindringt. Durch Hustenreiz wird das Wasser nach außen gebracht, aber zugleich erneut Wasser eingeatmet. Durch Luftmangel tritt Bewußtlosigkeit ein, in diesem Stadium wird nur noch Wasser eingeatmet. Herz und Kreislauf können den Stillstand der Atmung kurze Zeit überdauern. Der Vorgang dauert nach Angaben aus der Gerichtsmedizin zwischen 3 und 5 Minuten. Bei frischen Ertrinkungsleichen ist vor dem Mund ein Schaumpilz zu finden. Der Tod durch Ertrinken wird auch häufig – mehr von Frauen als von Männern – zur Ausführung einer Selbsttötung gewählt.

Auch durch die **Einwirkung hoher oder tiefer Temperaturen** kann der Tod eintreten. Bei Verbrennungen sind folgende Leichenerscheinungen zu erwarten:
 Rötung, Blasenbildung, hochgradige Gewebezersetzung, mögliche Brandzehrung oder sogenannte Karbonisation.
Die Leichenflecke sind hellrot, die Obduktion zeigt eine starke Blutfüllung im Herzen. Bei Brandleichen ist die sogenannte Fechterstellung häufig vorzufinden.

Der Tod durch Erfrieren erfolgt möglicherweise beim Aussetzen Hilfloser und durch Unglücksfälle. Auch hier sind hellrote Leichenflecken zu erwarten. Der Nachweis eines Erfrierungstodes ist unter Umständen sehr schwierig, wenn die gerichtsmedizinische Untersuchung nicht gleichzeitig durch kriminalistische oder kriminaltechnische Untersuchungen ergänzt wird. In der Literatur werden hier als Opfer vorwiegend Betrunkene genannt, die in der Kälte vom Wege abkommen und von der Müdigkeit überrascht werden.

Beim **Tod durch Elektrizität** ist bei der Todesermittlung zu unterscheiden zwischen der technischen (Haushalt und Industrie) und natürlichen Elektrizität (Blitz). Durch Einfluß der Elektrizität erfolgt sofort oder nach längerem Herzflimmern ein Herzversagen oder Atemstillstand. Beim Einfluß von Gleichstrom tritt unter Umständen ein sogenanntes „Kleben" an der Leitung bei entsprechender Spannung auf. Hierbei handelt es sich um eine Auswirkung der Elektrizität auf die Muskulatur.

Der **Blitz** wirkt häufig tödlich. Wie bei der technischen Elektrizität wird die Eintrittsstelle eines Blitzes durch eine Strommarke markiert. Diese Marke hat unter Umständen auch die Form eines Einschusses, bei technischer Elektrizität kann sich auch der berührte Gegenstand auf der Haut abbilden. Die Färbung der Strommarke reicht von bräunlich-violett bis schwarz.

Tod durch Verhungern infolge Nahrungsentzuges ist hierzulande relativ selten. Es ist eher mit einer mangelhaften oder falschen Nahrungszufuhr oder Zusammensetzung zu rechnen. Ursachen können krankhafte Auszehrungszustände bei Krebserkrankungen, funktionelle oder organische Erkrankungen der Hirnanhangs- und Schilddrüse sowie Blut- und Infektionskrankheiten sein. Als weitere Ursachen kommen auch psychische Momente in Betracht (Eß- und Brechsucht, Magersucht).

Vergiftungen Gifte sind anorganische oder organische Stoffe, die unter bestimmten Bedingungen durch chemische oder physikalisch-chemische Wechselwirkungen zwischen Stoff und Zellen des vergifteten Organismus diesen schädigen oder dessen Tod verursachen können. Die Wirkung des Giftes hängt nicht nur von der Eigenart des toxischen Stoffes und den individuellen Voraussetzungen des Vergifteten, sondern auch von der Art der Beibringung ab. Diese kann erfolgen durch Einatmung, Verschlucken, Beibringungen durch oder unter die Haut, in die Blutbahn oder Muskulatur sowie durch den Mastdarm oder die Scheide. Die Einwirkungsdauer und Konzentration des Giftes ist ebenfalls bei der Untersuchung zu berücksichtigen.

Durch den **Einfluß von toxischen Stoffen** treten Ernährungs- und Leistungsstörungen auf, Verletzungen entstehen durch ätzende Stoffe. Bei der Leichenbesichtigung kann die abweichende Farbe der Leichenflecke auffallen. Bei der Tatortarbeit ist auf verdächtige Gefäße zu achten und deren Inhalt zu sichern. Als Spurenträger kommen auch Magen- und Darmentleerungen in Betracht. Eine Obduktion soll möglichst schnell erfolgen, weil sich einige Gifte relativ schnell zersetzen. Die Gifte können sowohl als Arzneien, als Produkte der chemischen Industrie, aus der Landwirtschaft (Pflanzenschutzmittel) oder aus der Gasproduktion stammen. Einfach zu erlangende Gifte aus Pflanzen sind vor allem Goldregen, Tollkirsche und diverse Pilzarten. Weil Gifte häufig einen starken Eigengeschmack und -geruch aufweisen, wird bei der Giftbeibringung auch Kräuterlikör zur Überdeckung von Geschmack und Geruch verwendet.

Kohlenmonoxid entsteht in erster Linie bei der unvollständigen Verbrennung kohlenstoffhaltiger Materie infolge ungenügender Sauerstoffzufuhr. Dieses Gas tritt nicht nur in Industrieanlagen und Werkstätten auf, sondern auch in Wohnräumen durch falsche Bedienung von Koks- und Kohleöfen. Da es relativ schwer feststellbar ist, kann es sich auch unauffällig in benachbarte Räume hinein verbreiten. Die Opfer sollen beim Einatmen keine Atemnot verspüren, eher eine euphorische Stimmung. Bei der kriminalistischen Untersuchung sind sowohl Unglücksfälle als auch Selbsttötungen und vorsätzliche Tötungshandlungen zum Nachteil Dritter in Betracht zu ziehen. Als weiteres giftiges Gas ist vor allen Dingen beim Suizid Leucht- oder Erdgas in Betracht zu ziehen, das aus der Hausleitung oder aus Geräten entnommen wird.

Aus der Industrie und chemischen Laboratorien sowie Galvanisationsbetrieben können **Blausäure** oder Cyanwasserstoffsäure und ihre Salze Natrium- und Kaliumcyanid stammen und zu Selbsttötungen und Straftaten verwendet werden. Bei Cyanidvergiftungen fällt oft die ähnlich hellrote Farbe der Totenflecke und des Blutes auf wie beim Tod durch Kohlenmonoxid. Zyankali wird zum Härten von Metallen verwendet. Es wurde früher zum Töten von Haustieren verwendet, bei Vergiftungen wird es in kürzester Zeit vom Körper aufgenommen und wirkt in Sekundenschnelle. Schon ca. 50 mg sind tödlich, bei einer Obduktion ist dieses Gift schwer nachweisbar, es zersetzt sich bei 27°C und verliert seine Wirkung. Der Tod durch Zyankali kann auch durch Betriebsunfälle in der Galvanik auftreten.

Arsen und Arsenverbindungen sind von hoher Giftigkeit. Als tödliche Dosis gelten 100 bis 150 mg. Arsen. Nach der Einnahme tritt gewöhnlich ein starker Brechreiz auf. Bei Verstorbenen läßt sich Arsen noch nach Jahrzehnten in Knochenresten nachweisen.

Thalliumverbindungen werden zur Ratten- und Mäusebekämpfung eingesetzt. Als tödliche Dosis für den Menschen wird 1 g Thallium angegeben. Die Vergiftungserscheinungen ziehen sich gewöhnlich über mehrere Tage oder Wochen hin. Thallium wird besonders mit Harn und Kot ausgeschieden, aber auch mit Galle und Tränenflüssigkeit. Charakteristisch ist – wie bei Blei – ein nach etwa drei Wochen beginnender Haarausfall am ganzen Körper, der mit einem allgemeinen Kräfteschwund, der zum Tode führt, einhergeht.

Verschiedene **Schlafmittel** der therapeutischen Medizin werden häufig bei Selbsttötungen oder Tötungsdelikten verwendet. Auf eine Schlafmittelvergiftung weisen zentral nervöse Regulationsstörungen einstellen, etwa Bewußtlosigkeit, Blutdruckabfall, Beeinträchtigung der Atmung, gestörte oder aufgehobene Reflextätigkeit, Pupillenveränderung, unter Umständen Augenmuskellähmungen, Steigerung der Körperwärme sowie Änderungen des Spannungszustandes der Muskulatur. Kommt der Betreffende mit dem Leben davon, können verschiedene Ausfallerscheinungen des Nervensystems vorübergehend oder auch dauernd zurückbleiben. Infolge der Vergiftung mit Barbituraten kann es zu Rötungen und Blasenbildungen der Haut an den Fußsohlen, Knöcheln, Fersen, Händen und Brüsten sowie an den Innenseiten der Kniegelenke kommen. Der chemisch-toxikologische Schlafmittelnachweis erfolgt in der Hauptsache durch den Mageninhalt, Urin, Blut, Gehirn und Nieren sowie der Leber der Leiche. In der Literatur wird darauf hingewiesen, daß Barbiturate auch über die Haut und den Körperschweiß ausgeschieden werden, so daß die Kleidung und Bettwäsche auf derartige Stoffe untersucht werden können.

14.8 Gesetzliche Grundlagen für die Todesermittlung

Die Ermittlungen zu Todesfällen sind in der Strafprozeßordnung und in der Landesgesetzgebung der einzelnen Bundesländer besonders gründlich und umfangreich geregelt.

§ 159 StPO – Unnatürlicher Tod

(1) Sind Anhaltspunkte dafür vorhanden, daß jemand eines nichtnatürlichen Todes gestorben ist oder wird der Leichnam eines Unbekannten gefunden, so sind die Polizei und Gemeindebehörden zur sofortigen Anzeige an die Staatsanwaltschaft oder an das Amtsgericht verpflichtet.
(2) Zur Bestattung ist die schriftliche Genehmigung der Staatsanwaltschaft erforderlich.

Durch diese Vorschrift werden folgende Fälle erfaßt:

- Verdacht einer Straftat (Tötungsdelikt),
- Selbsttötung,
- Fund eines Leichnams,
- Tod eines Unbekannten in der Öffentlichkeit.

Die Polizei hat unverzüglich dafür zu sorgen, daß eine Leiche geborgen und bewacht oder sicher untergebracht wird. An der Leiche dürfen bis zum Eintreffen des Arztes, der die Leichenschau vornimmt, Veränderungen nur vorgenommen werden, die aus Gründen der öffentlichen Sicherheit zwingend erforderlich sind. *Spuren,* die zur Aufklärung der Todesursache dienen können, dürfen nicht vernichtet oder beeinträchtigt werden.

Die Polizei hat den Todesfall oder die Auffindung der Leiche und die dabei getroffenen Feststellungen unverzüglich dem Staatsanwalt oder, wenn dieser nicht zu erreichen und Eile geboten ist, dem Amtsrichter anzuzeigen. Die Anzeige ist schriftlich nachzureichen, wenn sie zunächst auf andere Weise übermittelt worden ist.

Der zur *Leichenschau* zugezogene Arzt hat unverzüglich die Polizei oder Staatsanwaltschaft zu verständigen. Bei jedem Todesfall ist eine ärztliche Leichenschau vorgeschrieben. Diese ärztliche Leichenschau dient der Feststellung des Todes und ist von der richterlichen Leichenschau nach § 87 StPO zu unterscheiden. Ist anzunehmen, daß die Leichenschau nicht ordnungsgemäß vorgenommen wird, so kann die Staatsanwaltschaft oder die Polizei verlangen, daß die Leichenschau von einem Arzt des Gesundheitsamtes, in dessen Amtsbezirk sich die Leiche befindet, oder von einem Landgerichtsarzt vorgenommen wird oder, wenn sie bereits durchgeführt worden ist, wiederholt wird.

Die *Leichenschau nach* § 87 StPO wird von der Staatsanwaltschaft, auf Antrag der Staatsanwaltschaft auch vom Richter, unter Zuziehung eines Arztes vorgenommen. Ein Arzt wird nicht zugezogen, wenn dies zur Aufklärung des Sachverhaltes offensichtlich entbehrlich ist.

Die *Leichenöffnung* (§ 87 (2) StPO) wird von zwei Ärzten vorgenommen. Einer der Ärzte muß Gerichtsarzt oder Leiter eines öffentlichen gerichtsmedizinischen oder pathologischen Institutes oder ein von diesen beauftragter Arzt des Institutes mit gerichtsmedizinischen Fachkenntnissen sein. Dem Arzt, welcher den Verstorbenen in der dem Tode unmittelbar vorausgegangenen Krankheit behandelt hat, ist die Leichenöffnung nicht zu übertragen. Er kann jedoch aufgefordert werden, der Leichenöffnung beizuwohnen, um aus der Krankheitsgeschichte Aufschlüsse zu geben. Die Staatsanwaltschaft kann an der Leichenöffnung teilnehmen. Auf ihren Antrag findet die Leichenöffnung im Beisein eines Richters statt.

Zur Besichtigung oder Öffnung einer schon beerdigten Leiche ist ihre Ausgrabung statthaft (§ 87 Abs. 3 StPO).

Nach § 88 StPO ist die Leiche vor der Öffnung zu identifizieren. Ist ein Beschuldigter vorhanden, so ist ihm die Leiche zur Anerkennung vorzuzeigen.

§ 89 StPO bestimmt den Umfang der Leichenöffnung, nämlich aller drei Körperhöhlen (Kopf-, Brust- und Bauchraum).

Bei der Öffnung einer Kindesleiche ist nach § 90 StPO besonders darauf zu achten, ob das Kind vor oder während der Geburt gelebt hat und in der Lage gewesen wäre, das Leben außerhalb des Mutterleibes fortzusetzen.

Bei Vergiftungsverdacht ist nach § 91 StPO zur Untersuchung ein Chemiker herbeizuziehen.

Wer *Gerichtsarzt* ist, bestimmt sich nach dem *Landesrecht*. Allgemein ist darunter ein Arzt zu verstehen, der den Justizbehörden für gerichtsmedizinische Untersuchungen zur Verfügung steht. Die Ärzte erheben den Befund als Sachverständige. Der zuletzt behandelnde Arzt ist als Sachverständiger kraft Gesetzes ausgeschlossen; wenn er zugezogen wird, äußert er sich als sachverständiger Zeuge. Die Leichenöffnung ist mit der Leichenschau, die der Öffnung vorangeht, verbunden. Die Anwesenheit des sachbearbeitenden Kriminalbeamten ist stets zweckmäßig, weil er häufig Fragen, die für die Leichenöffnung wichtig sind, aufgrund der bisherigen von ihm geführten Ermittlungen sofort beantworten kann.

15. Einige Verständnisfragen zur Kriminaltechnik

Multiple Choice Test

Verschaffen Sie sich einen Überblick über Ihr kriminaltechnisches Wissen. Bei einigen Fragen sind mehrere richtige Antworten möglich. Die Lösungen sind in den jeweiligen Fachkapiteln zu finden, wie sie in Klammern angegeben hinter den Fragen stehen.

Allgemeine Fragen zur Kriminaltechnik

Was sind kriminaltechnische Untersuchungen? (1)

☐ Die Überprüfung und Wartung der bei der Kriminalpolizei verwendeten Geräte und Fahrzeuge

☐ Die Technik des Funkwageneinsatzdienstes sowie Technik und Methode der Steuerung dieser Einsätze und deren analytische Auswertung

☐ Die Anwendung wissenschaftlicher und technischer Mittel bei der Verhütung und Bekämpfung von Verbrechen sowie die Bewältigung von bestimmten Ordnungsaufgaben

Was sind kriminaltechnische Spuren? (1)

☐ Die Gesamtheit aller fahndungsgeeigneten Gegenstände

☐ Alle Hinweise, die zum Täter, zum Tatort und zur Klärung des Sachverhaltes führen

☐ Relativ beständige materielle Widerspiegelungen, die in einer Relation zu einem kriminalistisch interessierenden Ereignis stehen

Tatort ist: (3)

☐ Grundsätzlich jeder Ereignisort, der kriminalistisch verwertbare Spuren aufweist

☐ Der Ort, an dem der erste Angriff durchgeführt wird, um eine Rekonstruktion des Ereignisses zu ermöglichen

☐ Jeder Ort, an dem der Täter gehandelt hat oder im Falle des Unterlassens hätte handeln müssen – wo der Erfolg der Tat eingetreten ist oder nach dem Willen des Täters hätte eintreten sollen

☐ Unter dem Begriff Tatort werden im Sinne der Zuständigkeit alle Ereignisorte, wie Brand-, Unfall- und Explosionsorte subsumiert

Spurensuche im Körper eines Menschen im Sinne des § 81a StPO: (1)

☐ Kann von jedem Beamten im Polizeidienst vorgenommen werden

☐ Kann nur von den Hilfsbeamten der Staatsanwaltschaft durchgeführt werden

☐ Darf nur von einem ausgebildeten Arzt ausgeführt werden

Spezielle Fragen zur Kriminaltechnik

Bereich Werkzeugspuren

Am Tatort mit Mikrosil abgeformte Werkzeugspuren werden transportiert in (5)
- ☐ Polyäthylentüten
- ☐ Papiertüten
- ☐ Polyesterschachteln

Ziel der Sicherung von Werkzeugspuren ist (5)
- ☐ die Sammlung der Spuren
- ☐ das Erkennen von Tatwerkzeugzusammenhängen
- ☐ die Dokumentation des Tatgeschehens

Unter welchen Voraussetzungen ist ein Werkzeug als Tatwerkzeug identifizierbar? (5)
- ☐ Durch die Größe des Werkzeuges
- ☐ Durch die Zweckbestimmung des Werkzeuges
- ☐ Durch die Wirkfläche des Werkzeuges

Was ist anhand von Beschädigungen und Werkzeugspuren möglicherweise am Tatort erkennbar? (5)
- ☐ Richtung des Hebelansatzes
- ☐ Eingesetzte Werkzeugart
- ☐ Geschick des Täters
- ☐ Ausrüstung des Täters
- ☐ Farbe des Werkzeuges
- ☐ Vortäuschung eines Tätervorgehens

Schriften und Urkunden:

Was ist bei der Behandlung von Spurenmaterial zu beachten, das für Handschriften-, Maschinenschriften- und Urkundenuntersuchungen vorgesehen ist? (7)
- ☐ Sämtliche bürotechnische Bearbeitungen des Spurenmaterials wie Stempeln, Lochen oder Heften sind auch während der Fallbearbeitung zu vermeiden
- ☐ Die daktyloskopischen Untersuchungen können vor einer Handschriften- oder Urkundenuntersuchung durchgeführt werden
- ☐ Das Verpackungsmaterial (Briefhüllen o.ä.) ist vor dem Einlegen des Spurenträgers zu beschriften

Wie ist eine Abnahme von Schriftproben für die Handschriftenvergleichung sachgerecht durchzuführen? (7)
- ☐ Die Schriftproben sind im Wortlaut und der Schriftart dem fraglichen Schriftmaterial entsprechend zu gestalten
- ☐ Der Probengeber soll das fragliche Material während der Fertigung der Schriftproben auf Wunsch einsehen können

- ☐ Wenn die Schriftproben in der allgemeinen Schreibweise (z.B. Größe und Lage) auffällig von der fraglichen Schrift abweichen, ist dies durch entsprechende Einzelanweisungen zu korrigieren

Was sind Urkunden? (7)
- ☐ Verkörperte, allgemein oder für Eingeweihte verständliche, menschliche Gedankenerklärungen, die geeignet und bestimmt sind, im Rechtsverkehr Beweis zu erbringen
- ☐ Verkörperte, allgemein oder für Eingeweihte verständliche, menschliche Gedankenerklärungen, die geeignet und bestimmt sind, im Rechtsverkehr Beweis zu erbringen und ihren Aussteller erkennen lassen
- ☐ Ausschließlich von amtlichen Stellen ausgestellte Dokumente

Welche Spuren entstehen bei Manipulationen in Form von mechanischen Rasuren an herkömmlichen Dokumenten (Reisepässe, Führer- und Fahrzeugscheine u.a.m.)? (7)
- ☐ Erhöhte Transparenz im Durchlicht
- ☐ Papieraufrauhungen
- ☐ Verfärbungen des Untergrunddruckes

Welche der nachfolgend genannten Merkmale werden zur Echtheitssicherung von Dokumenten verwendet? (7)
- ☐ Wasserzeichen
- ☐ Optische Aufheller
- ☐ Melierfasern
- ☐ Eingelagerte Metallfäden

Waffen

Was ist eine Machete im rechtlichen Sinn? (6)
- ☐ Sie unterliegt dem Kriegswaffenkontrollgesetz, da sie von Guerilleros verwendet wird
- ☐ Es handelt sich um ein Gartenarbeitsgerät, dessen Besitz rechtlich nicht geregelt ist
- ☐ Es ist ein verbotener Gegenstand im Sinne des Waffengesetzes

Was ist keine Schußwaffe im rechtlichen Sinn? (6)
- ☐ Die Armbrust
- ☐ Eine Vorderladerpistole
- ☐ Ein Molotowcocktail
- ☐ Eine Handgranate

Worin ist in der Regel der Unterschied zwischen Pistole und Revolver erkennbar? (6)
- ☐ Bei der Pistole bilden Lauf und Patronenlager eine Einheit
- ☐ Revolver sind an ihrer drehbaren Trommel zu erkennen
- ☐ Ein Revolver ist immer an der Aufschrift „COLT" zu erkennen

15. Einige Verständnisfragen zur Kriminaltechnik

Was bedeutet die Aufschrift Kaliber. (22) auf einer Waffe? (6)

☐ Das Patronenlager hat 22 mm Durchmesser
☐ Die Patronenhülse ist 22 mm lang
☐ Der Durchmesser des Geschosses mißt 22 Hundertstel Zoll im Durchmesser
☐ Die Patrone wiegt 22 Gramm

Schuh-, Reifen- und Handschuhspuren

Welche Fragestellung ist in der Antragstellung richtig? (5)

☐ Wurde die Schuhspur mit den Füßen des Beschuldigten verursacht?
☐ Wurde die Spur mit den bei dem Beschuldigten sichergestellten Schuhen verursacht?
☐ Hat der Beschuldigte die Schuhspur verursacht?

Wie erfolgt die Sicherung von Schuh- (Reifen-)eindruckspuren im Erdreich? (5)

☐ Mittels Mikrosil
☐ Mittels Latexbindemittel-Kreidegemisch
☐ Mittels Gips im Trocken- oder Naßverfahren
☐ Fotografisch mit angelegtem Maßstab

Prägezeichen und Sichtbarmachung von latenten Werkzeugspuren

FIN heißt (5)

☐ Rahmennummer
☐ Fahrzeug-Identifizierungs-Nummer
☐ Fahrzeug-Instandsetzungs-Nummer (für den Kundendienst)

Die FIN muß bei einem Pkw (5)

☐ einmal an einem tragenden Teil eingeprägt sein
☐ gar nicht eingeprägt sein (Aufkleber)
☐ an jedem tragenden Teil eingeprägt sein

Die FIN eines Pkw wird in der Regel (5)

☐ von Hand eingeprägt (ungleichmäßig)
☐ maschinell eingeprägt (gleichmäßig)

Die FIN wird (5)

☐ auf ein kleines Schild geprägt, welches dann aufgeschraubt oder angeschweißt wird
☐ stets auf ein fest mit der Karosserie verbundenes, tragendes Bauteil geprägt

Die FIN wird verfälscht; häufige Fälschungsmethoden sind: (5)

☐ FIN-Material (teilweise) abtragen und neue FIN prägen
☐ Alte FIN „ausixen" und neue einprägen
☐ FIN (teilweise) zuspachteln und neue prägen

- ☐ FIN heraustrennen und unbearbeitetes Blech (ohne FIN) einsetzen
- ☐ Aufsetzen oder Einsetzen eines FIN-tragenden Bleches, z.B. aus Schrott-Pkw

Prägezeichen können wieder sichtbar gemacht werden an (5)

- ☐ Fahrrädern
- ☐ Mopeds/Motorrädern
- ☐ Kraftfahrzeugen (Pkw, Lkw)
- ☐ Motoren, Getrieben
- ☐ Waffen
- ☐ Autoradios

Prägezeichen können wieder sichtbar gemacht werden, wenn sie (5)

- ☐ in das Material eingedrückt wurden
- ☐ auf das Material aufgetragen wurden

Eine Wiedersichtbarmachung von Prägezeichen ist i.d.R. unmöglich, wenn (5)

- ☐ die Zeichen zugeschweißt wurden
- ☐ die Zeichen bis unter die Verformungsgrenze abgetragen wurden
- ☐ das Trägermetall bis über die Rekristallisationsgrenze erhitzt wurde
- ☐ die Zeichen bis zur Unlesbarkeit abgetragen wurden

Toxikologie

Eine qualitative Untersuchung einer Rauschgiftprobe liefert folgende Aussagen: (11)

- ☐ Es wird festgestellt, welches Betäubungsmittel vorliegt
- ☐ Es wird die Qualität der Rauschgiftprobe, also der Wirkstoffgehalt, festgestellt

Eine Doppelblutentnahme dient dem Nachweis einer Nachtrunkbehauptung bei Verkehrsstraftaten. (11)

- ☐ Der Abstand zwischen Nachtrunkende und erster Blutentnahme muß mindestens zwei Stunden betragen und die zweite Blutprobe muß innerhalb von 30 Minuten erfolgen
- ☐ Der Abstand zwischen Nachtrunkende und zweiter Blutentnahme darf höchstens eine Stunde betragen und die zweite Blutprobe soll 30 Minuten nach der ersten erfolgen
- ☐ Zwischen Trinkende des vor dem Vorfall getrunkenen Alkohols und der ersten Blutentnahme sollten mindestens 120 Minuten liegen

Der Nachweis eines Drogenmißbrauchs ist grundsätzlich in folgendem Probenmaterial möglich: (11)

- ☐ Blutprobe
- ☐ Haarprobe
- ☐ Urinprobe

15. Einige Verständnisfragen zur Kriminaltechnik

Um eine Aussage zur aktuellen Tatbeeinflussung treffen zu können, ist eine Untersuchung folgenden Probenmaterials erforderlich: (11)

☐ Blutprobe
☐ Haarprobe
☐ Urinprobe

Die Bezeichnung „Designerdrogen" leitet sich ab (11)

☐ von dem Personenkreis (z.B. Künstler), bei dem diese Drogen hauptsächlich Verwendung finden
☐ von der gezielten Synthese von Substanzen, die die Wirkung von Betäubungsmitteln besitzen, gleichwohl aber (noch) nicht im BtMG aufgeführt sind
☐ von der Gestaltung der Zubereitungsformen dieser Drogen z.B. als buntbedruckte Papierbilder oder Tabletten mit den verschiedensten Motiven (Logos)

Wenn Verkehrsteilnehmer Schlaf- oder Beruhigungsmittel eingenommen haben, (11)

☐ können Reaktionsvermögen und die Fähigkeit zur aktiven Teilnahme am Straßenverkehr beeinträchtigt sein
☐ kann die Wirkung von Alkohol verstärkt werden
☐ kann die Blutalkoholkonzentration erhöht sein

Branduntersuchungen

An einem Brandort sichern Sie Materialien (z.B. verkohltes Holz), die möglicherweise noch Reste brennbarer Flüssigkeiten enthalten. Was ist beim Transport dieser Materialien im Kofferraum Ihres Autos zum Kriminaltechnischen Institut zu beachten? (8)

☐ Die Materialien können offen transportiert werden, da sich der Fahrtwind bei einem geschlossenen Kofferraum nicht auswirkt
☐ Es reicht aus, das Material in mehreren Bögen Zeitungspapier einzuwickeln, da dieses keine Kohlenwasserstoff-Moleküle hindurch läßt
☐ Es muß sichergestellt werden, daß eine Kontamination durch brennbare Flüssigkeiten (z.B. aus einem Reservekanister) ausgeschlossen ist

Lackuntersuchungen

An einem Unfallort mit Fahrerflucht finden Sie mehrere Lacksplitter unterschiedlicher Größe, die vermutlich von dem unfallverursachenden Fahrzeug stammen. Was ist bei der Sicherung mit dem Ziel der Lackfahndungshilfe zu beachten? (9)

☐ Ich ignoriere die Lacksplitter, da die Lackfahndungshilfe grundsätzlich nicht in der Lage ist, das Kfz-Kennzeichen zu liefern
☐ Ich sammle alle auffindbaren Lacksplitter ein, da bei größerer Anzahl an Lacksplittern im Labor auch ggf. mehr Untersuchungen durchgeführt werden können
☐ Ich tüte nur den kleinsten Splitter ein, da dieser aufgrund seiner Größe den geringsten Anteil an Verschmutzung aufweist

Fasern und Faserübertragung

In welcher Reihenfolge – in Hinsicht auf andere erforderliche Maßnahmen – sollte eine Faserspurensicherung am Tatort erfolgen? (10)

☐ zuerst
☐ nach den erkennungsdienstlichen Maßnahmen
☐ zuletzt

Wie sollte feuchte und/oder blutige Kleidung verpackt werden? (10)

☐ gar nicht
☐ in belüfteten Papiersäcken
☐ in Plastiktüten

Wie werden textile Mikrospuren gesichert? (10)

☐ durch Absammeln
☐ durch Aufsaugen
☐ durch Abkleben

15.1 Literatur und Quellenangabe

ADAM, JÖRG
　In Sozialistische Kriminalistik Bd II – Naturwissenschaftlich technische Kriminalistik (Kriminaltechnik) Kapitel 3.4.1 Boden-, Staub- und Schmutzspuren, Baustoffe, Grob- und Feinkeramik, Berlin 1979, Deutscher Verlag der Wissenschaften

ARBAB-ZADEH; AMIR, PROKOP, OTTO und REIMANN, WOLFGANG
　Rechtsmedizin für Kriminologen, Ärzte, Juristen und Studierende, Stuttgart, New York 1977, Gustav Fischer Verlag

BATTERMANN, CHRISTIAN
　Lernhilfen zur Schriftprobenabnahme, Maschinenskript, 1995

BECKER, ULRICH und GANSAU, HELMUT
　Semi-automatic detection of gunshot residue (GSR) by scanning electron microscopy and energy dispersive x-ray analysis (SEM/EDX) scanning electron microscopy/1982/I IL 60666 USA (Halbautomatische Methode zur qualitativen und lokalen Erfassung von Pulverschmauchrückständen auf der Schußhand mit REM/EDA (Skript in Maschinenschrift, Übersetzung aus dem Englischen), Vortrag Chicago,1982

BECKER, ULRICH
　Nachweis von Schmauchrückständen REM/EDX – Protokoll der Arbeitstagung Schmauchspuren im Bundeskriminalamt, Wiesbaden, 1985

BENDER, HARRY
　Hinweise zur Todeszeitbestimmung (Lernvorlage, Typoskript)

BRUN, KURT
　Blick in das Kleinste – So funktioniert das Rasterelektronenmikroskop, Zeitschrift Funkschau 11/84

CLAGES, HORST
　Kriminalistik – Lehrbuch für Ausbildung und Praxis, 3. Auflage, Stuttgart, München, Hannover, Berlin, Weimar, Dresden, 1997, Richard Boorberg Verlag

DIETZ, GERHARD und DÜRWALD, WOLFGANG
　Gerichtliche Medizin, Leipzig 1976, Johann Ambrosius Barth Verlag

GÖPPINGER, HANS und BRESSER, PAUL-H. (Hrsg.)
　Tötungsdelikte – Bericht über die XX. Tagung der Gesellschaft für die gesamte Kriminologie, Stuttgart, 1980, Ferdinand Enke-Verlag

GROSS, HANS und GEERDS, FRIEDRICH
　Handbuch der Kriminalistik – Wissenschaft und Praxis der Verbrechensbekämpfung (Band I und II), Berlin, 1977 und 1978, Schweitzer Verlag

HERREN, RÜDIGER
　Denktraining in Kriminalistik und Kriminologie – Fallanalysen, Band I, II und III, Freiburg im Breisgau, 1982, Rombach + Co

HORN, WOLFGANG und HORN, CLAUDIA
　Zur Gefährlichkeit und Wirkung von Schreckschußwaffen und einige Aspekte ihrer kriminaltechnischen Untersuchungen, Diplom-Arbeit an der Humboldt-Universität Berlin, Berlin, 1993

HUELKE, HANS-HEINRICH
　Spurenkunde, 4. Auflage, Heidelberg; Hamburg, 1977

JÄGER, HERBERT (Hrsg.)
　Kriminologie im Strafprozeß, Frankfurt/M., 1980, Suhrkamp-Verlag

JEFFREYS, A.J.; WILSON, V.; THEIN, S.L.
　Individual-specific „fingerprints" of human DNA, Nature 316, 76, 1985

KÖNIG, KLAUS-PETER
Faustfeuerwaffen – Die Pistolen und Revolver unserer Zeit in Handhabung und Technik, Stuttgart, 1980, Motorbuch-Verlag

KREUZER, ARTHUR; RÖMER-KLEES, RUTH; SCHNEIDER, HANS
Beschaffungskriminalität Drogenabhängiger, BKA-Forschungsreihe, Band 24, Wiesbaden, 1991

Kriminalpolizei des Kantons und der Stadt Zürich (Hrsg.)
Die Spur – Arbeitshilfen für die polizeiliche Praxis, Heidelberg, 1979, Kriminalistik Verlag

KRUMHOLZ, CHRISTIAN
Sequenzierung seltener Allele an forensisch bedeutsamen VNTR-Genorten (Diplomarbeit – aufgrund eines Praktikums beim Institut PTU, LKA Berlin – FB Chemie und Biotechnik, Technische Fachhochschule Berlin), Berlin, 1996/1997

KUBE, EDWIN; STÖRZER, HANS UDO; TIMM, KLAUS JÜRGEN (Hrsg.)
Kriminalistik – Handbuch für Praxis und Wissenschaft, Band I und II, Stuttgart, München, Hannover, Berlin und Weimar, 1992/1993, Richard Boorberg-Verlag

NEHSE, KORNELIA
Die Textilspur im Rahmen der kriminaltechnischen Untersuchung in: Die Spur aus der Sicht des medizinischen und des technischen Sachverständigen, Festschrift anläßlich einer akademischen Feier, Berlin, 1991, FU Berlin, Institut für Rechtsmedizin

NIEDERAUER, KLAUS und SCHÄFER, WOLFGANG
Das Rasterelektronenmikroskop, Zeitschrift Physik in unserer Zeit 1985 Nr. 6, Weinheim, 1985

PIRSCH, RAINER
Brandursachenermittlung (Maschinenskript/Lernhilfe), Berlin, 1995

POKORNY, RICHARD
Psychologie der Handschrift, München/Basel, 1973, Kindler-Verlag

RÖSSMANN, EGON
Taschenlexikon der Kriminologie für den Kriminalpraktiker, Hamburg, 1974, Kriminalistik-Verlag

SCHLEYER, FRANZ; OEPEN, IRMGARD; HENKE, JÜRGEN
Humanbiologische Spuren – Sicherung, Nachweis und Analyse in Kriminaltechnik und forensischer Medizin, Heidelberg, 1995, Kriminalistik-Verlag (Hinweis auf Jeffreys)

SCHWENZER, KLAUS und Autorenkollektiv
Materielle Beweismittel, Band 1 und Band 2, Berlin, 1989, Ministerium des Innern der DDR

SINN, DIETER
Das große Verbrecherlexikon, Genf, 1984, Manfred Pawlak Verlagsgesellschaft

SPECKHARDT, K.H. und Autorenkollektiv (Ministerium des Innern)
Suche, Sicherung, Auswertung von Spuren, Berlin, 1985, Publikationsabteilung des Ministerium des Innern der DDR

STARGARDT, ACHIM
Kriminalistische Fotografie, in: Sozialistische Kriminalistik (Autorenkollektiv) Berlin, 1979, VEB Deutscher Verlag der Wissenschaften

WALDER, HANS
Kriminalistisches Denken, 4. Auflage, Hamburg, 1975, Kriminalistik-Verlag

STEINKE, WOLFGANG
In Kriminalistik – Handbuch für Praxis und Wissenschaft/ Band II hrsg. von Edwin Kube, Stuttgart, München, Hannover, Berlin, Weimar, 1992, Richard Boorberg-Verlag

THORWALD, JÜRGEN
   Das Jahrhundert der Detektive, Bd. 1 und Bd. 2, Zürich, 1969, Droemersche Verlagsanstalt
VORDERMAIER, GOTTFRIED
   Interview in Berliner Zeitung vom 6.1.1995
WEBER-SCHEIDEL, LUTZ und Autorenkollektiv (Ministerium des Innern)
   Handbuch für Kriminalisten, Berlin, 1982, Publikationsabteilung des Ministerium des Innern der DDR
BRODAG, WOLF-DIETER
   Kriminalistik – Kurzlehrbuch zur Verbrechensbekämpfung, 7. Auflage, Stuttgart, München, Hannover, Berlin, Weimar, Dresden, 1995, Richard Boorberg-Verlag
BRODAG, WOLF-DIETER
   Strafverfahrensrecht – Kurzlehrbuch zum Ermittlungsverfahren der Strafprozeßordnung, 8. Auflage, Stuttgart, München, Hannover, Berlin, Weimar, Dresden, 1994, Richard Boorberg-Verlag
WIESER, RODA
   Handschrift, Rhythmus, Persönlichkeit – Eine graphologische Bilanz, München, 1978, dtv
WIGGER, ERNST
   Kriminaltechnik – Leitfaden für Kriminalisten, BKA Schriftenreihe, Band 50 (hrsg. vom Bundeskriminalamt), Wiesbaden, 1980 (verwendet wurde auch die Ausgabe von 1963 in der Fassung von 1973)
ZIRK, WOLFGANG und VORDERMAIER, GOTTFRIED
   Fragen und Anmerkungen zur Spurenkunde und Kriminaltechnik, Fortbildungschrift Nr. 30 der Landespolizeischule Berlin, Hrsg.: Der Polizeipräsident in Berlin

Stichwortverzeichnis

Abdruckspuren 62
Allgemeine Fragen zur Kriminaltechnik 11
Anzeigenaufnahme 44
Arbeitsgebiete eines modernen Kriminaltechnischen Instituts 27, 29-34
Arbeitsqualität 24
Auswertungsangriff 52

Begutachtung 11
Behördengutachter 17, 28
Beschuldigte 47
Betäubungsmittel 176
 Untersuchung von sichergestellten ... 181f.
Beweismittel 46
Blitzspuren 132
Blutentnahmen 171ff.
Blutuntersuchungen (Alkohol und Betäubungsmittel) 170f.
Bodenkundliche Spuren 156-160
Bohrende Werkzeuge/Bohrer 74
Botanische Spuren, Pflanzen und Pflanzenprodukte 160f.
Brand- und Explosionsspuren 118, 129ff., 149
 – Brand- und Explosionsverlauf 133f.
 – Brände und Explosionen/Vergleichsmaterial 135
 – Ermittlung von Tatverdächtigen 136f.
 – Brandlegungsmittel, Suche und Sicherung 123-126, 147
 – Brandort, Ermittlungen und Untersuchungen 119-122
 – Brandspuren an und in elektrischen Anlagen 127f.
 – Brandursachenuntersuchung 117ff., 135
Bruch- und Rißspuren 62
Bruchstücke/Bruchkanten 74

Cannabisprodukte 177
Chemische Untersuchungen 144

Daktyloskopische Einflußfaktoren 187-190
 – Daktyloskopische Spuren, Entstehung 186f.
 – Mittel der Spurensicherung 183ff., 191ff.

 – Verpackungshinweise 193f.
Dienst- und Prüfsiegelplaketten, Untersuchung von 116
Dienstkundliche Hinweise zu Todesermittlungen 214
Dienstkundlicher Arbeitsbogen und Checkliste 41
DNA-Analysen 165ff.
 – DNA-Untersuchungsmethode 168
Drogenkonsum, Hinweise auf 178f.

Eindruckspuren 62
Elektrische Energie bei Straftaten und Unglücksfällen 142f.
Erkenntnisse/Axiome der Daktyloskopie 185
Erkennungsdienstliche Behandlung 194ff.
Ermittlungsverfahren 43
Erster Angriff 48
Explosiv- und Kampfstoffe 37f.

Fälschungen 63
Faserspuren/Textiltechnische Spuren 151ff.
Feuerstätten, Schornsteine etc., Spuren an 131
Feuerwaffen, Klassifizierung von 90
Formspuren 57, 61, 73
Fotografie von Spuren 67, 210ff.
Fotografische Beleuchtung 209-212

Gegenstandsspuren 58, 60
Geschichtliche Entwicklung der Daktyloskopie 183ff.
Glasvergleichsuntersuchung 142
Greifende Werkzeuge 73

Haaruntersuchungen, BtM-Nachweis in Haaren 180
 – morphologische 153-156
Handschriften 63, 101ff.
Hebelwerkzeuge 73
Heuristische Phase 45
Hinweise zur Leichenbesichtigung 220f.

Infrarot-Fotografie 204

Kernzieher 74
Kokain und Crack 178

249

Stichwortverzeichnis

KO-Tropfen 174f.
Kriminalfotografie, Video- und
  Fernsehtechnik 67, 201ff.
Kriminalistische Arbeitsebene 11, 19
Kriminalpolizeiliche Sofort-
  bearbeitung 44
Kriminaltechnik am Untersuchungsort
  214
Kriminaltechnik
  – Arbeits- und Aufgaben-
    bereiche 19
  – Entwicklung der 15
  – Verhältnis zu anderen Kriminal-
    wissenschaften 13f.
  – Rechtsgrundlagen 22ff.
  – Operative 34

Lack-, Kunst- und Klebstoffunter-
  suchungen 145f.
  – Lackfahndungshilfen 145
Latente Spuren 60f., 65
Leichenbericht 219
  – Leichenerscheinung, späte 224f.
Lernkontrolle: Multiple Choice
  Test für Leser 237ff.

Manipulationsspuren in Schlössern 82
Maschinenschriften 115
Materialspuren 58ff.
Mikrofotografie 205
Munition 90f.
Nucleinsäuren (Adenin, Guanin, Thymin,
  Cytosin) 169

Öffnung von Kraftfahrzeugen 82
Opiate 176

Paßstücke 62
Persönliche Beweismittel 46
Physik und Chemie in der
  Kriminaltechnik 139
Polizeitechnik 13
Prägezeichen, Identifizierung von 82f.

Rasterelektronenmikroskop REM 139
Rechtsgrundlagen der Kriminal-
  technik 22ff.
  – Rechtsgrundlagen des Erkennungs-
    dienstes 197ff.
Röntgenfluoressenzanalyse 141
  – Röntgenfotografie 205

Sachbeweis im Ermittlungsvorgang 43
Sachliche Beweismittel 46f., 59
Sachverständige 17, 28, 64, 121

– Sachverständigenbeweis 17, 28
Scharten, Gleitspuren 62
Schloßarten und Überwindungs-
  möglichkeiten 78
  – Schloßsysteme, An- und
    Einbauarten 77f.
Schmauchanalytik 140
Schnittspuren 62
Schreib- und Malmittel/Schrift- und
  Bildträger 148
Schriftproben, Abnahme von 102ff.
  – Vergleichsmaterial 104
Schuh- und Fahrzeugspuren 84-87
Schußwaffenentfernungs-
  bestimmung 141
  – Schußwaffensachverständige 18
Schwarzfolie, Gelatinefolie 85f.
Selbstentzündungsvorgänge bei
  Bränden 126
Selbsttötungen 219
Serologische Untersuchungen/Untersu-
  chungsziele 163ff.
Sicherungsangriff 48f.
Situationsspuren 58, 60
Spezialtechnik 38ff.
Spuren 44, 46, 48, 57
  – am menschlichen Körper 64
  – an Leichen 64, 213ff.
  – an transportablen Gegen-
    ständen 65
  – an Waffen ... 92f.
  – in Schlössern und Schließ-
    zylindern 79
  – fehlende 63
  – Kennzeichnung
    erkannter 63, 66
  – Systematik der 57
  – Spurenfotografie 67, 208f.
  – Spurenkunde 13
  – Spurensicherung 65f.
  – Spurensuche, Ziel und
    Umfang 63
Studiofotografie, Fotografie mit
  besonderen Strahlen 204
Syllogistische Phase 45
Synthetische Drogen 177

Täterfallen 38
Tatort 48ff.
  – Hinzuziehung von
    Spezialisten 52
  – Fehler bei der Tatortarbeit 54f.
  – geschlossene 215f.
  – offene 217f.
  – Fotografie 67, 206f.

- Skizzen 16
- Trupp 34

Todesermittlung, gesetzliche Grundlagen 234f.
- Todesermittlungen und Kriminaltechnik 213ff.
- Todesermittlungen/Definitionen 220
- Todeszeichen, sichere 222ff.
- Todeszeichen, unsichere 222
- Todeszeitbestimmung, Einige Hinweise auf 227f.
- Tot- und Fehlgeburten 219

Tödliche Unfälle 218
Toxische Stoffe bei Straftaten 174
Trennende Werkzeuge 73

Übertragung von Spuren 61, 215
Ultraviolett-Fotografie 204
Umwelt- und Explosivstoffe 149
- Chemie- und Brandmesstrupp 40

Unkonventionelle Spreng- und Brandvorrichtungen 35
Untersuchungsantrag 70
Urinproben 179f.
Urkunden- und Schriftenuntersuchung 101
- Fälschungsmerkmale 114
- Urkundenuntersuchung 111ff.

Vergiftungen 175
Verhalten am Tatort 50, 53
Verletzungen und Todesarten 228-233
Verpackung von Spuren 68
Vortäuschung natürlicher Brandursachen 121

Waffen, Untersuchungen von 89, 91, 94
Waffenrecht (WaffG) 96ff.
- Waffenrechtliche Begutachtung 95

Werkzeugspuren, Verpackung und Versand 77
- Werkzeugspurensicherung 73, 75f., 79ff.
- Abformung 76
- Einbruchspuren 77

Zeuge 47
Zoologische Spuren 162
Zwischenverfahren 44

VON FÜHRENDEN FACHLEUTEN VERFASST.

Kriminalistik

Handbuch für Praxis und Wissenschaft

Herausgegeben von
Prof. Dr. iur. Edwin Kube, Abteilungspräsident, Bundeskriminalamt,
Hans Udo Störzer, Regierungsdirektor, Bundeskriminalamt,
Klaus Jürgen Timm, Direktor des Hessischen Landeskriminalamtes

Band 1: 1993, 908 Seiten, DM 132,- / sfr 117.- / öS 964.-
Band 2: 1994, 848 Seiten, DM 132,- / sfr 117.- / öS 964.-
Beide Bände zusammen DM 238,- / sfr 211.50 / öS 1737.-

Dieses in seiner Form derzeit einzigartige, zweibändige Handbuch dokumentiert umfassend den Stand der Kriminalistik. Es vermittelt einen breitgefächerten Themenüberblick und stellt neue strategische, taktische und technische Ansätze dar.

In 51 Beiträgen geben die führenden Fachleute des In- und Auslandes einen Einblick in die wissenschaftliche, technische und praktische Kriminalistik sowie in die Organisation der Strafverfolgungsorgane im deutschsprachigen Europa. Neben Kriminalbeamten haben Chemiker, Mediziner, Juristen, Linguisten, Tontechniker, Fotografen, Daktyloskopen und Physiker ihr Wissen und ihre Berufserfahrung beigesteuert.

Ein besonderes Verdienst des Werkes liegt darin, daß es auch neueste kriminal- und polizeitechnische Entwicklungen wie z. B. die elektrofotografische Vervielfältigung, DNA-Analytik und PCR-Verfahren, das automatische Fingerabdruck-Identifizierungssystem AFIS sowie Fragen des Datenschutzes bzw. der informationellen Tätigkeit der Polizei behandelt.

M298

Zu beziehen bei Ihrer Buchhandlung oder beim
RICHARD BOORBERG VERLAG,
70551 Stuttgart bzw. Postfach 80 03 40, 81603 München

METHODIK DER KRIMINALISTISCHEN ARBEIT.

Kriminalistik
– Lehrbuch für Ausbildung und Praxis –
Methodik der Fallbearbeitung, der Tatort, der Erste Angriff

von Horst Clages, Ltd. Kriminaldirektor a.D.

1997, 3. Auflage, 247 Seiten, DM 41,–/sfr 38,–/öS 299,– (Mengenpreise)

ISBN 3-415-02321-4

FH-Schriftenreihe »Polizei«

Bei ihrer täglichen Arbeit werden Polizeibeamte mit den unterschiedlichsten Problemen konfrontiert. Ihre Ausbildung kann sich deshalb nicht allein auf die Fallbearbeitung reduzieren. Aus diesem Grund legt der Autor auch bei der dritten Auflage des Lehrbuchs für das Fach Kriminalistik besonderes Augenmerk darauf, Studenten die Methodik der kriminalistischen Arbeit nahezubringen.

Im ersten Kapitel geht es um Grundsätze der Lagebewältigung und Fallbearbeitung sowie um das kriminalistische Konzept. Es folgen Abschnitte zur Verdachts- und Beweislehre. Kernpunkt des Buches sind jedoch Erläuterungen zum Tatort und zum Ersten Angriff. Das Werk erklärt alle wesentlichen Punkte von der Spureninterpretation über die Rekonstruktion des Tathergangs bis zur Gestaltung von Tatortbefundberichten.

Für die dritte Auflage hat der Verfasser das Buch um das Kapitel »Strafanzeige« erweitert. Zahlreiche Beispiele, Übersichten und Schautafeln unterstützen die berufspraktische Ausrichtung.

298 F

Zu beziehen bei Ihrer Buchhandlung
oder beim RICHARD BOORBERG VERLAG
70551 Stuttgart bzw. Postfach 800340, 81603 München